普通高等教育“十二五”规划教材

高等院校经济管理类教材系列

企业管理概论

邓 焱 主 编

程远国 副主编

梁荣全 主 审

科学出版社

北 京

内 容 简 介

本书以现代企业管理为主线，系统地介绍了企业管理的基础知识、基本理论和基本方法。本书体例新颖，内容充实，叙述简明扼要、通俗易懂，知识覆盖面宽，适应性强。

全书共分12章，每章前有教学目标、学习任务和导入案例，正文中穿插知识拓展、阅读资料、案例学习等栏目，有助于学生在知识与能力两个方面得到训练和提高，也能够满足广大社会读者的实际工作需要。

本书既可以作为高等院校企业管理课程的教材，也可供企业管理干部及成人高校学生培训和自学使用。

图书在版编目(CIP)数据

企业管理概论/邓焱主编. —北京：科学出版社，2011
（普通高等教育“十二五”规划教材・高等院校经济管理类教材系列）
ISBN 978-7-03-031288-4

I. ①企… II. ①邓… III. ①企业管理-高等学校-教材 IV. ①F270

中国版本图书馆CIP数据核字（2011）第102268号

责任编辑：任锋娟 / 责任校对：耿 耘
责任印制：吕春珉 / 封面设计：一克米工作室

科学出版社 出版
北京东黄城根北街16号
邮政编码：100717
http://www.sciencep.com
新科印刷有限公司 印刷
科学出版社发行 各地新华书店经销
*
2011年6月第 一 版 开本：787×1092 1/16
2019年12月第九次印刷 印张：19 3/4
字数：468 000

定价：43.00元

（如有印装质量问题，我社负责调换〈新科〉）
销售部电话 010-62134988 编辑部电话 010-62135741（HF02）

高等院校经济管理类教材系列
编写指导委员会

迎接经济管理创新时代的挑战

——高等院校经济管理类教材系列总序

科学管理之父泰勒，引领人类告别了经验管理时代，进入了科学管理的新时代。今天，融科学性、艺术性、情感性于一体的现代管理，又将管理科学推向新的台阶。

21 世纪是人类社会发展史上一个崭新的关键性时期。随着经济的全球化、市场化和多元化，全球性的经济竞争日趋激烈。这种竞争给企业的发展带来了全方位的挑战，而就是在这种日趋激烈的竞争时刻，由美国次贷危机引发的新的国际金融危机又对全球实体经济形成了新的冲击，导致全球经济陷入新的衰退。这一切都使我们更加清醒地认识到，21 世纪带给我们的不仅仅是新的机遇，而且也给我们带来了更为严峻的困难和挑战。如何迎接这一世纪性的机遇与挑战，已成为各国政府、企业界、理论界共同关注的课题。

中国历经 30 多年的改革开放，已经全面进入竞争日趋激烈的世界大市场，更深刻地融入了国际经济大循环。尽管中国取得举世瞩目的成就，也逐步确立了一个国际大国的国际地位，但是应该看到，随着国际市场竞争的日趋激烈和管理水平的不断创新与提高，中国经济要在全球化和经济一体化的国际竞争中立足与发展，一方面，要在宏观上把握经济运行的规律，继续做好宏观调控，另一方面，要尽快转变经济发展方式，调整经济结构，同时更重要的方面是要在企业层面上进行管理创新。而管理创新的关键是管理人才培养模式的创新。也就是说，中国已经进入了一个与创新管理相结合的改革和与改革相结合的管理创新时期。在这一关键时期，谁能够拥有一流的管理创新人才、最快地吸收各种管理学的最新知识并加以创新性的运用，谁就会获得竞争的话语权与主动权，谁就能够赢得未来。

正是在这样一种宏观背景的促使下，根据国家教育部关于高等学校本科教学质量与教学改革工程的相关文件精神，为了提高国内各高校经济管理类核心课程教师的教学水平，满足高校培养应用型管理人才的需要，科学出版社组织策划了本教材系列。本教材系列的编著者主要由各高等院校长期从事经济管理方面教学、研究以及企业决策咨询的专家组成。因此本教材系列具有如下特点：注重系统性；突出专业性；强调实用性，即注重案例教学；关注学科发展的先进性；结构上注意编排的体系性，利于师生的教与学。本教材系列具有广阔的适用范围，既适用于各高校管理类专业的本科生，又可作为大学教师、研究人员的参考书，亦可作为那些运筹帷幄、决战商场的企业家的参考书。

人们知道，每一项成功的管理模式，都是管理理论和具体管理实践相结合的产物，因此，任何一种先进的管理理论都有待创新和发展。所以，本教材系列编写过程中在体系的编排、内容选取以及案例选择的贴切性等方面或许还存在不尽如人意之处，恳请有关学者及广大读者提出批评意见。

最后，感谢科学出版社在本教材系列策划出版过程中所做出的贡献，感谢各位编著者为本教材系列付出辛勤的劳动。

梁仕云
广西大学行健文理学院副院长
工商管理、公共管理硕士生导师
研究员
2010年7月

前　言

随着世界经济的发展，经济国际化和市场全球化的趋势日益加强，企业经营的效率和方法已经成为世界各国企业共同关注的问题。同时，随着经济的发展，竞争日益激烈，人们的工作在专业上的跨度也在加强。因此，一个人无论从事什么工作，学习一点企业管理的知识显得越来越重要，这对于人们转变观念、寻找创新的突破口有着不容忽视的意义。

一个企业的成败，不仅取决于其对市场变化的适应能力，也取决于其内部管理的创新和效率。技术、设备、物资、劳动、质量等方面的科学管理对企业的生存和发展会产生很大的影响。分析20世纪以来世界范围内经营成功的企业，无一例外的是，其经营成功的秘诀除具备灵敏适应市场变化的特点外，在其内部都形成了一整套科学的管理机制。

本书的编写遵循四个原则。一是将企业管理思想和管理方法紧密结合，根据中国企业管理的特点，突出管理方法的适用性。二是坚持理论教学与案例教学相结合，在重点介绍企业管理科学理论的同时，还选取了丰富的案例，供学生课后讨论和思考。三是坚持系统思想，首先介绍企业管理基本理论、企业文化与经营战略，然后再介绍各项职能管理。四是贴近学习者、贴近实际需求，具体表现在两方面：一方面注意从独立院校本科教育的特点出发，把学习者应该掌握的基本知识列出来作为一个体系，其基本内容体系相对简单；另一方面充分考虑独立院校本科教育的教学对象和教学特点，努力做到对企业管理理论的介绍比较细致，让学习者自学时就像有教师在课堂上讲课一样，容易学习和掌握。

此外，为了方便学习者更好地学习企业管理知识，本教材中包含教学目标、学习任务以及一些案例阅读材料，以帮助学习者理解所学习的基础知识、基本理论和基本技巧；本书还配备了教学课件，方便教师教学。

本书具体的编写分工为：广西工学院鹿山学院的邓焱负责编写第一章、第二章第三节、第三章第一节；广西工学院鹿山学院的覃婷负责编写第二章第一节、第二节，第三章第二节、第三节；北京航空航天大学北海学院的周晨负责编写第四章；北京航空航天大学北海学院的程远国负责编写第五章、第十二章；广西工学院鹿山学院的容辉负责编写第六章；广西工学院鹿山学院的蒙玉琴负责编写第七章；重庆大学城市科技学院朱燕娜负责编写第八章；广西工学院鹿山学院的尹小梅负责编写第九章；桂林电子科技大学信息科技学院的罗志明负责编写第十章、第十一章。邓焱同志负责全书编写的组织工作，并总纂定稿。

广西工学院梁荣全同志在百忙中全面审阅了本书，提出了许多宝贵的修改意见，为本书的完成付出了不少心血。

本书的编写借鉴了国内外企业管理学者大量的研究成果，在此谨向相关企业管理学界前贤、师友及诸多作者致谢。

由于编者水平所限，本书难免有不足与不当之处，敬请广大读者批评指正。

目　录

第一章　企业与企业组织

教学目标

本章主要介绍企业的概念、设立企业的条件、企业组织结构及企业类型，使读者了解企业的基础知识、企业组织结构的优缺点及适用条件、不同企业类型的特征，为后续的深入学习做引导。

学习任务

通过本章内容的学习，要达到以下几个目的：

- 了解企业的相关概念及特征。
- 了解设立企业的条件。
- 了解企业组织结构的适用条件。
- 了解不同企业类型的特征。

导入案例

创业的苦与乐

王敏是一位机械设计与制造专业的本科毕业生，他的理想是当一名企业家，希望在机械行业干一番事业。他决心从个体工商户起步，通过为其他企业加工零部件积累财富和经验。除了平时积攒的 6 万元，王敏又从朋友那里借了 4 万元，同时用父母的房产作抵押向银行贷款 20 万元，租赁了 3 台机床，采购了一些原料，请了两个工人，就开始为汽车厂生产配件。王敏除了自己开机器，还要到几个用户那里去推销和结账，每天记录收支情况，每月到税务机关交税，比较辛苦。两年后，王敏通过努力工作和不断改进产品，不但还清了借款和部分贷款，而且开拓了新市场，这时他已经忙不过来了，决定再招聘 3 名帮手倒班生产，自己负责其他的经营活动。不久，王敏发现帮手的加工质量令人担心，不但需要监督，还需要培训和指导他们。为了调动他们的积极性，王敏与他们商定了奖励办法。当地劳动局要求王敏为帮手上“三险”，这时候王敏感觉自己的工作更累了，财务压力更大了。

讨论：

创办和经营企业要从事哪些主要活动？有哪些利益、乐趣、风险和压力？

第一节　企业的概念与特征

一、企业的概念

学习和研究企业管理学，首先必须了解企业的含义。对此，国内外至今还没有统一的表述。通常所说的企业，一般是指从事生产、流通或服务等活动，为满足社会需要进行自主经营、自负盈亏、承担风险、实行独立核算，具有法人资格的基本经济单位。企业是一个有机的整体，企业管理是一个完整的系统，它是由生产管理、财务管理、营销管理、人力资源管理等子系统构成的。各子系统在企业管理中所处的地位是由它们在企业生产经营活动中所起的作用决定的，各子系统之间存在着密切关系。现代企业管理面临一系列新的问题，如顾客需求的多样化、个性化趋势明显；顾客化产品与低成本之间存在着一定的矛盾，企业必须在解决这一矛盾方面倾注精力和时间；新技术不断涌现，企业技术进步的压力明显加大等。

二、企业应具备的基本条件、要素和资源

1. 企业应具备的基本条件

1）企业必须有一定的组织机构，有自己的名称、办公和经营场所、组织章程等。

2）企业应自主经营、独立核算、自负盈亏，具有法人资格。必须依据国家相关的法律、法规设立，取得社会承认，履行义务，拥有相应的权利，依法开展经营活动并受到法律的保护。

3）企业是一个经济组织。企业以获取经济利益为最终目标，它的活动都与经济活动相关，这区别于学校、医院、政府机构、慈善机构、教会等非经济组织。

2. 企业的基本要素

1）拥有一定数量、一定技术水平的生产设备和资金。

2）具有开展一定生产规模和经营活动的场所。

3）具有一定技能、一定数量的生产者和经营管理者。

4）从事社会商品的生产、流通等经济活动。

5）进行自主经营，独立核算，并具有法人地位。

6）生产经营活动的目的是获取利润。

3. 企业的基本资源

1）人力资源。人力资源包括机器操作人员、技术人员、管理人员和服务人员。人力资源是企业主体和灵魂，人的素质高低将决定企业经营成败。

2）物力资源。物力资源包括土地资源、建筑物和各种物质要素，也就是企业生存的物质环境。物力资源是企业开展生产经营活动的必要条件，企业的生产效率和质量在很大程度上取决于这些物质要素。

3）财力资源。财力资源即资金，这是物的价值转化形态，它的周转情况是反映企业经营好坏的晴雨表。

4）信息资源。信息包括各种情报、数据、资料、图纸、指令、规章等，它是维持企业正常运营的神经细胞。企业信息吞吐量是企业对外适应能力的综合反映。信息的时效性可以使企业获得利润或产生损失。

5）时间资源。时间是一种特殊的资源要素。时间的节约会提高企业的效率和赢利水平，现代社会生活的节奏越来越快，企业必须树立“时间就是金钱、时间就是财富”的理念。

三、现代企业的特征

企业具有两重性。它既是生产力的组织形式，又体现一定的社会关系。现代的企业都具有明显的整体性、相关性、目的性和动态环境适应性等系统特征。我们把企业看成一个“输入—转换—输出”的开放式循环体。其中：企业的输入就是企业从事生产经营活动所必需的一切要素资源；转换和输出就是企业合理地配置这些资源要素，运用物理的、化学的或生物的方法，按照预定的目标向消费者生产或提供新的产品或服务，实现物质变换和增值，满足社会需要，获得经济效益。

现代企业特点具体表现在以下几方面。

1）企业生产经营活动具有先进性。现代企业普遍运用现代科学技术手段开展生产经营活动，生产经营活动的社会化和自动化程度较高，并比较系统地将科学知识应用于生产经营过程。

2）企业生产经营活动具有协作性。现代企业内部分工、协作的规模和细密程度得到了极大的提高，劳动效率呈现出逐步提高的态势。

3）企业生产经营活动具有营利性。现代企业必须通过商品生产、流通或相关服务为消费者提供商品或服务，从而实现企业价值增值的目标，实现赢利。

4）企业生产经营活动具有环境适应性。企业是一个开放的系统，它和外部环境之间存在着相互交换、相互渗透、相互影响的关系，任何企业都不能离开外部环境条件而孤立存在。企业必须从外部环境中获得人力、资金、材料、技术、信息等要素的投入，然后通过企业内部的转换系统，把这些投入物转换成产品、劳务以及企业成员所需的各种形式的报酬，最后作为产出离开企业系统，从而完成企业与外部环境之间的交换过程。

5）企业生产经营活动具有法律性。 企业都是依法成立并依法进行生产经营活动，具备一定的法律形式。

知识拓展

超产权论

英国经济学家Martin和Parker在1997年对英国各国有企业私有化后的经营成效进行大量实证研究的基础上，提出了超产权理论（beyond property-right theory）。他们认为，产权变动并没有给予企业“优胜劣汰”的选择，只是改变了企业的激励机制，但这种改变并不保证企业绩效一定会提高：在完全没有竞争的市场中，企业产品无替代性，完全可以通过抬价的方式来增加收益。只有市场竞争才能牵动产权创造企业效率。超产权理论把竞争作为激励的一个基本因素，其逻辑依据是20世纪90年代发展起来的竞争理论，

具体内容有四部分：竞争激励论、竞争发展论、竞争激发论与竞争信息完善论。

第二节 企业创建

创建属于自己的企业是每个创业者非常关心的事情。怎么样才能创建自己的企业呢，在这里给出几种创建方式供大家参考。

一、个体工商户的设立条件及程序

1. 设立条件

对注册资金实行申报制，没有最低限额基本要求：

1）有经营能力的城镇待业人员、农村村民以及国家政策允许的其他人员，可以申请从事个体工商业经营。

2）申请人必须具备与经营项目相应的资金、经营场地、经营能力及业务技术。

2. 设立程序

第一步：个体座商或需要名称的个体摊商，应先办理名称预先登记。

1）咨询后领取并填写《名称（变更）预先核准申请书》，同时准备相关材料。

2）递交《名称（变更）预先核准申请书》，等待名称核准结果。

3）领取《企业名称预先核准通知书》，同时领取《个体工商户开业登记申请书》。

4）经营范围涉及前置许可的（具体项目参见工商行政管理局印制的《企业登记许可项目目录》)，办理相关审批手续。

第二步：递交申请材料，材料齐全，符合法定形式的，等候领取《准予行政许可决定书》。

第三步：领取《准予行政许可决定书》后，按照《准予行政许可决定书》确定的日期到工商局交费并领取营业执照。

二、个人独资企业的设立条件及程序

1. 设立条件

对注册资金实行申报制，没有最低限额基本要求。

1）投资人为一个自然人。

2）有合法的企业名称。

3）有投资人申报的出资。

4）有固定的生产经营场所和必要的生产经营条件。

5）有必要的从业人员。

2. 设立程序

第一步：咨询后领取并填写《名称（变更）预先核准申请书》、《指定（委托）书》，

同时准备相关材料。

第二步：递交《名称（变更）预先核准申请书》，等待名称核准结果。

第三步：领取《企业名称预先核准通知书》，同时领取《企业设立登记申请书》；经营范围涉及前置审批的（具体项目参见工商行政管理局印制的《企业登记许可项目目录》），办理相关审批手续。

第四步：递交申请材料，材料齐全、符合法定形式的，等候领取《准予行政许可决定书》。

第五步：领取《准予行政许可决定书》后，按照《准予行政许可决定书》确定的日期到工商局交费并领取营业执照。

三、合伙企业的设立条件及程序

1. 设立条件

对注册资金实行申报制，没有最低限额基本要求。

1）有 2 个以上合伙人，并且都是依法承担无限责任者。

2）有书面合伙协议。

3）有各合伙人实际缴付的出资。

4）有合伙企业的名称。

5）有经营场所和从事合伙经营的必要条件。

6）合伙人应当为具有完全民事行为能力的人。

7）法律、行政法规禁止从事营利性活动的人，不得成为合伙企业的合伙人。

2. 设立程序

第一步：咨询后领取并填写《名称（变更）预先核准申请书》、《指定（委托）书》，同时准备相关材料。

第二步：递交《名称（变更）预先核准申请书》，等待名称核准结果。

第三步：领取《企业名称预先核准通知书》，同时领取《企业设立登记申请书》；经营范围涉及前置审批的（具体项目参见工商行政管理局印制的《企业登记许可项目目录》），办理相关审批手续。

第四步：递交申请材料，材料齐全、符合法定形式的，等候领取《准予行政许可决定书》。

第五步：领取《准予行政许可决定书》后，按照《准予行政许可决定书》确定的日期到工商局交费并领取营业执照。

四、有限责任公司的设立条件及程序

1. 设立条件

1）股东符合法定人数即由 2 个以上 50 个以下股东共同出资设立。

2）股东出资达到法定资本最低限额：以生产经营为主的公司需 50 万元人民币以上；以商品批发为主的公司需 50 万元人民币以上；以商品零售为主的公司需 30 万元人民币以上；科技开发、咨询、服务公司需 10 万元人民币以上。

3）股东共同制定公司章程。

4）有公司名称，建立符合有限责任公司要求的组织机构。

5）有固定的生产经营场所和必要的生产经营条件。

2. 设立程序

第一步：咨询后领取并填写《名称（变更）预先核准申请书》，同时准备相关材料。

第二步：递交《名称（变更）预先核准申请书》及其相关材料，等待名称核准结果。

第三步：领取《企业名称预先核准通知书》，同时领取《企业设立登记申请书》等有关表格；经营范围涉及前置许可的，办理相关审批手续；到经工商局确认的入资银行开立入资专户；办理入资手续（以非货币方式出资的，还应办理资产评估手续）。

第四、五步：与个人独资企业和合伙企业登记注册步骤相同。

五、企业注册后其他手续办理

1. 刻制公章

刻章是拿到工商执照后的第一件事，没有公章则无法办理其他手续。刻章需要到县级以上公安局办理登记备案。所需材料为营业执照副本原件、营业执照副本复印件和企业法定代表人（或负责人等，下同）身份证复印件。一般企业，刻制公章、财务专用章、合同专用章和法定代表人人名章即可满足需要。在警官发给的印模式样上参照范例填写好内容，在经公安局审批的刻章企业中选择一家来刻制。选定刻章企业后，警官将在工商执照副本中缝处盖上“印章已刻”的标记。

2. 办理组织机构代码证书

刻完章后应马上办理组织机构代码证书。组织机构代码证书是企业的“身份证”，是办理后续手续所必需的。组织机构代码证书到县级以上技术监督局办理，所需材料为营业执照副本原件、营业执照副本复印件、企业法定代表人（或负责人等，下同）身份证复印件和公章。

3. 办理税务登记

按照《税收征管法》的规定，新办企业必须在领取工商执照起 30 天内办理税务登记。实际工作中，为了尽早取得发票开始经营，应在拿到组织机构代码证书后立即开始办理税务登记手续。税务登记到县级以上税务局登记办理。合伙企业如果没有销售行为，只是提供服务（不含修理、修配行业），不需要办理国税登记。

4. 银行开户的类型与法律规定

首先要明确银行允许企业开立的存款账户类型。根据 2003 年颁布的《人民币银行结算账户管理办法》，单位存款账户可分为基本存款账户、一般存款账户、临时存款账户和专用存款账户四大类。基本存款账户是存款人办理日常转账结算和现金收付的账户。 法律规定，一家企业只能在银行开立一个基本存款账户，企业的工资、奖金等现金的支取，只能通过此账户办理。

六、关于前置审批

前置审批是在办理营业执照前需要先去审批的项目，也就是在查完公司名称后就要去有关部门审批，审批完后再办理工商营业执照。在我国从事不同的行业有不同的审批部门，以下是 26 个行业对应的审批部门。

1）从事食品（含饲料添加剂）的生产、销售——区防疫站。

2）烟草专卖品的生产、经营——烟草专卖局。

3）药品生产、经营——卫生局。

4）锅炉、压力容器制造及电梯安装——劳动局。

5）化学危险品（含石油）生产经营——化学品安全监督管理工作部门。

6）金银收购、金银制品加工、经营及废料中回收的金银——人民银行。

7）旅行社—— 旅游局。

8）特种行业（旅馆、印刷、废旧金属收购、文化娱乐、浴室）—— 公安分局。

9）图书报刊、录音、录像制品的出版、发行销售—— 广播电视局。

10）娱乐场所——文化局。

11）文物经营——文物局。

12）小轿车经营——工商局市场处。

13）会计、审计事务所—— 财政局、审计局。

14）房地产经营—— 建委。

15）广告经营——工商局广告处。

16）商标印刷——工商局商标处。

17）国有资产评估——财政局。

18）成品油批发、零售、加油站—— 计经委。

19）煤炭经营—— 煤炭市场治理办公室。

20）汽车维修—— 汽车维修行业管理处。

21）经济信息、房产信息咨询——工商局。

22）物业管理公司（与房地产公司要有代理合同）——房产局。

23）计算机网络服务—— 公安局。

24）医疗器械销售—— 医药管理局。

25）职业介绍所—— 劳动局。

26）企业登记代理——工商局。

第三节　企业组织结构

为了确保企业生产经营活动的正常进行，实现统一指挥，企业必须在内部建立一个统一的、协调的、强有力的、高效率的指挥系统，设置必要的组织机构。

一、设置原则

1. 目标任务为核心原则

任何管理组织的结构形式，机构的设置和调整都是为了保证组织的目标和任务实现，并以此作为衡量的标准。

2. 精干高效原则

任何组织的设置都必须保持队伍的精干，内部管理流程的畅通，人际关系的融洽与和谐。在岗位设置上要体现因事设人，而非因人设事；在用人上体现扬长避短，优势互补；在组织中不能存在影响效率的因素。

3. 统一指挥、分级管理原则

组织机构设置一方面要能够保证企业生产经营活动管理、指挥的统一性，对关于企业发展全局性、长远性的问题，实现集中指挥、统一领导；另一方面，有利于对下级管理组织实行分权管理，发挥各级管理的主动性和积极性。同时，还要杜绝多头领导，避免越级指挥，使各级管理者的责、权、利的结合得以体现。

4. 分工协作原则

现代企业面临的外部环境变化快，对企业管理效率要求高，企业必须对密切联系的各项管理工作，在整体规划下明确分工，强调协作与配合，划清职责范围，使整个企业的各项管理业务处在和谐的协调运动状态。

5. 人本原则

设计企业组织结构前要综合考虑企业现有的人力资源状况以及企业未来几年对人力资源素质和数量等方面的需求，以人为本进行设计。

二、组织结构

1. 直线制组织结构

直线制是最简单的集权式组织结构形式，又称军队式结构，其领导关系按垂直系统建立，不设专门的职能机构，自上而下形同直线，如图 1.1 所示。直线制是一种最早也

是最简单的组织形式。它的特点是企业各级行政单位从上到下实行垂直领导，下属部门只接受一个上级的指令，各级主管负责人对所属单位的一切问题负责。厂部不另设职能机构（可设职能人员协助主管人工作），一切管理职能基本上都由行政主管自己执行。直线制组织结构一般只适用于规模较小，生产技术比较简单的企业。

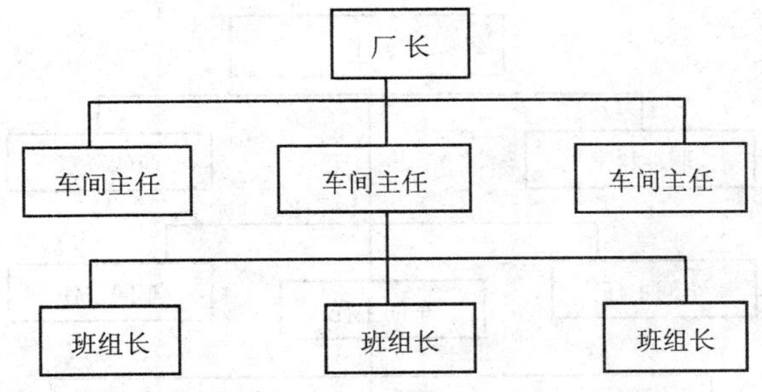

图 1.1　直线制组织结构示意图

2. 职能制组织结构

职能制又称分职制或分部制，指行政组织同一层级横向划分为若干个部门，每个部门业务性质和基本职能相同，但互不统属、相互分工合作的组织体制，如图 1.2 所示。职能制组织结构主要适用于中小型的、产品品种比较单一、生产技术发展变化较慢、外部环境比较稳定的企业。

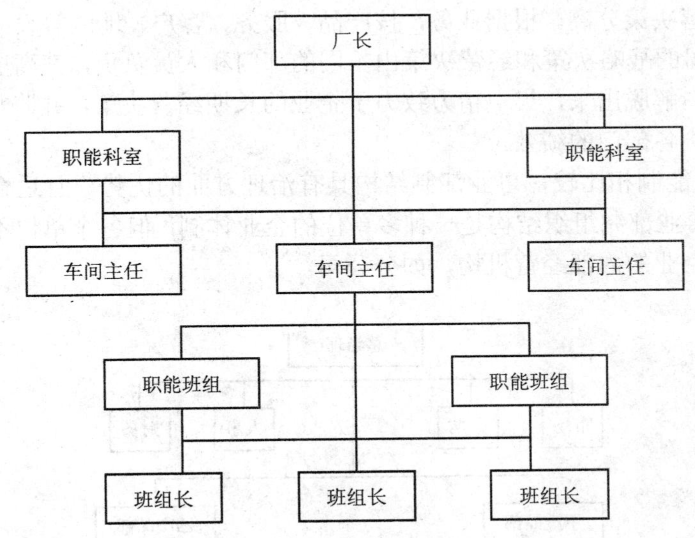

图 1.2　职能制组织结构示意图

3. 直线-职能制组织结构

直线-职能制，也叫直线参谋制或生产区域制。它是在直线制和职能制的基础上，取长补短而建立起来的，是目前企业比较喜欢采用的一种组织结构形式，如图 1.3 所示。其优点是：既保证了企业管理体系的集中统一，又可以在各级职能部门负责人的领导下，充分发挥各专业管理机构的作用，实现统一领导和分权管理。其缺点是：职能部门多，不便于协调，特别适用于大量生产单一产品的企业。

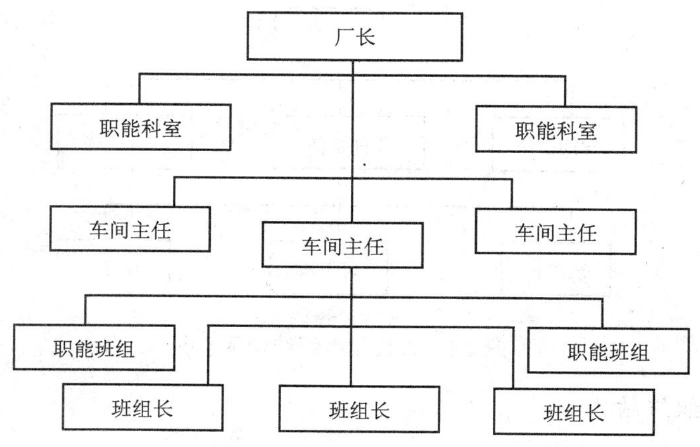

图 1.3　直线-职能制组织结构示意图

4. 事业部制组织结构

事业部制组织结构，又称 M 型组织结构，如图 1.4 所示。这种结构的基本特征是，战略决策和经营决策分离。根据业务，按产品、服务、客户、地区等设立半自主性的经营事业部，公司的战略决策和经营决策由不同的部门和人员负责，使高层领导从繁重的日常经营业务中解脱出来，集中精力致力于企业的长期经营决策，并监督、协调各事业部的活动和评价各部门的绩效。

与直线-职能制相比较，事业部制结构具有治理方面的优势，且适合现代企业经营发展的要求。事业部制组织结构是一种多单位的企业体制，但各个单位不是独立的法人实体，仍然是企业的内部经营机构，如分公司。

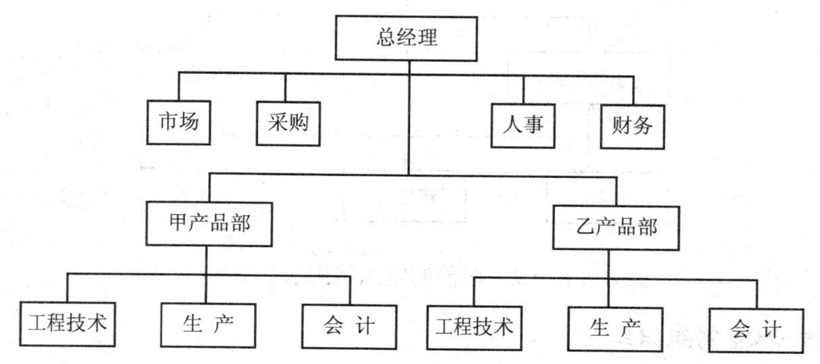

图 1.4　事业部制组织结构示意图

5. 矩阵制组织结构

在组织结构上，把既有按职能划分的垂直领导系统，又有按产品（项目）划分的横向领导关系的结构，称为矩阵制组织结构，如图 1.5 所示。矩阵制组织是为了改进直线-职能制横向联系差，缺乏弹性的缺点而形成的一种组织形式。它把按职能划分的部门与按项目划分的小组结合起来组成矩阵，使小组成员接受小组和职能部门的双重领导。它的特点表现在围绕某项专门任务成立跨职能部门的专门机构上，这种组织结构形式是固定的，人员却是变动的，任务完成后就可以离开。矩阵制组织结构特别适用于以开发与实验为主的单位，如科学研究，尤其是应用性研究单位等。

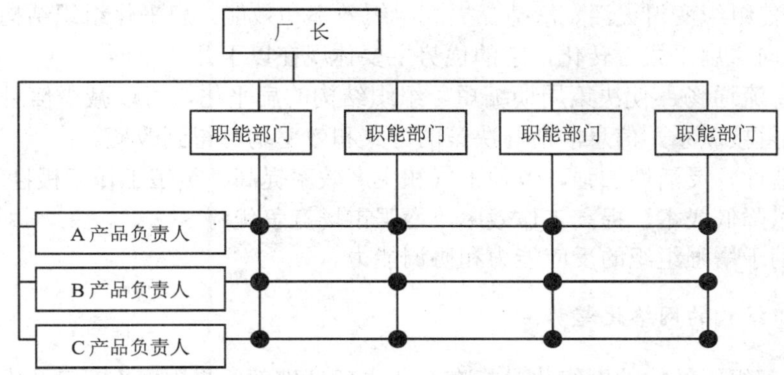

图 1.5　矩阵制组织结构示意图

6. 模拟分权制组织结构

模拟分权制是一种介于直线-职能制和事业部制之间的结构形式，如图 1.6 所示。其优点是：除了调动各生产单位的积极性外，还解决了企业规模过大不易管理的问题。高层管理人员将部分权力分给生产单位，减少了自己的行政事务，从而把精力集中到战略问题上来。其缺点是，不易为模拟的生产单位明确任务，造成考核上的

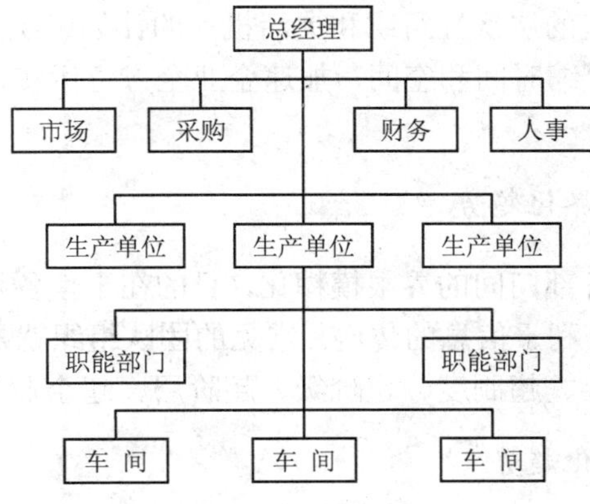

图 1.6　模拟分权制组织结构简图

困难；各生产单位领导人不易了解企业的全貌，在信息沟通和决策权力方面也存在着明显的缺陷。

三、组织发展

任何一种组织要想在社会中生存和发展，都必须随着社会环境的变化而变化。组织像人一样，也是一个有机体，要适应环境，这是一个常识性问题。

1. 组织结构的扁平化趋势

组织结构的扁平化，就是通过减少管理层次、裁减冗余人员来建立一种紧凑的扁平组织结构，使组织变得灵活、敏捷，提高组织效率和效能。扁平化组织结构框架从“垂直式”实现向“扁平式”转化，它的优势主要体现在以下几个方面：

1）信息流通畅，使决策周期缩短。组织结构的扁平化，可以减少信息的失真，增加上下级的直接联系，信息沟通与决策的方式和效率均可得到改变。

2）创造性、灵活性加强，致使士气和生产效率提高，员工工作积极性增强。

3）可以降低成本，提高工作效率，增强市场竞争优势。

4）有助于增强组织的反应能力和协调能力。

2. 组织结构的网络化趋势

企业内部组织结构的网络化是指在企业内部打破部门界限，各部门及成员以网络形式相互连接，使信息和知识在企业内快速传播，实现最大限度的资源共享。随着信息技术的飞跃发展，信息的传递不必再遵循自上而下或自下而上的等级阶层，就可实现部门与部门、人与人之间直接的信息交流。企业内部的这种无差别、无层次的复杂的信息交流方式，极大刺激了企业中信息的载体和运用主体——组织的网络化发展。组织的网络化使企业实现全方位的交流与合作，但网络关系不能完全取代组织中权威原则的作用，否则组织就会出现混乱，所以网络组织中的层级结构始终是需要保持的，只不过在组织结构网络化的条件下，采取的是层级更少的扁平化结构。

组织的网络化使传统的层次性组织和灵活机动的计划组织并存，使各种资源的流向更趋合理化，通过网络凝缩时间和空间，加速企业全方位运转，提高企业组织的效率和绩效。

3. 组织结构的无边界化趋势

无边界化是指企业各部门间的界限模糊化，目的在于使各种边界更易于渗透，打破部门之间的沟通障碍，有利于信息的传送。常见的团队组织就是这种组织结构创新的典型模式。它完全是超国界、超制度、超阶级、超阶层、超企业的。

4. 组织结构的多元化趋势

企业不再被认为只有一种合适的组织结构，企业内部不同部门、不同地域的组织结

构不再是统一的模式，而是根据具体环境及组织目标来构建不同的组织结构。管理者要学会利用每一种组织工具，了解并且有能力根据某项任务的业绩要求，选择合适的组织工具，从一种组织结构转向另一种组织结构。

5. 组织结构的柔性化趋势

组织结构的柔性化是指根据环境的变化，调整组织结构，建立临时的以任务为导向的团队式组织。组织柔性的本质是保持变化与稳定之间的平衡，它需要管理者具有很强的管理控制力。其最显著的优点是灵活便捷，富有弹性。因为这种结构可以充分利用企业的内外部资源，增强组织对市场变化与竞争的反应能力，有利于组织较好地实现集权与分权、稳定性与变革性的统一。除此之外，还可以大大降低成本，促进企业人力资源的开发，并推动企业组织结构向扁平化发展。

6. 组织结构的虚拟化趋势

组织结构的虚拟化是指用技术把人、资金、知识或构想网络在一个无形（指没有实物形态的统一的办公大厦、固定资产和固定的人员等）的组织内，以实现一定的组织目标的过程。它是通过网络技术把组织目标所需要的知识、信息、人才等要素联系在一起，组成一个动态的资源利用综合体。

其特征主要包括：建立在现代信息通信技术基础之上，能克服空间和时间的局限性；组织结构具有松散性，不再具有一般企业的识别标准；能保持集中和分散活动的协调统一；对市场具有较强的适应性。

虚拟组织的典型应用是创造虚拟化的办公空间和虚拟化的研究机构。前者是指同一企业的员工可以置身于不同的地点，但通过信息和网络技术连接起来，如同在同一办公大厦内，同步共享和交流信息和知识；后者是指企业借助于通信网络技术，建立一个与世界各地的属于或不属于本企业的研究开发人员、专家或其他协作人员联系在一起，跨越时空的合作联盟，实现一定的目标。

知识拓展

德鲁克的创新七源泉：

1）意外事件，如意料之外的成功与失败及外部事件。

2）不一致性，包括各种经济现实情况之间、实际情况与人们对它的假设之间、企业努力与顾客的价值观和期望之间、某个过程的节奏或逻辑上的内部不一致性。

3）过程的需要，它指基于过程需要的、成功的创新。

4）工业和市场结构的变化。

5）人口结构的变化。

6）观念的变化。

7）新知识。

第四节　现代企业类型

一、按照企业组织形式分类

现代企业按其组织形式一般可以分为单一企业、多元企业、经济联合体和企业集团。

（1）单一企业

单一企业是指一厂一店就是一个企业。这类企业的经营领域往往比较专业，比较单一，但也必须承担财产责任和经营责任，独立核算，自负盈亏。

（2）多元企业

多元企业是指由两个以上不具备法人资格的工厂或商店组成的企业，它是按照专业化、联合化及经济合理的原则由若干个分散的工厂或商店所组成的经济法人组织，例如，由两个以上分公司组建的公司，由一些分店组成的连锁企业等。

（3）经济联合体

经济联合体是指经济组织之间按照一定的章程或协议，在生产、技术、科研和贸易等领域的经济合作。经济联合体是由两个以上的企业在自愿互利的基础上，打破所有制、行业、部门和地区的界限，本着专业化协作和合理分工的原则，进行部分或全部统一经营管理所形成的经济实体。它是一个具有法人资格的经济组织，主要形式有专业公司、联合公司、总公司和各类合资经营企业。

（4）企业集团

企业集团是企业联合组织中最成熟、最紧密和最稳定的企业运行模式，是由两个或两个以上的企业以资产为纽带而形成的有层次的企业联合组织，其中的成员企业都是相对独立的企业法人。其特点是规模大型化、经营多元化、资产纽带化。

企业集团一般分为四个层次：第一层为核心层，通常由一个或几个大企业构成，如集团公司、商业银行、综合商社等，它们对集团中其他成员企业有控股或参股行为；第二层为紧密层，一般由核心层的控股子公司构成；第三层为半紧密层，由紧密层的子公司或核心层的参股公司构成；第四层为松散层，主要是由与前三个层次的企业有协作或经营关系的企业构成，彼此之间不是资产纽带关系，但可以有资金融通关系。

二、按照企业所有制关系分类

（1）国有企业

我国的国有企业是生产资料归全民所有，并且由代表全民的国家作为所有者的一种企业形式。它的基本特点是：国家作为全体人民的代表拥有企业的财产所有权。国有企业规模较大，技术设备较先进，技术力量强，是我国国民经济的主导力量，也是我国社会主义经济的决定性因素。

（2）集体所有制企业

集体所有制企业是生产资料归群众集体所有的一种企业形式。集体所有制是社会主义公有制的重要组成部分。我国集体所有制企业存在着多种具体形式。农村有生产、供销、信用、消费等各种合作经济组织、股份合作经济组织和股份经济组织，从事农、林、牧、副、渔生产和工业、建筑业、运输业以及其他服务性劳动生产经营活动；城镇主要有手工业合作社或股份合作社、合作或股份合作工厂、街道工业生产或生活服务组织以及机关、学校、部队等单位举办的集体经济组织等。乡镇企业是集体所有制企业的典型代表。

（3）个体私营企业

个体私营企业是指生产资料归私人所有，主要依靠雇工从事生产经营活动的企业。它是我国社会主义经济的重要组成部分。目前我国私营企业一般有三种形式：独资企业、合伙企业和有限责任公司。

（4）中外合资经营企业

中外合资经营企业，是把国外资本引入国内，与国内企业合股经营的一种特殊形式的企业。这种企业的特点是：共同投资、共同经营、共负盈亏、共担风险。

（5）中外合作经营企业

中外合作经营企业是中外双方根据平等互利的原则建立的契约式经营企业。中外双方的权利、义务、责任，由共同签订的合同、协议加以确定，而不是根据出资额来确定，合作经营一般由中方提供场地、厂房、设备、设施和劳动力等，由外方合作者提供资金、技术、主要设备、材料等。合作双方根据商定的合作条件，进行合作项目或其他经济活动，确定产品分成、收入分成或利润分成比例。

（6）外资企业

外资企业是指除土地外，全部由外方投资经营的企业，其全部资本都是外国资本，企业所有权、经营权及利润全部归外方投资者所有，但这种外国资本企业，必须遵守我国有关政策和法律，并依法缴纳税金。

三、按照企业内部生产力各要素所占比重分类

（1）劳动密集型企业

劳动密集型企业是指使用劳动力较多，技术装备程度低，产品成本中活劳动消耗所占比重大的企业。例如，纺织、服装、日用五金、饮食、儿童玩具等企业多属于劳动密集型企业。

（2）资金密集型企业

资金密集型企业是指原材料成本较高，或产品生产技术复杂，所需技术装备水平较高，生产单位产品所需投资较多，使用劳动力较少的企业。它一般具有劳动生产率高，物资和活劳动消耗少，竞争能力强等优点。例如，钢铁企业、重型机械企业、汽车制造企业和石油化工企业等通常划归资金密集型企业。

（3）技术密集型企业

技术密集型企业是指运用现代化、自动化等先进的科学技术装备较多的企业，如计

算机企业、软件企业、飞机制造企业和技术咨询管理企业等。有的技术密集型企业需要较多具有高程度科学技术知识和能力的科技人员从事科研与生产经营，因此也被称为知识密集型企业。

四、按企业财产组织形式分类

（1）独资企业

独资企业是企业形式中最古老、最基本的企业形式。它是指由一人出资兴办的企业，企业财产完全归个人所有，企业由个人经营和控制。这种企业不具有法人资格，在法律上为自然人企业。虽然独资企业有企业的名称、住所、法定的注册资产，但在法律上，这种企业的财产等同于业主个人的财产。业主个人享有企业的全部经营所得，同时对企业的债务负有完全无限清偿责任，如果企业经营失败，出现资不抵债的情况，业主个人要用自己的家财抵偿债务。我国的私营企业不少采用独资企业的形式。

（2）合伙企业

合伙企业是由两人或两人以上的出资者共同出资兴办，联合经营和控制的企业。合伙企业的出资创办人（即合伙人）为两人以上，基于合伙合同建立。成立合伙企业时必须要有书面协议，以合伙合同形式规定该合伙企业的合伙人范围、组织管理、出资数额、盈余分配、债务承担及入伙、退伙、终止等基本事项。合伙企业与独资企业一样，企业与它的出资人在财产和人格上都是不可分的，企业在法律上为自然人企业。企业的财产归合伙人共同所有，由合伙人统一管理和使用，合伙人都有表决权，不以出资额为限，合伙人经营积累的财产，归合伙人共同所有。每个合伙人对企业债务负连带无限清偿责任，即使其中某合伙人不能全部负起他应负的责任，则其他合伙人也要对他负不起责任的部分负责到底。合伙人内部之间按合同协议规定承担责任，协议未规定的按照出资比例承担责任。

（3）公司制企业

公司制是企业发展的高级形式，从我国目前公司的组织形式主要是有限责任公司和股份有限公司。公司是由两个以上的出资者组建，能够独立享有民事权利，承担民事责任的以营利为目的的经济组织。与前两种企业形式相比，具有以下特征：

1）公司是法人，具有独立的法人主体资格，并具有法人的行为能力和权利。

2）公司实现了股东最终财产所有权与法人财产权的分离，即不再由所有者亲自经营自己的财产，而将其委托给专门的经营者即公司法人代为经营，也就是实现了企业财产权与经营权的分离。

3）公司法人财产具有整体性、稳定性和连续性。由于股东投入到企业的资财不能抽回、不被分割从而保持了一定的稳定性和整体性，公司的股份可以转让，但公司的财产不因股份的转让而变化，可以连续使用，从而保持了一定的连续性。只要公司存在，公司的法人就不会丧失财产权，公司的信誉便大为提高。

4）公司实行有限责任制度。对股东而言，他们以其出资额为限对公司的责任承担有限责任。对公司法人而言，公司以其全部自有资产为限对公司的债务承担责任，有限责任一般只是到公司破产时才表现出来。

公司制企业包括以下两种：

1）股份有限公司。股份有限公司是指注册资本由等额股份构成，并发行股票，筹集资本，股东以其所认购的股份对公司承担有限责任，公司以其全部资产对公司债务承担有限责任的企业法人。

2）有限责任公司。有限责任公司是指由两个以上股东共同出资，每个股东以其所认缴的出资额对公司承担有限责任，公司以其全部资产对其债务承担责任的企业法人，简称有限公司。有限责任公司也是一种法人企业制度，能以自己的名义开展活动并享有权利，承担义务，法律对有限责任公司股东人数有严格的规定，如我国公司法规定，有限责任公司的股东人数必须在2人以上50人以下。

（4）股份合作制企业

股份合作制企业是指企业全部资本划分为等额股份（主要由员工股份构成），员工股东共同劳动、民主管理、利益共享、风险共担，依法设立的法人经济组织。在股份合作制企业中，企业享有全部法人财产权，以其全部财产对企业承担责任；股东以其出资额为限，对企业承担责任。企业实行入股自愿、民主管理、按股分红相结合的投资管理原则。股份合作制企业是股份制和合作制的结合，具有股份制和合作制的双重特征。

五、按照企业规模分类

企业规模一般是按照企业的年销售额、生产能力、资产总额、员工人数等指标来进行划分的，可以分为大型企业、中型企业和小型企业三类。

小　结

企业是从事生产、流通或服务等活动，为满足社会需要进行自主经营、自负盈亏、承担风险、实行独立核算，具有法人资格的基本经济单位。企业是一个有机的整体，企业管理是一个完整的系统，它随着人类社会的进步、生产力的发展、科学技术水平的提高而不断地发展、进步。

随着企业的发展和领导体制的演变，组织结构形式也经历了一个发展变化的过程。当今，企业组织结构不但形成以了直线制、职能制、直线-职能制、事业部制和矩阵制等主要形式，还出现了适应社会环境变化的扁平化、网络化、无边界化、多元化、虚拟化等发展趋势。企业不管采用哪种组织结构形式，其目的都是为了改进和提高管理效率，实现组织的目标。

复习思考题

1．什么是企业？企业应具备什么样的条件？

2. 从历史角度考察，推动企业发展的主要原因是什么？
3. 企业的组织结构有哪些？它们各自的优缺点如何？
4. 企业选择组织结构要考虑什么因素？
5. 组织结构设置为何要以目标任务为首要原则？
6. 组织结构设置如何体现精简与高效？
7. 企业投资与政府投资有什么不同？

案例分析

企业该如何办

不久前，一位MBA踌躇满志地前往深圳某公司任职，在火车上遇见一位年龄相仿的工程师，在相互对话中有这样一段问答：

“我打算自己办一个公司，把我的创意变成社会财富。”工程师说。

“想法很好，不过办一个企业也不容易。”MBA提醒对方。

“你是企业管理科班出身，能否用半小时的时间，传授给我一些企业管理知识，让我少走弯路？”工程师求助MBA。

……

MBA沉思半晌，开始理论。

（资料来源：黄津孚. 2007. 现代企业管理原理. 北京：首都经济贸易大学出版社）

讨论：

如果你是那位MBA，准备如何介绍办企业的要点？

第二章　管理与企业管理

教学目标

本章主要介绍管理的概念、管理的职能、国内外管理思想的演变，进而介绍了企业管理的概念、企业管理理论发展的主要趋势等内容，让读者了解企业管理理论的基础知识，为后续的深入学习做铺垫。

学习任务

通过这一章内容的学习，要达到以下几个目的：

- 了解管理的概念、管理的性质。
- 掌握管理的职能。
- 了解国内外管理思想的演变。
- 掌握企业管理的概念和任务。
- 了解企业管理发展的主要趋势。

导入案例

张瑞敏的管理经验

在进军海外市场的过程中，张瑞敏的管理理论依然有着自己的特色。

所有的传奇都要从1984年35岁的青岛冰箱厂厂长张瑞敏的一项规定开始——不许随地大小便。

人们所津津乐道的另一件事情是，一年后张厂长怒砸本厂冰箱。一位朋友从他的厂里买走了一台冰箱。朋友走后，经检查，张瑞敏发现库房里的400多台冰箱中有76台存在各种各样的缺陷。在物资缺乏的年代，即便是次品依然有大量的需求，但张瑞敏说："我要是允许把这76台冰箱卖了，就等于允许你们明天再生产760台这样的冰箱。"他宣布，这些冰箱要全部砸掉，谁干的谁来砸，并抡起大锤亲手砸了第一锤。很多这样的故事直接揭示了张瑞敏的思路——把管理做好。

在管理实践中，张瑞敏开创了海尔特色的管理模式——从"日事日毕、日清日高"的OEC管理模式，到每个人都面向市场的市场链管理，到"人单合一"的发展模式，再到"卓越运营"的商业模式。

到目前为止，先后有美国的哈佛大学和南加州大学、瑞士洛桑国际管理学院、法国的欧洲管理学院、日本神户大学等商学院做了16个案例，涉及海尔的企业兼并、财务管理、企业文化等方面，特别是颇具权威的瑞士洛桑国际管理学院为海尔做的"市场链"案例已被纳入欧盟案例库。

用一个例子就能充分说明张瑞敏对自己管理思想的自信：红星电器厂原是生产洗衣机的工厂，被海尔兼并时净资产只有一个亿，但亏损为2.5亿，兼并后海尔只派了3个人去，员工还是原来的员工，设备还是原来的设备，兼并当月亏损700万，第2个月减亏，到第五个月即盈利100余万。后来，这个案例便成了哈佛大学教授研究的对象，即“海尔文化激活休克鱼”案例。

类似的案例有很多，就像是张瑞敏的管理理论一样多：“休克鱼疗法”、“斜坡理论”、“五星级服务”。

在进军海外市场的过程中，张瑞敏的理论依然有着自己的特色。中国企业家通常是靠先走越南、印度这样的第三世界国家起步，走“农村包围城市”的中国革命式发展道路。张瑞敏却直接把目光盯住美国市场。

他说：“非要争论在美国设厂好不好没有多大意义，因为单凭争论本身永远不会出结果，不如我一定要把它做出一个结果。就像德鲁克说的，管理本质不在于知而在于行，不在于逻辑而在于结果。你的逻辑对，我的结果对了，你的逻辑就没有意义。”

在央视的经济人物典礼上，他说：“我有一个愿望，如果我遇到韦尔奇，我会向他请教。”

可当韦尔奇真来中国和企业家交流时，他却又缺席了。有人问他为什么，张瑞敏回答：“就是听贝克汉姆讲三天三夜，也解决不了中国足球上不去的难题。”

张瑞敏是老三届的知青，说出这样的话一点都不奇怪，很多他这个时代的企业家都被打上了时代的烙印，即便是他们从来没有觉察过。

有人问过张瑞敏，你的偶像是谁？他第一个想起的就是松下幸之助。这位松下公司的创始人有着“经营之神”的美誉。

其实，张瑞敏今天的成功和30年前另一位伟人的一句话有关：1978年10月，邓小平赴日本访问，参观松下电器展览室时，讲解员把一盘烧麦用微波炉加热后，请邓小平观看。谁都没有想到，邓小平拿起一个烧麦看了一下放到嘴里，令人们大吃一惊。他边吃边说：“味道不错，微波炉很好。”

随后他说了那句影响中国企业家的话：“你讲社会主义比资本主义优越，就要比人家管理得更好。”

张瑞敏的成功证明了中国人也能做好管理。

（资料来源：张欢．2008-11-24．张瑞敏，中国管理教父．南方周末·人物周刊）

讨论：

1．读完案例，你认为管理是什么？

2．管理好一个企业有哪些重要因素？

第一节　管理概述

一、管理的概念

管理活动是人类社会的重要活动内容，从原始人集体狩猎活动到当代各种组织群体

的运作，无不渗透着管理的灵魂。特别是人类进入 21 世纪后，知识经济的到来，经济的全球化、市场化趋势逐步增强，管理的内涵日益丰富，管理的领域也日益广阔。

什么是管理？大概每一位从事管理工作的人对管理都有自己的体会和看法。学者们从不同角度对管理的涵义进行了理论提升和概括，对管理的内涵做了界定。

“科学管理之父”泰勒如此定义管理：“管理就是确切地知道你要别人去干什么，并使他用最好的方法去干。”

德鲁克认为“管理就是牟取剩余”，所谓“剩余”就是产出大于投入的部分。他认为任何管理活动都是为了一个目的：使产出大于投入。

诺贝尔经济学奖获得者西蒙认为“管理就是决策”，管理者所做的一切工作归根结底是在面对现实与未来、面对环境和员工时不断地做出各种决策，使组织的一切可以不断运行下去，直到实现令人满意的目标。

穆尼认为“管理就是领导”，任何组织中的一切有目的的活动都是在不同层次领导者的领导下进行的，组织活动的有效性取决于领导的有效性。

孔茨认为“管理就是通过别人来使事情做成的一种职能”。为了达成管理的目的，要进行计划、组织、人事、指挥、控制，管理就是由这几项工作所组成的。

也有人认为，管理就是做人的工作，它的主要内容是以研究人的心理、生理、社会环境影响为中心，激励职工的行为动机，调动人的积极性。

综合上述观点，本书认为对管理比较系统的理解应该是：管理是指管理者或管理机构，在一定范围内，通过计划、组织、领导、控制等工作，对组织所拥有的资源（包括人、财、物、时间、信息）进行合理配置和有效利用，以实现组织预定目标的过程。这一定义有四层含义：第一，管理是一个过程；第二，管理的核心是实现目标；第三，管理实现目标的手段是运用组织所拥有的资源；第四，管理的本质是协调。

二、管理的性质

马克思主义管理理论认为，管理的性质是二重性的。这是建立社会主义管理科学的理论基础和根本出发点。

任何社会的管理都具有二重性——自然属性和社会属性。一方面，管理是由许多人协同劳动而产生的，是由生产社会化所引起的，是有效组织共同劳动所必需的，因此具有与生产力、社会化大生产相联系的自然属性；另一方面，管理又是在一定的生产关系条件下进行的，体现着生产资料所有者指挥劳动、监督劳动的意志，因此，具有同生产关系、社会制度相联系的社会属性。这就是管理的二重性。

管理的自然属性体现在以下三方面：

1）将分散的独立劳动组合成一个集体劳动，把个体的劳动积极性引导到实现企业目标的轨道上来，以保证企业目标的实现。

2）组织分工协作，按各环节分配人员、调配资源，使人尽其才，物尽其用，最大限度提高效率和效益。

3）协调人与人、人与物、部门与部门之间的关系，充分调动人员的积极性和激发

士气，保证企业经营活动过程的正常进行。

管理的社会属性体现着一定的生产关系和社会制度的性质，是占有生产资料的阶级用来调整阶级关系，维护本阶级利益的手段。管理权是生产资料所有权的集中体现，生产资料归谁所有，管理权就掌握在谁手中。当然，在一定条件下，所有权和管理权可以分离，所有者可以亲自掌握管理权，也可以将它们租给别人支配、使用，还可以雇用职业经理人来替自己管理。但是，无论由谁行使管理权，都必须体现生产资料所有者的意志、利益和要求。

管理的二重性原理是指导人们认识和掌握管理的特点和规律，实现管理任务的有力武器。认识和掌握管理二重性的原理，才能分清资本主义管理和社会主义管理的共性和个性，正确地处理批判与继承、学习与独创、吸收外国管理经验与结合中国实际之间的关系，实事求是地研究和吸收国外管理中有益的东西，做到兼收并蓄、洋为中用。

三、管理的职能

行业不同，部门不同，管理活动的具体内容、方法也不相同，但在管理过程中某些基本工作是任何管理者都在做的，而且都遵循着一定的规律，这些基本工作就是所谓的管理职能。管理的职能一般可划分为计划、组织、领导、控制四个方面。

1. 计划职能

管理的计划职能就是要选择组织的整体目标和各部门的目标，决定实现这些目标的行动方案，从而为管理活动提供基本依据。

计划作为管理的首要职能，充分反映了：

1）计划从明确目标入手，为实现组织目标提供了保障。管理中的计划职能就是通过分析组织的内外部环境和条件，制定切合实际的组织总体目标、各部门目标、各阶段目标，并制定出相应的措施、方案以保证目标的实现。

2）计划通过优化资源配置以保证组织目标的实现。调动组织内的各种资源，在最经济的条件下实现目标是一个组织应遵循的原则。

3）计划通过政策、程序、方案、措施的制定保证组织目标的实现。

计划职能的要素包括：第一，制定切实可行的目标和政策；第二，管理人员拟订要实施的项目；第三，管理人员拟采取的措施、方案和过程；第四，管理人员必须按时完成的时刻表；第五，预算。以上要素需综合考虑纳入计划中。

2. 组织职能

制定出计划后，就要组织必要的人力和其他资源去执行既定的计划，这就是组织工作。组织作为管理的一项基本职能，它的含义应该是静态的人的集合和动态的组织活动过程的统一。具体看来，动态的组织活动过程是通过分工与合作，设置相应的职位机构，使每一个职位的权利与责任相结合，以达到某种特定的目标。

因此，管理的组织职能实质上是要设计和维持一整套职位系统，使人们在从事集体活动中合理分工合作，以达成共同目标。

3. 领导职能

任何活动的行为主体是人，因此指导和协调实施过程中人与人之间的关系、激励和调动人的积极性是管理的基本工作之一。在一个组织中，领导就是管理者利用职权和威信施展影响，指导和激励各类人员努力去实现目标的过程。虽然管理者的任务不仅仅是领导，但有效的领导是管理成功的关键。

领导的实质体现在感召和追随上。也就是说，领导者的感召力和人们的追随意愿使一个人能成为领导人。人们愿意追随那些能满足他们需要和要求的人；领导者也要在了解人们的需要和要求，了解激励的前提下，运用所具有的权力影响和感召人们实现组织的目标。因此，领导职能的内容是激励、指导、引导和促进。

4. 控制职能

控制职能是按照组织既定的目标、计划和标准，对组织活动各方面的实际情况进行检查，发现差距，分析原因，采取措施，予以纠正，使工作按原计划进行。或根据客观情况的变化，对计划进行适当的调整，使其更符合实际。

控制职能和计划职能密不可分。计划是控制的前提，为控制提供目标和标准，没有计划就不存在控制；控制是实现计划的手段，没有控制工作，事先拟定的计划是不会自动实现的，控制活动为计划的实现提供保证。

管理的上述四种职能是相互关联、不可分割的整体。计划职能主要着眼于有限资源的合理配置，组织职能主要致力于落实，领导职能着重于激发和鼓励人的积极性，控制职能则重在纠正偏差。管理的这四种职能的运用，归根结底是为了实现组织的目标。

阅 读 资 料

由于组织性质的不同，其设置的目标也会不同，因而就有不同的投入、产出和运营过程。如何针对这些不同来对管理工作做出评价呢？一般来说，管理工作有两个评判标准：管理的有效性和管理的效率。

1）管理的有效性是指管理工作对投入后的产出与组织目标一致性的影响。如果一个组织能很好地利用其拥有的资源去实现组织目标，则说明管理是有效的。

2）管理的效率是指管理工作对投入与产出的关系的影响。投入少、产出多说明发挥作用的资源比例高、浪费的资源少、管理的效率高。

管理的有效性和效率是相互联系的。良好的管理应该是既有效，又高效率的；既能达到组织目标，又能充分利用组织的资源。

（资料来源：尤建新．2006．企业管理概论．北京：高等教育出版社）

第二节　管理思想的演变

一、中国管理思想的历史演变

1. 中国古代的管理思想

作为四大文明古国之一，在我国各个历史发展时期，都可发现极为丰富的管理思想，其中一些管理思想至今仍有着重要的指导作用。

（1）经济管理思想

孔子主张重义轻利，不要积极追求物质财富，要“知命”、“安贫”。老子、庄子都主张寡欲，对财富要有知足感。孟子认为劳动分工是非常重要的，“且一人之身，而百工之所为备，如必自为而后用之，是率天下而路也”（见《孟子·滕文公上》）。一个人什么事都自己去做，就会疲惫不堪。而通过“通工易事”，以自己之有余以换不足，则大家都受益。孟子进一步把劳动分工加以引申，得出“劳心者治人，劳力者治于人”的结论。荀子认为人的需求是无止境的，需要用礼节来调节；人类生产要满足群体的欲望，就必须分工；富国必须富民，“下贫则上贫，下富则上富”（见《荀子·富国》）。

（2）运筹与决策思想

我们的祖先很重视运筹与决策，在长期的生产、战争实践中形成了较完整的运筹与决策思想体系。例如，《孙子兵法》中认为，运筹和决策：一要有预见性，“知己知彼”；二要有系统性，要考虑到各方面的因素，上下左右要协调；三要有严密性，建制科学、纪律严明；四要有权威性，令行禁止、军令如山；五要有灵活性，随机应变、用兵如神；六要有科学性，要知天文、识地理、懂民情。

把运筹方法作为处理问题的手段也早已见于我国古代军事、建筑、商业诸领域。“田忌赛马”就是2300年前孙膑运用运筹思想的生动反映。我们的祖先很重视决策，强调“凡事预则立，不预则废”，主张“三思而行”。三国时期的诸葛亮是一位杰出的政治家和军事家，其《隆中对》就是一个高瞻远瞩、善于分析形势和未来的决策典范。

（3）关于人的心理和行为的思想

我国古代有许多关于人的心理和行为的精辟学说。关于人性，荀况认为“人之性恶，其善也伪也”（见《荀子·性恶》），即人的本性是恶的，即使有善的行为，那也是人为的。而孟子认为“人性之善也，犹水之就下也。人无有不善，水无有不下。今夫水，搏而跃之，可使过颡，激而行之，可使在山，是岂水之性哉？其势则然也。人之可使为不善，其性亦犹是也”（见《孟子·告子上》），认为人的本性是善良的，就像水向下流一样；人之所以会干坏事，并非出于人的本性，而是由于环境的影响，就像击水能使水跃起，堵水能使它倒流一样。

三国时期的诸葛亮，对人的个性和怎样了解这些个性有很好的论述：“夫人之性，莫难察焉。美恶既殊，情貌不一，有温良而为诈者，有外恭而内欺者，有外勇而内怯者，

有尽力而不尽忠者。然知人之道有七焉：一曰，问之以是非而观其志；二曰，穷之以辞辩而观其变；三曰，咨之以计谋而观其识；四曰，千之以祸难而观其勇；五曰，醉之以酒而观其性；六曰，临之以利而观其廉；七曰，期之以事而观其信。”

关于人的需求，管仲指出“仓廪实则知礼节，衣食足则知荣辱”（见《管子·牧民》）。关于奖惩，管子认为“赏不可不厚，禁不可不重”，“赏薄则民不利，禁轻则邪人不畏”（见《管子·正世》），主张重赏重罚。韩非子也认为“赏莫如厚，使民利之；誉莫如美，使民荣之；诛莫如重，使民畏之；毁莫如恶，使民耻之”（见《韩非子·八经篇》）。

2. 中国现代的管理思想

我国现代管理思想的发展，大致上可分为战争时期、学习苏联时期、总结经验时期、“文化大革命”时期和改革开放时期。

（1）战争时期的管理思想

当时的企业，主要从事军需品和日用必需品的手工业生产，实行供给制，企业不独立核算，一切统收统支；受小农经济思想的影响很大，自给自足“小而全”的小生产经营管理方式极为普遍。

（2）学习苏联时期的管理思想

中华人民共和国成立后，在国民经济第一个五年计划期间，我国的管理基本上是全面引进和学习苏联的管理理论和方法，建立了统一计划、集中管理为特征的经济管理体制，生产实行指令性计划，财政统收统支。

比较科学的管理思想有：强调计划管理，推行生产作业计划，建立了生产责任制度；重视技术管理，推行工艺规程、技术检查制度，制定了技术标准、劳动定额等；注重经济管理，建立了厂内经济核算、经济活动分析制度；重视人才培养，开展劳动竞赛，实行各尽所能、按劳分配制度等。这些做法使我国的管理基本走上科学管理的轨道。

但由于片面认为苏联的管理制度和方法完美无缺而照搬照抄、单纯强调行政命令、忽视民主管理、把物质鼓励和思想教育相对立，这些都不利于调动各方面积极性，影响了社会主义优越性的发挥。

（3）总结经验时期的管理思想

1956 年毛泽东作了《论十大关系》的报告，论述了调动一切积极因素的方针，批评了盲目的学习态度，对当时管理中的不良倾向开展了批判；注重人的研究，把激发人的积极性与提高生产效率结合起来。例如，干部、技术人员和工人三结合的管理方式和组织机构、开展合理化建议运动、建立岗位责任制、实行班组八大员管理方法、实行职工代表大会、民主选举管理干部、精神奖励和物质奖励相结合等；重申实事求是是我国管理的根本出发点，主张把革命热情和科学态度相结合，把破除迷信、解放思想同尊重客观经济规律相结合，把政治挂帅同物质鼓励相结合。

（4）“文化大革命”时期的管理思想

1966 年开始的“文化大革命”使已形成一定系统的中国管理理论和思想荡涤殆尽，

这个时期的企业被视为行政机关的附属物，国家对企业管得过多过死；企业内部管理上，小生产管理方式、家长式领导作风、不讲经济效益的经营思想仍有相当影响；在分配方面，平均主义思想严重，企业和劳动者的进取心和责任感受到较大影响；在组织结构方面，长期以来国家实行“条条”与“块块”为主的管理体制，削弱和切断了企业间的横向联系，使企业无法根据分工协作原则进行资源的合理利用。

（5）改革开放时期的管理思想

随着社会主义市场经济理论的确立，我国管理思想发生了建国以来前所未有的变革。体现在：从只重视效率转到更重视效果和效益上来；把企业从单纯生产型转变为生产经营性；增强市场竞争意识和经营观念，变执行型管理为决策型管理；注重企业管理体制的改革，理顺国家和企业间的关系，促使企业讲求经济效益，形成一些新的组织形式和运行模式；树立人才第一的思想，注重职工培训和调动职工积极性；树立了时间和信息是重要资源的思想，认识到信息和知识产权是无形的财富，只有掌握必要的信息，才能进行正确决策；改变以往因循守旧、按老经验办事的陈旧观念，树立了开拓创新的思想，管理者们注重科学管理理论的学习，在实践中提出了不少具有中国特色的管理方法。

二、西方管理思想的演变与发展

从西方管理理论发展的历史及内容来看，大致可分为三个阶段：古典管理理论、行为科学管理理论、当代管理理论。

（一）古典管理理论

古典管理理论又称科学管理理论，主要代表人物有美国的泰勒、法国的法约尔、德国的韦伯等人。

1. *泰勒的科学管理理论*

泰勒1856年生于美国费城，18岁进入工厂当工人，做过技工、工头、车间主任、总工程师。通过企业中的实践和大量试验，他概括出一些管理的原理和方法，形成了“科学管理”理论，其主要内容有以下几方面。

1）科学管理的中心问题是提高劳动生产率。泰勒认为，选择合适而熟练的工人，将他们的每一项动作、每一道工序的时间记录下来，并把这些时间加起来，再加上必要的休息时间和其他延误时间，就得出完成该项工作所需的总时间。由此制定出“合理的日工作量”，这就是所谓的工作定额原理。

2）为各项工作挑选第一流的工人。管理部门的任务是为工人找到最合适的工作，培训他们成为第一流工人并设法激励他们发挥其最大力量。

3）标准化原理。管理者的首要任务就是发展和建立一种严格的科学，使工人掌握标准化的操作方法，使用标准化的工具和材料，并使作业环境标准化，即所谓的标准化原理。

4）实行刺激性的“差别计件工资”报酬制度。如果工人完成或超过工作定额，就按“高”工资率即125%付酬；如果没有达到定额，则按“低”工资率即80%付酬，以此来督促和鼓励工人完成和超过定额。

5）把计划职能和执行职能分开，变原来的经验工作法为科学工作法。泰勒认为工人单凭自己的经验是找不到科学的方法的，他们也没有时间和条件去从事这方面的实验和研究。所以要把计划职能和执行职能分开，计划职能归企业管理当局，并设立专门的计划部门才承担，执行职能由工人、工段长和班组长承担。

6）实行职能工长制。为了使工长能有效地履行职责，必须把管理工作细分，每一工长只承担一项职能，工人接受不同工长的指导和帮助。后来事实表明，一个工人同时接受不同工长的多头指挥，容易引起混乱，所以职能工长制没有得到推广，但泰勒的这种职能管理思想对以后职能部门的建立和管理的专业化产生了深刻的影响。

7）实行例外原则。泰勒认为规模较大的企业不仅要依据职能原则来组织管理，而且还必须应用例外原则。例外原则是指企业的高级管理者把一般的日常事务授权给下级管理人员处理，自己只保留对例外事项（或重大事项）的决策权和监督权。

8）工人与雇主双向“心理革命”。泰勒认为心理革命是以利益的一致性为基础的，通过心理革命使工人与雇主都“不把盈余分配看成头等大事，而把注意力转移到增加盈余上来。”

2. 法约尔的一般管理理论

法约尔长期担任一采矿公司总经理，他根据自己30多年的管理实践，于1916年发表了《工业管理和一般管理》一书。他把企业作为一个整体来研究其管理问题，补充了泰勒管理理论的不足，把科学管理提到了一个新的高度。

法约尔把工业企业的全部活动科学地分为六大类工作：技术工作（生产、制造、加工）；商业工作（采购、销售、交换）；财务工作（资金的筹集和使用）；安全工作（财产及人员的保护）；会计工作（财产盘点、资产负债表制作、成本核算、统计等）；管理工作（计划、组织、指挥、协调和控制）。“经营”是指导或引导一个组织趋向一个目标，包含以上六类工作，而“管理”则为这六类工作中之一，是同其他五类工作并列的、自成体系的独立工作。将管理活动从企业经营活动中分离出来，是法约尔管理理论的出发点。

法约尔还提出实施管理的14条原则：分工、权力与责任、纪律、统一指挥、统一领导、个人利益服从整体利益、员工的报酬、集权与分权、等级链、秩序、公平、人员的稳定、首创精神、团结精神。

3. 韦伯的行政管理理论

韦伯是德国著名的社会学家，他的研究主要集中在组织理论方面，他最大的贡献是提出了“理想行政组织体系理论”。韦伯在其代表作《社会组织与经济理论》一书中指出，为了实现一个组织的目标，要把组织中的全部活动划分为各种基本的作业，形成各种岗位，每个岗位都有明文规定的权利和义务。组织中人员的任用必须根据职务岗位的要求，通过正式的考试或培训教育来进行。组织中的成员必须严格遵守组织的各种规章和纪律，这些规章和纪律以及组织成员之间的关系是不受个人情感影响的。这种不偏不倚的做法不仅适用于组织内部，也适用于组织与外界的关系。韦伯认为，这种理想性质的组织体系有助于提高工作效率，以及组织体系的准确性、稳定性、纪律性和可靠性，优于其他组织体系。

（二）行为科学管理理论

科学管理思想通常把人看作是生产的机器，因此他们把精力集中在如何最有效地运用这些机器的方法上。相反，行为管理思想则把重点放在分析影响组织中个人行为的各种因素上，强调管理的重点是理解人的行为。

1. 梅奥的人际关系学说

1924 年至 1932 年，美国科学委员会在霍桑工厂进行一项研究，内容是劳动条件的变化对工人劳动效率的影响。开始阶段的实验结果并未找到二者之间的一致关系。对此，哈佛大学教授梅奥（G. E. Mayo）推测，影响劳动生产率变动的原因并不是物质条件的变化，社会心理因素可能是影响生产效率变动的主要原因。梅奥因此于 1927 年被邀参加霍桑工厂的实验和研究，一直持续到 1932 年，梅奥的假设基本得到证实。

在霍桑实验的基础上，梅奥创立了人际关系学说，提出了与古典管理理论不同的新概念、新观点。

1）社会人假设。古典管理理论把人假设为“经济人”，认为工人工作是为了追求最高的工资收入。梅奥则把人假设为“社会人”，认为工人并非单纯追求金钱收入，还有社会心理方面的需求，如追求友情、安全感和受人尊重等。

2）士气的概念。古典管理理论认为良好的物质条件一定能促进生产效率的提高，而梅奥认为生产效率提高的首要因素是工人的“士气”，即工作的积极性、主动性和协作精神。“士气”的高低又与工人的满足度有关，即对安全感和归属感等社会需求方面的满足程度。

3）非正式组织。古典管理理论只承认正式组织，把其看作是达到最高效率的唯一保证。梅奥认为，企业中除正式组织外，还存在着非正式组织。非正式组织与正式组织相互依存，对生产效率的提高有很大的影响。

2. 行为科学理论的新发展

（1）关于个体行为的研究

对个体行为的研究主要集中在以下两方面：

1）通过对人的需要、动机到行为产生的研究，提出如何实施激励。具有代表性的理论有：马斯洛的“需求层次理论”、赫茨伯格的“双因素”理论、麦克莱兰的“成就需要理论”、弗罗姆的期望值理论、亚当斯的公平理论、斯金纳的强化理论等。

2）对“人性”的研究。关于人的特性问题一直是管理学者注意研究的中心问题之一，对人性的不同观点将决定管理者采用何种管理手段和管理方式。代表性理论有：麦格雷戈的X-Y理论；克里斯·阿吉里斯“个性和组织”的假设理论；埃德加·沙隐的“人性”四种假设理论，即经济人假设、社会人假设、自我实现人假设、复杂人假设的理论。

（2）关于团体行为的研究

团体行为也称群体行为，是联系个体行为与组织行为的纽带和桥梁。对团体行为的研究主要是探讨和把握团体行为的特征和规律。西方行为科学中有关团体行为的理论和学说主要分三类：团体动力理论、信息交流理论、团体及其成员相互关系理论。

（3）关于组织行为的研究

组织行为是当代行为科学研究的最高层次，主要包括领导行为、组织的变革和发展这两方面。其代表性理论主要有：领导者品质理论、领导方式理论、管理方格法、组织变革理论、适应循环学说、组织变革模式、Z型组织理论等。

行为科学理论的产生和发展，反映了人类社会进步的要求，它强调重视人的因素，重视人力资源的保护、开发和利用，相对于古典管理理论是一个重大进步。

（三）现代管理理论

1961年，美国管理学家孔茨（Harold Koontz）发表了《管理理论的丛林》一文，把当时的各种管理理论划分为6个主要学派。1980年，孔茨又撰文《再论管理理论丛林》，把流行的管理理论学派划分为11大学派。这里主要介绍以下学派。

1. 社会系统学派

主要代表人物是美国的巴纳德（C. I. Barnard）。巴纳德的观点主要有以下几个方面。

1）社会的各级组织都是由人的相互协调活动而组成的协作系统。

2）正式组织包含三要素：协作的意愿、共同的目标和相对稳定的信息联系。

3）一个组织中不仅有正式组织，也有非正式组织。非正式组织与正式组织相互创造条件，对正式组织的目标产生积极的影响。

4）经理人员是协作系统中的关键因素，其职能主要有：建立和维持组织的信息系统；选拔或招聘最好的人员，并安排其从事适当的工作和充分发挥其作用；确立组织的目标。

2. 决策理论学派

主要代表人物是美国的西蒙（H. A. Simon）。西蒙发展了巴纳德提出的社会系统理论，特别是决策理论，对经济组织内的决策程序进行了开创性的研究。西蒙的主要观点有以下方面。

1）决策贯穿于管理的全过程，管理就是决策。

2）决策过程包括四个阶段：搜集情报阶段、拟定计划阶段、选定计划阶段、评价阶段。

3）对决策的过程、决策的准则、程序化决策和非程序化决策的异同及其决策技术、决策的组织结构等做了分析，并提出用“满意标准”来代替传统决策理论的“最优化标准”。

4）组织是由决策制定者个人所组成的系统，组织结构的建立必须与决策过程联系起来考察。

3. 系统管理学派

代表人物是美国的卡斯特（F. E. Kast）和（J. E. Rosenzweig）。该学派认为，企业组织是一个完整的由各个子系统构成的系统，从系统的观点来考察和管理企业，有助于提高企业的效率，使各个系统和各个部门的相互关系网络更清楚，更好地实现企业的总目标。

4. 经验主义学派

代表人物是美国的德鲁克（P. F. Drucker）。该学派以大企业的管理经验为主要研究对象，加以概括和理论化，向企业管理人员提供实际的建议。他们主张通过案例研究分析一些经理人员的成功经验和他们解决特殊问题的方法，这样可以在相似的情况下进行有效的管理。

5. 权变理论学派

该学派认为，由于组织内部各个部分之间的相互作用和外界环境的影响，没有一成不变、普遍适用的“最好的”管理理论和方法。权变理论是研究组织与环境的主要变量以及彼此间相互关系的一般模型。环境与管理之间存在着一种函数关系，其中环境是自变量，管理是因变量。权变管理就是依据环境自变量、管理思想及管理技术因变量之间的函数关系来确定一种最有效的管理方式。

6. 管理科学学派

管理科学学派又称数量学派、运筹学派、模式学派等，其代表人物是美国的伯法（E. S. Buffa）。该学派强调运用数学模型和计算机技术来进行管理决策，提高经济效率。他们认为，管理就是用数学模式与程序来表示计划、组织、控制、决策等合乎逻辑的程序，求出最优的解答，以达到系统所追求的目标。

知 识 拓 展

20世纪90年代最有影响力的思潮当数企业再造和学习型组织理论的提出。企业再造是指针对企业业务流程的基本问题进行反思，并对它进行彻底的重新设计，以便在成本、质量、服务和速度等当前衡量企业业绩的这些重要尺度上取得显著的

进展。学习型组织是指人们能够得以在其中不断扩展创造未来的能量，培养全新、前瞻而开阔的思考方法，全力实现共同的愿望，并持续学习如何共同学习的组织。

进入21世纪，管理呈现出以下几个新趋势：

1）信息化导致管理规则重构。

2）知识经济引发知识管理。

3）环境变化促发网络化组织。

第三节　企业管理

一、企业管理的概念

企业管理是对企业生产经营活动进行计划、组织、领导和控制等一系列活动的总称，是社会化大生产的客观要求。企业管理是尽可能利用企业的人力、物力、财力、信息等资源，实现“多、快、好、省”的目标，取得最大的投入产出效率。随着生产精细化的发展，分工越来越细，生产专业化程度不断提高，生产经营规模不断扩大，企业管理也就越来越重要，科学化管理成为培育企业核心竞争力、实现企业可持续发展的重要途径。

二、企业管理的基本特征

1. 企业管理是一种文化现象和社会现象

这种现象的存在必须具备两个条件：两个人以上的集体活动；一致认可的目标。在人类的社会生产活动中，多人组织起来，进行分工都会达到单独活动所不能达到的效果。只要是多人共同活动（即向一共同的目标努力），都需要通过制定计划、确定目标等活动来达到协作的好处，这就需要管理。因此，管理活动存在于组织活动中，或者说管理的载体是组织。

组织的类型、形式和规模可能千差万别，但其内部都含有五个基本要素，即人（管理的主体和客体），物（管理的客体、手段和条件），信息（管理的客体、媒介和依据），机构（反映了管理上下左右分工关系和管理方式），目的（表明为什么要有这个组织）。

外部环境对组织的效果与效率有很大影响，外部环境一般包含9个要素：行业，原材料供应，财政资源，产品市场，技术，经济形势，政治状况及国家法律、规章、条例，社会文化。

一般认为，组织内部要素是可以控制的，组织外部要素是部分可以控制（如产品市场）、部分不可以控制的（如国家政策）。

2. 企业管理的主体是管理者

既然管理是让别人和自己一道去实现既定的目标，管理者就要对管理的效果负重要责任。管理者的第一个责任是管理一个组织；第二个责任是管理管理者；第三个责任是管理工作和工人。

企业管理者在企业生产活动中处于领导地位，具有特殊重要的作用。他们独立于企业的资本所有者，自主地从事企业经营活动，是企业管理的最高决策者和企业各项经营活动的统一领导者，其职能可归纳为以下几点。

（1）确立企业的目标与计划

企业管理都有其既定的最终目的。在一定时期内，为了实现企业的目的，就要使之具体化，形成企业的经营目标。企业的经营目标可分为长期目标与短期目标，总体目标与部门目标。企业经营者通过确立企业的目标和计划来统一企业全体成员的思想和行动，引导企业通过最有利的途径来实现其既定的目的。美国的许多大公司经营者都非常重视制定相应的经营目标，因为这是执行其他各项职能的前提和依据。目标和计划正确与否决定着企业经营的成败，关系到企业的前途和命运，因此，它是企业经营者的首要职能，作为企业管理者来说，要正确制定企业的目标和计划，必须正确分析和判断企业的各种环境因素，善于估量市场的需求趋势、竞争企业的特点和企业自身的优势和劣势，能及时抓住有利的投资机会，巧妙地回避可能出现的风险。并善于利用企业各级主管人员的经验和智慧，以便做出最佳决策。

（2）建立和健全企业的组织机构

建立和健全企业的组织结构，充分发挥其各自作用，并保证企业整体发挥最大的效率，是实现企业目标的手段。因此，任何企业的组织机构必须适应企业目标或任务，而且还要不断地健全和完善。

（3）配备重要的企业主管人员

企业管理者必须充分重视人才的质量，首先要重视人才的选拔；其次，必须充分重视人才的考核与评价，因为它是人才的选拔、提升、确定报酬和奖励的依据，否则容易挫伤员工的工作积极性，并且此项工作必须经常化；最后是充分重视人才的培训，它是人才选拔、提升的可靠基础。美国企业在这方面做得较有成效。

（4）实现对企业全局的有效领导

一个优秀的管理者必须同时是一个优秀的领导者，这就要求经营者必须学会运用诱因去激励下属的行为动机，使其心甘情愿，满腔热情地为企业的共同目标而努力。

（5）实现对企业经营全局的有效控制

企业管理者在确定企业的目标和计划后，就要发动和指挥企业全体成员去执行这些既定的目标和计划，其控制的职能就在于保证人们的执行活动始终不会偏离目标和计划的要求，从而保证目标得以顺利的实现。

（6）实现对企业经营整体的有效协调

企业的经营活动是由众多相互联系的部门、环节和因素构成的统一体，客观上存在

着一定的相互制约关系。在经营过程中，有可能出现这样或那样的矛盾，使这种相互关系出现不协调的现象。作为管理者来说，其协调职能就是要设法解决这些矛盾，保证企业的生产活动始终处于协调状态，从而保证企业计划和预期目标能顺利实现。

3. 管理的主要职能

管理的职能主要有四个，即计划、组织、领导和控制，管理者的任务是设计和维持一种环境，使在这种环境中工作的人能够用尽可能少的支出，实现既定的目标。一个组织通常划分为三个层次，即上层管理、中层管理和基层管理。

4. 管理的核心是协调好人际关系

人既是管理中的主体又是管理中的客体，管理的大多数情况是人和人打交道。管理的目的是实现多人共同完成目标，因此，管理中一定要协调好人际关系。千万不要给人一种高高在上的感觉。

小　结

管理是管理者或管理机构，在一定范围内，通过计划、组织、领导、控制等工作，对组织所拥有的资源（包括人、财、物、时间、信息）进行合理配置和有效利用，以实现组织预定目标的过程。管理具有二重性，即自然属性与社会属性。

管理的职能一般地可划分为计划、组织、领导、控制四个方面。对这四种职能的分析，不仅说明了管理是干什么的问题，而且还揭示了组织的目标是如何达到的。

中国古代管理思想流派纷呈，在各个历史发展时期都有着极其丰富的管理思想，其中主要有经济管理思想、运筹与决策思想及关于人类心理和行为的精辟学说等。我国现代管理思想的发展，大致可分为战争时期、学习苏联时期、总结经验时期、“文化大革命”时期和改革开放时期。

在西方，以泰勒、法约尔为代表的古典管理学派，最早把管理实践上升到管理理论。最著名的是泰勒的科学管理思想、法约尔的 14 条管理原则。以梅奥为代表的人际关系学派，提出了工人是“社会人”的见解，从而改变了在这之前一直把工人看作“经济人”的观点。在古典管理理论和人际关系理论基础上发展起来的现代管理理论，包括了社会系统、决策理论、系统管理、经验主义、权变理论、管理科学等众多学派，这些学派从思想、体制、方法和手段上推进了管理现代化进程。

复习思考题

1. 管理的含义是什么？管理对企业有什么作用？

2．管理有哪些职能？为什么说管理的本质是协调？

3．中国古代有哪些优秀的管理思想？你怎样看待中国古代的管理思想？

4．改革开放以来，我国的管理思想发生哪些变化？

5．列举科学管理理论、一般管理理论、行政管理理论之间的异同点。

6．企业管理与政府行政管理在职能上有什么区别？

7．如何理解管理的核心是处理好人际关系？

案 例 分 析

3M 公司的创新管理

3M 公司全称为明尼苏达矿业制造有限公司，创办于 1902 年，目前在世界 200 多个国家设有分部，包括 60 多个子公司。3M 公司的创新纪录在工业界名列前茅，连续数年被美国《财富》杂志评为“最受企业界钦佩”的企业，被认为是拥有最为主动的研发计划和最有能力适应未来市场竞争的企业。

3M 公司所从事的行业很多，其中以胶带及其相关产品为最大，占其总营业额的 70%；其他营业项目包括印刷系统、研磨、釉胶、建筑材料、化学制品、保护产品、摄影产品、印刷产品、录音器材、电子产品、保健品等。其产品品种逾 6 万种，在全球设立的实验室超过 70 间，科研人员超过 6500 人，投入研究与发展的资金达总销售额的 6.5%，是一般美国公司的两倍。每年约有 500 件新产品面世。

1．3M 公司创新管理的系统模式

3M 公司积极协调各业务部的关系，包括海外子公司的资金调度、研究开发、人才交流等，促成整体的有效分工。在新产品商品化时，对公司既有设备和信息进行统筹安排，机动地统合各业务部，充分发挥并享受分工合作的效果与利益。创新核心部门管理包括研发管理、生产管理、营销管理和界面管理。3M 公司对研发非常重视，每年用于研发的投资超过 10 亿美元，拥有 7100 名专门从事技术研究与开发的雇员。

3M 公司实行以产品为核心的事业部制组织结构，这种结构使各事业部在创新管理过程中能够对研发、生产和营销及其联结进行系统的管理。

2．3M 公司创新管理系统的适应性

3M 公司对于技术自身的适应性以及个人和组织的适应性有一种出于直觉的重视，自觉不自觉地对其加以利用，从而有效地保持了高效的创新能力。3M 公司对技术的适应性表现其成长与多元化是由基础技术分化产生的。

3M 公司通过创新战略管理、创新组织管理、创新文化管理、人才管理与知识管理对个人与组织的适应性进行了有效的利用。

（1）3M 公司的创新战略管理

1）3M 公司将创新当作公司的根本战略，认为公司管理者的核心使命是在整个公

司范围内传达这样一个理念：力求有创意和创造力。公司以创新为目标，大力投入研发资金，容忍失败，努力吸引有创新的员工，创造有挑战性的环境，设计宽松的组织结构，采取慷慨而恰当的激励机制，使公司上下充满了创新的活力。

2）3M 公司充分认识到创新的复杂性和动态性，实行逐步推进的创新战略。3M 公司前首席执行官 L. D. 德西蒙说："创新给我们指示方向，而不是我们给创新指示方向。" 3M 在创新方面非常具有耐心，不怕失败，鼓励员工冒险。3M 公司权威极高的研究带头人比尔·科因称，他的管理哲学是一种"逆向战略研究法"，3M 公司并没有先将重点放在一个特定的工业部门、市场或产品应用上，然后再开发已经成熟的相关技术，而是先从一种核心技术的分支开始，然后再为这种技术寻找可以应用的市场，从而开创一种新产业。研究人员通常都是先解决技术问题，然后再考虑这种技术可以用在什么地方。3M 公司将创新分为"涂鸦式创新"、"设计式创新"和"指导式创新"三个阶段。这些阶段是自下而上的，首先从基层而不是从高层开始，集思广益，得到一致认可和赞许，再逐渐演变成更加深入和集中的努力。在整个过程中实现众人支持与专人负责之间的平衡，并按不同阶段逐步增加人力和资金的投入。约束随着阶段的进展逐渐加强，到了最终阶段，方法和落实由经营策略和财务状况决定。

总之，3M 公司自觉不自觉地认识到企业创新系统的复杂适应系统特征，在战略上重视创新的复杂性与涌现机制，顺应创新的自然进化，逐步推进，及时反馈和改进，同时也重视创新随机性中的确定性，制定诸如优先发展等战略规划。

（2）3M 公司的创新文化管理

3M 公司致力于企业文化的建设，营造了良好的鼓励创新的组织氛围，形成了积极的创新文化。使创新文化成为其创新能力的良好基础。3M 公司以坚持不懈、好奇心、个人主观能动性、协作、从失败中学习等为核心价值观，鼓励员工的首创精神，营造协作的氛围，容忍失败。

3M 公司推出著名的"15%规则"，即允许所有的技术人员将其工作时间的 15%用于自己选择的课题，管理者对此无权过问。"15%规则"的真正含义是公司对员工是信任和鼓励的，相信员工的创新能力和责任心，鼓励员工进行创新。事实上，技术人员将这段时间用于访问其他的实验室，或访问客户，大部分时间用于帮助其他部门的同事解决问题。

公司有一句格言："产品属于业务部门，技术属于整个公司。"公司建立"3M 论坛"，积极进行学术交流，公司所有的技术人员都属于这个组织，论坛的活动包括技术人员寻求帮助的问题展示会，每年一次的各业务部门的最新技术成果展等。公司在整个公司内部鼓励员工进行交流，要求在创新过程中进行团队合作，以此作为判断创新价值的标准。

（3）3M 公司的创新组织管理

3M 公司的组织结构是事业部制。公司现有 40 多个部门，通过产品或市场归类的方法来进行协调，每个部门都有一批销售人员、一个研究实验室，并自负盈亏。事业部副总裁之下另设有技术总监、生产总监、市场调查总监，由四者构成事业部的中枢。3M 的事业部有极高的自主性。在推动开展业务时，只要是 3M 的技术，任何事业部都可以利用；而且，推出任何产品也全权委托给业务部自行决定。这种自由决定权使各业务部的活动充满创意和活力。总公司扮演协调角色，在各事业部之间进行资源分配与关系协调。同时，各业务部有义务缴纳一定的“权利金”给公司管理部门，由总公司将其转用于3M整体的研究开发与设备。

“创新产品小组”是3M公司的常用单位。这种专门小组具有三项重要特征：由各种专门人才全力共同参与，任务无限期；全是自愿者；具有相当的自主权。一个创新小组的成员至少要包括技术人员、生产制造人员、行销人员、业务人员，甚至财务人员，而且全部是专任的。3M公司知道在这种制度下，有些成员也许不能立刻派上用场，或会造成人才浪费的现象，例如在发展初期，大概只需用三分之一的生产制造人员。但是3M公司似乎愿意付出这种代价，好让工作人员专心一致、埋头于工作。他们的论调是，只有指派专任工作，才能促使员工全力以赴，专注于一项任务之上。

（4）3M公司的知识管理与人才管理

3M公司所有实验室都对大家开放，部门经理有权享用公司的全部实验室。长期研究项目也许可以为短期开发项目提供帮助。公司创办技术论坛，从总部的研发中心外派科技人员，也从分部调派员，工至总部，目的是促进学术交流和知识流动。

3M公司对于创新人才非常重视，在激励机制上体贴入微、不惜重金。3M公司颁发“金阶奖”给在销售、利润上有极大贡献的研究小组。小组成员的地位与报酬，会随产品的成长而改变，支援这些小组、促使其成长的管理人员，也会获得应有的地位与报酬。3M还设有颁给在技术上有重大贡献的员工的“卡尔顿”奖。从员工推荐的科学与技术发明中，通过评估其对公司的贡献、开创性来决定人选。此外，以研究中心为对象而设立的“优秀技术奖”，是由各研究中心推荐前一年研究成果最佳的研究项目送交总公司评选。获此奖的研究人员可加入“技术杰出奖”，和管理级人员一样，可在周末享用3M的诺马克度假中心。为了表扬在海外进行研究开发，并在新产品或新技术上有卓越贡献的研究人员，3M特别设有“寻经奖”。3M公司的奖励制度，不论是对整个创新小组或个人，都有鼓励作用。当他们的产品发展计划，越过重重障碍有所成就的时候，小组里每位成员，都会因此获得晋升。小组兴旺，创新斗士自然获益匪浅，反之亦然。

3M公司实行双重晋升制度。员工可以自己选择管理或研究部门职务，而待遇上并无差别。双重晋升制度一方面可避免研究开发人员成为矫枉过正的专家，另一方面也可维持“与利润休戚相关、与市场需求密切配合”的研究开发体制，对于刺激新进人员也有相当的效果。

（资料来源：盛亚．2005．企业创新管理．杭州：浙江大学出版社，改编）

讨论：

1．3M公司的创新管理有什么特色？

2．3M公司的创新组织管理有什么借鉴作用？

3．3M公司的创新成功的关键在哪里？

第三章　企业经营管理

教学目标

本章主要介绍了企业的经营环境、企业的经营思想和目标体系，以及企业的经营战略。通过分析企业的内外部经营环境，明确企业经营思想和目标，进而制定企业经营战略，指导企业长远发展方向，也为后续企业的资源管理、生产运作管理的学习打好基础。

学习任务

通过这一章内容的学习，要达到以下几个目的：

- 掌握企业经营环境的分析。
- 了解企业经营思想和目标体系。
- 了解企业战略的概念及特点。
- 掌握企业经营战略的类型和内容。

导入案例

BFHD公司一次董事会活动

生产大客车的BFHD公司2004年初召开董事会，会议议题为：①关于上市发行A股6000万股募集资金2亿元的方案；②审议批准总经理工作报告；③审议通过2003年董事会工作报告；④审议通过2003年度财务决算报告；⑤审议通过2003年度利润分配方案；⑥审议通过2004年度财务预算报告及2004年技术改造项目；⑦审议批准2004年绩效考核试行办法；⑧提议召开2004年股东大会。

董事会开了一整天，董事长要求董事会秘书抓紧上市发行的准备工作，需自己出面与证监会协调的话就安排出面，重点要研究企业发展问题。公司面临南方竞争对手JH的严重挑战。近年来对方利用高中档产品系列以及民营企业的灵活性和低成本，发展速度明显超过本公司。总经理在工作报告中提出的主要措施是：加快新产品的开发和市场开拓，并决定把2004年定为质量成本年，要狠抓产品质量和成本，提高企业竞争力。董事们纷纷对总经理的工作报告提出质疑。

有的董事提出应该抓紧时间研究长期规划，进一步明确企业发展战略，如果上市发行股票成功，究竟是集中扩大高档豪华客车生产规模，还是向中档车渗透？有何措施利用首都交通现代化的市场机遇？还是面向全国市场能打哪里就打哪里？

许多董事要求管理层提高客车年度销售数量指标，认为市场再也丢不起了；董事长对成本指标和库存逐项进行核查和点评，并对减少销售提成影响员工积极性的做法提出了批评；副董事长反对用分期付款、为客户提供担保和贴患贷款的方式促销，认为这样风险太大；有的董事提出面对价格战，公司应该在降低采购成本、提高设计质量、降低生产消耗、加快资金周转方面有具体的差距分析和奋斗目标；有的独立董事提出，绩效考核指标没有体现长远发展与近期效益的统一、客户满意度与销售收入的统一，建议采用平衡记分卡原理修订绩效考核办法，而副总经理则反过来提出，应该由董事会薪酬委员会拿出绩效考核以及薪酬方案；有的独立董事提出，董事会对企业经营策略不必讨论这么细，这是事实上的干预过多，这个观点立刻遭到了别的董事的反驳，认为董事会绝不能成为橡皮图章。

会下一位副总经理抱怨董事长管得过宽。

（资料来源：黄津孚．2007．现代企业管理原理．北京：首都经济贸易大学出版社）

讨论：

1．董事会究竟应该负什么责任？

2．请对上述董事会议程和提出的问题发表看法。

第一节　企业经营环境分析

一、企业环境及特点

在企业生产经营活动中，凡是对企业生产经营活动及其生存发展发生影响，而企业又无法控制的因素，都属于企业环境。各种企业环境要素对企业生产经营活动的影响都错综复杂、相互交织。有些因素有利于企业的生存和发展，有些因素对企业的经营活动可能带来不利，正是这种企业环境因素的二重性作用，对企业的发展既形成了机会，又孕育着风险。

企业环境具有差异性、动态性和可测性三个特征。

1）环境差异性。环境差异性是指即使是两个经营范围相同的企业，面对同一环境因素，对环境因素的影响也会有不同的体验和反映。如金融危机对技术密集型企业、资金密集型企业、劳动密集型企业的风险差异就不同。

2）环境动态性。任何一种环境因素都会发生变化，环境因素的稳定都是相对的，变化则是绝对的。有些环境变化是明显的，而且有显著的趋势，如技术环境因素。

3）环境可测性。各种环境因素之间是互相关联和互相制约的。因而某种环境因素的变化都是有规律的，一些因素的变化规律性比较明显，一些则比较隐蔽，一些影响作用时间长，一些影响作用时间短。变化规律性明显而且影响作用时间长的因素，其可预测性则比较高，变化规律性隐蔽而且影响作用时间短的因素，其可预测性则比较低。

二、宏观环境与微观环境

企业经营环境指对企业生产经营活动产生影响而企业自身又没有办法控制的各种因素的总称，包括企业宏观环境因素与微观环境因素。

1. 宏观环境因素分析

一般认为企业的宏观环境因素有四类，即政治和法律环境、经济环境、社会文化与自然环境以及技术环境。

政治和法律环境，是指那些制约和影响企业的政治要素和法律系统，以及其运行状态。政治环境包括国家的政治制度、权力机构、颁布的方针政策、政治团体和政治形势等因素。法律环境包括国家制定的法律、法规、法令以及国家的执法机构等因素。政治和法律因素是保障企业生产经营活动的基本条件。

经济环境，是指构成企业生存和发展的社会经济状况，以及国家的经济政策，包括社会经济结构、经济体制、宏观经济政策等要素。通常衡量经济环境的指标有国内生产总值、就业水平、物价水平、国民可支配收入、国际收支状况，以及利率、通货膨胀率、政府支出、汇率等国家货币和财政政策等。经济环境对企业生产经营的影响更为直接具体。

社会文化环境，是指企业所处的社会结构、社会风俗与习惯、信仰与价值观念、行为规范、生活方式、文化传统、人口规模与地理分布等因素的形成和变动。自然环境，是指企业所处的自然资源与生态环境，包括土地、森林、河流、海洋、生物、矿产、能源、水源、环境保护、生态平衡等方面的发展变化。这些因素关系到企业确定投资方向、产品改进与革新等重大经营决策问题。

技术环境，是指企业所处的环境中的科技要素及与该要素直接相关的各种社会现象的集合，包括国家科技体制、科技政策、科技水平和科技发展趋势等。技术环境影响到企业能否及时调整战略决策，以获得新的竞争优势。

2. 微观环境分析

企业的微观环境主要包括产业环境和市场环境两个方面。产品生命周期、产业五种竞争力、产业内的战略群体、成功关键因素等分析方法是微观环境分析的重要内容。市场需求与竞争的经济学分析能够深化对微观环境的理解与认识。

（1）产业的生命周期

在一个产业中，企业的经营状况取决于其所在产业的整体发展状况以及该企业在产业中所处的竞争地位。分析产业发展状况的常用方法是认识产业所处的生命周期的阶段。产业的生命周期阶段可以用产品的生命周期阶段来表示，分为开发期、成长期、成熟期和衰退期四个阶段。只有了解产业目前所处的生命周期阶段，才能决定企业在某一产业中应采取进入、维持或撤退，才能进行正确的新的投资决策，才能对企业在多个产业领域的业务进行合理组合，提高整体盈利水平。

（2）产业结构分析

根据波特教授从产业组织理论角度提出的产业结构分析的基本框架——五种竞争力分析，可以从潜在进入者、替代品、购买者、供应者与现有竞争者间的抗衡来分析产业竞争的强度以及产业利润率。潜在进入者的进入威胁在于减少了市场集中，激发了现有企业间的竞争，并且瓜分了原有的市场份额。替代品作为新技术与社会新需求的产物，对现有产业的“替代”威胁的严重性十分明显，但几种替代品长期共存的情况也很常见，替代品之间的竞争规律仍然是价值高的产品获得竞争优势。购买者、供应者讨价还价的能力取决于各自的实力，比如卖（买）方的集中程度、产品差异化程度与资产专用性程度、纵向一体化程度以及信息掌握程度等。产业内现有企业的竞争，即一个产业内的企业为市场占有率而进行的竞争，通常表现为价格战、广告战、新产品引进以及增进对消费者的服务等方式。

（3）市场结构与竞争

经济学中对市场结构的四种分类：完全竞争、垄断竞争、寡头垄断和完全垄断。严格定义的完全竞争市场在现实生活中并不存在，但这一市场中激烈的价格竞争使价格趋向于边际成本的描述在许多消费品市场中却屡见不鲜。垄断竞争市场中，产品的差异性为企业建立了固定客户，并且允许企业对这些固定客户享有价格超过边际成本的一些市场权力。寡头垄断市场中，每一个企业的定产定价都会对整个市场的价格和产量产生影响。因而，企业的决策要依赖其他企业的选择。完全垄断市场上，只有唯一的厂商生产和销售商品，其他任何厂商进入该行业都极为困难或不可能。垄断厂商控制整个行业的生产和市场的销售，操纵价格和产量。

（4）市场需求状况

可以从市场需求的决定因素和需求价格弹性两个角度分析市场需求。人口、购买力和购买欲望决定着市场需求的规模，其中生产企业可以把握的因素是消费者的购买欲望，而产品价格、差异化程度、促销手段、消费者偏好等影响着购买欲望。影响产品需求价格弹性的主要因素有产品的可替代程度、产品对消费者的重要程度、购买者在该产品上支出在总支出中所占的比重、购买者转换到替代品的转换成本、购买者对商品的认知程度等。

（5）产业内的战略群体

确定产业内所有主要竞争对手战略诸方面的特征是产业分析的一个重要方面。一个战略群体是指某一个产业中在某一战略方面采用相同或相似战略的各企业组成的集团。战略群体分析有助于企业了解自己的相对战略地位和企业战略变化可能产生的竞争性影响，使企业更好地了解战略群体间的竞争状况、发现竞争者，了解各战略群体之间的“移动障碍”，了解战略群体内企业竞争的主要着眼点，预测市场变化和发现战略机会等。

（6）成功关键因素

作为企业在特定市场盈利必须拥有的技能和资产，成功关键因素可能是一种价格优势、一种资本结构或消费组合、一种纵向一体化的行业结构。不同产业的成功关键因素存在很大差异，同时随着产品生命周期的演变，成功关键因素也会发生变化，即使是同一产业中的各个企业，也可能对该产业成功关键因素有不同的侧重。

第二节　企业经营思想与目标体系

一、经营的含义和内容

经营是企业以市场为主要对象，通过商品生产和商品交换，为了实现企业的总体目

标而进行的与企业外部环境达到动态平衡的一系列有组织的活动。

根据经营的含义，企业经营活动指企业为实现其目标而进行的各种经济活动，即包括生产活动、投入的供应活动和产出的销售活动在内的各种活动。但为了更突出经营活动的特点，一般把企业内部的生产活动排除在外，经营活动主要是指企业外部协调的经济活动，如产品的定位和营销、资源投入的供应与管理、资金的筹措管理与利润分配以及税负的管理等。由此，可以粗略地把全部企业经济活动分为生产管理活动和经营管理活动。

二、企业经营管理思想

企业的经营思想是指正确认识企业外部环境和内部条件，指导企业决策，实现企业目标，求得企业生存和发展的思想，即企业从事生产经营活动的基本指导思想。

企业经营管理思想的形成是一个长期的复杂过程，是在一定的社会经济环境中成功企业经验上升到哲理高度的总结，反映的是企业领导人对待企业外部环境、内部条件及经营目标的综合态度。企业经营管理思想包括多方面的内容，正确的经营管理观念来源于对企业实际情况和外部环境客观的正确认识，以及对社会经济发展和技术进步的正确把握。当今企业应树立以下经营管理思想。

1. 竞争观念

市场机制之所以是一种有效率的资源配置手段，其根本原因之一是存在竞争。竞争导致企业优胜劣汰，最终使产品质量最好、成本最低的企业存留下来。随着国内外市场一体化进程的加速，竞争的深度和广度也在不断拓展，企业不仅要面对国内的竞争者，还要面对更强有力的国外对手。企业只有不断提高竞争能力，才能在竞争中谋求生存和发展。

2. 市场观念

在市场经济制度下，市场观念是企业经营思想的核心。企业对市场要有敏锐的洞察力，按照市场需求组织生产经营活动。

3. 信息观念

在当今的信息时代，竞争的成败很大程度上取决于掌握信息的速度和质量。企业应掌握的信息主要有：市场需求信息，原材料及半成品供应信息，货币和资本市场信息，以及相关地区和国家的政治、经济、社会信息等。

4. 质量观念

质量是企业的生命，是企业发展的灵魂和竞争的核心。企业只有把质量放在工作的首位，精益求精，才能在激烈的竞争中立于不败之地。

5. 创新观念

创新是企业发展的基础，是企业谋取竞争优势的利器，也是企业摆脱发展危机的途径。企业只有在产品、工艺或技术上不断创新，才能保证不被淘汰出局。

6. 人力资源开发观念

知识经济时代，企业的竞争很大程度上是人才的竞争，特别是在技术含量高的领域。企业对人力的投资远远比对物力的投资更能对企业的未来发展产生影响。树立人力资源开发的观念就是要科学地进行人员的选聘、培训以及建立有效的激励机制。

7. 资本运作观念

企业除了搞好生产、供应和销售外，资本运作也是经营活动的重要方面。例如，在企业发展时期，通过什么方式来筹集资金？在企业发展的各个阶段，应保持什么样的资本结构？当企业有富余资金时，怎样使这些资金保值和增值？如何规避经营风险和财务风险等。

三、企业经营管理的目标体系

1. 企业经营目标的概念

企业经营目标是企业在一定时期内，按照企业经营思想和企业所有者及经营者的愿望，考虑到企业的外部环境和内部条件，经过努力预期达到的理想成果。它经常以产量、品种、质量、销售收入、资金利润率和市场占有率等指标的未来发展规模和速度来表示。不同时期、不同类型的企业，确定经营目标的重点也各有不同。企业经营目标分长期、中期和短期三种。只有先确定长期经营目标，在长期经营目标指导下，再来协调中近期目标，才能避免目光短浅，又可使长期目标的实现有可靠保证。

2. 企业经营目标的内容

企业经营目标一般都是以恰当的指标来加以量化，只有这样才能在计划目标和经营成果之间进行比较，才能对经营状况实施有效的控制。对于一般的经营性企业，用下列方面的指标来度量相关的目标。

（1）盈利能力

企业经营的成效在很大程度上表现为具有一定的盈利水平，它通常以利润、资产报酬率、所有者权益报酬率、每股平均收益、销售利润率等指标来表示。

（2）生产效率

企业要在竞争的市场中立足，最根本的是要不断提高生产效率。衡量生产效率的指标常用的有产量、单位产品原料和能源耗用量、单位产品成本和废品率等。

（3）市场竞争地位

企业经营成效的表现之一是企业在市场上的相对地位的高低，以测定其在竞争中的相对实力，它通常以市场占有率来表示，即

$$\text{市场占有率}(\%)=\frac{\text{企业某种产品在市场上的销售收入}}{\text{市场上某种产品的销售总收入}}\times 100\%$$

市场占有率表示企业在市场中所占的份额，反映的是企业对市场的控制程度。该值越大，说明企业对市场的控制程度越大；直至完全垄断，此时该企业的市场占有率为 100%。

（4）产品结构

产品结构是指企业在特定的发展阶段，各种产品之间的数量比例关系。例如，新产品产值占企业总产值的比率、新产品销售额占企业总销售额的比率、新开发产品数和淘汰产品数等。

（5）财务状况

企业财务状况是企业经营实力的重要表现，常见指标包括总资产价值及构成比例、盈余资产额、资产负债比率、净资产额、流动比率和速动比率等。

（6）企业的建设和发展

企业的发展和增长是经营目标的重要方面。这方面的指标有：年销售额增长率，年销售利润增长率，生产能力增长率，固定资产投资额，以及技术改造和新产品开发的投入量等。

（7）企业的技术水平

企业在未来技术上应达到什么水平，往往也是企业长期经营目标的重要内容。这方面的指标有：主要生产设备的先进程度，拥有的专利和专有技术数量等。

（8）人力资源的开发

企业的发展在很大程度上依赖于员工的素质和数量。当今社会科学技术飞速发展，企业一方面要引进优秀人才，另一方面要对已有员工加强培训，才能适应新的环境和岗位。人才已成为企业长期发展目标的重要方面。这方面的指标有：技术人员占全部职工的比例，培训的强度和频度等。

（9）职工的报酬和福利

随着企业效益的增长，职工的工资和福利也应有相应的提高，这是搞好企业内部管理、增加企业凝聚力的重要途径，也是企业经营目标的组成部分。这方面的指标有：年工资水平和增长率，单位职工的福利开支和增长率等。

（10）社会责任目标

企业既是经营性的实体，也是社会组成的细胞，企业在公众中树立良好的形象也有利于企业的长远发展。这方面的指标有：残疾人就业，环境保护，社区建设，以及非市场的各种公共关系等。

第三节　企业经营战略

一、企业战略的概念

“战略”一词在我国自古有之，“战”指战斗、战争，“略”指谋略、策略。《孙子兵法》、《三国演义》等就是世界著名的战略杰作。企业战略的概念来源于企业生产经营活动的实践。不同的管理学家或实际工作者由于自身管理经历和对管理的不同认识，对企业战略给予了不同的定义。

从广义上说，企业战略包括了企业的目的。美国哈佛大学商学院教授安德鲁斯认为："战略是目标、意图或目的，以及为达到这些目的而制定的主要方针和计划的一种模式。这种模式决定着企业正在从事或应该从事何种经营业务以及应该属于何种经营类型。"因此，它是长期计划的演变和发展，体现了战略的两个基本特征：前瞻性——战略形成在经营活动发生之前；主观性——反映企业高层主管对未来行动的主观愿望。

从狭义上说，企业战略仅仅是指企业实现其宗旨和一系列长期目标的基本方法和具体计划。美国著名管理学家安索夫认为企业战略是贯穿于企业经营、产品和市场之间的一条"共同经营主线"，这条共同经营主线由四个要素构成：一是产品和市场范围，即企业所生产的产品和竞争所在的市场；二是增长向量，指企业计划对其产品和市场范围进行变动的方向；三是竞争优势，指那些可使企业处于强有力竞争地位的产品和市场的特性；四是协同作用，指企业内部联合协作可以达到的效果，即 1+1>2 的现象。

综合多个战略管理流派及战略管理学者的观点，我们认为：企业战略是企业以未来为基点，在分析外部环境和内部条件的现状及其变化趋势的基础上，为寻求和维持持久竞争优势而做出的有关全局的重大筹划和谋略。

二、企业战略的特征

1. 全局性

企业战略是以企业全局为对象，根据企业总体发展的需要而制定的，它规定了企业的总体行为，从全局实现对局部的指导，使局部得到最优的结果，是全局的目标得以实现。它所追求的是企业的总体效果，是指导企业一切活动的总体性谋划。

2. 长远性

企业战略既是企业谋取长远发展要求的反映，又是企业对未来较长时期内如何生存和发展的通盘筹划。虽然它的制定要以企业外部环境和内部条件的当前情况为出发点，并对企业当前的生产经营活动有指导和限制作用，但这一切也都是为了更长远的发展，是长远发展的起点。因此，评价战略优劣的一个重要标准就是看其是否有助于实现组织的长期目标和保证长期利益的最大化。战略更关注长远利益，而非短期利益。

3. 风险性

风险性的实质是组织的变革，这种变革正确与否关系到组织的生死存亡，具有很大的风险性，在制定企业战略的时候必须采取防范风险的措施。同时战略既是关于组织在激烈的竞争中如何与竞争对手进行竞争的行动方案，也是针对来自组织外部各个方面的压力对付各种变化的方案，具有明显的风险性。

4. 社会性

企业战略不能仅仅立足于组织的目标，还要兼顾国家和民族的利益，兼顾组织成员的利益，兼顾社会文化、环境保护等各方面的利益。企业制定战略时还要特别注意自己所应承担的社会责任，树立良好的社会形象，维护企业的品牌。

5. 相对稳定性

为了实现企业的可持续发展，企业战略应具有相对稳定性，这样才能在企业经营实践中具有指导意义。如果朝令夕改，就会使企业经营发生混乱，从而给企业带来损失。当然，企业经营实践是一个动态过程，指导企业经营实践的战略也应该是动态的，以适应外部环境的不断变化，因此企业经营战略应具有相对的稳定性。

三、企业战略的类型

1. 企业总体战略

企业总体战略涵盖了企业的目的和目标，它确定企业重大方针和计划、企业经营业务类型以及企业应对员工、顾客和社会承担的责任。总体战略主要确定企业应该选择哪类经营业务，进入哪些领域。

2. 企业经营战略

企业经营战略又称为企业竞争战略，主要解决企业如何选择其经营的行业，以及如何选择在一个行业中的竞争地位的问题，包括行业吸引力和企业的竞争地位。行业吸引力指由长期盈利能力和决定长期盈利能力的各种因素所决定的各行业对企业的吸引力。一个企业所属行业的内在盈利能力是决定这个企业盈利能力的一个重要因素。同时在一个行业中，不管其平均盈利能力如何，总有一些企业因其有利的竞争地位而获得比行业平均利润更高的收益，这就是企业的竞争地位。

企业竞争战略一般可分为：总成本领先战略、差异化战略（又称为别具一格战略）和集中化战略（又称为专一化战略、目标集中战略、目标聚集战略）。通过对竞争战略的选择，企业可以在一定程度上增强或削弱一个行业的吸引力；同时，一个企业也可以通过对其竞争战略的选择显著地改善或减弱自己在行业中的地位。因此，竞争战略是一个企业在竞争上采取的进攻或防守行为，不仅是企业对环境做出的反应，而且是企业从对自己有利的角度去改变环境。

3. 企业公司层战略

（1）发展型战略

这种战略适用于有发展壮大机会的企业，其特点是：投入大量资源，扩大产销规模，提高竞争地位，提高现有产品的市场占有率或用新产品开辟新市场。这是一种从战略起点向更高水平、更大规模发动进攻的战略态势。企业发展型战略主要有：企业产品——市场战略、企业联合战略、企业竞争战略及国际化经营战略等。

（2）稳定型战略

这种战略强调的是投入少量或中等程度的资源，保持现有的产销规模和市场占有率，稳定和巩固现有的竞争地位。这是一种偏离战略起点最小的战略态势，适用于效益已相当不错，而暂时又没有进一步发展的机会、其他企业进入屏障又较大的企业。

（3）紧缩型战略

这种战略适用于外部环境和内部条件都十分不利，企业只有采取撤退措施才能避免更大损失的情况。企业紧缩型战略主要采取缩小规模、转让归并及清理等措施。

4. 企业职能战略

企业职能战略是为实现企业总体战略和经营战略，对企业内部的各项关键职能活动做出的统筹安排。企业规模和所处的行业不同，其职能战略也不尽相同，基本的职能战略包括：研究与开发战略、人力资源战略、生产战略、财务战略和市场战略等。职能战略应特别注重不同职能部门如何更好地为各级战略部门服务，以提高组织效率。

企业的总体战略和竞争战略分层次地表明了企业的产品、市场、竞争优势和基本目标，规定了企业的核心任务和总方向。而企业要实现这样的战略设想，必须通过有效的职能活动来运用资源，使企业的人力、物力和财力与其生产经营活动的各个环节密切结合，与企业的总体战略和竞争战略协调一致才有可能成功。

四、企业经营战略的主要内容

经营战略也称为一般竞争战略，在波特的《竞争战略》一书中，指出企业为了获取相对竞争优势，可以选择三种不同类型的一般竞争战略，即成本领先战略、差异化战略和集中化战略。

1. 成本领先战略

成本领先战略的核心是使企业的产品成本比竞争对手的产品成本低，也就是在追求产量规模经济效益的基础上降低成本，使企业在行业内保持成本领先优势。采用成本领先竞争战略，企业能够在相同的规模经济下，获得最大的盈利，或积累更多的发展资金，或在不利的经营环境中具有更强的讨价还价能力。而且，在这种战略指导下，企业有更广阔的活动空间，为产业中的许多细分市场服务，甚至可能在相关产业中经营，这一点对企业获得竞争优势至关重要。成本优势不仅取决于产业结构，还取决于企业的规模经济性、专有技术、优惠的原材料、其他技术和管理要素。例如，在电视机制造业，成本领先要求有足够规模的显像管生产设备、低成本设计、自动装配线和分摊研究与开发费用的全球规模。

正因为成本领先战略具有上述明显的优势，因而企业很愿意采用成本领先战略进行竞争。价格战就代表这样一种倾向。事实上，对于某些行业，如日用品行业，成本优势是获得竞争优势的重要基础。但是，采用这种战略也将面临着一定的风险。首先，

技术的迅速变化可能使过去用于扩大生产规模的投资或大型设备失效；其次，由于实施成本领先战略，高层管理人员可能将注意力过多地集中在成本的控制上，以致忽略了消费者需求的变化，受到采用差异化战略的企业的严峻挑战；最后，为降低成本而采用的大规模生产技术和设备过于标准化，因而可能会使产品生产缺乏足够的柔性和适应能力。

2. *差异化战略*

差异化战略是指企业向顾客提供在行业范围内独具特色的产品或服务。由于产品独具特色，因而它可以带来额外的加价。差异化是企业广泛采用的一种战略。因为每个企业都可以在产品和服务的某些特征上与竞争对手的产品和服务不同，所以企业差异化的机会几乎是无限的。差异化战略并不是简单地追求形式上的特点和差异，企业必须了解顾客的需要和选择偏好是什么，并以此作为差异化的基础。为保证差异化的有效性，必须注意两个方面：第一，企业必须了解自己拥有的资源和能力，及其是否能创造出独特的产品；第二，从需求的角度看，必须深入了解顾客的需要和选择偏好。企业所能提供的独特性与顾客需要的吻合是取得差异化优势的基础和前提。采用此战略的企业，需要投入特殊的而不是通用的生产工艺、技术和机械设备，所以要支付比实行低成本竞争战略生产、销售标准产品（批量产品）更高的成本。

企业之所以要采用差异化战略，主要是基于差异化战略能带来以下的益处：

1）产品差异化可以使顾客产生品牌忠诚，并降低对价格的敏感性，从而明显削弱顾客的讨价还价能力。由于顾客缺乏可比较的选择对象，因而不仅对价格的敏感性较低，而且更容易形成品牌忠诚。

2）差异化本身可以给企业带来更高的溢价。这种溢价不仅足以补偿因差异化所增加的成本，而且可以给企业带来较高的利润，从而使企业不必去追求成本领先地位。产品的差异化程度越大，顾客越愿意为这种差异化支付较高的费用，企业获得的差异化优势也就越大。

3）采用差异化战略的企业在对付替代品竞争时，处于更有利的地位。因为顾客更注重品牌与产品形象，一般情况下不愿意接受替代品。

差异化战略往往给企业带来相应的竞争优势，然而，在某些条件下，追求差异化的企业也会遇到一定的风险，首先，顾客选择差异化的产品和服务，不仅取决于产品和服务的差异化程度，也取决于顾客的相对购买力水平。当经济环境恶化，人们的购买力水平下降时，顾客将把注意力从产品和服务的差异化特色转移到一些实用价值和功能上来；其次，竞争对手的模仿可能会减少产品的差异化程度。因此，企业能否通过差异化取得竞争优势，在一定程度上取决于其技术和产品是否易于被模仿。企业的技术水平越高，形成产品差异化时需要的资源和能力越具有综合性，竞争对手模仿的可能性越小。

对于企业来说，产品的差异化主要体现在产品实体的功能、售后服务、通过广告等市场营销手段、以商标等的差异作为产品差异的市场管理等方面。一般来说，企业应首先考虑在产品实体的功能和售后服务上形成差异，而市场管理则是形成产品差异的最后的、并且有一定风险的手段。

3. 集中化战略

集中化战略是指企业的经营活动集中于某一特定的购买者集团、产品线的某一部分或某一地域上的市场。如同差异化战略一样，集中化战略也可呈现多种形式。虽然成本领先战略和差异化战略是在整个行业范围内达到目的，但集中化战略的目的是很好地服务于某一特定的目标，它的关键在于能够比竞争对手提供更为有效或效率更高的服务。因此，企业既可以通过差异化战略来满足某一特定目标的需要，又可通过低成本战略服务于这个目标。尽管集中化战略不寻求在整个行业范围内取得低成本或差异化，但它是在较窄的市场目标范围内来取得低成本或差异化的。

当用户有独特的偏好或需求，以及当竞争者不想专业化于同一目标市场时，集中化战略最为有效，其优势在于：

1）集中化战略便于集中使用整个企业的力量和资源，更好地服务于某一特定的目标。

2）将目标集中于特定的部分市场，企业可以更好地调查研究与产品有关的技术、市场、顾客以及竞争对手等各方面的情况，做到“知彼”。

3）战略目标集中明确，经济成果易于评价，战略管理过程也容易控制，从而带来管理上的简便。

根据中小型企业在规模、资源等方面所固有的一些特点，以及集中化战略的特性，可以说集中化战略对于中、小型企业来说是最适宜的战略。

集中化战略也有相当大的风险，主要表现在：

1）由于企业全部力量和资源都投入到一种产品（或服务）或一个特定的市场，当顾客偏好发生变化、技术出现创新或有新的替代品出现时，使这部分市场对产品或服务的需求下降，企业就会受到很大的冲击。

2）竞争者打入企业选定的部分市场，并采取优于企业的更集中化的战略。

3）产品销量可能变少，产品要求不断更新，造成生产费用的增加，使得采取集中化战略的企业的成本优势被削弱。

知 识 拓 展

竞争优势的分析法——价值链理论

企业的价值创造是通过一系列活动构成的，这些活动可分为基本活动和辅助活动两类，基本活动包括内部后勤、生产作业、外部后勤、市场和销售、服务等；而辅助活动则包括采购、技术开发、人力资源管理和企业基础设施等。这些互不相同但又相互关联的生产经营活动，构成了一个创造价值的动态过程，即价值链。在一个企业众多的“价值活动”中，并不是每一个环节都创造价值。企业所创造的价值，

实际上来自企业价值链上某些特定的价值活动；这些真正创造价值的经营活动，就是企业价值链的“战略环节”。企业在竞争中的优势，尤其是能够长期保持的优势，说到底，是企业在价值链某些特定的战略价值环节上的优势。而行业的垄断优势来自于该行业的某些特定环节的垄断优势，抓住了这些关键环节，也就抓住了整个价值链。

五、企业战略管理过程

企业战略管理是对一个企业的未来发展方向制定决策和实施这些决策的动态管理过程。一个完整的战略管理过程大体可分解为三个阶段：战略分析阶段、战略选择与评价阶段、战略实施及控制阶段如图 3.1 所示。

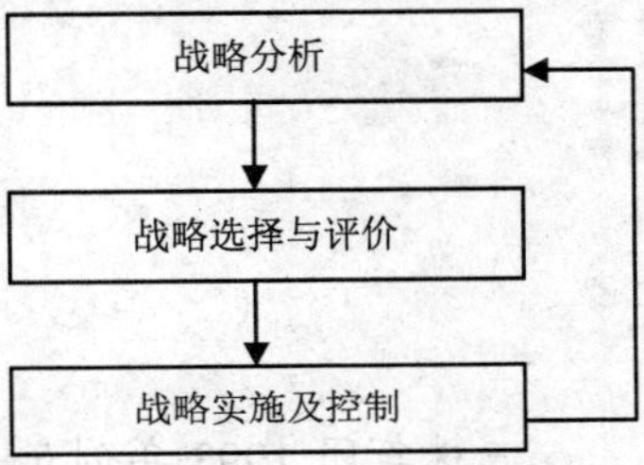

图 3.1 企业战略管理过程

战略分析是指对企业的战略环境进行分析、评价，并预测这些环境未来发展趋势，以及这些趋势对企业造成的影响。

战略选择与评价过程实质是战略决策过程，即制定多个可以实现组织目标的战略方案，并按照某些评价标准从中选择一个最优方案的过程。

战略实施及控制就是要将备选战略转化为行动方案，实施既定战略。在执行战略过程中，企业管理人员还要对战略的实施成果和效益进行评价，同时将战略实施中的各种信息及时反馈到战略管理体系中，确保对企业整体经营活动的有效控制，并根据情况的变化修订原有的战略，或者制定新的战略，开始一个新的战略管理过程。

小　结

企业的生存和发展除了要考虑组织内部的条件外，还要考虑外部环境的影响。企业应能主动选择经营环境，并不断设法形成有利于自己的环境，以达到自己的目标。企业经营活动的主要对象是市场。企业的经营目标有多重性，对经营性的企业，实现利润最大化是核心的目标。企业经营战略是企业实现其经营目标的长期性和全局性的谋划。在制定企业经营战略时要客观地、实事求是地考察研究企业外部环境和内部条件，既要有进取性，又要有稳妥性，尽可能避免过大的风险。企业经营战略又称为一般竞争战略，是指企业为了获取相对竞争优势，可以选择三种不同类型的一般竞争战略，即成本领先战略、差异化战略和集中化战略。选择哪一种战略，决定着企业的管理方式、产品的研究开发、企业的经营结构以及市场理念。一个完整的战略管理过程大体可分解为三个阶段：战略分析阶段、战略选择及评价阶段、战略实施及控制阶段。

复习思考题

1．构成企业内外部环境的主要因素有哪些？

2．管理者如何面对环境的影响与挑战？

3．经营管理战略主要包括哪几大类？如果一家企业没有明确的经营管理战略，会面临什么样的风险？

4．请分别论述企业在实施三种基本的竞争战略时应注意哪些问题。

5．战略管理过程分为哪几个阶段？

案 例 分析

三株集团兴衰的启示

三株集团 1993 年创立，注册资金 30 万元，1994 年销售额 1 亿元，1996 年销售额达 80 亿元，资产高达 48 亿，且资产负债率为零。

“三株口服液”所创造的奇迹在于：作为一种保健品，它在中国无限辽阔的农村市场获得了极大的成功。强有力的宣传攻势让数以亿计的耿直农民，无论发生了什么病，首先想到的就是服用“三株口服液”。有人误以为这是一种延年益寿的灵丹妙药，甚至倾囊购买，以防断货。

应该说三株集团的成功得益于庞大的营销网络，与飞龙集团的人海战术和巨人集团的“三大战役”相比，三株集团的营销手段可以说是有过之而无不及。遍布全中国的销售网络加上强有力的媒体宣传攻势，让“三株口服液”一夜成名，由此带来的是销售额的急速上升。从表面看是企业梦寐以求的事情，但事实上却是祸福相倚。毕竟“三株口服液”不是万能的，盲目地迷信和用来治病必然会令人失望。

1998 年 3 月，一场人命官司将三株集团推上了被告席，而常德市中院的判决更让三株集团遭受到毁灭性打击。由于 20 余家媒体的报道，“三株口服液”的销售一落千丈，两家工厂被迫停产，6000 多名工人放了长假，库存积压达 2400 多万瓶。重创之下，三株集团犹如巨龙陷入沼泽不能自拔。总裁吴炳新说：“对现状我们已无能为力，急需政府拉一把，这是我们生死存亡关头的最后呐喊。”

事实上，即使不出现常德事件，三株集团也早晚会遭到另一场霜打。企业的飞速扩张、单一的产业结构、疯狂的营销手段、疏漏的内部管理必将导致惨败的结局。中国的企业舍得将亿元资金投入宣传，却舍不得花上百万元进行科研和技改。试想，一个科技含量并不高的“三株口服液”，充其量算是一种保健品，在幅员辽阔的农村，温饱才刚刚解决，保健品怎么可能卖得如此疯狂？这无疑是宣传上的误导。这种误导只会有短期

的效果，绝不可能长久。

此外，吴炳新在内部发行的《吴炳新文集》中宣称三株要做中国的第一纳税人，所有新聘人员进三株集团的第一周，便是学习《吴炳新文集》。姑且不论这种培训员工的方式有无个人崇拜之嫌，单是书中的很多提法就让人吃惊。如三株集团的发展计划是：1994 年销售 1 个亿，1995 年要达 16 个亿，1996 年则为 100 个亿，1997 年 300 个亿，1998 年 900 个亿。如果真能做到，成为中国第一纳税人或许不是吹牛，问题是中国的保健品市场最大的容量只有三四百亿。换句话说，即使全国人民都选择“三株口服液”作为保健品，也不可能实现 900 个亿的目标。

不是广告毁了三株集团，而是产品太不争气。企业的高速发展容易让当事人产生幻觉，就算你可以统帅一切，但你绝对左右不了市场。

搞企业是门学问，要学的东西还很多，不管你是打工仔还是总裁。区别只在于交的学费不一样。

（资料来源：张明玉，张文松．2005．企业战略理论与实践．北京：科学出版社）

讨论：

1．从三株集团的兴衰，你悟到了什么？要保持企业的长盛不衰，企业最需要的是什么？

2．如果你是三株集团的总裁，你会为企业制定什么样的战略规划？

第四章　企 业 文 化

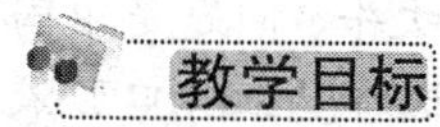

教学目标

本章首先概括介绍企业文化理论的产生和发展、企业文化的基本内涵，进一步系统阐述企业文化的结构、类型和功能，最后分析如何建设企业文化的问题。

学习任务

通过这一章内容的学习，要达到以下几个目的：

- 了解企业文化理论的产生和发展。
- 理解企业文化的基本内涵。
- 了解企业文化的结构、类型和功能。
- 掌握如何建设企业文化。

导入案例

创新——海尔文化的核心

海尔文化的核心是创新。它是在海尔 20 年发展历程中产生和逐渐形成特色的文化体系。海尔文化以观念创新为先导、以战略创新为方向、以组织创新为保障、以技术创新为手段、以市场创新为目标，伴随着海尔从无到有、从小到大、从大到强、从中国走向世界，其本身也在不断创新、发展。员工的普遍认同、主动参与是海尔文化的最大特色。当前，海尔的目标是创中国的世界名牌，为民族争光。这个目标把海尔的发展与海尔员工个人的价值追求完美地结合在一起，每一位海尔员工将在实现海尔世界名牌大目标的过程中，充分实现个人的价值与追求。

有一次，张瑞敏首席执行官出访日本一家大公司。该公司董事长一向热衷中国至理名言。在这位董事长介绍该公司经营宗旨和企业文化时，阐述了“真善美”，并引述老子思想，张瑞敏也发表了自己看法：《道德经》中有一句话与“真善美”语义一致，这就是“天下万物生于有，有生于无”。张瑞敏以这句话诠释了海尔文化之重要性。他说，企业管理有两点始终是我铭记在心的。第一点是无形的东西往往比有形的东西更重要。当领导的到下面看重的是有形东西太多，而无形东西太少。一般总是问产量多少、利润多少，没有看到文化观念、氛围更重要。一个企业没有文化，就是没有灵魂。第二点是老子主张的为人做事要“以柔克刚”。张瑞敏说：“在过去人们把此话看成是消极的，实际上它主张的弱转强、小转大是个过程。要认识到：作为企业家，你永远是弱势；如果你真能认识到自己是弱势，你就会朝目标执着前进，也就会成功。”

电热水器的安全涉及每一个零部件，随着热水器整个行业制造水平的不断提高和国家监督指导工作的完善，此前市场上正规大品牌的电热水器厂家生产的产品几乎都是合格的，因产品本身的质量问题造成的安全事故已经越来越少。但之所以还会发生漏电伤人等事件，多数由于用电环境隐患。根据统计数据显示，在媒体报道的电热水器伤人事件中，地线带电或者无可靠地线已成为家庭使用电热水器的主要隐患和事故主要原因。但是，在防环境漏电方面，在上百家电热水器企业中，拥有“防电墙”技术并获得国家专利的企业目前国内仅有海尔。2006年，海尔“防电墙”技术被正式列入热水器新国家标准。

海尔的“防电墙”技术是建立在更了解中国人的用电环境和水质等特殊国情的条件下开发研制的，这都是海尔的市场观带来的，海尔的市场观就是创造市场。在海尔的研发部门，经常说这样一句话：市场的难题就是我们的课题，我们的研发就是要不断地满足消费者的需求，创造消费者价值。也就是说海尔在市场的竞争过程中，不以价格战作为竞争力，它始终是去开发产品来满足消费者。所以海尔始终是抓住市场，不断地开创消费者的需求和开创消费者的无形价值。

（资料来源：张新伟．2006．海尔“防电墙”成为热水器新国家标准．中国新闻周刊）

讨论：

1．怎样正确认识企业文化的经济价值和社会价值？

2．企业文化包括哪些内容？

3．如何建设企业文化？

第一节　企业文化理论的产生和发展

一、企业文化理论产生的背景

从19世纪末到20世纪初，西方工业化的发展进入了以大机器和生产流水线为主要生产方式的阶段，在这种生产方式下，企业经营者关心的主要问题就是生产效率和投入产出比，而基于这种目的所产生的科学管理理论都是以“理性经济人”为前提假设的，假定人的行为动机就是为了满足自己的私利，工作就是为了得到经济的报酬。在这之后，20世纪20年代开始，人们开始关注包括自我实现在内的人的社会性需要，由此产生了一系列激励理论，强调人际关系在管理中的重要性，并以人的社会性为基础，提出了用“社会人”的概念来代替“经济人”的假设。但是在资本主义的长期发展过程中，企业文化的作用一直以来并没有引起人们太多的注意。直到20世纪六七十年代，日本经济起飞的奇迹引起了美国学者的震惊，他们通过对美日企业的发展进行比较研究，开始注意到文化差异对企业管理的影响。美国学者在反省和对比中发现，企业理性化管理缺乏灵活性，不利于发挥人们的创造性和与企业长期共存的信念，而塑造一种有利于创新和将价值与心理因素整合的文化，才真正对企业的长期经营业绩和发展起着潜在的却又至关重要的作用。

在这样的理念背景下，美国加利福尼亚大学美籍日裔教授威廉·大内（William Ouchi）在1981年，出版了《Z理论——美国企业界怎样迎接日本的挑战》一书，该书分析了企业管理与文化的关系，提出了“Z型文化”、“Z型组织”等概念；同年，理查德·帕斯卡尔（Richard Tanner Pascale）和安东尼·阿索斯（Anthony G. Athos）在《日本企业管理艺术》一书中也详尽地描述了日本企业如何重视“软性的”管理技能，而美国的企业则过分依赖“硬性的”管理技能，并从中总结出管理中的七个要素——崇高目标、战略、结构、制度、才能、风格和人员，论述了它们之间的相互关系。次年，特雷斯·迪尔（Terrence E.Deal）和艾伦·肯尼迪（Allan A.Kennedy）出版了《企业文化——企业生存的习俗和礼仪》一书，指出杰出的公司大都有强有力的企业文化，企业文化是一个企业所信奉的主要价值观，并提出了企业文化的分析方法；同年，美国著名管理专家托马斯·彼得斯（T.Peters）与罗伯特·沃特曼（Robert H. Waterman）合著了《寻求优势——美国最成功公司的经验》一书，研究并总结了三家优秀的革新型公司的管理过程，发现这些公司都以公司文化为动力、方向和控制手段，其所取得的惊人成就，莫不归于企业文化的力量。这四本著作被合称为企业文化研究的四重奏，标志着企业文化研究的崛起。从此，关于企业文化的研究获得了理论界与公众的广泛关注。

二、企业文化理论的发展

企业文化研究的权威，是美国麻省理工学院教授爱德加·沙因提出的关于企业文化的概念和理论。沙因先是于1984年发表了《对企业文化的新认识》一文，然后在1985年出版了专著《企业文化与领导》，对组织文化的概念进行了系统的阐述，认为企业文化是在企业成员相互作用的过程中形成的，为大多数成员所认同的，并用来教育新成员的一套价值体系。此外，沙因教授还提出了关于企业文化的发展、功能和变化以及建设企业文化的基本理论，并把组织文化划分成表面层、应然层和突然层三种水平。1984年，奎恩（Robert Quinn）和肯伯雷（Kimberly）将奎恩提出的用于分析组织内部冲突与竞争紧张性的竞争价值理论模型扩展到对组织文化的测查，以探查组织文化的深层结构和与组织的价值、领导、决策、组织发展策略有关的基本假设。该理论模型有两个主要维度：一是反映竞争需要的维度，即变化与稳定性；另一个是产生冲突的维度，即组织内部管理与外部环境。在这两个维度的交互作用下，出现了四种类型的组织文化：群体性文化、发展型文化、理性化文化和官僚式文化。竞争价值理论模型，为后来组织文化的测量、评估和调查提供了重要的理论基础。

20世纪90年代，随着企业文化的普及，企业组织越来越意识到规范的组织文化对企业组织发展的重要意义，并在此基础上，以企业文化为基础来塑造企业形象。因此，组织文化研究在20世纪80年代理论探讨的基础上，由理论研究向应用研究和量化研究方面迅猛发展，企业文化研究出现了四个走向：一是企业文化基本理论的深入研究；二是企业文化与企业效益和企业发展的应用研究；三是关于企业文化测量的研究；四是关于企业文化的调查和评估的研究。从此，企业文化由经验探索，逐步迈向了以社会方法

论为指导的定性和定量分析的科学路途。

第二节　企业文化的基本内涵

一、企业文化的概念

企业文化是20世纪80年代初兴起的一种管理理论，是一种文化、经济和管理相结合的产物。企业文化这个概念的提出，并不意味着以前的企业没有文化。企业的生产、经营、管理本身就是一种文化现象，之所以要把它作为一个概念提出来，是因为当代的企业管理已经冲破了先前的一切传统管理模式，正以一种全新的文化模式出现，只有企业文化这个词汇才能比较确切地反映这种新的管理模式的本质和特点。

"文化"（culture）一词来源于拉丁文，最早指培养、种植、栽培、耕种。牛津现代辞典的解释是：人类能力的高度发展，集训练与经验而促成的身心的发展、锻炼、修养。

美国当代人类学家对现代文化的定义为："文化是一系列规范或准则，当社会成员按照它们行动时，所产生的行为应限于社会成员认为合适和可接受的变动范围。"

企业文化是企业在生产经营实践中逐步形成的，为全体员工所认同并遵守的、带有本组织特点的使命、愿景、宗旨、精神、价值观和经营理念，以及这些理念在生产经营实践、管理制度、员工行为方式与企业对外形象中体现的总和。企业文化与其他文化的区别在于，企业文化是一种从事经济活动的组织所形成的组织文化。企业文化与企业经营管理的不同之处在于，它是通过影响员工的价值观和行为方式，进而形成企业适应环境的行为模式，促成企业的可持续发展。企业文化理论吸收了行为科学、公共关系学、决策科学、管理学、哲学、伦理学和经济学等多门学科的精华，其主要内容是在理性与科学实践的基础上形成的，包括企业哲学、企业价值观、企业精神、企业道德、企业目标、企业制度、企业创新、企业形象、企业环境和企业文化活动等。

二、企业文化的特点

企业文化既有一切文化都具有的共性，但又不同于一般社会文化。归纳起来，企业文化有以下基本特征。

1. 人本性

企业文化是一种以人为本的文化，尊重和重视人的因素在企业发展中的作用，着力于以文化因素去挖掘企业的潜力。企业的成长与发展需求与企业中个人的成长与发展需求在企业文化这个层次达到了完美的契合。

2. 共识性

企业文化是整个企业共同的价值判断和价值取向，是企业多数员工的"共识"。这种“共识”开始往往比较集中地体现在企业少数代表人物身上，通过领导者的积极倡导和身体力行，使之渗透在企业每个员工的行为、每件产品的制造过程、经营管理的每一个环节之中，进而逐渐成为多数人的“共识”。

3. 独特性

每个企业都在特定的环境中生存和发展，所面临的历史阶段、发展程度以及本身固有的文化积淀都各不相同，这就必然形成每个企业特有的价值观、经营准则、经营作风、道德规范等。

4. 相对稳定性

一个企业的企业文化一旦形成，就具有在一定时期内的相对稳定性。一种积极的企业文化，尤其是居于核心地位的价值观念的形成往往需要很长时间，需要领导者的耐心倡导和培养等。一旦形成，它就会成为企业发展的灵魂，不会朝令夕改，不会因为企业产品的更新、组织机构的调整和领导者的更换而发生根本性的变化，它会长期在企业中发挥作用。当然，稳定性是相对的，根据企业内外经济条件和社会文化的发展变化，企业文化也应不断地得到调整、完善和升华。

第三节 企业文化的层次结构和功能

一、企业文化的层次结构

基于企业管理体制与运行机制和企业运营主体——人的创造性活动的特征，可以把企业文化划分为三个层次，第一层是外围层的物质文化，第二层是中间层的制度文化，第三层是核心层的精神文化。下面由表及里来介绍企业文化的内容。

1. 企业物质文化

企业物质文化主要是指由企业员工创造的产品、服务和各种物质设施等构成的器物文化，是企业文化最直观的表现，往往能折射出企业的经营思想、管理哲学、审美意识和工作作风，它是形成企业精神文化和制度文化的条件。

2. 企业制度文化

企业制度文化主要是指对企业组织和员工的行为产生规范性、约束性影响的部分，它规定了企业成员在共同的生产经营活动中应当遵守的行为准则，主要包括以下几个方面。

（1）一般制度

这是指企业中存在的一些带有普遍意义的工作制度、管理制度及责任制度。这些成文的制度与约定对企业员工的行为起着约束的作用，如计划管理制度、劳动人事制度、生产管理制度、设备管理制度、财务管理制度、奖惩考核制度和岗位责任制度等。

（2）特殊制度

特殊制度主要是指企业的非程序化制度，如员工评议干部制度和总结表彰制度等。与工作制度、管理制度及责任制度等一般制度相比，特殊制度更能反映一个企业的管理特点和文化特色。

（3）企业风俗

企业风俗主要是指企业长期沿袭、约定俗成的典礼、仪式、行为习惯、节日和活动等，如体育比赛、歌咏比赛等。它可以自然形成，也可以人为开发。它与制度不同，它不需要强制执行，完全依靠习惯、偏好的势力维持。一种活动、一种习俗，一旦被全体员工所共同接受并沿袭下来，就成为企业风俗的一部分。

3. 企业精神文化

企业精神文化是指企业在生产经营过程中，受一定的社会文化背景、意识形态影响而长期形成的一种精神成果和文化观念。它是企业物质文化、制度文化的升华，是更深层次的文化现象。在整个企业文化系统中，企业精神文化处于核心的地位，是企业的上层建筑。它包括企业哲学、企业价值观、企业道德和企业精神。

（1）企业哲学

企业哲学是从企业实践中抽象出来的，关于企业一切活动的本质和规律的学说，它是企业领导者为实现企业目标而在整个生产经营管理活动中奉行的基本信念，是企业领导者对企业长远发展目标、发展战略、经营方针和策略的哲学思考。它的形成首先是由企业所处的社会制度及周围环境等客观因素决定的，同时也受企业领导者思想方法、政策水平、实践经验、工作作风及性格等主观因素的影响。它是在企业长期的生产经营活动中自觉形成的，并为全体员工所认可和接受，具有相对稳定性。

（2）企业价值观

企业价值观可以定义为企业领导者和全体员工对企业生产行为是否有价值以及价值大小的总的看法和根本观点。企业价值观是企业文化的核心内容。它为企业的生存和发展提供了基本的方向和行动指南，为企业员工形成共同的行为准则奠定了基础。企业价值观决定了企业基本特征、发展方向、经营理念、竞争策略和人才观念等。

（3）企业道德

企业道德指企业内部调整各种关系的行为准则。虽然道德与制度都是行为准则和规范，但制度具有强制性，而道德却是非强制性的。企业道德的内容包括企业道德意识、企业道德关系和企业道德行为三部分。道德意识是基础和前提，它包括道德观念、道德情感、道德意志和道德信念四个部分。从企业微观层面来看，企业道德主要包含调节员工与员工、员工与企业、企业与社会三方面关系的行为准则和规范。

（4）企业精神

企业精神是企业经营活动中逐步形成的，与顺利实现组织目标相联系的，对生产经营和其他工作起积极作用的，为企业全体成员所认同、拥有和坚持的整体化、意志化、个性化的企业群体意识。

企业精神是企业员工行为整体的稳定倾向，一旦形成就具有相对的稳定性，并在企业的发展中不断充实、深化并发扬光大。它是企业员工群体健康人格、向上心态的外化；它是员工群体对企业的信任感、自豪感和荣誉感的集中表现形态。由于每个企业的经营目标、经营范围、管理制度、人员组合、资金、技术、市场、服务以及企业活动的特定的空间地域环境千差万别，所以每个企业的企业精神反映了其自身的独特个性。企业的一切行为都会反映出社会发展的不同阶段和时期的特征，企业精神也是时代精神在企业中的体现和反射。

二、企业文化的功能

企业文化的功能，是指企业文化在生存和发展中所起的作用。在企业的经营管理实践中，企业文化具有多种功能，主要可以概括为如下几点。

1. 导向功能

企业文化的导向方法，与传统管理中单纯强调硬性的纪律或制度有所不同，它强调通过企业文化的塑造来引导企业成员的行为，使员工在一种文化的潜移默化中接受共同的价值观念，自觉地把企业目标与个人目标有机地结合起来。企业文化不仅明确了企业所追求的目标，还引导企业全体员工向着这一目标发展。

2. 凝聚功能

当一个企业的文化价值观被企业成员认同之后，企业文化能从各方面把企业成员团结起来，使员工对企业产生归属感、自豪感、责任感和使命感，把个人价值的实现与企业命运连在一起。所以，企业文化能够培养和塑造强烈的集体主义思想和团队合作精神。

3. 激励功能

企业文化是一种“无形的精神驱动力”，它能告诉成员企业所担当的社会责任，让员工能感受到自身存在的价值，从而激发出崇高的使命感，以实现自身的人生理想。企业文化激励功能的形式主要有目标激励、尊重激励、感情激励、奖励激励和领导行为激励。

4. 约束功能

从进入企业那天起，企业员工就开始接受企业文化的熏陶，企业文化是一种有效的管理方式，通过学习教育，员工会逐渐改变那些与企业不融洽的思想观念和行为方式，最终接受并养成本企业所倡导的思想观念和行为方式，把自己融入到企业大家庭中。

5. 辐射功能

企业文化不只在企业内部起作用，也通过各种渠道对社会产生影响。企业通过企业文化的辐射作用，向社会和公众传递企业形象、企业责任、企业精神、企业风格、经营

理念、精神风貌、产品品质和服务理念等信息，它不仅对企业的长远发展是有利的，同时也对社会文化产生一定影响。

第四节　企业文化建设

一、企业文化建设的原则

企业文化反映一定历史时期社会经济形态中企业活动的需要，企业文化的建设是一项创新的复杂的系统工程，建设企业文化通常应遵循以下指导原则。

1. 目标化原则

企业文化必须明确反映企业的目标或宗旨，反映代表企业长远发展方向的战略性目标和为社会、顾客以及为企业员工服务的最高目标和宗旨。企业文化的导向功能可以有效地指导企业员工的认知与行为，使其自觉地为实现企业目标而努力奋斗。

2. 价值观原则

企业的价值观是企业文化的核心。企业文化要体现整个企业的共同价值观，体现全体员工的信仰、行为准则和道德规范。它是企业团结员工、凝聚员工的纽带，是企业管理的必要条件。

3. 卓越原则

企业文化应设计一种和谐、民主、鼓励变革和超越自我的环境，培养员工追求卓越、锐意进取、开拓创新、永不自满的精神，这才能使企业充满活力，可持续发展，永远立于不败之地。

4. 激励原则

成功的企业文化不但要创造出一种人人受尊重、个个受重视的文化氛围，而且要产生一种激励机制，使每个员工所做出的成绩和贡献都能很快得到企业的赞赏和奖励，并得到同事的支持和承认。

5. 相对稳定原则

企业文化是企业在长期发展过程中提炼出来的精华，它是由一些相对稳定的要素组成的，并在企业员工的思想上具有根深蒂固的影响。企业文化的建立应具有一定的稳定性和连续性，具有坚定的理念和远大的目标，不会因为环境的微小变化或个别成员的去留而发生变化。当然，在保持企业文化相对稳定性的同时，也要注意企业内外部环境的变化，及时更新、充实企业文化，才能保持企业的活力。

二、企业文化建设的步骤

现代企业文化建设是一项长期的复杂的系统工程，它与企业的生产经营活动紧密联系在一起，是一个循序渐进的动态过程。现代企业文化建设的过程分为以下几个步骤。

1. 需求分析与战略准备

进行企业文化建设的第一步必须先明确本企业所需要的企业文化，制定企业文化建设的战略规划，这是企业文化建设的前提和基础。具体来说，应该是系统分析企业的内外环境，广泛收集信息，确定所需企业文化的内容和特征，并对企业文化建设的时间进度、方式方法等基本问题进行一个总体的规划。

企业的内部环境指企业构成要素，如人力、物力、财力、技术等的具体情况，以及企业的生产、经营、管理、控制等活动的实际情况。企业的外部环境既是指国家的政治经济文化等方面的总体状况，也指企业的行业与竞争对手的具体情况。企业文化的形成发展是企业内外环境交互作用的结果，企业的内外环境是影响企业文化发展变化的根本原因。“一个强有力的价值系统最为严厉的风险之一就是经济环境可能改变，而共享的价值观则继续以一种对组织毫无帮助的方式在指导人们的行为。”企业的内外环境决定了企业的发展战略，决定了企业需要什么样的企业文化。而且每一个企业所面临的具体的内外环境是有差异的，因而对企业文化的需求状况也是不同的。因此，制定企业文化战略时就要遵循企业内外环境制约企业文化发展变化的客观规律，密切结合本企业实际，包括企业已有的文化观念，而不能简单地移植美国或日本的企业文化模式。

2. 内容提炼与模式构建

企业文化建设的第二步是要依据企业文化战略，在环境分析的基础上进一步归纳总结，提炼出企业文化的基本内容，并形成相对完整的体系。

一个完整的企业文化体系的基本内容包括企业精神文化和企业物质文化，具体说来包括企业的价值观念、目标宗旨、行为模式、制度规范、企业环境以及企业的产品、形象、生产设备等，其中企业的价值观念是企业文化核心的核心，企业价值观念的提炼也是整个企业文化内容提炼的首要问题。而且企业价值观念本身也是一个复杂的结构体系，其纵向结构包括员工个人的价值观、正式和非正式群体的价值观及整个企业的价值观，其横向结构包括企业的经济价值观、企业的社会伦理价值观及企业的环境价值观等。因此，必须认真做好企业价值观念的提炼工作。

有了企业价值观念这个核心之后，企业文化建设就有了基本框架和努力方向，接下来再围绕这个核心由内到外进行整个文化体系的构建。企业的实体文化建设是企业建设的重要环节，包括企业的制度文化建设、企业的行为文化建设及企业的物质文化建设等许多内容，其直接目的是为企业精神文化的进一步完善和功能发挥提供必需的硬件设施和有利的制度环境。虽然企业精神文化建设是实体文化建设的前提，但是二者在时间上并不是绝对的前后相继的，在整个企业文化建设的过程中二者有时可以是并行的，甚至

有时实体文化建设可以发生在精神文化建设之前。

企业文化内容提炼的最高境界是要得出适合于本企业的企业文化模式，为此应针对本企业的具体情况，动员全体员工，参与企业文化的设计，听取顾客、合作伙伴乃至竞争对手的意见和建议，广泛征集各种设计方案并进行比较综合，进行进一步提炼，把本企业的经营信条、行为准则、共同理想、经营目标、社会责任和职业道德全部纳入企业文化当中，提炼出体现本企业特色的企业文化模式。

3. 倡导与强化

企业文化建设不仅仅限于理论方案的设计，更重要的内容在于将理论方案应用于企业的生产经营实践，让企业文化渗透到企业的方方面面，在实践中发挥作用，并在实践中不断完善，不断进步。企业文化在企业中的渗透通常不是自发的过程，需要企业的关键人物，尤其是企业家进行提倡和引导，并且需要通过一定的方式让员工认同接受，进而内化成自觉的意识。企业文化的倡导与强化是整个企业文化建设工程中最为关键的步骤，主要是将企业文化的核心观念在企业中培育和推广，并以此为旗帜引导和规范企业的经营活动及员工行为。企业文化的倡导与强化的具体方式有很多，如宣传教育、树立典型、设计礼仪及建设纵横交错的文化网络等。企业文化建设是一个长期的系统工程，对员工进行企业文化强化不可能“毕其功于一役”，必须注重员工的日常生活对企业文化建设的作用。企业文化产生的必要条件，在于企业成员在相当的一段时间里保持相互间的友好交往并且无论从事何种经营活动均获得相当的成就。

4. 完善与创新

企业文化建设是不能一蹴而就的，需要不断地丰富与完善。与企业文化完善相联系的过程是企业文化的创新。企业的内外环境是不断变化的，企业对企业文化的需求也是不断变化的，企业文化的存在环境也在不断变化，这一系列变化要求企业文化必须不断完善，不断创新。企业文化的建设过程本身就是企业文化的完善与创新过程。企业文化的不断完善与创新是全方位的，即包括精神文化也包括实体文化。企业文化的创新是企业的灵魂，是促进企业发展的不竭动力。

影响企业文化创新的因素主要有企业家的经营管理水平和经营理念变化、企业员工素质的变化以及企业生产规模和行业性质的变化等，其中企业家是影响企业文化创新的核心因素。只有不断充实和发展的企业文化，才能适应企业不断发展的需要，才能使企业永远具有旺盛的生命力。

三、中国企业文化建设的几大误区

20 世纪 90 年代以来，随着我国改革开放的进一步深入，在引进外资和国外先进技术和管理的过程中，企业文化作为一种管理模式被引入我国的企业中。一时间，许多企业都风起云涌地搞起了企业文化，在全国掀起了企业文化的热潮。有些企业模仿外资企业管理和企业文化的一些形式，如热衷于搞文艺活动、喊口号、统一服装、统一标志，有些企业还直接请广告公司做 CI 形象设计。但是，由于多数企业忽略了在这些形式下面的内涵和基础，因此就给人一种误导，似乎企业文化就是企业开展的文化活动或企业形象设计。在此期间，也曾有学者对企业文化建设过程中出现的问题表示过担忧，他们提出了企业文化理论与实践、企业文化建设的误区等问题，但是，这些问题在当时并未能引起足够的重视。现在，当我们回过头来冷静地思考时，就不难看出中国企业文化建设过程中所走入的几个误区。

1. 注重企业文化的形式，忽略企业文化的内涵

在中国企业文化建设过程中最突出的问题就是盲目追求企业文化的形式，而忽略了企业文化的内涵。企业文化是将企业在创业和发展过程中的基本价值观灌输给全体员工，通过教育、整合而形成的一套独特的价值体系，是影响企业适应市场的策略和处理企业内部矛盾冲突的一系列准则和行为方式，这其中也凝结了在创业过程中创业者集体形成的经营理念。将这些理念和价值观通过各种活动和形式表现出来，才是比较完整的企业文化。如果只有表层的形式而未表现出内在价值与理念，这样的企业文化是没有意义的，难以持续的，所以不能形成文化推动力，对企业的发展产生不了深远的影响。

2. 将企业文化等同于企业精神，使企业文化脱离企业管理

有些企业家认为，企业文化就是要塑造企业精神或企业的圣经，而与企业管理没有多大关系。这种理解是很片面的。有学者曾经指出，企业文化就是以文化为手段，以管理为目的，这种理解是有一定道理的，因为企业组织和事业性组织都属于实体性组织，它们是要依据生产经营状况和一定的业绩来进行评价的，精神因素对企业内部的凝聚力、企业生产效率及企业发展固然有着重要的作用，但这种影响不是单独发挥作用的，它是渗透于企业管理的体制、激励机制、经营策略之中，并协同起作用的。企业的经营理念和企业的价值观是贯穿在企业经营活动和企业管理的每一个环节和整个过程中的，并与企业环境变化相适应的，因此不能脱离企业管理。

3. 将企业文化视为传统文化在企业管理中的直接运用

这种观点认为企业文化就是用文化来管理企业，如有些企业家认为应该用儒家学说或用老子学说来管理企业。这些学说作为中国文化的思想代表用于指导企业管理和企业经营理念，应该说是具有中国特色，但问题的关键在于如何用传统文化来把握当代人的心理，来把握迅速变化的市场需求，调整对中国员工的工作激励，这需要找到适当的切入点，找准其中许多具体的联系。如中国传统文化中强调对家庭的归属、对权力的依赖，重感情、重面子，突出以人为本、知人善用等，将这些文化因素和传统思想应用于企业管理，营造一个充满情感、和谐共存的文化氛围，在这样的氛围中实现人与社会的共存，人与自然的和谐。但是，中国的传统文化思想中充满了哲理与思辨，可谓左右逢源，在用于指导企业管理实践中时，需要将其操作化为具体的行为准则和经营理念。另外，中国传统文化中也有许多不利于企业创新和企业发展的因素，如知足常乐、枪打出头鸟等，

这些都是抑制企业创新的隐形杀手。另外，人情交往是中国人最主要的交往方式，许多企业家长期依赖于由人情交往所编织的社会关系网（即社会资本），而不把重点放在企业创新上，认为这样也能赚到钱，这样下去会逐渐形成对关系的依赖，而削弱企业自身的创新能力。这种现象的盛行固然有其社会的原因，但是随着体制改革的进一步深入，社会资本伸展的空间越来越狭小，市场竞争的游戏规则越来越规范，那些津津乐道于依赖社会资本的企业被打垮、被击败就在所难免。所以要区分传统文化中的积极因素和消极因素，不能简单而为之。企业文化不是对社会文化的玩赏，而是用文化的氛围和文化价值去管理企业，为企业、为社会创造价值。

4．忽视了企业文化的创新和个性化

企业文化是某一特定文化背景下该企业独具特色的管理模式，是企业的个性化表现，不是标准统一的模式，更不是迎合时尚的标语。综观许多企业的企业文化，方方面面都大体相似，但是缺乏鲜明的个性特色和独特的风格。其实，每一个企业的发展历程不同，企业的构成成分不同，面对的竞争压力也不同，所以其对环境做出反应的策略和处理内部冲突的方式都会有自己的特色，不可能雷同。同样属于日本文化，索尼公司的企业文化强调开拓创新，尼桑公司的企业文化强调顾客至上；同样属于美国文化，惠普公司的企业文化强调对市场和环境的适应性，IBM公司的企业文化强调尊重人、信任人，善于运用激励手段。这说明，企业文化是在某一文化背景下，将企业自身发展阶段、发展目标、经营策略、企业内外环境等多种因素综合考虑而确定的独特的文化管理模式。因此，企业文化的形式可以是标准化的，但其侧重点各不相同，其价值内涵和基本假设各不相同，而且企业文化的类型和强度也都不同，正因如此才构成了企业文化的个性化特色。

小　结

企业文化是一种新型的管理方式。企业文化是企业在生产经营实践中逐步形成的，为全体员工所认同并遵守的、带有本组织特点的使命、愿景、宗旨、精神、价值观和经营理念，以及这些理念在生产经营实践、管理制度、员工行为方式与企业对外形象中体现的总和。企业文化具有人本性、共识性、独特性和相对稳定性的特征。企业文化的内容大体分为精神文化、制度文化和物质文化三个层次。企业文化的基本功能是导向功能、凝聚功能、激励功能、约束功能和辐射功能。建设企业文化应遵循目标化原则、价值观原则、卓越原则、激励原则和相对稳定原则。企业文化建设的过程可概括为需求分析与战略准备、内容提炼与模式构建、倡导强化、完善与创新。

复习思考题

1．企业文化的基本内涵是什么？

2．企业文化作为一个完整的体系，包括哪些内容？

3．企业文化的本质特征有哪些？

4．企业文化的功能有哪些？

5．建设企业文化应遵循哪些原则？

6．企业文化建设的步骤是什么？

案例分析

企业文化建设能完全委托吗

甲公司准备开展企业文化建设的消息发出后，多家咨询公司参与了项目争夺，甲公司的企业文化部在经过了形式上的竞标后，聘请了老板知名度较高的一家咨询公司，该公司项目建议书中开列了包括该老板在内的多名知名专家和一名据介绍有十年咨询经验的知名学府MBA（以下称为A君），但在这些名单后包含了一个甲公司没有注意的“等”字。

甲公司付出首付款后，项目组一行7人浩浩荡荡进驻了甲公司，7人中包括了名单中的老板、1名专家和A君，其余四人都是年轻人。项目组进驻当天咨询公司的老板、专家、A君和两名助手对甲公司董事长、总经理分别进行了各90分钟的访谈，次日，按计划召开了“甲公司企业文化项目启动誓师会”，由专家进行了2个小时的专题报告，咨询公司老板进行了“企业文化建设”的讲座，据甲公司企业文化部部长讲，两位的报告内容他已经在不同场合听过多次。午餐过后，因有其他要务，专家和老板启程奔赴机场，A君和其他四个年轻人继续访谈。

接下来，企业文化部不断得到对咨询人员水平的质疑，部长开始坐不住了，经过旁敲侧击，私下交流，很快部长得知，留下的5人中A君是32岁，大学本科毕业设计参与了一个小公司的人力资源管理软件实施，工作5年后考取MBA，毕业后进入咨询行业，主要从事人力资源咨询，所谓10年咨询经验是从毕业设计开始计算的；其他4人，2人是新的MBA毕业生，1人是人力资源专业在读研究生（那位专家的研究生），另一人是新闻专业本科毕业生。

部长开始着急了，频繁和咨询公司老板联系，希望调整咨询人员，但被老板告知，一线人员只是收集资料，初步分析，结论还是专家和他自己把关，让部长安心，配合好项目组工作。

一个月后，诊断报告出来了，公司的问题点说得很清楚，得到董事长肯定，部长开始有些欣慰，特意请咨询组去当地的名胜旅游了两天。

又一个月过去了，项目组提交了一份企业文化体系报告，部长拿到这份报告后又开始头痛，看着这份文字华丽、引论古今中外的企业文化体系，感觉怎么也和自己的企业联系不上。体系在讨论、修改、提交、再讨论、再修改、再提交中反复了多次，部长感

觉项目组的每一次修改其实只是按照意见在动文字，对于一个新的价值观能够在企业中带来什么反映，和企业的生产实际是否联系的上似乎没有考虑，部长开始催问项目组："老板和专家什么时间来"，A君一再表示，每一次的修改稿都是经过老板和专家肯定的，并开始暗指甲公司不懂企业文化。部长也和咨询公司老板通了电话，老板感觉了部长的不满，委婉表示：最近公司业务很忙，许多知名公司都主动找他们做项目，自己对甲公司项目的关心不够，但专家一直在关心，希望甲公司能够相信专家的意见。部长又和专家沟通，专家讲：我在开会，学生在项目组，请部长将意见通过学生转达。此时，部长开始明白，所谓每次修改都有老板和专家审定是A君的谎言。

项目开始三个月后，企业文化理念体系还没有确定，甲公司董事长在和A君进行了一次交流后决定终止项目。

（资料来源：http://www.jdol.com.cn/jdNews/93157.html）

讨论：

1. 怎样正确认识企业文化的建设？
2. 企业文化包括哪些内容？
3. 如何建引入咨询团队进行企业文化建设？

第五章　人力资源管理

教学目标

本章主要介绍了人力资源管理的概念和内容、人力资源规划的内容、工作分析的内容和作用，人员招聘选拔的程序及作用、培训的作用和方法、绩效考评的过程以及与报酬的关系，最后讲述激励的原则和方法。

学习任务

通过这一章内容的学习，要达到以下几个目的：

- 了解人力资源管理的概念。
- 理解人力资源管理的内容。
- 理解人力资源管理规划、工作分析的职能。
- 掌握人力资源管理招聘、培训、考核、激励的方法。

导入案例

林肯的用人之道

1860 年美国大选刚刚结束，一位大银行家看到一个参议员从林肯总统办公室走出来，就对林肯说："此人不可靠，万万不可选他入阁。"林肯问："为什么？"银行家说："他与我谈过，说他比你伟大！"林肯说："我现在最头疼的就是找不到比我强的人，我要把比我强的人都纳入内阁。"

后来，银行家所说的那位议员被林肯委任为财政部长，并十分器重他。尽管此人很狂妄，但工作尽职尽责，特别有能力。有一次，这位银行家又提醒林肯说那位参议员有野心。林肯没有直接回答，只讲了自己幼年时的一个故事："年幼时，我在家乡农场犁地，那匹马很懒，走得很慢，可是后来，它走得飞快。等到地头，我才发现这匹马走得快的原因：原来是一只大马蝇叮在它的屁股上。"

古人说，有容乃大。林肯之所以成为美国历史上一位杰出总统，这缘于他的善于用人，特别是善于使用比自己强的人。一个企业管理者，只有容纳并鼓励那些在品格能力上强于自己的人，才能达到企业管理的最高境界。企业管理者要强于下属的，一是心胸，二是驭人之功。这里的驭人之功实际上就是人力资源管理的功能

（资料来源：http://www.changdedj.net）

讨论：

1．作为企业领导者，需要具备怎样的人力资源管理素质？

2．如何评价林肯的用人之道？

第一节　人力资源管理概述

人力资源管理这一概念的出现，是在德鲁克 1954 年提出人力资源的概念之后，虽然它出现的时间不长，但是发展的速度却非常快。人力资源管理是研究如何最有效、最合理地管理和使用企业所拥有的最宝贵的资源——员工的才能与热情，从而实现企业的既定目标，使其经济效益和社会效益最大化。

一、人力资源的基本概念

1. 资源的分类

资源是“资财的来源”(《辞海》)。在经济学上，资源是为了创造物质财富而投入于生产活动中的一切要素。

（1）自然资源

自然资源是自然物质经过人类的发现，被输入生产过程，或直接进入消耗过程，变成有用途的，或能给人以舒适感，从而产生价值的东西。

（2）资本资源

资本资源是一个经济体为了生产其他的物品而生产出来的耐用品。资本品包括机器、道路、计算机、铁锤、卡车、钢铁厂、汽车、洗衣机和建筑物。专业化的资本品积累是经济发展必不可少的要素。

（3）信息资源

信息资源是企业生产及管理过程中所涉及到的一切文件、资料、图表和数据等信息的总称。

（4）人力资源

人力资源是生产活动中最活跃的因素，也是一切资源中最重要的资源，由于该资源特殊的重要性，它被经济学家称为第一资源。人力资源是指能够推动国民经济和社会发展的、具有智力劳动和体力劳动能力的人们的总和，它包括数量和质量两个方面。

2. 人力资源的构成

人力资源由数量和质量两个方面构成。人力资源数量又分为绝对数量和相对数量两种。

人力资源的质量是人力资源所具有的体质、智力、知识和技能水平，以及劳动者的劳动态度。

二、人力资源的特征

1）能动性。人力资源具有思想、感情和思维，具有主观能动性，这是人力资源同其他资源最根本的区别。

2）两重性。人既是生产者，又是消费者。

3）时效性。人力资源的数量、质量以及人力资源素质的提高，即人力资源的形成受时间条件的制约，具有时效性。

4）再生性。经济资源分为可再生性资源和不可再生性资源两大类。人力资源是一种可再生性资源，是基于人口的再生产和劳动力的再生产。

5）社会性。人类劳动是群体性劳动，每一个人都在一定的社会和组织中工作和生活，其思想和行为都要受到社会和所在群体的政治、经济、历史和文化氛围的影响，每个人的价值观念也各不相同。

企业为了在某个领域或某个行业中占领制高点，并得到长期的发展，必须有大量的顶尖人才为企业服务。国家要繁荣，民族要振兴，必须要有大量人才。

三、人力资源管理的概念

人力资源管理就是现代的人事管理，它是指企业为了获取、开发、保持和有效利用在生产和经营过程中必不可少的人力资源，通过运用科学系统的技术和方法进行各种相关的计划、组织、领导和控制活动，以实现企业的既定目标。

人力资源管理可以分为宏观和微观两个层次。

1. 宏观人力资源管理

宏观人力资源管理是指对一个国家或地区的人力资源的管理，即全社会的人力资源管理，主要侧重于从整体上对人力资源的形成、开发和利用的管理。

国家通过制定一系列制度、政策，采取必要的措施促进人力资源的形成，为人力资源的开发和利用提供条件，对人力资源的利用加以引导，使人力资源的形成、开发、利用与社会协调发展。例如，我国的计划生育和人口的规划管理、职业技术培训、劳动与社会保障等就是我国实行宏观人力资源管理的具体体现。

2. 微观人力资源管理

微观人力资源管理是一个组织对其所拥有的人力资源进行开发、利用的管理，多数指企事业单位的人力资源管理。本书所讲的人力资源管理就是指微观人力资源管理。

具体地讲，人力资源管理就是企业通过工作分析、人力资源规划、员工招聘选拔、绩效考评、薪酬管理、员工激励、人才培训和开发等一系列手段来提高劳动生产率，最终达到企业发展目标的一种管理行为。

根据这一定义，可以从两个方面来理解微观人力资源管理：

1）人力资源外在要素——量的管理。对人力资源进行量的管理，就是根据人力和物力及其变化，对人力进行合理培训、组织和调配，使二者经常保持最佳比例和有机的结合，使人和物都充分发挥出最佳效应。

2）对人力资源内在要素——质的管理。对人力资源进行质的管理，主要是采用现代化的科学方法，对人的思想、心理和行为进行有效的管理（包括对个体和群体的思想、

心理和行为的协调、控制和管理），充分发挥人的主观能动性，以实现组织目标。

人力资源管理的最终目标就是促进企业目标的实现——把企业所需人力资源吸引到企业中，将他们安置在企业适合其自身发展的岗位上，调动他们的工作积极性，开发他们的潜能，以充分发挥他们的作用，为企业实现利润最大化服务。

目前比较公认的观点是：现代人力资源管理就是一个人力资源的获取、整合、保持激励、控制调整及开发的过程。

四、人力资源管理的基本功能

1. 获取（吸纳）——吸收、录用

这主要包括人力资源规划、招聘和录用。为实现企业的战略目标，人力资源管理部门要根据企业结构和战略目标，确定职务说明书与员工素质要求，制定与企业目标相适应的人力资源需求与供给计划，并根据人力资源的供需计划而开展招聘、考核、选拔、录用与配置等工作。这是进行人力资源管理的第一步。只有首先获取了人力资源，才能对其进行管理。

2. 整合

整合是指让被录用来的员工学习、了解企业的宗旨与价值观，接受、遵从企业文化的指导，并通过一系列的教育、培训活动，使员工把企业文化内化为个人价值观，增强他们对企业的认同感与责任感。

3. 保持与激励

保持是指保持员工有效工作的积极性，保持员工有一个安全健康的工作环境。

激励是指提供员工所需要的奖酬，保持并增加其满意度，使其安心并积极工作。

4. 控制和调整功能——评价

这是指对员工实施合理、公平的动态管理的过程，如评估其素质，考核其绩效，做出相应的晋升、调动、奖惩、离退、解雇等决策，具有控制与调整职能。

5. 开发功能——发展

对员工进行培训，提高他们的素质和技能，并给他们发展机会，指导他们明确自己的长处、短处和今后的发展方向和道路。

上述人力资源管理的五个基本职能不是孤立无关的，它们密切联系、相辅相成、彼此配合。组织在某一个方面的决策都会影响其他方面，但这五个基本职能是以职务分析为中心的，职务分析确定组织内每个岗位应有的权责和资格要求，从而为人力资源获取提出了明确的要求，为激励规定了目标，为考核提供了标准，为培训和开发提供了依据。激励可以使员工满意和安心，从而促进了整合；开发可以使员工看到自己在企业中的发

展前途，从而更加安心工作。

通俗地说，现代人力资源管理主要包括求才、用才、育才、激才、留才等内容和工作任务。

五、人力资源在经济发展中的作用

经济增长的主要途径取决于以下四个方面的因素：新的资本资源的投入；新的可利用自然资源的发现；劳动者的平均技术水平和劳动效率的提高；科学的、技术的和社会的知识储备的增加。后两项均是与人力资源密切相关的，它们对人力资源的质量起了决定性的作用。可以说，人力资源决定了经济的增长。经济学家也因此将人力资源称为第一资源。

劳动者的平均技术水平和劳动效率的提高，以及科学技术的知识储备和运用的增加是经济增长的关键。由于这两个因素是与人力资源的质量密切相关的，因此，一个国家经济发展的关键则在于如何提高人力资源质量。表 5.1 反映了不同发展程度国家、地区的人力资源情况与经济发展的对比情况。

表 5.1　不同发展程度国家、地区的人力资源情况与经济发展的对比情况

分类	高度发达国家	中上等发展中国家	中下等发展中国家	低等发展中国家	
典型	美国	韩国	泰国	坦桑尼亚	中国
人均国民生产总值/美元	19840	3600	1000	160	750（1997）
人均国内生产总值国际比较值	100	24.1	16	2.6	
小学入学率/%	100	101	95	66	97.2（1992）
中学入学率/%	98	88	28	4	初中 79.4，高中 43.1（1992）
大学入学率/%	60	36	2	0	4（1997）
每万人口中医生数量/人	21	8.6	1.6	38	39.87（1987）
每万人口中护士数量/人	143	17	14	1.2	32.65（1992）
出生时平均预期寿命/岁	76	70	65	53	男 76.6，女 80.3（1992）

六、人力资源管理的工作内容

1. 制定人力资源计划

根据组织的发展战略和经营计划，评估组织的人力资源现状及发展趋势，收集和分析人力资源供给与需求方面的信息和资料，预测人力资源供给和需求的发展趋势，制定人力资源招聘、调配、培训、开发及发展计划等政策和措施。

2. 人力资源费用核算工作

人力资源管理部门应与财务等部门合作，建立人力资源会计体系，开展人力资源投入与产出效益的核算工作。人力资源会计工作不仅可以改进人力资源管理工作本身，而

且可以为决策部门提供准确和量化的依据。

3. 工作设计和分析

工作设计是指在企业内如何进行专业分工和任务分解，决定不同职位的权限、责任和职能范围。

工作分析是对企业中各个工作职位的特征、规范、要求、流程，以及能够胜任该职位人员的素质、知识、技能等要求进行描述，形成工作描述书和任职说明。工作分析结果是员工吸引、招聘、选择、配置、考核、薪酬分配等工作的依据。工作设计与工作分析是人力资源管理的基础环节。

4. 人力资源的招聘与配置

员工招聘是根据人力资源规划和工作分析的要求，为企业吸引、招聘员工的过程。员工招聘是企业人力资源管理中很重要的一个功能性环节，是组基本的任务之一。

5. 雇佣关系与劳资关系

员工一旦被组织聘用，就与组织形成了一种雇佣与被雇佣的、相互依存的劳资关系，为了保护双方的合法权益，有必要就员工的工资、福利、工作条件和环境等事宜达成一定协议，签订劳动合同。

6. 入厂教育、培训和发展

任何应聘进入一个企业的新员工，都必须接受入厂教育，这是帮助新员工了解和适应组织、接受组织文化的有效手段。入厂教育的主要内容包括组织的历史发展状况和未来发展规划、职业道德和组织纪律、劳动安全卫生、社会保障和质量管理知识与要求、岗位职责、员工权益及工资福利状况等。

为了提高广大员工的工作能力和技能，有必要开展有针对性的岗位技能培训。对于管理人员，尤其是对即将晋升者，有必要开展提高性的培训和教育，目的是促使他们尽快具有在更高一级职位上工作的全面知识、熟练技能、管理技巧和应变能力。

7. 绩效考评

工作绩效考评，就是对员工的胜任能力、工作表现及工作成果等进行评价，并给予量化处理的过程。这种评价可以是自评，也可以是他评，或者是综合评价。考核结果是员工晋升、接受奖惩、发放工资、接受培训等人力资源管理决策的有效依据，它有利于调动员工的积极性和创造性，检查和改进人力资源管理工作。

8. 帮助员工的职业生涯发展

人力资源管理部门和管理人员有责任鼓励和关心员工的个人发展，帮助其制定个人发展计划，并及时进行监督和考察。这样做有利于促进组织的发展，使员工有归属感，进而激发员工工作的积极性和创造性，提高组织效益。人力资源管理部门在帮助员工制定其个人发展计划时，有必要考虑它与组织发展计划的协调性或一致性。也只有这样，人力资源管理部门才能对员工实施有效的帮助和指导，促进个人发展计划的顺利实施并取得成效。

9. 员工工资报酬与福利保障

合理、科学的工资报酬福利体系关系到组织中员工队伍的稳定与否。人力资源管理部门要从员工的资历、职级、岗位及实际表现和工作成绩等方面，来为员工制定相应的、具有吸引力的工资报酬福利标准和制度。工资报酬应随着员工的工作职务升降、工作岗位的变换、工作表现的好坏与工作成绩进行相应的调整，不能只升不降。

员工的福利是社会和组织保障的一部分，是工资报酬的补充或延续。它主要包括政府规定的退休金或养老保险、医疗保险、失业保险、工伤保险、节假日，并且为了保障员工的工作安全卫生，提供必要的安全培训教育和良好的劳动工作条件等。

10. 建立员工档案

人力资源管理部门有责任保管员工入厂时的简历以及入厂后关于工作主动性、工作表现、工作成绩、工资报酬、职务升降、奖惩、接受培训和教育等方面的书面记录材料。

七、人力资源管理的意义

1）通过合理的管理，实现人力资源的精干和高效，取得最大的使用价值，即

人的使用价值达到最大＝人的有效技能得到最大地发挥

2）通过采取一定措施，充分调动广大员工的积极性和创造性，也就是最大地发挥人的主观能动性。调查发现：按时计酬的员工每天只需发挥自己20%～30%的能力，就足以保住个人的饭碗。但若充分调动其积极性、创造性，其潜力可发挥出80%～90%。

3）培养全面发展的人。人类社会的发展，无论是经济的、政治的、军事的、文化的发展，最终目的都要落实到人——一切为了人本身的发展。目前，教育和培训在人力资源开发和管理中的地位越来越高，马克思指出，教育不仅是提高社会生产的一种方法，而且是造就全面发展的人的唯一方法。

八、从传统人事管理向现代人力资源开发与管理的演进历程

现代人力资源管理与传统人事管理的主要区别如下：

1）最根本的区别在于，现代人力资源管理比传统人事管理的更具有战略性、整体性和未来性。

2）现代人力资源管理将人力视为组织的第一资源，更注重对其的开发，因而更具有主动性。

3）现代人力资源管理中，人力资源管理部门成为组织的生产效益部门。

4）现代人力资源管理对员工实行人本化管理。

还有一点需要说明的是，现代人力资源开发与管理是每一个管理者的职责，而非仅为人力资源开发与管理专职人员的责任，并且，直线经理已成为人力资源开发与管理的主要责任者，人力资源开发与管理专职人员的责任在于辅助直线经理做好工作。二者的区别可用表 5.2 说明。

表 5.2　直线经理与人力资源管理专职人员的分工

职能	直线经理的活动与责任	人力资源管理专职人员的责任
确保	提供职务分析的有关信息；人力资源计划与组织战略的协调与均衡；直接参与面试；决定人员的录用与分配	编写职务分析书；制定人力资源规划；做好招聘服务、咨询工作（如广告、材料收集与调查、配合直线经理的招聘录用、录用信息的发布、人员体验、合法性检查、劳资等相关法律的咨询与服务等）
开发	组织员工培训；工作丰富化；给下属提供工作反馈信息；指导、帮助员工设计个人发展计划	制定员工培训计划；为员工培训提供服务（如场地、器材、资金等）；帮助员工进行职业生涯规划；对管理者进行管理理论与方法培训
报偿	直接负责员工绩效评估、工资、奖惩制度及其他激励措施的实施	确定绩效评估方法与制度；制定工资、福利制度；执行与监督工资、福利制度；员工福利及其他特殊需求服务
整合	组织员工沟通；指导员工的合作与协调；冲突与处理；信息的收集与反馈	制定沟通制度；保障沟通渠道的畅通；进行部门间的协调和信息的处理；传播企业文化；开展员工组织同化工作；管理员工档案
调控	监督执行劳动纪律；员工解雇、提升、调动、辞职的决策	制定员工调控政策；审核与贯彻直线经理调控决策；对直线经理实行调控；为离退员工提供咨询和服务

直线经理对人力资源开发与管理的职责加强了，人力资源开发与管理部门的战略地位提高了，它更多地从事人力资源规划、各项政策与制度的制定与监督，更多地为直线经理提供人事服务。

九、人力资源管理的原则

1. 任人唯贤原则

根据人的才能合理安排工作，而不是论资排辈，更不是任人唯亲，只有这样，才会使人才资源得到合理配置，高效使用。同时由于人的能力是在不断发展变化和不断提高的，因此对人的安排又是一个动态的过程，而不是一职定终身。

2. 注重实绩原则

评价员工工作好坏、能力高低，只能以其工作的实际成绩为依据。工作实绩可以反映一个人的思想政治水平、敬业精神、专业实际能力、精力等状况，是选拔、奖惩以及职务升降的主要依据。当然，注重实绩并不是简单地以实绩对员工进行取舍和褒贬，而应该考虑环境、群体、偶然等各种因素进行全面分析评价，而不能简单地肯定或否定。

3. 激励原则

运用各种有效的方法去调动人的积极性和创造性。人的能力分潜在能力和显在能力。潜在能力是指人本身的各种因素决定的一种可能能力；显在能力是指人在实际工作中发挥出来的能力。潜在能力和显在能力一般来说是不等量的，这除了客观因素外，最主要是人本身的积极性高低的影响。有关研究表明，一个人如果工作积极性很高，他可以发挥出80%～90%的才能，反之，如果没有积极性和主动性，就只能发挥其才能的30%左右。所以人力资源管理要坚持激励原则。采取各种激励措施，最大限度地提高工作人员的工作积极性和创造性，做到人尽其才、事就功成。

4. 竞争原则

人力资源管理部门必须引入人才竞争机制，让领导者和所有员工放开手脚，展开竞争。市场经济的一个最大特点就是“开展竞争”，通过竞争优胜劣汰，实现资源合理流动和高效配置。作为第一重要的资源要素——人力资源自然也要坚持竞争原则。

在人力资源管理中坚持竞争原则，主要应做好以下几方面工作：

1）在用人方面必须坚持德才兼备，能者上，不称职的下，杜绝一切形式的任人唯亲和各种照顾。

2）各层次员工的录用和提拔，要通过公开平等的考试（考核）择优任用。

3）员工职务升降要以实绩为主要依据。

4）改革单一的委任制为聘任制、考任制、选举制等多种任用制度形式，实行个人和用人单位双向选择制度。

5. 精干原则

在组织机构设置时，要根据机构的职能任务来组织职工队伍，即因事设岗、设人，既要有合理的层次和系统，又要有相互间合理配比和有机结合，以形成一个具有最佳效能的群体。坚持精干原则就是要改变那种机构臃肿、层次重叠、人浮于事的状况。根据精干原则人力资源管理部门要严格按机构大小，按岗位的职责、任务配置工作人员，做到以事设职、以职选人。

6. 民主监督原则

人力资源管理的直接对象是人，而人是最复杂的，这就决定了人力资源管理的复杂性和艰巨性，因而人力资源管理要坚持民主监督原则，即进行人力资源的民主管理，提高透明度，克服神秘化。

第二节　人力资源规划

成功的事业来自于成功的规划运筹，规划有助于预见未来，减少未来的不确定性，更好地帮助组织应付未来的各种变化，解决和处理复杂的问题。

本节将讨论人力资源规划的基本概念与内容，叙述人力资源规划的基本程序，探讨

人力资源需求与供给的预测方法，说明人力资源规划的编制。

一、人力资源规划的概念

人力资源规划是根据组织的战略目标，科学预测组织在未来环境变化中人力资源的供给与需求状况，制定必要的人力资源获取、利用、保持和开发策略，确保组织对人力资源在数量上和质量上的需求，使组织和个人获得长远利益。从这个定义可以看到：

1）人力资源规划是以组织的战略目标为依据的。

2）组织战略目标的变化必将引起组织内外人力资源供需的变化，人力资源规划就是要对人力资源供需状况进行分析预测，以确保组织在近期、中期和长期的对人力资源的需求。

3）一个组织应制定必要的人力资源的措施，以确保组织对人力资源需求的如期实现。

4）人力资源规划要使组织和个体都得到长期的利益。

二、人力资源规划的作用

企业制定人力资源规划具体可起到以下作用。

1. 在人力资源方面确保组织目标的达成

人力资源规划的特点是全面考虑企业的经营战略和文化氛围，在实现企业总体目标的前提下，关注人力资源引进、保留、提高和流出四个环节，因此能较好地促进目标的整合性，推动企业目标达成。

2. 明确人力资源工作的内容

通过人力资源规划，广泛收集内外部信息，明确了企业人力资源管理需要做哪些工作和事项，从而可以消除人力资源管理的盲目性和混乱性。

3. 有助于减少人力资源管理未来的不确定性

通过规划可以及早发现问题，对企业需要的人力资源做适当准备。对紧缺人力资源发出引进与培训的预警，使人力资源管理动静结合，有条不紊，并同时有计划调整人力资源的分布结构。从而强化了人力资源的事先控制能力。

4. 人力资源开发与管理目标更加清晰

确定诊断人力资源管理效果的核心标准。人力资源规划包括两个层次，即总体规划与各项业务计划。人力资源总体规划是有关计划期内人力资源开发利用的总目标、总政策、实施步骤及总预算的安排。人力资源规划所属业务计算包括人员补充计划、人员使用计划、提升/降职计划、教育培训计划、薪资计划、退休计划、劳动关系计划等。这些业务计划是总体规划的展开和具体化。具体见表 5.3。

表 5.3 人力资源规划及其各项业务计划

计划类别	目　标	政　策	步　骤	预　算
总规划	总目标：绩效、人力资源总量、素质、员工满意度	基本政策：如扩大、收缩改革、稳定	总体步骤：（按年安排）如完善人力资源信息系统等	总预算：×××万元
人员补充计划	类型、数量对人力资源结构及绩效的改善等	人员标准、人员来源、起点待遇等	拟定标准、广告宣传、考试、录用	招聘、选拔费用：××万元
人员使用计划	部门编制、人力资源结构优化、绩效改善、职务轮换	任职条件、职务轮换、范围及时间	略	按使用规模、类别及人员状况决定工资、福利
人员接替与提升计划	后备人员数量保持、改善人员结构、提高绩效目标	选拔标准、资格、试用期、提升比例、未提升人员安置	略	职务变化引起的工资变化
教育培训计划	素质与绩效改善、培训类型与数量、提供新人员、转变员工劳动态度	培训时间的保证、培训效果的保证	略	教育培训总投入、脱产损失
评估与激励计划	离职率降低、士气提高、绩效改善	激励重点：工资政策、奖励政策、反馈	略	增加工资、奖金额
劳动关系计划	减少非期望离职率、雇佣关系改善、减少员工投诉与不满	参与管理、加强沟通	略	法律诉讼费
退休解聘计划	编制、劳务成本降低、生产率提高	退休政策、解聘程序等	略	安置费、人员重置费

三、人力资源规划的过程

人力资源规划的主要过程可分四个阶段：调查分析准备阶段，预测阶段，制定规划阶段，规划实施、评估与反馈阶段。

在评估时，应考虑以下几个问题：

1）人力资源规划者与财务及各业务部门经理之间的工作关系。

2）有关部门之间信息沟通的难易程度。

3）决策者对人力资源规划的重视程度，以及决策者对人力资源规划中提出的预测结果、行动方案和建议的利用程度。

四、人力资源需求预测

（一）人力资源需求调查

一般调查应包括以下项目。

1）组织结构设置、职位设置及其必要性。

2）现有员工的工作情况、定额及劳动负荷情况。

3）未来的生产任务计划，生产因素的可能变动情况。

（二）人力资源需求预测方法

人力资源需求预测一般可分为两大类；主观判断法与定量分析预测法。

1. 主观判断法

主观判断法主要是用德尔菲法。德尔菲法是一种直观型的预测技术，是“专家集体咨询”的方法，它根据对影响组织的内部因素的了解程序来选择多个专家。

德尔菲法常用于短期（一年内）预测问题，许多组织由于利用这种方法而大获成功。要使用这个方法应注意以下问题。

1）要向专家提供充分且完备的信息，以使其能够做出判断，如人员安排情况和生产趋势。

2）所提出的问题应该是他们能够答复的问题。

3）不要求精确。允许专家粗估数字，并请他们说明预估数字的肯定程度。

4）尽可能简化，特别是不要问那些没有必要问的问题。

5）保证所有专家能从同一角度去理解员工分类和其他定义。

6）向高层领导和专家说明预测的优点，以争取他们的支持。

2. 定量分析预测法

定量分析预测法是利用数学和统计学的方法进行分析预测，常用的、较为简便的方法有以下几种。

（1）工作负荷法

【例 1】　某工厂新设一车间，其中有四类工作。现拟预测未来三年操作所需的最低人力数。

1）根据现有资料得知，这四类工作所需的标准任务时间（单位为：小时/件）分别为：0.5，2.0，1.5，1.0。

2）估计未来三年每一类工作的工作量（产量），如表 5.4 所示。

表 5.4　某新设车间的工作量估计

工作 ＼ 时间/小时	第一年	第二年	第三年
工作 1	12 000	12 000	10 000
工作 2	95 000	100 000	120 000
工作 3	29 000	34 000	38 000
工作 4	8 000	6 000	5 000

3）折算为所需工作时数，如表 5.5 所示。

（2）趋势预测法

这是比较简单的方法。预测者必须拥有过去一段时间的历史数据资料，然后用最小平方法求得趋势线，将趋势线延长，就可预测未来的数值。

趋势预测法以时间或产量等单个因素作为自变量，人力数为因变量，且假设过去人力的增减趋势保持不变，一切内外影响因素保持不变。

表 5.5　某新设车间的工作时数估计

工作＼时间/小时	第一年	第二年	第三年
工作 1	6 000	6 000	5 000
工作 2	190 000	200 000	240 000
工作 3	43 500	51 000	57 000
工作 4	8 000	6 000	5 000

五、人力资源规划的编制

人力资源规划是一个连续的规划过程，它主要包括两个部分：基础性的人力资源规划（总规划）和业务性的人力资源计划。

1. 基础性的人力资源规划

基础性人力资源规划一般应包括以下几个方面。

1）与组织的总体规划有关的人力资源规划目标、任务的说明。

2）有关人力资源管理的各项政策策略及其有关说明。

3）内部人力资源的供给与需求预测，外部人力资源情况与预测。

4）人力资源净需求（见表 5.6）。

表 5.6　按类别的人力资源净需求

主要工作类别（按职务分类）		预期人员的损失										
		1	2	3	4	5	6	7	8	9	10	11
		现有人员	计划人员	余缺	调职	升迁	辞职	退休	辞退	其他	合计	本期人力资源净需求
1	高层主管											
2	部门经理											
3	部门管理人员											
4	……											
合计												

2. 业务性的人力资源计划

业务性的人力资源计划一般包括：招聘计划，升迁计划，人员裁减计划，员工培训计划，人力资源保留计划，生产率提高计划。

第三节　工 作 分 析

一、工作分析的含义

1. 工作分析的概念

工作分析也叫职务分析、岗位研究，是指对各类岗位的性质任务、职责权力、岗位关系、劳动条件和环境，以及职工承担本岗位任务应具备的资格条件等进行系统研究，并制定出工作说明书等岗位人事规范的过程。

工作分析中的基本术语包括以下几个。

1）工作要素：工作中不能再分解的最小动作单位。

2）任务：为了达到某种目的所从事的一系列活动。

3）责任：个体在工作岗位上需要完成的主要任务或大部分任务。

4）职位：根据组织目标为个人规定的一组任务及相应的责任。

5）职务：一组重要责任相似或相同的职位。

2. 工作分析的内容

（1）工作描述

工作描述包括：工作名称，工作活动和工作程序，物理环境，社会环境及聘用条件。表 5.7 是某银行贷款助理员的工作描述。

表 5.7　某银行贷款助理员的工作描述

工作名称：公司贷款助理 工作代号： 在职者：	部门：公司信贷部 科室：信贷一科 工作地点：公司总部　时间：1998 年 12 月
（注：本部分主要说明工作的主要任务与责任，不对该工作的内涵作详细说明。）	
工作关系 上级：公司会计主管 A 先生，B 女士；下属：无。 内部联系：公司信贷部的 C，D，E，F 等其他员工。 外部联系：主要银行客户。	
工作主要责任 帮助公司进行商务账单管理，保持与本公司有利益关系的公司的合作关系。	

续表

工作内容

A．信用分析（每周）：在信贷主管的指导下，分析客户公司的历史、在行业中的地位、现在的状况、会计程序、贷款需求；考察信用报告；为潜在的贷款者推荐贷款方案；考察和总结现有贷款者的绩效；准备且跟踪信用往来与报表以及合法的贷款协议清单。

B．业务（每周）：帮助客户处理贷款问题与需求；出具客户有效需求的信用信息；根据公司资产负债情况分析账面利润，给各个客户贷款；指导公司贷款票据部门的基金收支、贷款签订过程；纠正内部偏差。

C．贷款文件（每周）：起草所需的贷款文件；帮助客户完成贷款文件；在贷款工作结束后立即对照贷款文件检查贷款的完成情况。

D．报告/信息系统（每周）：准备信用报表：描述和分析与客户的关系和贷款协议的条款；为信息输入信息系统作准备；检查信用报表的准确性。

E．客户/内部关系（每周）：熟悉客户的产品，生产能力与行业，与客户建立深层次的关系；与客户及其他银行经常保持联系，以求获得与贷款相关的信息；解答客户的问题；准备关于客户及未来的与之沟通和合作的报告；对影响客户及未来的重大事件编写备忘录。

F．辅助主管（每月）：帮助特定的主管进行信用信息支持，密切客户关系；监督账目，检查和保管信用文件；在贷款过程中协调票据在各部门中的流动；在主管不在时处理客户问题与需求。

G．辅助科室（每月）：总结银行在行业中的经济活动；跟踪行业与地区的发展；帮助科室经理规划科室近期和未来的经营活动，面度贷款助理的求职者；在主管不在时，代理主管行使职权。

工作条件与环境

75%以上的时间在室内工作，不受气候影响；工作场地温度与温度适中，无噪声，无有害气体，无生命及其他伤害危险；一般无外出要求，只有在信贷调查时才外出；因工作需要配备一台计算机、一部电话及其他办公用具，个人无独立的办公室。

聘用条件

每周工作 35 小时，每天 7 小时。因工作需要而加班，一天加班时数一般不超过 2 小时，每周不超过 4 小时，非节假日加班，其加班工资按加班时数×平均小时工资数×2 计算，节假日加班其加班工资按加班时数×平均小时工资数×4 计算，法定节日放假，每年有带薪休假（详见《员工手册》）。每月月薪 4500 元。该工作的试用期为 3 个月，试用期间，若因个人业绩达不到规定标准或严重违反公司纪律等因素，公司有权在不提前通知的情况下予以解雇，个人也可直接向公司提出辞职。试用合格即可与公司签订正式录用合同。员工在被正式录用后，公司因经营不善，或因员工个人因素需解雇员工时，公司必须提前 1 个月向个人宣布解雇决定，且公司需向个人补贴生活费用，补贴金额为：员工在公司工作的周年数×该员工解雇决定宣布当月的工资总额，员工工作不满一年者补贴该员工解雇决定宣布当月的工资总额的两倍。员工被正式录用后，个人向公司提出辞职时，需提前 1 个月（重要岗位需 2 个月）向公司提出辞职申请，获得公司批准后，方可离开公司，此时员工可获得补贴金额为：员工在公司工作的周年数×该员工解雇决定宣布当月的工资总额，员工工作不满一年者补贴为该员工解雇决定宣布当月的工资总额的两倍；若不提前向公司提出申请，或未获得公司批准而离开公司，则公司只按员工在公司工作的周年数×该员工解雇决定宣布当月的工资总额/2 的标准支付补贴费用，员工工作不满一年者无补贴。员工在公司工作期间，每年按业绩实行奖励，按《员工手册》的规定享受公司一切福利（如各种保险、旅游、住房补贴等）。

晋升与培训机会

本职位为公司最低职位，可能晋升到贷款主管或会计主管；在公司内可获得信贷和会计等知识与技能培训。

（2）任职说明书

主要包括以下几个方面。

1）一般要求，包括年龄、性别、学历、工作经验。

2）生理要求，包括健康状况、力量与体力、运动的灵活性、感觉器官的灵敏度。

3）心理要求，包括观察能力、集中能力、记忆能力、理解能力、学习能力、解决问题能力、创造性、数学计算能力、语言表达能力、决策能力、交际能力、性格、气质、兴趣、爱好、态度、事业心、合作性、领导能力等。

二、工作分析的目的和作用

1. 工作分析的目的

在人力资源管理领域，工作分析的目的主要有两个。

工作分析得到的关于工作人员技术、知识、能力等方面的要求的资料，可以作为人员选拔的依据，从而达到人与工作的最佳匹配。

工作分析得到的关于工作的有关资料可以作为工作绩效考核的依据，通过考核决定奖惩，并通过奖惩等激励手段来调动员工的工作积极性，从而产生最佳的组织行为，最有效地实现组织目标。

2. 工作分析的作用

工作分析是人力资源管理非常重要的工作，它被认为是人力资源管理工作者所从事的所有各种活动的基石。人力资源管理的各种计划或方案——人力资源规划、人员的招聘、培训与开发、绩效评估以及薪酬管理等均需要通过工作分析来获得一些信息。制定岗位规范、工作说明书等反映职务要求的人事文件，是为了更有效地实现企业员工的招收、选拔、任用、考核、晋升、培训、奖惩、报酬等劳动人事管理职能。因此，工作分析在人力资源管理中具有十分重要的作用。

（1）工作分析为招聘、选拔、任用合格的员工奠定了基础

通过工作分析，掌握了工作任务的静态与动态特点，能够系统地提出有关人员的文化知识、专业技能、生理心理品质等方面的具体要求，并对本岗位的用人标准做出具体而详尽的规定。这就使企业人力资源管理部门在选人用人方面有了客观的依据，经过员工素质测评和业绩评估，为企业单位招聘和配置符合岗位数量和质量要求的合格人才，使人力资源管理的“人尽其才，岗得其人，能位匹配”的基本原则得以实现。

（2）工作分析为员工的考评、晋升提供了依据

员工的评估、考核、晋级和升职，如果缺乏科学的依据，将会挫伤各级员工的积极性，使企业单位的各项工作受到严重影响。根据工作分析的结果，人力资源管理部门可制定各类人员的考评指标和标准，以及晋职晋级的具体条件，提高员工绩效考评和晋升的科学性。

（3）工作分析是企业单位改进工作设计、优化劳动环境的必要条件

通过工作分析，可以揭示生产和工作中的薄弱环节，反映工作设计和岗位配置中不合理、不科学的部分，发现劳动环境中危害员工生理卫生健康和劳动安全，加重员工的劳动强度和工作负荷，造成过度的紧张疲劳等方面不合理的因素，有利于改善工作设计，优化劳动环境和工作条件，使员工在安全、健康、舒适的环境下工作，最大限度地调动员工的工作兴趣，充分激发员工的生产积极性和主动性。

（4）工作分析是制定有效的人力资源规划，进行各类人才供给和需求预测的重要前提

每个企业对于岗位的配备和人员安排都要预先制定人力资源规划，并且要根据计划期内总的任务量、工作岗位变动的情况和发展趋势，进行中、长期的人才供给与需求预测。工作岗位分析所形成的工作说明书，为企业有效地进行人才预测，编制企业人力资源中长期规划和年度实施计划提供了重要的前提。

（5）工作分析是工作岗位评价的基础

工作分析是工作岗位评价的基础。而工作岗位评价又是建立、健全企业单位薪酬制度的重要步骤。因此可以说，工作分析为企业单位建立对外具有竞争力、对内具有公平性、对员工具有激励性的薪酬制度奠定了基础。

此外，工作分析还能使员工通过工作说明书、岗位规范等人事文件，充分了解本岗位在整个组织中的地位和作用，明确自己工作的性质、任务、职责、权限和职务晋升路线，以及今后职业发展的方向和愿景，更有利于员工“量体裁衣”，结合自身的条件制定职业生涯规划，愉快地投身于本职工作中。

总之，工作分析无论对我国宏观社会和经济发展，还是对企业单位的人力资源开发和管理，都具有极为重要的作用。

三、工作分析的特点和原则

1. 工作分析的特点

1）对象性。工作分析的对象是企业单位中的工作岗位。

2）系统性。工作分析由岗位调查、岗位分析、岗位设计、岗位评价、岗位分类五个基本环节构成一个完整的体系。工作分析是岗位调查、岗位分析、岗位设计、岗位评价、岗位分类等活动的总称。

3）综合性。工作分析以现代管理学、工效学、劳动定额学、劳动生理学、劳动心理学、环境科学等多种学科知识体系为基础，根据工作岗位的独特性，进行学科知识体系的重组和再造。

4）应用性。工作分析是一门实用性很强的学科，它植根于我国 20 世纪 80 年代以来企业改革的丰富实践活动，它所阐明的基本理论和基本方法已经在我国得到了普遍的推广和应用。

5）科学性。上述论述足以证明工作分析所阐述的基本原理的科学性。

2. 工作分析的原则

（1）系统的原则

任何一个完善的组织、单位都是一个相互独立的系统。因此，在工作分析中，应从系统论出发，将每个岗位放在组织的系统中，从总体上和相互联系上进行分析研究。

（2）能级的原则

能级是指组织结构中各个岗位的等级，也就是岗位在组织机构这个“管理场”中所具有的能量等级。一般来说，在一个组织系统中，工作岗位能级从高到低，可区分为四大层次：决策层、管理层、执行层和操作层，并呈上小下大的梯形分布状况。

（3）标准化原则

标准化表现为简化、统一化、通用化、系列化等多种形式和方法。

工作分析的标准化表现为岗位调查、岗位分析、岗位设计、岗位评价、岗位分级，以及工作分析的各项工作成果（如工作说明书、岗位规范等人事文件）的标准化。

（4）最优化原则

最优化是指在一定的约束条件下，使系统的目标函数达到最大值或最小值。最优化原则不但体现在工作分析的各项环节上，还反映在工作分析的具体方法和步骤上。例如，在一个组织系统中，为了实现其总目标，必须设置一定数目的岗位，而岗位设置的决策应体现最优化原则，即以最低数量的岗位设置，谋求总体的高效化，确保目标的实现。

四、何时要做工作分析

工作分析，是人力资源管理的一项常规性工作。无论是人事经理，还是业务经理，都应该认为工作分析不是一劳永逸之事，要根据工作目标、工作流程、企业战略、市场环境的变化对工作做出相应的动态调整，使责权利达到一致。

在下列情况下，组织最需要进行工作分析。

1）建立一个新的组织。新的组织由于目标的分解，组织的设计与人员招聘需要进行工作分析。

2）战略的调整、业务的发展，使工作内容、工作性质发生变化，需要进行工作分析。

3）企业由于技术创新、劳动生产率的提高，需要重新进行定岗、定员。

4）建立制度的需要，比如绩效考核、晋升、培训机制的研究需要进行工作分析。

五、谁来做工作分析

工作分析活动通常由人力资源管理专家（人力资源管理者、工作分析专家或咨询人员等）和组织的主管人员以及普通员工通过共同努力与合作来完成。通常的做法是：

首先由人力资源专家观察和分析正在进行中的工作；然后编写出一份工作说明书和一份工作规范，员工及其直接上级参与此项工作，比如填写问卷、接受访谈等；最后，由承担工作的员工及其上级主管来审查和修改工作分析人员所编写的反映其工作活动和职责的那些结论性描述。

在工作分析中，有许多专业术语，这些术语的含义经常被人们混淆，因此，理解并掌握其含义对科学有效地进行工作分析十分必要。

案例学习

猎人的狗力资源管理

猎人带着猎狗去森林中打猎，猎狗将兔子赶出了窝，一直追赶它，追了很久仍没有抓到。后来兔子一拐弯，不知道跑什么地方去了。猎人看到这样情景，讥笑猎狗说："小的反而跑得快多了。"猎狗回答说："你不知道我们两个的'跑'是完全不同的！我仅仅为了一顿饭而跑，而他却为了性命而跑呀。"

猎人想，猎狗说得也对，我要想得到更多的猎物，就得想个好办法，让猎狗也为自己的生存奋斗。猎人思前想后，觉得有必要给猎狗引入竞争机制，在竞争中表现优秀的会得到更多的奖赏。

于是，猎人在狗市场上相中了几条好猎狗，经过一段时期的强化培训后，准备上山打猎。并规定凡是能够在打猎中抓到兔子的，就可以得到 5 根骨头，抓不到兔子的就没有饭吃。刚开始猎狗们很反感，但随着时间的推移，也逐渐适应了这种机制。这一招果然奏效，猎狗们纷纷努力去追兔子，因为谁也不愿意看见别人吃骨头，自己没有吃的。

过了一段时间，问题又出现了，猎人发现虽然每天都能捕到五、六只兔子，但兔子个头却越来越小。原来有些善于观察的猎狗，发现大的兔子跑得快，逃跑的经验非常丰富，而小兔逃跑速度相对比较慢，逃跑的经验也少。所以小兔子比大兔子好抓多了。而猎人对于猎狗的奖赏是根据其抓到兔子的数量计算的，不管兔子的大小。那些观察细致的猎狗最先发现了这个窍门，就专门去抓小兔子。慢慢地，大家都发现了这个窍门。

猎人对猎狗们说："最近你们抓的兔子越来越小了，为什么？"

猎狗说："反正大小对奖惩没有影响，为什么要去抓大的呢？"

猎人决定改革奖惩办法，按照兔子的重量来计算给猎狗的食物。这样改革后，猎狗们都尽量去抓大的兔子。这一招好像起到了很好的作用。

过了一段时间，猎人发现邻居家的猎狗和自己的一样多，可抓到的兔子却比自己多得多。猎人很奇怪，就去问邻居。邻居介绍说："我的猎狗中有能力强的，有能力差的。我就让能力强的去帮助能力差的，让他们之间互相学习。另外，我将猎狗编成几组，每一组猎狗分工配合，这样，抓到的兔子数量就明显上升了。"

猎人觉得这样的方法非常好。回家后也决定让自己的猎狗互相学习、互相配合，并将猎狗编成几个小组。实行一段时间后，猎人发现效果一点也不好，猎狗们根本就没有学习的积极性，每个小组抓到的兔子数量反而没有以前单干时抓到的多。是哪里出了问题呢？

让猎狗们互相学习，提高抓兔子的本领，这点肯定没错；将猎狗分成几组，分工配合，应该也没有错，因为猎人的领导就是这样做的呀。猎人决定和猎狗们开会讨论，猎人对猎狗说道："我让你们互相学习，提高抓兔子的技能，你们为什么不愿意学习呢？另外，为什么配合起来还不如单干的时候成绩好呢？"

猎狗说："抓兔子已经很辛苦了，学习还要占用我们的时间，抓到的兔子当然少了，但骨头还是按照以前的分配方式，你让我们怎么愿意去学习呢？另外，你将我们编成几组，分骨头的时候却没有考虑到我们是怎样分配工作的，我们每个小组内部经常为分骨头而打架，你让我们怎么合作？"

猎人觉得猎狗说得也有道理，决定彻底改革分骨头的办法。不管猎狗每天能否抓到兔子，都给固定数量的骨头，抓到兔子以后，还有另外的奖赏。但是仔细一想，还有很多问题，因为现在是按照小组来工作的，小组中有的猎狗负责追赶兔子，有的负责包抄，有的负责在外围巡逻，防止兔子从包围圈中逃跑。每个小组按照抓到的兔子来领取奖赏，小组内部应该怎样分配呢？骨头数量是永远不变，还是过一段时间调整一次？分工不同的猎狗得到的固定骨头数是否该一样呢？猎狗会不会自己跑出去抓兔子，而不上缴呢？

于是，猎人对所有猎狗捉到的兔子数量与重量进行汇总、分析，做出论功行赏的规定：如果捉到的兔子超过了一定的数量，年老时每顿饭都可以享受到相应数量的骨头。

猎狗们很高兴，大家都各自奋勇向前，努力去完成猎人规定的任务。一段时间后，有一些猎狗终于按猎人规定的数量达成了目标。

这时，其中有一个猎狗说："我们这么努力，只得到几根骨头，而我们捕捉的猎物远远超过了这几根骨头，我们为什么不能捉兔子给自己呢？"

于是，有些猎狗离开了猎人，自己另立门户捉兔子去了。

（资料来源：http://bbs.21manager.com/dispbbs-4682-1.html）

第四节　人员招聘与选拔

一、招聘的作用与程序

1. 招聘的意义

1）员工招聘是为了确保组织发展所必需的高质量人力资源而进行的一项重要工作。

2）为组织输入新生力量，弥补组织内人力资源供给不足。

3）对高层管理者和技术人员的招聘，可以为组织注入新的管理思想，可能给组织带来技术上的重大革新，为组织增添新的活力。

4）成功的员工招聘，可以使组织更多地了解员工到本组织工作的动机与目标。

另一方面，成功的招聘，也可使组织外的劳动力能更多地了解组织，使得组织的知名度得到扩大。

2. 员工招聘的内容与前提

员工招聘内容主要是由招募、选拔、录用、评估等一系列活动构成。

招募是组织为了吸引更多更好的候选人来应聘而进行的若干活动，它主要包括：招聘计划的制定与审批、招聘信息的发布、应聘者申请等。选拔则是组织从“人-事”两个方面出发，挑选出最合适的人来担当某一职位，包括：资格审查、初选、面试、考试、体检、人员甄选等环节。录用主要涉及员工的初始安置、试用、正式录用。评估则是对招聘活动的效益与录用人员质量的评估。

员工招聘有两个前提：一是人力资源规划；二是工作描述与工作说明书。

3. 员工招聘的程序

员工招聘大致分为招募、选拔、录用、评估四个阶段。

二、人员招聘

1. 人员招聘的基本内容与程序

人员招聘主要包括：招聘计划的制定与审批、招聘信息的发布、应聘者提出申请等，本节将介绍人员招募的方法及来源。

（1）招聘计划的制定与审批

招聘计划是招聘的主要依据。制定招聘计划的目的在于使招聘更趋合理化、科学化。

招聘计划是用人部门根据部门的发展需要，根据人力资源规划的人力净需求、工作说明的具体要求，对招聘的岗位、人员数量、时间限制等因素作出详细的计划。招聘计划的个体内容包括：

1）招聘的岗位、人员需求量、每个岗位的具体要求。

2）招聘信息发布的时间、方式、渠道与范围。

3）招募对象的来源与范围。

4）招募方法。

5）招聘测试的实施部门。

6）招聘预算。

7）招聘结束时间与新员工到位时间。

招聘计划由用人部门制定，然后由人力资源部门对它进行复核，特别是要对人员需求量、费用等项目进行严格复查，签署意见后交上级主管领导审批。

（2）招聘信息的发布

发布招聘信息应注意：信息发布的范围；信息发布的时间；以及招募对象的层次性。

（3）应聘者提出申请

应聘申请有两种方式：一是应聘者通过信函向招聘单位提出申请；二是直接填写招聘单位应聘申请表。无论是采用哪一种方式，应聘者应向招聘单位提供以下个人资料。

1）应聘申请函（表），且必须说明应聘的职位。

2）个人简历，着重说明学历、工作经验、技能、成果、个人品格等信息。

3）各种学历、技能、成果（包括获得的奖励）证明（复印件）。

4）身份证（复印件）。

2. 招聘的来源与方法

根据招聘对象的来源，可将招聘分为内部招聘与外部招聘。

（1）内部招聘

现代人力资源管理与传统的人事管事一个重要区别是“内”与“外”的区别。

内部招募有以下优点：

1）为组织内部员工提供了发展的机会，有利于激励，稳定员工队伍，调动员工的积极性。

2）可为组织节约大量的费用。

3）简化了招聘程序，为组织节约了时间。

4）由于对内部员工有较为充分的了解，提高了招聘质量；

5）对那些刚进入组织时被迫从事自己所不感兴趣的工作的人来说，提供了较好的机遇，使他们有可能选择所感兴趣的工作。

内部招聘对象的主要来源有：提升、工作调换、工作轮换和内部人员重新聘用。

其中，提升对于鼓舞士气、稳定员工队伍是非常有利的。这也是一种省时、省力、省费用的方法，但可能造成“近亲繁殖”的弊病。

内部招聘的主要方法有：布告法、推荐法和档案法。

（2）外部招聘

外部招聘渠道主要有：广告，学校，就业媒体，信息网络，特色招聘。

在招聘过程中，有一个值得注意的问题是：用人单位要真实向求职者介绍自己的组织，这称为“工作真实情况介绍”，若不向求职者提供不实的信息，易使求职者产生过高的期望。工作真实情况介绍可采用多种方法，如参观、录像、资料介绍、面谈等。

三、人员测评与选拔

人员选拔是指从对应聘者的资格审查开始，经过用人部门与人力资源部门共同的初选、面试、考试、体检、个人资料核实，到人员甄选的过程。

（一）人员选拔的意义

1）保证组织用在员工身上的投入得到回报，也保证员工在组织中得到发展。

2）有效的人员选拔可为组织节省费用。

3）有效的人员选拔为组织内的员工与组织外的应聘者，提供了公平竞争的机会。

（二）人员选拔的过程与方法

1. 资格审查与初选

根据应聘者资料，结合招聘职位的条件和报名人数等情况，进行审查初选。

2. 面试

面试是供需双方通过正式交谈，使组织能够客观了解应聘者的业务知识水平、外貌风度、工作经验和求职动机等信息；应聘者能够了解到更全面的组织信息。若从面试的组织形式来看，面试则分为结构型面试、非结构型面试和压力面试。

（1）结构型面试

结构型面试是在面试之前，已有一个固定的框架（或问题清单），主考官根据框架控制整个面试的进行，严格按照这个框架对每个应聘者分别做相同的提问。

在进行结构型面试时，应注意以下问题：一是工作技能需求分析；二是面试问题的准备；三是对面试过程的引导与控制；四是对面试结果的评价。

（2）非结构型面试

这种面试无固定的模式，事先无需做太多的准备，主考官只要掌握组织和职位的基本情况即可。在面试中往往提一些开放式的问题，如“谈谈你对某件事情的看法”，“你有何兴趣与爱好”等。这种面试的主要目的在于给应聘者充分发挥自己能力与潜力的机会，由于这种面试有很大的随意性，主考官所提问题的真实目的往往带有很大的隐蔽性，要求应聘者有很好的理解能力与应变能力。

（3）压力面试

这种面试给应聘者提出一个意想不到的问题。压力面试往往是在面试的开始时应给应试者以意想不到的一击，通常是敌意的或具有攻击性，主考官以此观察应试者的反应。

压力面试一般用于招聘销售人员、公关人员和高级管理人员。

（三）在面试过程中应注意的问题

1. 面试进程的控制

（1）面试官的一些控制要求

1）面试官要准备好行为面试的开场白。面试开场白可以宣读一些正式的指导语，包括致欢迎词、面试的方法的强调，来塑造一种严肃、认真、专业的面试气氛以激发求职者的潜力，有压力才有动力。

2）用开发式的问句提问，并且是基于过去的工作经历的提问，例如：“请告诉我你的一次……经历”、“当时是怎样想的？”、“当时的具体情况如何，有哪些人参与工

作？”、“为什么会有这个任务？”、“你的职责是什么？”、“结果是怎么样的？你怎么知道这种结果的？”……

（2）求职者的一些控制要求

不同的求职者会在行为面试过程中有不同的表现，需要我们根据求职者的不同特点进行不同的控制：

① 对于滔滔不绝者，应礼貌地进行暗示性打断。例如：“好，我明白你的意思了。”或者提前做出要求，如“每个问题回答不得超过 3 分钟”。

② 对于离题万里者。应聘者总是谈“我们”时，需要面试官追问他在这个过程中的角色、有多少人参与、每个人的具体分工、求职者自己做了什么、取得了什么效果等。

③ 对于沉默寡言者。根据他的简单回答，不断地利用开发式问句进行逐层“剥笋”。

2. 结构式面试

1）多问开放式的问题，即“为什么？”、“怎么样？”等，目的是让应聘者多讲。

2）面试中不要暴露面试者的观点和想法，不要让对方了解你的倾向，并迎合你，掩盖他真实的想法。

3）所提问题要直截了当，语言简练，有疑问可马上提问，并及时做好记录。

4）不要轻易打断应聘者的讲话，对方回答完一个问题，再问第二个问题。

5）面试中，除了要倾听应聘者回答的问题，还要观察他的非语言的行为，如脸部表情、眼神、姿势、讲话的声调语调、举止，从中可以反映出对方的一些个性、诚实、自信心等情况。

6）面试中非常重要的一点是了解应聘者的求职动机，这是一件比较困难的事，因为一些应聘者往往把自己真正的动机掩盖起来。

如果应聘者属于高职低求、高薪低求、离职原因讲述不清或频繁离职，则需引起注意。

3. 面试结束阶段

1）面试结束时要给应聘者以提问的机会。

2）不管录用还是不录用均应在友好的气氛中结束面试。

3）如果对某一对象是否录用有分歧意见时，不必急于下结论，还可安排第二次面试。

4）及时整理好面试记录表。

4. 面试提问举例

1）你为何要申请这项工作？（了解应聘者的求职动机）

2）你认为这项工作的主要职责是什么？或如果你负责这项工作你将怎么办？（了解对应聘岗位的了解程序及其态度）

3）你认为最理想的领导是怎样的？请举例说明（据此可了解应聘者的管理风格及行为倾向）。

4）对你来应聘你家庭的态度怎样？（了解其家庭是否支持）

5）你的同事当众批评、辱骂你时，你怎么办？（了解其在现场处理棘手问题的经验及处理冲突的能力）

6）你的上级要求你完成某项工作，你的想法与上级不同，而你又确信你的想法更好，此时你怎么办？（困境中是否冷静处理问题）

面试结束后，根据面试记录表对应聘人员进行评估。

5. 测试

测试，也可叫测评，是在面试的基础上进一步对应聘者进行了解的一种手段。通过测试还可以消除面试过程中主考官的主观因素对面试的干扰，增加应聘者的公平竞争机会，验证应聘者的能力与潜力，剔除应聘者资料和面试中的一些“伪信息”，提高录用决策的正确性。测试分为心理测试与智能测试。

6. 人员甄选

人员甄选是人员选拔的最后一个步骤，也是人员选拔的中心环节，人员选拔中的前几个步骤是围绕着这个环节进行的。经过人员选拔的前几个步骤，使组织对应聘人员有了较为全面的了解，为人员甄选提供了依据。

第五节　培训与开发

一、培训的原则

员工培训是企业为了使员工获得或改进与工作有关的知识、技能、动机、态度和行为，以利于提高员工的绩效和对企业的贡献，所进行的有计划、有组织、有系统的各种活动。员工培训与开发是现代化大生产的客观要求，也是提高员工整体素质的重要途径。根据多数企业员工培训与开发的实践经验，搞好员工培训应遵循以下原则。

1. 战略原则

培训的战略原则包括两层含义：其一，企业培训要服从或服务于企业的整体发展战略，最终目的是为了实现企业的发展目标。其二，培训本身也要从战略的角度考虑，要以战略眼光去组织企业培训，不能只局限于某一个培训项目或某一项培训需求。

2. 长期性原则

员工培训需要企业投入大量的人力、物力，这对企业的当前工作可能会造成一定的影响。有的员工培训项目有立竿见影的效果，但有的培训要在一段时间以后才能反映到员工工作效率或企业经济效益上，尤其是管理人员和员工观念的培训。因此，要正确认识智力投资和人才开发的长期性和持续性，抛弃那种急功近利的员工培训态度，坚持员工培训的长期性。

3. 按需培训原则

企业组织员工培训的目的在于通过培训让员工掌握必要的知识技能，以完成规定的工作，最终为提高企业的经济效益服务。不同的岗位，工作性质、内容不同，要达到的工作标准也不同。因此，员工培训工作应当充分考虑培训对象的工作性质、任务和特点，实行按需培训。培训的内容必须是员工个人的需要和工作岗位需要的知识、技能及态度等。因此，在培训项目实施中，要把培训内容和培训后的使用衔接起来，这样培训的效果才能体现到实际工作中去，才能达到培训目标。如果不能按需培训、培训与使用脱节，不仅会造成企业人力、物力的浪费，而且会使培训失去意义。

4. 实践培训原则

培训不仅是观念的培训、理论的培训，更重要的是实践的培训。因此培训过程中要创造实践条件，以实际操作来印证、深化培训的具体内容，这样更有利于实践成果的转化。如在课堂教学过程中，要有计划地为受训员工提供实践和操作机会，使他们通过实践提高工作能力。

5. 多样性培训原则

企业中不同员工的能力有偏差，具体工作分工也不同，因此员工培训要坚持多样性培训原则。多样性培训原则包括培训方式的多样性，如岗前培训、在岗培训和脱产培训等；也包括培训方法的多样性，如专家讲授、教师示范和教学实习等。

6. 企业和员工共同发展原则

对企业而言，员工培训是调动员工工作积极性、改变员工观念、提高企业对员工的凝聚力的一条重要途径；对员工个人而言，员工培训使员工学习并掌握新的知识和技能，提高个人的管理水平，有利于个人职业的发展。因而有效的员工培训，会使员工和企业共同受益，促进员工和企业共同发展。

7. 全员培训与重点培训结合原则

全员教育培训，就是对所有员工进行培训，以提高企业全员素质。

重点培训是对企业技术中坚、管理干部（特别是中高层管理人员）加大培训力度，进行重点培训。

8. 反馈与强化培训效果原则

反馈的作用在于巩固学习技能、及时纠正错误和偏差。反馈的信息越及时、准确，培训的效果就越好。

强化是将反馈结果与受训人员的奖励和惩罚相结合，它不仅应在培训结束后马上进行，而且应该体现在培训之后的上岗工作中。

二、培训的种类

1．员工培训与开发的形式

（1）按培训与工作的关系分

可分为职前培训和在职培训。

1）职前培训是新员工导向培训，指员工在进入组织之前，组织为新员工提供的有关组织背景、基本情况、操作程序和规范的培训活动。这种培训组织性和规范性强，物质条件好，有时间保障，通过一段时间使员工迅速掌握岗位要求必备的技能，以便尽快进入角色，对于新员工具有导向性作用，通常是在企业开办的新员工培训班内进行。

2）在职培训是指对现职人员进行补充培训，也称不脱产培训，是指企业为了使员工具备有效完成工作所需要的知识、技能和态度，在不离开工作岗位的情况下对员工进行的培训。目前在岗培训已经得到企业的认同，诸多企业都采取在岗培训的方式培训员工。

（2）按培训目的分

可分为过渡性教育培训、知识更新培训、提高业务能力培训和人员晋升培训。

1）过渡性教育培训是指企业在录用大专院校应届毕业生后，帮助其完成由学习生活向职业生活过度的教育培训。

2）知识更新培训是指随着科学技术的快速发展，知识更新的周期越来越短，为了适应企业发展的需要，企业员工要及时开展知识更新培训。

3）提高业务能力培训是指企业为了不断提高竞争能力和获利能力，对员工所进行的以提高其业务能力和综合素质的培训。

4）人员晋升培训是对拟晋升人员或后备人才进行的，旨在使其达到更高一级岗位要求的培训。

（3）按培训的对象分

可分为一般员工培训、专业技术人员培训和管理人员培训。

1）一般员工培训主要是依据工作说明书和工作规范使其掌握必要的工作技能，让员工了解企业的文化理念、规则章程等，使员工未来适应不同岗位的工作要求。员工培训一般又分为一般性教育培训和工作培训，工作培训又分为机器操作技能的开发、智力的开发，专业技术知识教育及态度的转变。

2）专业技术人员培训是指企业的会计师、工程师、设计师等各类专业技术人员的培训。培训的重点是专业知识的更新，及时了解本行业或本专业最新动态和最新知识，以及国家出台的新的政策等，跟上社会经济技术发展的步伐。同时培训专业技术人员的沟通协调能力和团结协作能力，更好地发挥团队的作用。

3）管理人员培训与开发在企业中占有举足轻重的地位，这是由管理人员在企业中的地位和作用所决定的。管理者也是决策者，其观念、知识、素质、能力、经验等因素决定了其决策水平。只有不断地对管理者，特别是高级管理者进行培训，才可能从根本上提高企业的管理水平，企业才能发展壮大。

2. 培训的内容

1）知识培训。企业知识培训的主要目标是要解决“知”的问题，通过培训使受训者具备完成本职工作所必需的基本知识。

2）技能培训。技能培训的主要任务是对受训者所应具有的能力加以培训和补充，主要是解决“会”的问题。

3）思维培训。思维培训就是使受训者固有的、传统的、陈腐的思维方式得以改变，培养其从新角度看问题的能力，主要是解决“创”的问题。

4）观念培训。观念培训就是为了改变员工某些固有的思想观念而开展的培训，使员工及时接受知识、新思想、新观念。主要解决“适”的问题。

5）心理培训。心理培训就是对员工进行心理方面的训练，培训的主要任务在于开发受训者潜能，主要解决“悟”的问题。

3. 培训技术与方法

（1）员工培训与开发

针对企业员工的特点、培训内容和目的，应当选择适当的培训方法。

1）学徒培训。将课堂教学与在职培训结合起来的方法。在企业中，技术性的或半技术性的工作，多经由学徒方式进行培训。在德国，学徒制成功地保证了熟练技术工人的充足供给，通过培训技术工人与低层的工程师，使德国工业得到了快速发展。

2）模拟。主要是针对真实情况构造复杂程度可变的培训模型。其范围从简单的机械装置的纸模型到企业整个环境的计算机模拟都有。虽然模拟培训在某些方面的价值不如在职培训，但它也有自己的优点，既一切失误操作不会给企业带来人员伤亡或损失。

3）技工学校培训

技工学校培训是在生产区域以外的，与实际工作所用的很相似的设备上进行的培训。主要优点是使员工可以从必须边学习边参加工作的压力下解脱出来，重点是掌握实际工作中所需的技能。

（2）管理者培训与开发

对管理者的培训与开发，主要方法有以下几种。

1）角色扮演。角色扮演是培训者给一组人或某一人提出一组情景，让参加者身处模拟的日常工作环境中，并按他在实际工作中应有的权责来担当与其实际工作类似的角色，模拟性地处理工作事务，从而提高处理各种问题的能力。

2）案例研究。案例研究法是先由培训者按培训需要向受训者展示真实性背景，提供大量背景资料，并作出相关解释后，由受训者依据背景材料来分析研究问题，提出解决问题的各种方案，找出最佳的方案，达到训练其解决企业实际问题能力的目的。

3）网上培训。网上培训是将现代网络技术应用于人力资源培训与开发领域而创造出来的一种培训方式，它以其无可比拟的优势受到越来越多的公司和受训者的青睐。

4）工作轮换。工作轮换是将员工由一个岗位调到另一个岗位以扩展其经验的培训方法。轮换培训可以扩展在职员工的知识和技能，增强工作的挑战性和乐趣，使其胜任多方面的工作和更高层次的工作。对新员工工作轮换可以帮助他们了解所工作单位的各种工作。

5）行为模仿。行为模仿是利用生动的演示或录像带来说明有效的人际交往技巧及经理在各种情况下如何发挥作用的一种管理人员培训方法。参与者可将自己的行为与角色行为相比较，查找差距。获得启示。

三、培训与开发项目的考核

无论哪一种培训，其目的都是根据工作需要，促使员工增进知识、获得技术、改变态度，以有效实现该组织的目标。因此，为确保培训效果的达成，必须通过考核来鉴别、发现受训人员的品德、能力与潜能。

为作好考核工作，一般来说，应掌握以下几个要点：

1）确定能够用培训克服的问题情况。

2）要从员工个人的工作和整个组织着眼。

3）不仅要顾及现在的需要，也应顾及未来的需要。

发达国家的企业，常常就机构的整体人力发展着眼，对该机构的目标、工作、成员等做系统的调查分析，以发现整个机构的培训需要。也就是通过三个方面的分析决定培训的途径。

1）机构分析，分析整个公司的目标、计划、资源，以决定未来培训的重点。

2）工作分析，分析工作要求员工如何操作方能有效地完成，来决定培训的内容。

3）人员分析，就某一特定职务，分析其从业者现有的知识、技术与态度，以决定其应加强培训发展的方向。

第六节　绩效考评与报酬

一、绩效考评

绩效考评是组织依照预先确定的标准和一定的考核程序，运用科学的考核方法，按照考核的内容和标准，对考核对象的工作能力、工作成绩进行定期或不定期的考核和评价。

1. 绩效考评的作用

绩效考评是企业人力资源管理的重要环节。绩效考评的内容主要包括德、能、勤、绩四个方面。德是指一个人的政治素质、思想品德、工作作风、职业道德等；能是指一个人完成各项工作的能力；勤是指一个人的勤奋精神和工作态度；绩是指一个人的工作成绩和效果。绩效考评的作用主要有以下几点：

1）作为加薪、晋升、调职、开除的依据。

2）分析员工的优缺点，作为培训员工的依据。

3）让员工了解自己的不足，作为自我改善的指导。

4）作为一种重要的诱因，让员工感到他们的贡献与成果没有被忽视。

5）为人力资源管理者评价管理成果、改进管理行为提供客观的、有价值的信息。

2. 绩效考评的类型

根据考评内容，绩效考评可以分为效果主导型、品质主导型和行为主导型三种类型。

（1）效果主导型

以考评工作效果为主，效果主导型着眼于“干出了什么”，重点在结果，而不是行为。由于它考评的是工作业绩，而不是工作过程，所以考评的标准容易制定，并且考评也容易操作。目标管理考评方法就是对效果主导型内容的考评。效果主导型考评具有短期性和表现性的缺点。它对具体生产操作的员工较适合，但考评事务性工作人员不太适合。

（2）品质主导型

以考评员工在工作中表现出来的品质为主，品质主导型着眼于“他这个人怎么样？”由于品质主导型的考评需要使用如忠诚、可靠、主动、有创造性、有自信、有协助精神等定性的形容词，所以很难具体掌握，并且操作性与效度较差。但是它适合对员工工作潜力、工作精神及人际沟通能力的考评。

（3）行为主导型

以考评员工的工作行为为主，行为主导型着眼于“干什么”、“如何去干的”，重在工作过程，而非工作结果。考评的标准较容易确定，操作型较强。行为主导型适合于对管理性、事务性工作进行考评。

3. 绩效考评的方法

（1）等级评估法

等级评估法是绩效考评中常用的一种方法。根据工作分析，将被考评岗位的工作内容划分为相互独立的几个模块，在每个模块中用明确的语言描述完成该模块工作需要达到的工作标准。同时，将标准分为几个等级选项，如“优、良、合格、不合格”等，考评人根据被考评人的实际工作表现，对每个模块的完成情况进行评估。总成绩便为该员工的考评成绩。

（2）目标考评法

目标考评法是根据被考评人完成工作目标的情况来进行考核的一种绩效考评方式。在开始工作之前，考评人和被考评人应该对需要完成的工作内容、时间期限、考评的标准达成一致。在时间期限结束时，考评人根据被考评人的工作状况及原先制定的考评标准来进行考评。目标考评法适合于企业中实行目标管理的项目。

（3）序列比较法

序列比较法是对相同职务员工进行考核的一种方法。在考评之前，首先要确定考评的模块，但是不确定要达到的工作标准。将相同职务的所有员工在同一考评模块中进行比较，根据他们的工作状况排列顺序，工作较好的排名在前，工作较差的排名在后。最后，将每位员工几个模块的排序数字相加，就是该员工的考评结果。总数越小，绩效考评成绩越好。

（4）相对比较法

与序列比较法相仿，它也是对相同职务员工进行考核的一种方法。所不同的是，它是对员工进行两两比较，任何两位员工都要进行一次比较。两名员工比较之后，工作较好的员工记“1”，工作较差的员工记“0”。所有的员工相互比较完毕后，将每个人的成绩进行相加，总数越大，绩效考评的成绩越好。与序列比较法相比，相对比较法每次比较的员工不宜过多，范围在5～10名即可。

（5）小组评价法

小组评价法是指由两名以上熟悉该员工工作的经理，组成评价小组进行绩效考评的方法。小组评价法的优点是操作简单，省时省力，缺点是容易使评价标准模糊，主观性强。为了提高小组评价的可靠性，在进行小组评价之前，应该向员工公布考评的内容、依据和标准。在评价结束后，要向员工讲明评价的结果。在使用小组评价法时，最好和员工个人评价结合进行。当小组评价和个人评价结果差距较大时，为了防止考评偏差，评价小组成员应该首先了解员工的具体工作表现和工作业绩，然后在做出评价决定。

（6）重要事件法

考评人在平时注意收集被考评人的“重要事件”，这里的“重要事件”是指被考评人的优秀表现和不良表现，对这些表现要形成书面记录。对普通的工作行为则不必进行记录。根据这些书面记录进行整理和分析，最终形成考评结果。该考评方法一般不单独使用。

（7）评语法

评语法是指由考评人撰写一段评语来对被考评人进行评价的一种方法。评语的内容包括被考评人的工作业绩、工作表现、优缺点和需努力的方向。评语法在我国应用得非常广泛。由于该考评方法主观性强，最好不要单独使用。

（8）强制比例法

强制比例法可以有效地避免由于考评人的个人因素而产生的考评误差。根据正态分布原理，优秀的员工和不合格的员工的比例应该基本相同，大部分员工应该属于工作表现一般的员工。所以，在考评分布中，可以强制规定优秀人员的人数和不合格人员的人数。比如，优秀员工和不合格员工的比例均占20%，其他60%属于普通员工。强制比例法适合相同职务员工较多的情况。

（9）情境模拟法

情境模拟法是一种模拟工作考评方法。它要求员工在评价小组人员面前完成类似于实际工作中可能遇到的活动，评价小组根据完成的情况对被考评人的工作能力进行考评。它是一种针对工作潜力的一种考评方法。

（10）综合法

综合法顾名思义，就是将各类绩效考评的方法进行综合运用，以提高绩效考评结果的客观性和可信度。在实际工作中，很少有企业使用单独一种考评方法来实施绩效考评工作。

4. 绩效考评的一般程序

绩效考评是企业根据员工的职务说明，对员工的工作业绩，包括工作行为和工作效果，进行考察与评估。考绩的程序一般分为“横向程序”和“纵向程序”两种。

（1）横向程序

横向程序是指按考绩工作的先后顺序形成的过程进行，主要有下列环节。

1）制定考绩标准。

2）实施考绩。

3）考绩结果的分析与评定。

4）结果反馈与实施纠正。

（2）纵向程序

纵向程序是指按组织层次逐级进行考绩的程序。考绩一般是先对基层考绩，再对中层考绩，最后对高层考绩，形成由下面上而上的过程。

5. 反馈与面谈

考评制度的最后一个步骤，是向下层反馈其绩效评价结果。这是上下级之间作一次面谈，讨论过去的表现和今后的努力方向。在面谈之前，管理人员要认真做好准备，选择好面谈的方式和方法，在面谈过程中，要对过去的成绩和经验给予充分的肯定，要立足于未来的发展。有效的考评制度要求反馈过程是建设性的，尽量提供以后改进工作的指导，而不是对个人的批评。因此，对企业管理人员进行适当的培训将有助于他们提高面谈的效果。

二、报酬

1. 报酬的含义和内容

报酬是指用人单位根据劳动者提供的劳动数量和质量，以货币形式支付给劳动者的工资和其他非货币性收入。如何做到让员工将“薪”比心，让员工从薪酬上得到最大的满意，成为现代企业组织应当努力把握的课题。报酬可以分为内在报酬和外在报酬两部分。

外在报酬是管理者了解的最清楚，使用的最为普遍的一种激励方式。这种报酬也是企业制度环境的特性之一，对员工行为有直接的影响。

外在报酬包括直接薪酬和间接薪酬，直接薪酬最常见的方式包括工资、奖金、津贴、利润分享和股票期权等，间接薪酬主要是福利。

内在报酬的运用远不如外在报酬普遍。但它是与人类从事的活动分不开的一种报酬。内在报酬的种类很多，包括：学习新知识和技能，获得自主，自重，自尊，解决问题等；此外，所谓“利他行为”，如爱护他人，帮助他人等，也是一种内在的报酬。

内在报酬的特点包括：

1）管理者无法直接控制内在报酬，但外部环境的特性对内在报酬的影响具有帮助和限制作用。

2）在内在报酬与员工工作绩效之间看不出直接可见的关系。例如，用钱来奖励，鼓励员工提高绩效，其因果关系非常明显。但是，面对一个非常重要和困难的问题时，要鼓励员工，说是解决了这个问题之后，“解决问题”本身便是一种奖励，“你好好干吧！”则不会看到明显的结果。

3）内在报酬不易直接控制，但要剥夺一个人的内在报酬却是轻而易举的事。例如，管理者只要加强监督，不许员工有自己解决问题的机会，便剥夺员工的内在报酬了。但是，即使在这样的情况下，员工有时也会逃过管理的控制系统，自己私下设法解决问题，以得到这种内在报酬。

4）内在报酬的论点告诉我们：人并不是只在受到外力的作用下，才肯工作；而是人也会受到自己内力的激励；但是，人的内力激励的结果，除少数人以外，都会产生破坏性的行为。正因为如此，所以一方面需要外在的奖励来促使人从事生产性的努力；另一方面又需要外在的惩罚来克制人不利于生产性活动的“自我激励”。

2. 报酬的构成

根据报酬构成的各部分的性质、作用和目的不同，大体可以把报酬分为工资、津贴、奖励和福利四大部分。

(1) 工资

工资就其计量形式而言，可分为计时工资和计件工资两类。计时工资是指根据员工的劳动时间来计量工资的数额，主要分为小时工资制、日工资制、周工资制和月工资制四种；计件工资是指预先规定好计件单价，根据员工生产的合格产品的数量或完成一定工作量来计量工资的数额。计件工资制包括包工工资制、提升工资制及承包制等多种形式。

从工资的内容来分，我国目前的工资制度可以分为职务工资制、职能工资制和结构工资制三种。职务工资制是从员工的工作内容不同来进行划分的，职能工资制是根据员工自身对企业的工作能力不同来进行划分的，而结构工资制则是职务工资制和职能工资制的综合。

（2）津贴

津贴也称附加工资或补助，是指员工在艰苦或特殊条件下进行工作，企业对员工额外的劳动量和额外的生活费用付出进行的补偿。津贴的特点是它只将艰苦或特殊的环境作为衡量的唯一标准，而与员工的工作能力和工作业绩无关。津贴具有很强的针对性，当艰苦或特殊的环境消失时，津贴也随即终止。

根据津贴不同的实施目的，津贴可以分为三类：地域性津贴、生活性津贴和劳动性津贴。

（3）奖金

奖金也称奖励工资，是为员工超额完成了任务、或取得优秀工作成绩而支付的额外报酬，其目的在于对员工进行激励，促使其继续保持良好的工作势头。奖金的发放可以根据个人的工作业绩评定，也可以根据部门和企业的效益来评定。

（4）福利

根据我国劳动法的有关规定，员工福利可分为社会保险福利和用人单位集体福利两大类。

社会保险福利是为了保障员工的合法权利，而由政府统一管理的福利措施。它主要包括社会养老保险、社会失业保险、社会医疗保险和工伤保险等。

用人单位集体福利是指用人单位为了吸引人才或稳定员工而自行为员工采取的福利措施，如工作餐、工作服等。

阅 读 材 料

“流浪汉”卢泽科

祥光印刷出版公司是一家中型企业，其编校科科长白美芸是一位 42 岁的能干的女管理干部。该公司规定有严格的年度绩效考评制度。白科长刚刚对其科内的部下逐一做完全年的绩效考核评语，打算安排好时间，依次约他们来进行考绩反馈面谈。这项工作是颇难掌握好的。每人有自己的特点和脾气，每位部下的心好比一把锁，要准备一把专门的钥匙才能打得开。今早她正打算跟一位叫卢泽科的部下做首次面谈，却发现桌上放着他要求调到质量控制科去的报告。卢泽科，今年 33 岁，去年年底才调来本部门，这才刚干满一年，在白科长印象中，他的能力和绩效都不错，为啥才一年又要走？白科长决定马上约见他，一面进行考绩反馈，一面了解他要走的原因。“泽科，你到底为啥又要求调动工作？”当卢泽科走进白科长的办公室时，她劈头就开门见山地发问：“我这部门对你不是挺合适吗？”

卢显得有点局促不安，说：“噢，白科长，不是这么一回事，这事跟您完全无关。老实说，去年我刚被调派来这个科，我认为在一位女领导手下干，这下算完了。结果一年下来，我发现您是我碰见过的最好的头头了。”

“我一直尽量想给你分配多样化的、有变化的活干，我早听说你是讨厌干常规的、重复性的工作的，而你每回任务都完成得不错。咱科里的活可不是轻松的，完成期限总要求得那么紧。”白科长对此深有体会，她尽量想要能力强的人当部下，小卢算是手下最强的人之一。

“您是个了不起的领导，白科长，您总是身先士卒。像那回赶着干那么重的校对任务，真是干得我头都昏了。不过通过这些活，我确实学到不少东西，我甚至对绝大多数这类活都很欣赏，很喜欢。”小卢的反应似乎挺热烈的。

“是的，你每回都按时完成了”，白科长说，“我从人事科要了你的记录翻过，你进咱们公司的这八年来，总是干了一年左右就要调到另一个部门去。每回你的上司都说你干得不坏，甚至可算出类拔萃的。你能干活，可就是不想干长，这一来，你的提升就受影响啰。你知道，你这么闹着调来调去，搞得人人都不安。”

卢泽科盯住地板，说：“这我知道，白科长，我这人就是不安分。公司有那么些部门，有好些新鲜玩意好学，我全想学到手。再说干了一阵子，再棘手的，像您分配我干的那些活那样，我都会觉得枯燥乏味的。我就是爱东游西荡。”

"你可能知道，小卢，明年我多半要被提升了。你要还在我们科里，那么明年你就有可能……"

"我知道这个，可我这个人对这种事不怎么在乎。我想我要是接了您这科长的位置的话，我能干得了。不过这样一来，对不起，恕我直言，我会很快就感到厌倦腻烦的。"

白科长无可奈何地推一推手说："小卢，无论如何你总会要我为你写个评语或鉴定什么的吧，可叫我怎么评定你呢？说你干得很出色？还是说你干了才一年又要走。搞得我挺不安，用这个人可得小心点？"

"您是我的老板，白科长，您说了算，爱怎么写就怎么写吧，我没有意见。不过您知道，我没干过质量控制的活，而这看来真是很有趣的工作，要是我能干上那活，又能给我点指导和训练，像我刚来这个科时您对我做的那样，我应当能在那儿干下去。"

"你在本公司各个部门几乎全待过了，为什么不再去质控科试试？不过，在那儿再待腻了，你在公司里可没别的地方可去了。"

"我这回会在那儿待得住的，白科长，我知道我会在那儿待下去。"

白科长盯住他看了一会儿，说："你学历不算高，高中毕业，在大专只读了一学期就弃学就业了。你是很聪明的，这点我十分肯定。可是如今你也不算年轻了，现在是到了该安下心来的时候了。天知道这些年你在咱公司里东一头，西一棒子地到处逛，到过多少部门，按说该逛够了，把该见识的全见过了，学过了，经历过了。其实你只要稍微再耐心一点，你很快就能当上个管理干部的。"

"不过我真的不想当什么头头，我就是爱不断地'流浪'，像我这些年来一直干的那样。"

白科长摇了摇头，说："人家叫你'流浪汉'"真一点不差。这么说，你是铁了心要离开这个科啰？

卢泽科轻声地，但坚决地说："是的，白科长，我就是非离开不可，我真的想走。"

白科长往椅背上一靠，说："那好吧，强扭的瓜不甜，该说的我全说了。你既然那么坚决，我也留不住你。我同意你调离本科，再给你写个评语，你去找人事科吧。"

你认为这卢泽科的基本问题是什么？他想的是不是真跟他说的一样？为什么他不断地调到别的部门去而各部门领导对他的评语都相当好？哪种考绩办法在这种情况下最好用？……你是不是该认真学习一下这个绩效考评？

（资料来源：http://club.hr.com.cn/bbs/viewthread.php?tid=216880）

第七节　员工激励

一、激励的概念

所谓激励，就是组织通过设计适当的外部奖酬形式和工作环境，以一定的行为规范和惩罚性措施，借助信息沟通，来激发、引导、保持和归化组织成员的行为，以有效地

实现组织及其成员个人目标的系统活动。这一定义包含以下几方面的内容。

1）激励的出发点是满足组织成员的各种需要，即通过系统地设计适当的外部奖酬形式和工作环境，来满足企业员工的外在性需要和内在性需要。

2）科学的激励工作需要奖励和惩罚并举，既要对员工表现出来的符合企业期望的行为进行奖励，又要对员工不符合期望的行为进行惩罚。

3）激励贯穿于企业员工工作的全过程，包括对员工个人需要的了解、个性的把握、行为过程的控制和行为结果的评价等。因此，激励工作需要耐心。赫兹伯格说："如何激励员工？锲而不舍。"

4）信息沟通贯穿于激励工作的始末，从对激励制度的宣传、企业员工个人的了解，到对员工行为过程的控制和对员工行为结果的评价等，都依赖于一定的信息沟通。企业组织中信息沟通是否通畅，是否及时、准确、全面，直接影响着激励制度的运用效果和激励工作的成本。

5）激励的最终目的是在实现组织预期目标的同时，也能让组织成员实现其个人目标，即达到组织目标和员工个人目标在客观上的统一。

二、激励方法

随着社会的发展，人们生活水平的提高，越来越多的人在选择工作时，已经不仅仅是为了生存。所以激励的方法也多种多样。

1. 关怀激励

了解是关怀的前提，作为领导者，对员工要做到"八个了解"，即了解员工的姓名、籍贯、出身、家庭、经历、特长、个性、表现；"八个有数"，即对员工的工作情况、身体情况、学习情况、经济状况、住房条件、家庭成员、兴趣爱好、社会交往心中有数。

2. 榜样激励

通过具有典型性的人物和事例，营造典型示范效应，鼓舞员工学先进、帮后进。要善于及时发现典型、总结典型、运用典型。

3. 目标激励

把近、中、远期目标结合起来，使人们在工作中每时每刻都把自己的行动与这些目标紧密联系。目标激励包括设置目标、实施目标和检查目标。

4. 奖励激励

对员工的某种行为给予肯定和奖赏，使这种行为得以巩固和发展。奖励要物质与精神相结合，方式要不断创新，奖励重复多次或过于频繁，激励作用就会降低。有效的激励方案既能激励员工的积极行为，也可以惩罚有害的行为。因此，奖励激励主要包括奖励和惩罚两种激励方法。

5. 支持激励

支持激励就是指作为一个领导者，要善于支持员工的创造性建议，把员工蕴藏的聪明才智挖掘出来。支持激励包括：尊重员工的人格、尊严，放手让其大胆工作，主动为员工排忧解难，增加员工的安全感和信任感，创造一定的条件，使员工能胜任工作。

6. 集体荣誉激励

通过给予集体荣誉，培养集体意识，从而产生自豪感和光荣感，形成一种自觉维护集体荣誉的力量。各种管理和奖励制度，要有利于集体意识的形成，形成竞争合力。

7. 数据激励

用数据显示成绩和贡献，能更有可比性和说服力地激励员工进取。对能够定量显示的各种指标，都要尽可能地进行定量考核，并定期公布考核结果，这样可使员工明确差距，迎头赶上。

8. 领导行为激励

好的领导行为能给员工带来信心和力量，激励员工朝着既定的目标前进。领导行为包括领导者的品德、学识、经历、技能等方面，而严于律己、以身作则等则是产生影响力和激励效应的主要方式。

除此以外，还有危机激励、情感激励、环境激励、员工持股激励等。

三、员工激励的基本原则

1. 目标结合原则

在激励机制中，设置目标是一个关键环节。目标设置必须同时体现组织目标和员工需要的要求。

2. 物质激励和精神激励相结合的原则

物质激励是基础，精神激励是根本。在两者结合的基础上，逐步过渡到以精神激励为主。

3. 引导性原则

外激励措施只有转化为被激励者的自觉意愿，才能取得激励效果。因此，引导性原则是激励过程的内在要求。

4. 合理性原则

激励的合理性原则包括两层含义：其一，激励的措施要适度，要根据所实现目标本身的价值大小确定适当的激励量；其二，奖惩要公平。

5. 明确性原则

激励的明确性原则包括三层含义。

1）明确。激励的目的是需要做什么和必须怎么做。

2）公开。特别是分配奖金等大量员工关注的问题时，更为重要。

3）直观。实施物质奖励和精神奖励时都需要直观地表达它们的指标，总结，以及授予奖励和惩罚的方式。直观性与激励影响的心理效应成正比。

6. 时效性原则

要把握激励的时机，“雪中送炭”和“雨后送伞”的效果是不一样的。激励越及时，越有利于将人们的激情推向高潮，使其创造力连续有效地发挥出来。

7. 正激励与负激励相结合的原则

所谓正激励，就是对员工符合组织目标的期望行为进行奖励。所谓负激励，就是对员工违背组织目的的非期望行为进行惩罚。正负激励都是必要而有效的，不仅作用于当事人，而且会间接地影响周围其他人。

8. 按需激励原则

激励的起点是满足员工的需要，但员工的需要因人而异、因时而异，并且只有满足最迫切需要（主导需要）的措施，其效价才高，其激励强度才大。因此，领导者必须深入地进行调查研究，不断了解员工需要层次和需要结构的变化趋势，有针对性地采取激励措施，才能收到实效。

小　结

本章对人力资源的概念进行概述、讲解了人力资源的特征、人力资源管理的原则；讨论人力资源规划的基本概念与内容，叙述人力资源规划的基本程序，探讨人力资源需求与供给的预测方法，说明人力资源规划的编制；人力资源规划包括四个阶段：调查分析准备阶段。预测阶段、制定规划阶段、规划实施、评估与反馈阶段；对工作分析的内容和作用进行了分析。员工招聘大致分为招募、选拔、录用、评估四个阶段。

员工培训是企业为了使员工获得或改进与工作有关的知识、技能、动机、态度和行为，以利于提高员工的绩效和对企业的贡献，所进行的有计划、有组织、有系统的各种活动。员工培训与开发是现代化大生产的客观要求，也是提高员工整体素质的重要途径。按照培训人员的不同采取相应的培训方法。绩效考评的作用主要有以下几点：①作为加薪、晋升、调职、开除的依据；②分析员工的优缺点，作为培训员工的依据；③让员工了解自己的不足，作为自我改善的指导；④作为一种重要的诱因，让员工感到他们的贡献与成果没有被忽视；⑤为人力资源管理者评价管理成果、改进管理行为提供客观的、有价值的信息。报酬分为工资、津贴、奖励和福利四大部分。

复习思考题

1. 什么是人力资源？有何特点和作用？
2. 什么是人力资源管理？它有哪些职能？
3. 为什么要进行人力资源规划？主要规划哪些内容？
4. 怎样进行工作分析？
5. 怎样进行人员选拔？
6. 如何开展绩效考评？

案 例 分 析

人才也有“保质期”

晏婴是齐国的贤相，很爱才。有一次，他在街上看到一个因负债被绑起来的人——越石父，相谈之下，晏婴发现他是个人才，立刻用自己的马赎了他，招揽到了自己身边，但后来晏婴再也没有去拜访过他。

突然有一天，越石父表示要与晏婴绝交，越石父说：“你以前不认识我，不知道我的才能，可以不重视我，但现在你知道我的才能，却不听我的想法，所以我要与你绝交。”晏婴立即请越石父上坐，仔细倾听他对国家政事的见解。

众所周知，商品有保质期，尤其是食品，一旦过期只能扔掉，只有在其保质期内才能充分体现其自身的最大价值。进而推之，人才的价值也是有时间因素制约的，只有在其保质期内即最佳使用周期内才能全面展现，深度释放其实用效能和价值潜能。

那么人才的保质期有多久的，说说也许很可悲，我们知道化妆品一般可以存放2～3年，药品基本上也有两三年的保质期，食品半年左右总是可以的，人才呢？在20世纪80年代以前，一个大学生可以凭借他的在大学文凭在企业一待就是几十年，一直到退休，但随着市场竞争越来越激烈，如果不注重知识更新也许两年左右的时间就要“过期”了，因此储备人才是否适合企业的需要，对于储备的人才需要什么样的管理和培育，这是需要深入考虑的问题。

（资料来源：http://club.hr.com.cn/bbs/viewthread.php?tid=213321）

讨论：

1. 晏婴赎了越石父是为了储备人才吗？
2. 储备人才是为了什么？
3. “人才也有保质期，放久了一样会过期的”这种说法科学吗？

第六章 企业财务

教学目标

本章主要介绍了企业资金运动、资产、负债与所有者权益等基本概念和企业的财务流程，在此基础上通过对成本分析和控制以及财务效果分析等内容的学习，更好地熟悉企业的财务流程和财务管理思想。

学习任务

通过这一章内容的学习，要达到以下几个目的：

- 了解企业资金运动。
- 掌握资产、负债和所有者权益的概念和内容。
- 熟悉企业的财务流程。
- 掌握成本分析与控制的概念、基本方法和意义。
- 掌握财务效果分析的概念、方法和意义。

导入案例

如何实施成本控制

钢铁行业是多流程、大批量生产的行业，由于生产过程的高度计划性决定了对生产流程各个工艺环节必须实行高度集中的管理模式。为了严格成本管理，一般依据流程将整个生产线划分为不同的作业单元，在各个作业单元之间采用某些锁定转移价格的办法。而邯钢在成本管理方面率先引入市场竞争手段，以市场竞争力为导向分解内部转移成本，再以此为控制指标，落实到人和设备上，将指标责任与奖罚挂钩，强制实现成本目标，达到系统总合最优。

1. “倒”出来的利润

对邯郸钢铁（以下简称“邯钢”）而言，要挤出利润，首先需要确定合理先进、效益最佳化的单位产品目标成本。公司根据一定时期内市场上生铁、钢坯、能源及其他辅助材料的平均价格编制企业内部转移价格，并根据市场价格变化的情况每半年或一年作一次修订，各分厂根据原材料等的消耗量和“模拟市场价格”核算本分厂的产品制造成本，也以“模拟市场价格”向下一道工序“出售”自己的产品。获得的“销售收入”与本分厂的产品制造成本之间的差额，就是本分厂的销售毛利。销售毛利还需要作以下两项扣除：一是把公司管理费分配给分厂作销售毛利的扣除项，一般采用固定的数额（根据管理费年预算确定）；二是财务费用由分厂负担，一般根据分厂实际占用的流动资金额参考国家同期同类利率确定。作这两项扣除后，就形成了本分厂的“内部利润”。

如三轧钢分厂生产的线材，当时每吨成本高达1649元，而市场价只能卖到1600元，每吨亏损49元。经过测算，这49元全部让三轧钢分厂一个生产单元消化根本做不到。如果从原料采购到炼钢、轧钢开坯和成材，各道工序的经济指标都优化达到历史最高水平。例如邯钢三轧钢厂发现，为使产品的包装质量符合公司要求，修卷减去的线材头尾一个月达上百吨，由此造成的损失超过6万元，为了降低成本对卷线机进行了技术改造，在充分保证包装质量的前提下，轧用量降低了40%，吨材成本下降8元。其他流程环节也纷纷采取不同手段降低成本，开坯的二轧钢厂挖潜降低5元/吨坯，生产钢锭的二炼钢厂挖潜降低成本24.12元/吨钢，原料外购生铁每吨由780元降到750元以下——这样环环相扣[8＋5＋24.12＋（780－750）>49]就可扭亏为盈。

当时，总厂分别对各生产单元下达了目标成本，其中对三轧钢分厂下达了吨材1329元的不赔钱成本指标。面对这一似乎高不可攀的指标，分厂领导班子对这个指标既感到有压力，但又提不出完不成的理由。因为这既是从市场“倒推”出来的，又是由自己的历史水平和比照先进水平测算出来的，再下调就意味着邯钢都要出现亏损时，压力就变成了动力。面对新的成本目标，只能扎实工作，努力实现。

三轧钢分厂组成专门班子，也将工段进行层层分解，将总厂下达的新成本“倒推”的办法，测算出各项费用在吨钢成本中的最高限额。比如各种原燃料消耗，各项费用指标等，大到840多元（时价）1吨的铁水，小到仅0.03元的印刷费、邮寄费，横向分解落实到科室，纵向分解落实到式段、班组和个人，层层签订承包协议，并与奖惩挂钩，使责、权、利相统一，使每个单位、每个职工的工作都与市场挂起钩来，经受市场的考验，使全厂形成纵横交错的目标成本管理体系。

为促使模拟市场核算这一机制的高效运转，当然需要严格的奖惩机制保驾护航。在考核方法上，公司通常给分厂下达一组目标成本和目标利润。分厂制造成本低于目标成本，即形成成本降低额或称贷差，作为计奖或不“否决”奖金的依据，反之则“否决”奖金。实际内部利润大于目标利润的差额，通常也被当作计奖的依据。在现实中，有的公司以考核成本降低额为主，有的以考核内部利润为主。由于成本降低本身就是增加内部利润的因素，有的公司为了避免重复计奖，就将成本降低额从内部利润增加额中扣除，作为增加内部利润的计奖基数。在保证基本收入前提下，加大奖金在整个收入中的比例，奖金约占工资的40%～50%；设立模拟市场核算效益奖，按年度成本降低总额的5%～10%和超创目标利润的3%～5%提取，仅1994年效益奖就发放了3800万元。结果，三轧钢分厂拼搏一年，不仅圆满实现了目标，而且扭亏为盈，当年为总厂创利润82.67万元。

2. 协同的正向循环

这种用以市价为基础的内部成本倒推分解法，把产品成本、质量、资金占用、品种结构等因素纳入完整的考核体系之中，给了成本中心更大的责任和压力，使分厂在有限的决策权之下，有了除降低成本以外的增利手段。可以使分厂了解假如自己是一个独立企业时的盈亏水平，增强“亏损”或微利单位的危机感和紧迫感，使公司推进降低成本目标时遇到的阻力比较小；由于实行优质优价的定价原则，可鼓励分厂提高产品质量以

增加“销售收入”，也使它们有了寻求质量与成本最佳结合点的权利；利息作为内部利润的扣除项，有利于量化资金占用水平，鼓励分厂压缩资金占用；通过对不同品种的合理定价，可鼓励分厂结合市场需求调整产品结构。采用项目成本倒推分解这种方法，从根本上改变了各个流程成本控制与总成本控制之间的关系，使个人将自己对总成本控制的贡献直观相关联，个人的晋升与发展也与这些贡献相关联，从而形成了良性循环。

邯钢推行以项目成本分解制后，使它能够在 1993 年以来国内钢材价格每年降低的情况下保持利润基本不减，1994～1996 年实现利润在行业中连续三年排列第三名，1997～1999 年上升为第二名。1999 年邯钢钢产量只占全国钢产量的 2.43%，而实现的利润却占全行业利润总额的 13.67%。冶金行业通过推广邯钢经验，也促使钢材成本大幅度降低，1997 年以来全行业成本降低基本与钢材降价保持同步，1999 年成本降低还超过了钢材降价的幅度，不仅使全行业经济效益呈现恢复性提高，而且为国民经济提供了廉价的钢材，缩小了高于国际钢价的价格差，增强了中国钢铁工业的国际竞争能力。

事实上，不只在钢铁行业，有色金属业、机械行业、化学工业、制糖业、造纸业等都具有邯钢这种大批量多流程生产的特点，由于邯钢成功地实施“模拟市场核算、倒推单元成本、实行成本否决、全员成本管理”这一全新的企业经营机制，因此在全国掀起了学邯钢的一轮浪潮。

（资料来源：http://www.redlib.cn/html/10488/1996/4767994.htm）

讨论：

1. 成本控制对企业有何重要性？
2. 邯钢是怎样进行成本控制的？

第一节 资金运动、资产、负债与所有者权益

一、企业资金运动

资金运动（fund movement）又称价值运动，是企业中以货币表现的经济活动。理论上，资金运动指的是资金的筹集、使用、耗费、回收和分配的循环与周转。资金运动的起点是资金来源，终点是资金运用形成的经营成果。

资金只有在不断的运动中才能实现增值的目的。资金在运动过程中具有并存性、继起性、补偿性与增值性等特点。资金运动并存性是指资金在循环周转中，几种占用形态并存；继起性是指资金在循环周转中顺序地从一种形态转化为另一种形态，资金并存是继起的条件，继起运动的结果又形成并存；补偿性是指资金在循环周转中消耗的数额必须在经营收入中获得补偿；增值性是指所获得的经营收入，除补偿耗费的资金数额外，还应有多余。

资金运动有两种状态，即相对静止状态和显著变动状态。资金运动的相对静止状态，是指企业总体在一定时点的资金来源与资金运用的具体状况。在资产负债表上，资金来源表现为负债和所有者权益方面，如流动负债、长期负债、投入资本等；资金运用表现

为资产，即流动资产、固定资产等。资金运动的显著变动状态，即各项经济业务发生引起的资金形态的质的变化。

二、资产、负债与所有者权益

（一）资产

1. 资产的定义和特征

资产是指企业过去的交易或事项形成的由企业拥有或有控制的资源，预期会给企业带来经济利益的资源。根据定义，资产具有以下几个方面的特征。

（1）资产预期会给企业带来经济利益

如果某一项目预期不能给企业带来经济利益，就不能将其确认为企业的资产，前期已经确认为资产的项目，如果不能再为企业带来经济利益，也不能在将其确认为企业的资产。

例如，光明公司在2010年年末盘点存货时，发现存货毁损20万，该毁损的存货预期不能为企业带来经济利益，故不能作为资产确认，在资产负债表中不能确认为一项资产。

（2）资产应为企业拥有或控制的资源

通常在判断资产是否在时，所有权是考虑的首要因素，但在有些情况下，虽然某些资产不为企业所拥有，即企业并不享用其所有权，但企业控制这些资产，同样表明企业能够从这些资产中获取经济利益。

（3）资产是有企业过去的交易或者事项形成的

只有过去的交易或事项才能产生资产，企业预期在未来发生的交易或事项不形成资产。

例如，光明公司计划在下个月购买一部分原材料，本月与供货方签订了购买合同，但实际购买行为发生在下月，则企业不能在本月将该批原材料确认为资产。

2. 资产的分类

资产根据不同的标准可以分为不同的类别。根据耗用期限的长短，可分为流动资产和长期资产。其中，长期资产还可以根据具体形态作进一步的分类，根据是否具有实体形态，可分为有形资产和无形资产。目前，我国会计实务中，将资产分为流动资产、长期投资、固定资产、无形资产、递延资产等类别。

1）流动资产。流动资产是指可以在一年或者超过一年的一个营业周期内变现或耗用的资产，一般包括库存现金及银行存款、应收及预付款项、存货等。

2）长期投资。长期投资是指不准备在一年内变现的投资，包括长期性的股票投资。

3）固定资产。固定资产是指使用年限在一年以上，单位价值在规定标准以上，并在使用过程中保持原来物质形态的资产，包括房屋及建筑物、机器设备、运输设备、工具器具等。

4）无形资产。无形资产是指企业长期使用而没有实物形态的资产，包括专利权、非专利技术、商标权、著作权、土地使用权等。

（二）负债

1. 负债的定义和特征

负债是指过去的交易、事项形成的现有义务，履行该义务预期会导致经济利益流出企业。负债是企业承担的，以货币计量的在将来需要以资产或劳务偿还的债务。它代表着企业偿债责任和债权人对资产的求索权。根据定义，负债具有如下几个方面的特征。

（1）负债是企业承担的现时义务

负债必须是企业承担的现时义务，这是负债的一个基本特征。其中，现时义务是指企业在现行条件下已承担的义务，未来发生的交易或者事项形成的义务，不属于现时义务，不应当确认为负债。

这里所指的义务可以是法定义务，也可以是推定义务。其中法定义务是指具有约束力的合同或法律法规规定的义务，通常在法律意义上需要强制执行。例如，企业购买原材料形成的应付而暂时未付的货款，企业向银行借入款项形成的借款，企业按照税法规定应当交纳的税款等，均属于企业承担的法定义务，需要依法予以偿还。推定义务是指根据企业多年来的习惯做法、公开的承诺或者公开宣布的政策而导致企业将承担的责任，这些责任使利益相关者形成了企业将履行义务解脱责任的合理预期。例如，某企业多年来制定有一项销售政策，对于售出商品提供一定期限的售后保修服务，这种将为售出商品提供的保修服务就属于推定义务，应当将其确认为一项负债。

（2）负债的清偿预期会导致经济利益流出企业

预期会导致经济利益流出企业也是负债的一个本质特征。只有企业在履行义务时会导致经济利益流出企业的，才符合负债的定义，如果不会导致企业经济利益流出的，就不符合负债的定义。在履行现时义务清偿负债时，导致经济利益流出企业的形式多种多样，例如，用现金偿还或以实物资产形式偿还；以提供劳务形式偿还；部分转移资产、部分提供劳务形式偿还；将负债转为资本等。

（3）负债是由过去的交易或事项形成的

负债应当由企业过去的交易或事项所形成。换句话说，只有过去的交易或事项才形成负债。企业将在未来发生的承诺、签订的合同等交易或者事项，不形成负债。

知 识 拓 展

1）万新集团已经向银行借款1500万元，该项交易是否属于该企业的负债？

2）万新集团与银行达成了两个月后借入2000万元的借款意向书，该项交易是否属于万新集团的负债？

2. 负债的分类

负债一般按其偿还速度或偿还时间的长短划分为流动负债和长期负债两类。

流动负债是指将在 1 年或超过 1 年的一个营业周期内偿还的债务，主要包括短期借款、应付票据、应付账款、预收账款、应付职工薪酬、应交税费、应付股利等。

长期负债是指偿还期在 1 年或超过 1 年的一个营业周期以上的债务，包括长期借款和长期应付款等。

（三）所有者权益

1. 所有者权益的定义和特征

所有者权益是指资产扣除负债后由所有者应享的剩余利益，即一个会计主体在一定时期所拥有或可控制的具有未来经济利益资源的净额，又称为净资产。所谓净资产，在数量上等于企业全部资产减去全部负债后的余额，即

$$资产-负债=所有者权益$$

企业的所有者和债权人均是企业资金的提供者，因而所有者权益和负债（债权人权益）二者均是对企业资产的要求权，但二者之间又存在着明显的区别。所有者权益与负债比较，一般具有以下四个基本特征。

1）所有者权益在企业经营期内可供企业长期、持续地使用，企业不必向投资人返还资本金。负债则必须按期返还给债权人利息和本金，成为企业的债务负担。

2）企业所有人凭其对企业投入的资本，享受分配税后利润的权利，所有者权益是企业分配税后净利润的主要依据。债权人除按规定取得利息和本金外，无权分配企业的盈利。

3）企业所有人有权行使企业的经营管理权，或者授权管理人员行使经营管理权。债权人并没有经营管理权。

4）企业的所有者对企业的债务和亏损负有无限的责任或有限的责任，而债权人与企业的其他债务不发生关系，一般也不承担企业的亏损。

2. 所有者权益的内容

所有者权益的来源包括所有者投入的资本、直接计入所有者权益的利得和损失、留存收益等。

所有者投入资本是指所有者在企业注册资本的范围内实际投入的资本。投入资本按照所有者的性质不同，可以分为国家投入资本、法人投入资本、个人投入资本和外方投入资本。投入资本按照投入资产的形式不同，可以分为货币投资、实物投资和无形资产投资。

直接计入所有者权益的利得和损失，是指不应计入当期损益、会导致所有者权益发生增减变动的、与所有者投入资本或者向所有者分配利润无关的利得或损失。其中，利得是指由企业非日常活动所形成的、会导致所有者权益增加的、与所有者投入资本无关的经济利益的流入。损失是指由企业非日常活动所发生的、会导致所有者权益减少的、与向所有者分配利润无关的经济利益的流出。

留存收益是指归所有者所共有的、由收益转化而形成的所有者权益，主要包括盈余公积和未分配利润。

阅 读 资 料

由于企业经营资金运动具有典型性，下面予以着重说明。经营资金运动是企业资金在企业经营过程的不同阶段的循环和周转。例如，工业企业的资金在运动中要经历三个阶段：

1）准备阶段。在这一阶段，企业将货币资金形态转化为资金形态。

2）生产阶段。在这一阶段，劳动者和生产资料相结合，制造出符合社会需要的产品，储备资金形态转化为生产资金形态。

3）销售阶段。企业将生产出来的产品销售出去，从流通中收回货币，资金又恢复货币资金形态。

企业经营资金从货币资金出发，经过不同阶段，顺序改变形态，实现不同职能，最后又回原有形态的过程，称为资金循环。周而复始的资金循环称为资金周转。

（资料来源：宋华．2007．供应链管理．北京：中国人民大学出版社）

第二节　企业财务流程

一、财务流程的定义

财务流程是指企业财务部门为实现财务会计目标而进行的一系列活动。它包含数据的采集、加工、存储和输出，是连接业务流程和管理流程的桥梁。财务流程的设计思想、数据采集效率、加工的正确性和有效性，将直接关系到企业管理活动的质量和效率。

二、财务流程的内容

了解企业的财务流程不仅是企业财务人员的责任，对于非财务人员尤其是企业的管理人员来说也至关重要。管理人员只有熟悉企业的财务流程，才能对企业财务管理各个环节乃至整个企业的管理做出正确的决策。目前稍有规模或管理水平的企业均采用信息化管理，只要凭证制作无误，其他环节均由计算机完成，如科目汇总表核算程序下的凭证—汇总—明细账—总账 —各种报表流程等。以科目汇总表核算程序为例，企业财务流程具体内容如下。

1. 根据原始凭证或原始凭证汇总表填制记账凭证

原始凭证是在经济业务发生或完成时取得或填制的，用以记录或证明经济业务的发生或完成情况的文字凭据。原始凭证是进行会计核算工作的原始资料和重要依据，是会计资料中最具有法律效力的一种文件，例如，飞机票，火车票，企业购买商品、材料时，从供货单位取得的发票、领料单、出库单等，但要注意，工作令号、购销合同、购料申请单等不能证明经济业务发生或完成情况的各种单证不能作为原始凭证并据以记账。

记账凭证是会计人员根据审核无误的原始凭证按照经济业务事项的内容加以归类，

并据以确定会计分录后所填制的会计凭证。它是登记账簿的直接依据。记账凭证的填制是会计核算中的基础环节之一，正确、及时、完整地填制记账凭证是正确、及时地提供会计信息的保证。

2. 根据记账凭证登记现金日记账和银行存款日记账

日记账，亦称序时账，是按经济业务发生时间的先后顺序，逐日逐笔登记的账簿。日记账应当根据办理完毕的收、付款凭证，随时按顺序逐笔登记，最少每天登记一次。

现金日记账和银行存款日记账通常是由出纳员根据审核后的有关收、付款凭证，逐日逐笔顺序登记的。登记日记账的基本要求是：现金日记账和银行存款日记账由出纳人员专门负责登记，必须做到反映经济业务的内容完整，登记账目及时，凭证齐全，账证相符，数字真实、准确，书写工整，摘要清楚明了，便于查阅，不重记，不漏记，不错记，按期结算，不拖延积压，按规定方法更正错账，从而使账目既能明确经济责任，又清晰美观。

3. 根据记账凭证登记明细分类账

分类账簿是指对全部经济业务事项按照会计要素的具体类别而设置的分类账户进行登记的账簿。分类账簿按照反映的经济业务详细程度不同分为总分类账和明细分类账。其中，总分类账是企业经济业务的总括核算，为企业经济管理和经营决策提供总括的全面的核算资料；明细分类账是为企业经济管理和经营决策提供明细分类核算资料。明细分类账提供的信息更为详细，例如，企业的 “原材料”账户为总分类账，如果该企业需要钢铁为原材料，则“钢铁”即为“原材料”账户下的明细分类账。

如果企业的规模小，业务量不多，可以不设置明细分类账，直接将逐笔业务登记总账。实际会计实务要求会计人员每发生一笔业务就要登记入明细分类账中。

4. 根据记账凭证汇总、编制科目汇总表

科目汇总表，亦称“记账凭证汇总表”，是指定期对全部记账凭证进行汇总，按各个会计科目列示其借方发生额和贷方发生额的一种汇总凭证。依据借贷记账法的基本原理，科目汇总表中各个会计科目的借方发生额合计与贷方发生额合计数应该相等，因此，科目汇总表具有试算平衡的作用。科目汇总表是科目汇总表核算形式下总分类账登记的依据。

科目汇总表的编制时间，应根据各企业、单位业务量而定。业务较多的可以每日汇总，业务较少的可以定期汇总，但一般不得超过 10 天。科目汇总表上还应注明据以编制的各种记账凭证的起讫字号，以备进行检查。

5. 根据科目汇总表登记总分类账

在科目汇总表核算形式下，财务人员根据科目汇总表上的账户和金额登记总分类账。

6. 期末，根据总分类账和明细分类账编制资产负债表和利润表

资产负债表是反映企业某一特定日期（月末、季末、中期期末、年末）财务状况的

报表，例如，公历每年 12 月 31 日的财务状况。资产负债表列示了企业在特定日期的资产、负债、所有者权益情况，表中各项目反映的均是有关账户的余额，且每个项目均需填列“年初数”和“期末数”两栏。资产负债表“年初数”栏内各项目的数字，应根据上年末资产负债表中“期末数”栏内所列的相应数字填列。如果本年度资产负债表规定的各个项目的名称和内容与上年度不一致，应对上年年末资产负债表各项目的名称和数字按照本年度的规定进行调整，填入本年资产负债表“年初数”栏内。资产负债表“期末数”栏内各项目数字，一般根据总账和有关明细账填列。但应注意，资产负债表中有的项目与账户名称不是同一个概念，其与相应账户的内容也不完全相同，因此，这些项目的数字不能直接根据账户的期末余额填列，而应根据有关项目的特定要求，对账簿的资料进行整理、加工、分析和计算后才能填列，例如，资产负债表里的“货币资金”项目应根据“库存现金”、“银行存款”、“其他货币资金”账户的余额合计填列。

利润表是反映企业在一定会计期间（月份、季度或年度）经营成果的报表。利润表各个项目均需填列“本期金额”和“上期金额”两栏。利润表中“本期金额”栏反映各项目本期实际发生数，如果上年度利润表与本年度利润表的项目名称和内容不一致，应对上年度利润表的名称和数字按本年度的规定进行调整，填入报表的“上期金额”栏。利润表“本期金额”、“上期金额”栏内各项数字，除“每股收益”项目外，应当按照相关科目的发生额分析填列，例如，营业收入项目，根据“主营业务收入”、“其他业务收入”科目的发生额加总填列。科目汇总表核算程序下的财务流程图如图 6.1 所示。

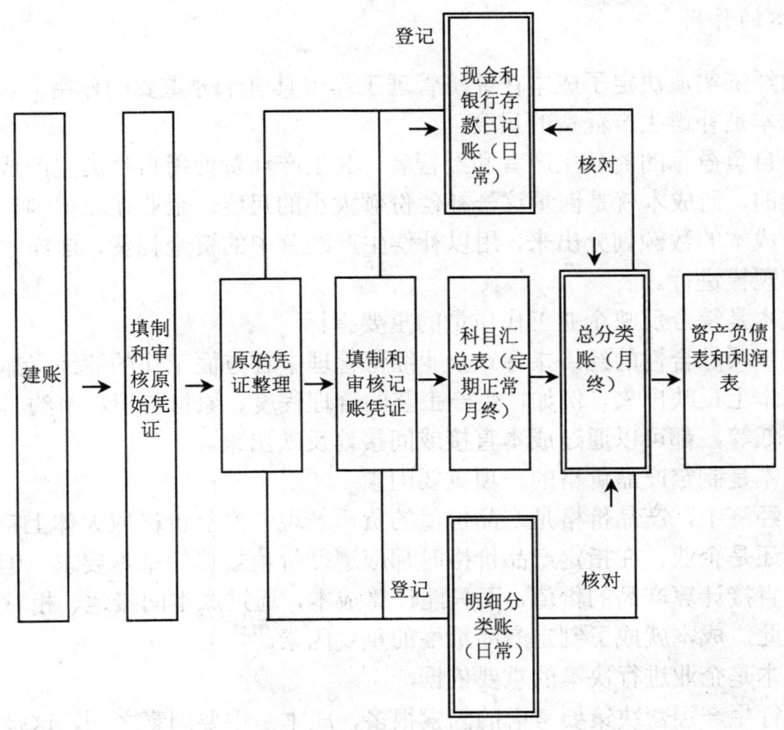

图 6.1　科目汇总表核算程序下的财务流程图

第三节　成本分析与控制

一、成本的经济实质、作用和分类

1. 成本的经济实质

马克思曾科学地指出了成本的经济性质："按照资本主义方式生产的每一个商品 W 的价值，用公式来表示是 $W=C+V+M$。如果我们从这个产品价值中减去剩余价值 M，那么，在商品剩下来的，只是一个在生产要素上耗费的资本价值 $C+V$ 的等价物或补偿价值。"

在社会主义市场经济中，产品的价值仍然由三个部分组成：已耗费的生产资料转移的价值（c）；劳动者为自己劳动所创造的价值（v）；劳动者为社会劳动所创造的价值（m）。从理论上讲，前两个部分，即 $c+v$，是商品价值中的补偿部分，它构成商品的理论成本。

综上所述，可以对成本的经济实质概括为生产经营过程中所耗费的生产资料转移的价值和劳动者为自己劳动所创造的价值的货币表现，也就是企业在生产经营中所耗费的资金总和。

2. 成本的作用

成本的经济实质决定了成本在经济管理工作中具有十分重要的作用。

（1）成本是补偿生产耗费的尺度

企业是自负盈亏的商品生产者和经营者，其生产耗费使用自身的生产成果，即销售收入来补偿的，而成本就是衡量这一补偿份额大小的尺度。企业在取得销售收入后，必须把相当于成本的数额划分出来，用以补偿生产经营中的资金耗费，这样才能维持资金周转按原有规模进行。

（2）成本是综合反映企业工作质量的重要指标

成本是一项综合性的经济指标，企业经营管理中各方面工作的业绩，都可以直接或间接地在成本上反映出来。例如，生产工艺的合理程度、原材料消耗节约与浪费、劳动生产率的高低等，都可以通过成本直接或间接地反映出来。

（3）成本是制定产品价格的一项重要因素

在商品经济中，产品价格是产品价值的货币表现。产品价格应大体上符合其价值，无论是国家还是企业，在指定产品价格时都应遵循价值规律的基本要求。但在现阶段，人们还不能直接计算产品的价值，而只能计算成本，通过成本间接地、相对地掌握产品的价值，因此，成本就成了制定产品价格的重要因素。

（4）成本是企业进行决策的重要依据

企业进行生产经营决策要考虑的因素很多，成本是主要因素之一，这是因为，在价格等因素一定的前提下，成本的高低直接影响企业盈利的多少；而较低的成本能够使企

业在市场竞争中处于有利地位。

3. 成本的分类

根据不同的标准，成本可以做出以下几种分类。

（1）根据成本与产品之间的关系，可分为产品生产成本和期间费用

在工业企业，产品的生产成本一般包括直接材料、直接燃料和动力、直接人工和制造费用。

1）直接材料指直接用于产品生产、构成产品实体的原料、主要材料以及有助于产品形成的辅助材料费用。

2）直接燃料和动力指直接用于产品生产的各种直接燃料和动力费用，如汽油和电等。

3）直接人工指直接参加产品生产的工人的薪酬费用，如生产工人的工资、奖金和津贴等。

4）制造费用指间接用于产品生产的各项费用，以及虽直接用于产品生产，但不便于直接计入产品成本，因而没有专设成本项目的费用（如机器设备的折旧费用）。制造费用包括企业内部生产单位（分厂、车间）的管理人员薪酬费用、固定资产折旧费、取暖费、水电费等。

期间费用则包括销售费用、管理费用和财务费用。

1）销售费用指企业在产品销售过程中发生的费用，以及为销售本企业产品而专设的销售机构的各项经费，包括展览费、广告费、包装费和专设销售机构人员的薪酬等。

2）管理费用指企业为组织和管理企业生产经营所发生的各项费用，包括业务招待费、工会经费和劳动保险费等。

3）财务费用指企业为筹集生产经营所需资金而发生的各项费用，包括利息支出、汇兑损失以及相关的手续费等。

（2）根据成本和业务量之间的关系，可分为变动成本和固定成本

变动成本是指其总额随着业务量的变动而呈正比例变动的成本。例如，直接材料、直接人工、包装材料等都属于变动成本。

需要注意的是，变动成本和固定成本都存在着相关范围的问题，也就是说，在相关范围之间，变动成本总额与业务量之间保持着完全的线性关系，在相关范围之外他们的之间的关系可能是非线性的。例如，企业生产产品，通常在生产的最初阶段产量较低，生产还处于一种不成熟状态，随着产量增加，工人对生产过程逐渐熟悉，可能使单位产品的直接材料、直接人工逐渐降低。

固定成本是指其总额在一定时期和一定业务量范围内，不受业务量增减变动影响而保持不变的成本，如机器设备的租金，固定资产的折旧等。

（3）根据生产费用计入产品成本的方式，可分为直接计入成本和间接计入成本

直接计入成本是指可以分清哪种产品所耗用、可以直接计入某种产品成本的费用。

间接计入成本是指不能分清哪种产品所耗用、不能直接计入某种产品成本，而必须

按照一定标准分配计入有关的各种产品成本的费用。

例如，光明公司本月为生产A优酪乳消耗水费2000元，为生产B优酪乳和C酸酸乳共消耗水费5000元，则2000元的水费可以直接计入A产品的成本，属于直接计入费用；而5000元的费用由于不能分清哪种产品具体消耗了多少，故要按一定的标准在B产品和C产品之间进行分配，属于间接计入费用。

二、成本分析和成本控制概述

（一）成本分析概述

1. 成本分析的概念和意义

成本分析是指利用成本核算资料及其他有关资料，全面分析成本水平及其变动情况，研究影响成本升降的各个因素及其变动原因，寻找降低成本的途径。

成本分析是成本管理的重要组成部分，通过成本分析可以正确认识和掌握成本变动的规律性，不断挖掘企业的内部潜力，降低产品成本，提高企业的经济效益；通过成本分析才可以对成本计划的执行情况进行有效的控制，对执行结果进行评价，肯定成绩，指出问题，揭示成本升降变动情况及其原因，为编制成本计划和制定经营决策提供重要依据。

2. 成本分析的原则

1）全面分析与重点分析相结合的原则。企业应全面分析成本水平及其变动情况，研究影响成本升降的各个因素及其变动原因。但考虑成本效益原则，应对比重较大的项目进行重点分析。

2）专业分析与群众分析相结合的原则。

3）纵向分析与横向分析相结合的原则。

4）事后分析与事前、事中分析相结合的原则。

成本分析的三个阶段是相辅相成的，各自发挥着不同的作用。成本的事前分析可使企业在成本计划的执行过程中有成本控制的目标；事中分析则可以使成本目标得以实现；事后分析可以总结经验教训，以便开展下一个循环在成本控制。但三者之间也有主次之分。在一般情况下，事前分析和事中分析的作用大于事后分析，但事后成本分析对于检查成本计划的执行情况评价、工作业绩等方面都有着事前成本分析和事后成本分析不可替代的作用。事前的成本分析包括在成本预测的内容当中，事后的成本分析包括在成本控制的内容当中。

（二）成本控制概述

1. 成本控制的概念和意义

成本控制是指运用以成本会计为主的各种方法，预定成本限额，按限额开支成本和

费用，以实际成本和成本限额进行比较，衡量经营活动的成绩和效果，并以例外管理原则纠正不利差异，以提高工作效率，实现以至超过预期的成本限额。

建立健全成本控制系统，实施成本控制，对于充分发挥成本管理职能，提高企业的经营管理水平和经济效益具有重要意义。

1）实施成本控制是保证企业完成既定成本目标的重要手段。目标成本的完成，需要企业采用多项切实可行的措施，其中，进行成本控制是保证目标成本完成的一项主要措施。通过成本控制，可以及时揭示生产过程中成本指标脱离计划的差异，从而采取措施纠正偏差，保证既定目标的完成。

2）实施成本控制是降低成本、增加盈利、提高经济效益的重要途径。盈利是企业的主要目的，成本的高低对于企业盈利水平的影响很大，降低产品或劳务的成本，就意味着相应增加企业的盈利。因此，对于凡是同产品或劳务成本有关的经济业务，都应建立完善的成本控制制度和成本控制方法，其控制手段越严谨、完善，效果越好。另外，通过成本控制，不仅可以降低产品成本，而且还可以节约材料物资的消耗量。

3）成本控制在企业各控制系统中起着综合的控制作用。在企业的生产经营过程中，存在着各种不同形式的复杂经济关系和各种不同的管理控制系统，如生产技术控制系统，这些控制系统都是局部性的，并不能反映和控制生产经营的全部，也不能用一个统一的计量单位来综合反映可控制生产经营活动，并进行概括、对比和分析。由于成本控制是用统一的货币计量单位来对企业的生产经营活动进行反映和控制，因而，它具有很强的综合性，在整个企业的控制系统中起着综合的控制作用。

2. 成本控制的分类

成本控制的内容非常广泛，但是，这并不意味着事无巨细地平均使用力量，成本控制应该有计划有重点地区别对待。各行各业不同企业有不同的控制重点。控制内容一般可以从成本形成过程和成本费用分类两个角度加以考虑。

（1）按成本形成过程可分为产品投产前的控制、制造过程中的控制和流通过程中的控制

制造过程是成本实际形成的主要阶段。绝大部分的成本支出在这里发生，包括原材料、人工、能源动力、各种辅料的消耗、工序间物料运输费用、车间以其他管理部门的费用支出。

流通过程包括产品包装、厂外运输、广告促销、销售机构开支和售后服务等费用。在目前强调加强企业市场管理职能的时候，很容易不顾成本地采取种种促销手段，反而抵消了利润增量，所以也要进行定量分析。

（2）按成本费用的构成可分为原材料成本控制、工资费用控制、制造费用控制和企业管理费用控制

在制造业中原材料费用占了总成本的很大比重，一般在60%以上，高的可达90%，是成本控制的主要对象，其控制活动可从采购、库存管理和消耗三个环节着手。

控制工资成本的关键在于提高劳动生产率。

制造费用开支项目很多，主要包括折旧费、修理费、辅助生产费用、车间管理人员工资等，虽然它在成本中所占比重不大，但因不引人注意，浪费现象十分普遍，是不可忽视的一项内容。

企业管理费用指为管理和组织生产所发生的各项费用，开支项目非常多，也是成本控制中不可忽视的内容。

3．成本控制的原则

（1）集中控制与分散控制相结合的原则

集中控制是指成本控制工作应在企业负责经营管理的分管领导的领导下，由成本控制归口管理部门（通常是财务部门）负责统一控制、统一协调和统一核算。分散控制是指由企业本部各个职能部门及基层单位根据其自身的职责分工，对应负责的成本费用进行控制。

企业的成本控制是由各个部门、各个单位和有关人员来共同完成的，应根据企业的发展状况不断调整确定集中与分散的合适的度，力求达到既能调动各部门、各单位在成本控制工作中的积极性，又能使财务部门充分发挥其协调、监控功能的最佳状况。

（2）成本效益原则

成本效益原则，是指因推行成本控制而发生的成本不应超过因缺少控制而丧失的收益。实施成本控制活动自身一般也会发生一些费用，这些费用一般称为控制成本。实施成本控制的目的就是通过切实可行有效的控制活动，给企业带来较大的经济效益，即控制收益。如果控制收益大于控制成本，则该项控制活动是合算的，因而该项控制活动是必要的。否则，在一般情况下，该项控制活动就是不合算的，也就没有必要进行。

成本效益原则在很大程度上决定了只在重要领域中选择关键因素加以严格控制，而不对所有成本都进行同样周密的控制。

成本效益原则要求贯彻重要性原则。应把注意力集中于重要事项，对成本细微尾数、数额很小的费用项目和无关大局的事项都可以从略。

成本效益原则要求在成本控制中贯彻“例外管理”原则，对正常成本费用支出，可以从简控制，而格外关注各种例外情况。例如，对脱离标准的重大差异展开调查，对超出预算的支出建立审批手续等。

（3）及时性原则

成本控制的及时性原则是指在成本控制系统中，应能及时揭示成本控制过程中产生的实际与控制标准之间的偏差，并能及时消除偏差，恢复正常，以减少失控期间的损失。

要注重缩短反馈控制的周期，及时提供成本控制的信息。同时要根据成本效益原则，对于一些重要的、金额较大的信息应及时提供；而对于一些金额较小、重要性较差的信息可定期提供。

（4）适应性原则

企业的生产经营活动是复杂多变的，成本控制的适应性原则是指随着时间的推移和

内外部条件的变化，成本控制能适应这种变化，并能在变化的条件下较好地发挥控制作用。

在建立成本控制系统时应综合考虑多种因素，不能顾此失彼，应对外界条件可能发生的变化做出充分的估计，在估计困难时，不但要考虑企业内部的因素，还要考虑企业外部的因素。

（5）因地因时制宜的原则

成本控制的方法和措施很多，各种方法和措施的适用性也不相同。由于每个企业所在的地理位置、所处的发展阶段以及企业文化、员工素质、组织机构、生产条件、管理水平、产品的特点、管理的要求等都不完全相同，因此，没有一个普遍适用于所有企业的成本控制方法和措施。企业应针对本企业的具体情况选择采取相应的有效措施。

三、成本分析和控制的内容与方法

（一）成本分析的内容与方法

1. 成本分析的主要内容

成本分析的主要内容包括成本计划完成情况的分析和主要产品单位成本分析等。

（1）成本计划完成情况的分析

成本计划完成情况的分析，可分别按产品品别分析和按成本项目分析。

1）按产品品别分析，是指按每种产品的成本所进行的分析。在按产品品别进行分析时，应计算如下几个指标：全部商品产品成本降低额和降低率，可比产品成本和不可比产品成本降低额和降低率，每种产品成本的降低额和降低率。

2）按成本项目分析，是指将按成本项目反映的全部商品产品的实际总成本与按成本项目反映的实际产量计划总成本相比较， 计算每个成本项目成本降低额和降低率对总成本的影响。

（2）主要产品单位成本分析

对全部商品和产品的成本计划完成情况进行总括分析后，还应对主要产品的单位成本进行具体的分析，从而确定成本升降的原因，提出进一步改进的措施。产品单位成本分析一般是先将产品单位成本的实际数与计划等指标进行比较，计算其差异额和差异率，然后，在此基础上，分析各主要成本项目产生差异的原因。

2. 成本分析的方法

在进行成本分析中可供选择的技术方法（也称数量分析方法）很多，企业应根据分析的目的、分析对象的特点、掌握的资料等情况确定应采用那种方法进行成本分析。在实际工作中，通常采用的技术分析方法有对比分析法，因素分析法和相关分析法等几种。

（1）对比分析法

对比分析法是根据实际成本指标与不同时期的指标进行对比，来揭示差异，分析差异产生原因的一种方法。在对比分析中，可采取实际指标与计划指标对比，本期实际与上期（或上年同期，历史最高水平）实际指标对比，本期实际指标与国内外同类型企业的先进指标对比等形式。

通过对比分析，可大致了解企业成本的升降情况及其发展趋势，查明原因，找出差距，提出进一步改进的措施。在采用对比分析时，应注意本期实际指标与对比指标的可比性，以使比较的结果更能说明问题，揭示的差异才能符合实际。若不可比，则可能使分析的结果不准确，甚至可能得出与实际情况完全不同的相反的结论。在采用对比分析法时，可采取绝对数对比、增减差额对比或相对数对比等多种形式。

（2）因素分析法

因素分析法是将某一综合性指标分解为各个相互关联的因素，通过测定这些因素对综合性指标差异额的影响程度的一种分析方法。

在成本分析中采用因素分析法，就是将构成成本的各种因素进行分解，测定各个因素变动对成本计划完成情况的影响程度，并据此对企业的成本计划执行情况进行评价，并提出进一步的改进措施。

（3）相关分析法

相关分析法是指在分析某个指标时，将与该指标相关但又不同的指标加以对比，分析其相互关系的一种方法。

企业的经济指标之间存在着相互联系的依存关系， 在这些指标体系中，一个指标发生了变化，受其影响的相关指标也会发生变化。

例如，将利润指标与产品销售成本相比较，计算出成本利润率指标，可以分析企业成本收益水平的高低。再如，产品产量的变化，会引起成本随之发生相应的变化，利用相关分析法找出相关指标之间规律性的联系，从而为企业成本管理服务。

（二）成本控制的方法

生产过程中的成本控制，就是在产品的制造过程中，对成本形成的各种因素，按照事先拟定的标准严格加以监督，发现偏差就及时采取措施加以纠正，从而使生产过程中各项资源的消耗和费用开支限定在标准规定的范围之内。成本控制的基本工作程序如下。

1. 制定成本标准

成本标准是成本控制的准绳，成本标准首先包括成本计划中规定的各项指标。但成本计划中的一些指标都比较综合，还不能满足具体控制的要求，这就必须规定一系列具体的标准。确定这些标准的方法，大致有两种：预算法和定额法。

预算法就是用制定预算的办法来制定控制标准。有的企业基本上是根据季度的生产销售计划来制定较短期的（如月份）的费用开支预算，并把它作为成本控制的标准。采用这种方法特别要注意从实际出发来制定预算。

定额法就是建立起定额和费用开支限额，并将这些定额和限额作为控制标准来进行

控制。在企业里，凡是能建立定额的地方，都应把定额建立起来，如材料消耗定额、工时定额等。实行定额控制的办法有利于成本控制的具体化和经常化。

2. 监督成本的形成过程

这就是根据控制标准，对成本形成的各个项目，经常地进行检查、评比和监督。不仅要检查指标本身的执行情况，而且要检查和监督影响指标的各项条件，如设备、工艺、工具、工人技术水平、工作环境等。所以，成本日常控制要与生产作业控制等结合起来进行。

成本日常控制的主要方面有：

1）材料费用的日常控制。影响材料成本的因素有采购、库存费用、生产消耗、回收利用等，所以控制活动可从采购、库存管理和消耗三个环节着手。

2）工资费用的日常控制。工资在成本中占有一定的比重，增加工资又被认为是不可逆转的。控制工资与效益同步增长，减少单位产品中工资的比重，对于降低成本有重要意义。控制工资成本的关键在于提高劳动生产率，它与劳动定额、工时消耗、工时利用率、工作效率和工人出勤率等因素有关。

3）制造费用的日常控制。制造费用开支项目很多，主要包括折旧费、修理费、辅助生产费用和车间管理人员工资等。虽然它在成本中所占比重不大，但因不引人注意，浪费现象十分普遍，是不可忽视的一项内容。

4）企业管理费控制。企业管理费指为管理和组织生产所发生的各项费用，开支项目非常多，也是成本控制中不可忽视的内容。

上述这些都是绝对量的控制，即在产量固定的假设条件下使各种成本开支得到控制。在现实系统中还要达到控制单位成品成本的目标。

上述各生产费用的日常控制，不仅要有专人负责和监督，而且要使费用发生的执行者实行自我控制。还应当在责任制中加以规定。这样才能调动全体职工的积极性，使成本的日常控制有群众基础。

3. 及时纠正偏差

针对成本差异发生的原因，查明责任者，分清情况，分轻重缓急，提出改进措施，加以贯彻执行。对于重大差异项目的纠正，一般采用下列程序：

1）提出课题。从各种成本超支的原因中提出降低成本的课题。这些课题首先应当是那些成本降低潜力大、各方关心、可能实行的项目。提出课题的要求，包括课题的目的、内容、理由、根据和预期达到的经济效益。

2）讨论和决策。课题选定以后，应发动有关部门和人员进行广泛的研究和讨论。对重大课题，可能要提出多种解决方案，然后进行各种方案的对比分析，从中选出最优方案。

3）确定方案实施的方法步骤以及负责执行的部门和人员。

4）贯彻执行确定的方案。在执行过程中也要及时加以监督检查。方案实现以后，还要检查方案实现后的经济效益，衡量是否达到了预期的目标。

第四节　财务效果分析

一、财务分析概述

1. 财务分析的概念和作用

财务效果分析，又称财务分析，是以会计核算和报表资料及其他相关资料为依据，采用一系列专门的分析技术和方法，对企业财务状况和经营成果进行分析与评价的经济管理活动。财务分析为企业的投资者、债权人、经营者及其他关心企业的组织或个人了解企业过去、评价企业现状、预测企业未来，做出正确决策提供准确的信息或依据的经济应用学科。做好财务分析工作具有以下重要意义。

（1）财务分析是评价财务状况、衡量经营业绩的重要依据

通过对企业财务报表等核算资料进行分析，可以了解企业偿债能力、营运能力和盈利能力，便于企业管理当局及其他报表使用人了解企业财务状况和经营成果，并通过分析将影响财务状况和经营成果的主观因素与客观因素、微观因素与宏观因素区分开来，以划清经济责任，合理评价经营者的工作业绩，并据此奖优罚劣，以促使经营者不断改进工作。

（2）财务分析是合理实施投资决策的重要步骤

投资者及潜在投资者是企业外部重要的报表使用人，而企业会计核算和报表资料及其他相关资料的某些局限性，使其必须借助财务分析，来评价一个企业，以决定自己的投资方向及投资数额。投资者通过对企业的财务分析，可以决定投资额度，了解利润水平并决定付款条件。

（3）财务分析是挖掘潜力、改进工作、实现理财目标的重要手段

企业理财的根本目标是努力实现企业价值最大化（股东财富最大化），通过财务指标的计算和分析能了解企业的盈利状况和资金周转状况，不断挖掘企业改善财务状况、扩大财务成果的内部潜力，以便从各方面揭露矛盾、找出差距、寻找措施，促进企业生产经营活动，按照企业价值最大化（股东财富最大化）的目标实现良性循环。

2. 财务分析的主体

财务分析的主体主要包括投资人、债权人、经理人员、政府机构和其他与企业有利益关系的人士。不同主体出于不同的利益考虑，在对企业进行分析时有着各自不同的要求。

（1）投资人

投资人主要包括企业现有的和潜在的股东。股东投资于公司的目的是扩大自己的财富，他们主要关心企业的偿债能力、盈利能力及风险等。 为了决定是否投资，潜在股东与中介机构需要分析公司的未来盈利能力和经营风险；为决定是否转让股份，现有股东或中介机构需要分析盈利状况、股价变动和发展前景；为考察经营者业绩，需要分析资产盈利水平、破产风险和竞争能力；为决定股利分配政策，需要分析筹资状况。

（2）债权人

债权人主要借款给企业并得到企业还款承诺的人，主要包括银行、债券持有者和其他一些贷款给公司的机构或人员。债权人关心企业是否具有偿还债务的能力。债权人的主要决策是决定是否给企业提供贷款，以及是否需要提前收回债权。他们进行财务分析是为了解决几方面的问题：公司为什么需要额外筹集资金；公司还本付息所需资金的可能来源是什么；公司对于以前的短期和长期借款是否按期偿还；公司将来在哪些方面还需要借款。

（3）治理层和管理层

公司董事会、监事会受股东委托监督管理层，需要分析评价公司财务报表的质量和管理层的经营业绩。公司管理层（如首席执行官、执行董事、财务总监等）负责公司的经营和战略决策，是财务报表信息最主要的内部使用者。为满足不同利益主体的需要，协调各方面的利益关系，管理层必须对公司经营理财的各个方面进行分析，评价和协调。

经理人员是指被所有者聘用的、对公司资产和负债进行管理的个人组成的团体，有时称之为“管理当局”。经理人员关心公司的财务状况、盈利能力和持续发展的能力。经理人员可以获取外部使用人无法得到的内部信息。他们分析报表的主要目的是改善报表。

（4）政府机构有关人士

政府机构也是公司财务报表的使用人，包括税务部门、国有企业的管理部门、证券管理机构、会计监管机构和社会保障部门等。他们使用财务报表是为了履行自己的监督管理职责。

（5）其他人士

其他人士包括职工、中介机构（审计人员、咨询人员）等。审计人员通过财务分析可以确定审计的重点，财务分析领域的逐渐扩展与咨询业的发展有关，一些国家“财务分析师”已经成为专门职业，他们为各类报表使用人提供专业咨询。

3. 财务分析的依据

开展财务分析需要依据一定的财务数据和其他信息，这些数据和信息除了公开披露的财务报表外，还包括财务报表附注、管理层的解释和讨论、审计师意见、其他公告（预警，预亏等）、社会责任报告、媒体和专家评论，以及监管部门处理公告等。由于分析的主体不同，获得信息的具体 难度也不尽相同，但分析者应尽可能地收集可能获得的各种信息，防止片面性。

财务报表是财务分析最主要的、最直接的依据。依据财务报表得出有效的分析结论需要具备两个前提条件：一是财务报表具有反馈价值，能够如实反映过去；二是财务报表具有前瞻价值，一贯稳定具有可预测性。但财务会计本身存在固有的局限性，财务会计对经营业绩和财务状况的反映是速写，存在着可能偏离实际业绩和状况的因素。这些因素包括：会计准则的统一性限制了企业的个性化报告；管理层有选择会计政策的自由；管理层选择会计估计的可能偏差和误导；交易事项对会计结果的影响可受人为操纵等。影响财务报表质量的因素很多，如会计准则和监管、财务数据估计和预测的准确性、审计的有效性等。

由于以上原因，使得财务报表存在以下三个方面的局限性：

1）财务报告没有披露公司的全部信息，管理层拥有更多的信息，得到披露的只是其中的一部分。

2）已经披露的财务信息存在会计估计误差，不一定是真实情况的准确计量。

3）管理层的各项会计政策选择，使财务报表会扭曲公司的实际情况。

因此，我们在进行财务分析时要做好三个工作：

1）全面系统的收集各类信息。

2）对有关分析资料要注意口径是否一致，剔除不可比因素。

3）从实际出发，坚持实事求是，反对主观臆断。

二、财务分析方法

人们在长期的实践中形成了一整套科学的技术方法，用以揭示财务信息的联系及变动趋势。这些方法主要包括比较分析法和比率分析法。

1. 比较分析法

比较分析法是将某项财务指标与性质相同的指标标准进行对比，来揭示财务指标的数量关系和数量差异的一种方法。

通过财务指标对比，计算出变动值的大小，是其他分析方法运用的基础，比较后的差异反映差异大小、差异方向和差异性质。比较分析法的重要作用在于揭示财务指标客观存在的差距以及形成这种差距的原因，帮助人们发现问题，挖掘潜力，改进工作。根据分析内容的不同，比较法可以单独使用，也可以与其他分析方法结合使用。选择适当的评价标准是比较分析法的重要一环。图 6.2 是揭示比较分析法的基本分析框架。

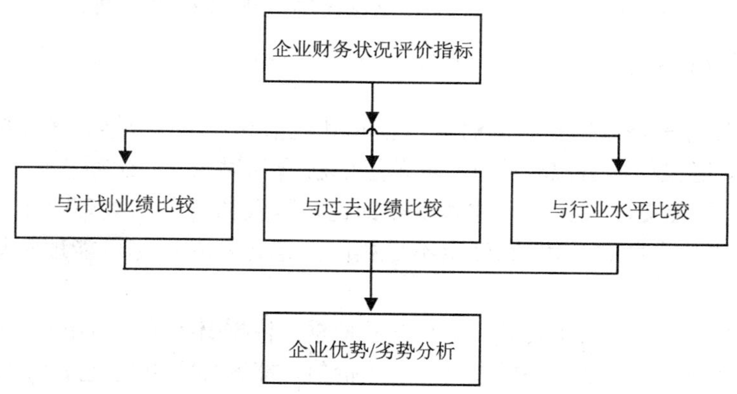

图 6.2　比较分析法的基本分析框架

必须重视的是，比较分析法的运用必须有一个明确的比较标准，关于这个标准，一般有以下不同的分类。

（1）经验标准

经验标准是依据大量且长期的实践经验而形成的财务比率值。

例如，西方国家20世纪70年代的财务实践就形成了流动比率的经验标准为2:1，速动比率的经验标准为1:1等。事实上，所有的这些经验标准主要是就制造业企业的平均状况而言的，不是适用于一切领域和一切情况的绝对标准。在具体应用经验标准进行财务分析时，还必须结合一些更为具体的信息。

经验标准并非一般意义上的平均水平。换句话说，财务比率的平均值，并不一定就构成经验标准。一般而言，只有那些既有上限又有下限的财务比率，才可能建立起适当的经验比率。

（2）行业标准

行业标准是以企业所在行业的特定指标作为财务分析对比的标准。

在实际工作中，具体的使用方式有多种。行业标准可以是同行业公认的标准，也可以是同行业先进水平，或者行业财务状况的平均水平。通过与行业标准相比较，可以说明企业在行业中所处的地位和水平，有利于揭示本企业与同行业其他企业的差距，也可用于判断企业的发展趋势。

实务中需要注意的是同“行业”内的两个公司并不一定是十分可比的；多元化经营带来的困难；同行业企业也可能存在会计差异。还必须注意不同的经济发展时期，对行业标准的影响。例如，在经济萧条时期，光明公司的利润率从15%下降为9%，而同期该企业所在行业的平均利润率由12%下降为3%，那么该企业的盈利状况还是相当好的。

（3）预算标准

预算标准主要是指实行预算管理的企业所制定的预算指标。

如果企业的实际财务数据与目标相比有差距，应尽快查明原因，采取措施改进，以便不断改善企业的财务管理工作。这个标准的优点是符合战略及目标管理的要求；对于新建企业和垄断性企业尤其适用。但也存在相关的不足层面，比如外部分析通常无法利用以及预算的主观性问题都是值得重视的弱项。

（4）历史标准

历史标准是企业过去某一时期（如上年或上年同期）该指标的实际值。

历史标准具体的运用时有多种：可以选择本企业历史最高水平作为标准，也可以选择企业正常经营条件下的业绩水平，或取以往连续多年的平均水平作为标准。在财务分析实践中，还经常与上年实际业绩作比较。

例如，绝对数比较，如光明公司上年产品单位成本10元，本年产品单位成本为9.5元；增减数比较，如光明公司本年成本比上年降低0.5元；指数比较，如光明公司本年成本比上年降低5%。

通过这种比较，可以确定不同时期有关指标的变动情况，了解企业生产经营活动的发展趋势和管理工作的改进情况。采用比较分析法进行财务分析和评价，应注意财务指标与标准的可比性，也就是说，实际财务指标与标准指标的计算口径必须一致，即实际财务指标和标准指标在内容、范围、时间跨度、计算方法等方面必须一致。

2. 比率分析法

比率分析法是将同一期内的彼此存在关联的项目进行比较，得出它们的比率，以说明财务报表所列各有关项目的相互关系，分析评价企业财务状况和经营水平的一种方法。

一般认为，比率分析法与比较分析法相比更具有科学性、可比性，揭示了数据之间的内在联系，同时也克服了绝对值给人们带来的误区，适用于不同经营规模企业之间的对比。财务比率主要有结构比率、效率比率和相关比率三种类型。

（1）结构比率

结构比率主要用于计算部分占总体的比重。其计算公式为

构成比率＝某个组成部分数额/总体数额 (6-1)

例如，

直接材料费用比率＝（直接材料费用/总成本费用）×100%

直接人工费用比率＝（直接人工费用/总成本费用）×100%

通过结构比率指标，可以考察总体中某个部分的形成和安排是否合理，从而协调各项财务活动。

（2）效率比率

效率比率用于计算某项经济活动中所费与所得的比例。反映投入与产出的关系，如成本费用利润率、总资产报酬率、净资产收益率等。利用效率比率指标，可以进行得失比较，从而考察经营成果，评价经济效益。

（3）相关比率

相关比率主要是用以计算在部分与整体关系、所费与所得关系之外具有相关关系的两项指标的比率，反映有关经济活动之间的联系。这一类比率包括：反映偿债能力的比率，如流动比率、资产负债率等；反映营运能力的比率，如应收账款周转率、存货周转率等；反映盈利能力的比率，如净资产收益率等。利用相关比率指标，可以考察有关联的相关业务安排是否合理，以保障企业生产经营活动能够顺利进行。

需要说明的是，在财务分析评价中，比率分析法往往与比较分析法结合起来使用，从而更加全面、深入地揭示企业的财务状况、经营成果及其变动趋势。

三、基本的财务比率分析

财务报表中有大量的数据，可以组成许多有意义的财务比率。这些比率涉及企业经营管理的各个方面。这些财务比率大体上可以分为三类：偿债能力比率、资产管理比率和盈利能力比率。

为了便于说明财务比率的计算和分析方法，本章将使用光明股份有限公司（以下简称“光明公司”）的财务报表数据作为举例。该公司的简易资产负债表和利润表如表 6.1 和表 6.2 所示。为计算简便，这些数据是假设的。

表 6.1　简易资产负债表

编制单位：光明公司　　2010 年 12 月 31 号　　单位：万元

资　产	年末余额	年初余额	负债及股东权益	年末余额	年初余额
流动资产：			流动负债：		
货币资金	50	25	短期借款	60	45
应收账款	398	199	应付账款	100	109
存货	119	326	……	……	……
……	…	…	其他流动负债	3	5
其他流动资产	8	0	流动负债合计	300	220
流动资产合计	700	610	非流动负债：		
非流动资产：			长期借款	450	45
长期股权投资	30	0	……		
固定资产	1 238	955	其他非流动负债	0	15
无形资产	6	8	非流动负债合计	750	580
……	…	…	负债合计	1 040	800
……	…	…	股东权益：		
……	…	…	股本	200	200
其他非流动资产	3	0	……	……	……
非流动资产合计	1 300	1 070	股东权益合计	960	880
资产总计	2 000	1 680	负债及股东权益总计	2 000	1 680

表 6.2　利 润 表

编制单位：光明公司　　2010 年度　　单位：万元

项　　目	本年金额	上年金额
一、营业收入	3 000	2 850
减：营业成本	2 644	2 503
营业税金及附加	28	28
销售费用	22	20
管理费用	46	40
财务费用	110	96
资产减值损失	0	0
加：公允价值变动收益	0	0
投资收益	6	0
二、营业利润	156	163
加：营业外收入	45	72
减：营业外支出	1	0
三、利润总额	200	235
减：所得税费用	64	75
四、净利润	136	100

1. 偿债能力比率

（1）流动比率

流动比率是全部流动资产与流动负债的比值。其计算公式为

流动比率＝流动资产÷流动负债　（6-2）

根据光明公司的财务报表数据：

本年流动比率＝700÷300＝2.33

上年流动比率＝610÷220＝2.77

流动比率假设全部流动资产都可以用于偿还短期债务，表明每1元流动负债有多少流动资产作为偿债的保障。光明公司的流动比率降低了0.44（2.77－2.33），即为每1元流动负债提供的流动资产保障减少了0.44元。

流动比率是相对数，排除了企业规模不同的影响，更适合同业比较以及本企业不同历史时期的比较。流动比率的计算简单，得到广泛应用。

（2）资产负债率

资产负债率是负债总额占资产总额的百分比，其计算公式为

资产负债率＝（负债÷资产）×100%　（6-3）

根据光明公司的财务报表数据：

本年资产负债率＝（1 040÷2000）×100%＝52%

上年资产负债率＝（800÷1 680）×100%＝48%

资产负债率反映总资产中有多大比例是通过负债取得的。它可以衡量企业在清算时保护债权人利益的程度。资产负债率越低，企业偿债越有保证，贷款越安全。资产负债率还代表企业的举债能力。一个企业的资产负债率越低，举债越容易。如果资产负债率高到一定程度，没有人愿意提供贷款了，则表明企业的举债能力已经用尽。

2. 资产管理比率

资产管理比率是衡量公司资产管理效率的财务比率。常用的有：应收账款周转率、存货周转率、流动资产周转率和总资产周转率等。下面简单介绍两个比率。

（1）存货周转率

存货周转率是销售收入与存货的比值。也有三种计量方式，其计算公式为

存货周转次数＝销售收入÷存货　（6-4）

存货周转天数＝365÷（销售收入÷存货）　（6-5）

根据光明公司的财务报表数据：

本年存货周转天数＝365÷（3 000/119）＝14.5（天）

上年存货周转天数＝365÷（2 850/326）＝41.8（天）

（2）总资产周转率

总资产周转率是销售收入与总资产之间的比率。

总资产周转次数表示总资产在一年中周转的次数。其计算公式为

总资产周转次数（率）＝销售收入÷总资产　　(6-6)

例如，光明公司本年资产周转次数＝3 000/2 000＝1.5（次）

在销售利润率不变的条件下，周转的次数越多，形成的利润越多，所以它可以反映盈利能力。它也可以理解为1元资产投资所产生的销售额。产生的销售额越多，说明资产的使用和管理效率越高。习惯上，总资产周转次数又称为总资产周转率。

3. 盈利能力比率

（1）销售利润率

销售利润率是指净利润与销售收入的比率，通常用百分数表示，其计算公式为

销售利润率＝（净利润÷销售收入）×100%　　(6-7)

根据光明公司的财务报表数据：

本年销售利润率＝（136÷3 000）×100%＝4.5333%

上年销售利润率＝（160÷2 850）×100%＝5.6140%

变动＝4.53333%－5.6140%＝－1.0807%

“销售收入”是利润表的第一行数字，“净利润”是利润表的最后一行数字，两者相除可以概括企业的全部经营成果。它表明1元销售收入与其成本费用之间可以“挤”出来的净利润。该比率越大则企业的盈利能力越强。

（2）资产利润率

资产利润率是指净利润与总资产的比率，它反映公司从1元受托资产（不管资金来源）中得到的净利润。其计算公式为

资产利润率＝（净利润÷总资产）×100%　　(6-8)

根据光明公司的财务报表数据：

本年资产利润率＝（136÷2 000）×100%＝6.8%

上年资产利润率＝（160÷1 680）×100%＝9.5238%

变动＝6.8%－9.5238%＝－2.7238%

小　结

资金运动又称价值运动，是企业中以货币表现的经济活动。理论上，资金运动指的是资金的筹集、使用、耗费、回收和分配的循环与周转。资金运动的起点是资金来源，终点是资金运用形成的经营成果。

财务流程是指企业财务部门为实现财务会计目标而进行的一系列活动。它包含数据的采集、加工、存储和输出，是连接业务流程和管理流程的桥梁。财务流程的设计思想、数据采集效率、加工的正确性和有效性，将直接关系到企业管理活动的质量和效率。

成本分析是指利用成本核算资料及其他有关资料，全面分析成本水平及其变动情

况，研究影响成本升降的各个因素及其变动原因，寻找降低成本的途径。成本分析是成本管理的重要组成部分，通过成本分析可以正确认识和掌握成本变动的规律性，不断挖掘企业的内部潜力，降低产品成本，提高企业的经济效益；通过成本分析才可以对成本计划的执行情况进行有效的控制，对执行结果进行评价，肯定成绩，指出问题，揭示成本升降变动情况及其原因，为编制成本计划和制定经营决策提供重要依据。

成本控制是指运用以成本会计为主的各种方法，预定成本限额，按限额开支成本和费用，以实际成本和成本限额进行比较，衡量经营活动的成绩和效果，并以例外管理原则纠正不利差异，以提高工作效率，实现以至超过预期的成本限额。

财务效果分析是以会计核算和报表资料及其他相关资料为依据，采用一系列专门的分析技术和方法，对企业财务状况和经营成果进行分析与评价的经济管理活动。财务分析为企业的投资者、债权人、经营者及其他关心企业的组织或个人了解企业过去、评价企业现状、预测企业未来，做出正确决策提供准确的信息或依据的经济应用学科。

复习思考题

1．资产、负债和所有者权益的定义和特征是什么？这三者分别包括哪些内容？

2．对于企业管理人员来说，了解企业财务流程有什么意义？

3．什么是成本分析和成本控制？成本分析和控制的方法有哪些？

4．什么是财务分析？财务分析的标准有哪些？

案 例 分 析

成本分析的意义——惠普优化成本结构的举措

马克·赫德说“我们正在努力使成本结构更低”，说的是他作为CEO加盟惠普第一年所做的一项主要工作。他又说“公司仍然必须削减成本结构，从而更能赢利和增长”，说的是他两年后对惠普的成本结构还不满意。

惠普的竞争对手——联想的高级副总裁兼大中华区总裁陈绍鹏说：“联想的成本结构还不合理。为了提高运营效率，这是联想做出的艰难决定。”他指的是，2007年4月联想宣布的全球裁减1400名员工。

魏江雷，惠普品牌市场部总监，也谈成本结构。他说，惠普2005年对内部部门重新做了一些整合，优化架构、优化成本结构。

经理人挂在嘴边的成本结构，有两层含义。

其一，是企业经营总成本的构成，以及这些构成部分占总成本的比例。

比如，2006财年，惠普的总成本为850.98亿美元，其构成部分和比例是：产品成

本（552.48 亿美元，64.92%）、服务成本（139.30 亿美元，16.37%）、融资利息（2.49 亿美元，0.29%）、研究与开发（35.91 亿美元，4.22%）、销售行政及管理费（112.66 亿美元，13.24%）、分期偿还所收购的无形资产（6.04 亿美元，0.71%）、重组费用（1.58 亿美元，0.19%）、补偿给被收购企业的研究开发费（0.52 亿美元，0.06%）。

其二，是总成本占销售收入的比例。2006 财年，惠普的销售收入为 916.58 亿美元，这个比例则是 92.84%。

成本分析的意义何在？分析成本结构可以帮助经理人看清楚，在他管理的团队、业务、公司中，哪部分花的钱多了，哪部分少了。

如果你是马克·赫德，就需要看一看，产品成本超过了总成本的六成，是不是有点多了？能否提高生产效率，降低产品成本？销售行政及管理费位居第三位，是研究开发费的三倍，是不是有点多了？研究开发费是不是有点少了？

成本分析帮助经理人看清楚，实现 100 块钱（或者 1 块钱）的销售收入，需要投入多少钱的成本费用。比如惠普每实现 100 美元的销售收入，就得投入 93 美元，每 1 美元销售需要花费 93 美分来获得。

成本分析帮助经理人看清楚，自己与竞争对手有没有差距，差距在哪里。虽然从销售收入看，惠普 2006 财年一举超过了它的竞争对手 IBM，取代它成为世界上最大的信息技术公司，但是从成本结构看，它与 IBM 还有一定的差距。比如，IBM 的研究开发费用占总成本的 7.27%，几乎是惠普的两倍；IBM 每实现 1 美元的销售收入，花费 85 美分，比惠普少花 8 美分。

这正是马克·赫德“仍然必须削减成本结构”的原因。

（资料来源：http:// finance.chinabyte.com./253/1751753.shtm/）

讨论：

1. 成本分析对惠普的意义在哪里？
2. 成本分析应用在不同行业中要注意哪些方面？

第七章　生产过程组织与管理

教学目标

本章首先介绍企业生产系统及现代生产环境，在此基础上阐述生产过程组织、物料需求计划与制造资源计划、现场管理方法以及一种较为先进的生产方式——JIT，通过对生产过程组织及相关管理方法的学习，帮助我们更好地熟悉企业的管理模式与管理方法。

学习任务

通过这一章内容的学习，要达到以下几个目的：

- 了解企业生产系统及现代生产环境。
- 了解生产过程及生产类型。
- 掌握生产过程组织的基本内容与形式。
- 掌握MRP、MRPⅡ的原理，掌握ERP的概念和管理流程。
- 理解现场管理的概念、内容，理解"5S"管理、目视管理、定置管理等现场管理方法。
- 掌握JIT的概念及哲理，了解JIT生产体系结构，理解JIT生产实施的手段及JIT与看板的关系。

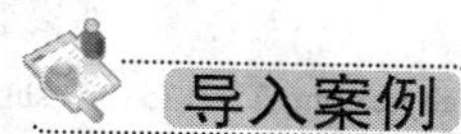

导入案例

Atlas Door公司的运作宗旨与竞争战略

Atlas Door是美国一个有10多年历史的公司。它的年平均增长率为15%，而这一行业的年增长率还不足5%。近几年，它的税前盈利率为20%，大约是这一行业平均值的5倍。它没有债务，在这10年内，其竞争实力居全行业之首。

它把自己定位为最后的供货商，即当大供货商不能交货或错过交货期时，那些经销商会来它这里订购。当然，由于这一行业有将近4个月的订货间隔期，因此必然一些求购电话打到Atlas。这时Atlas会报较高的价格，因为它能更快地交货。Atlas不仅产品售价高，而且它的基于时间的创新导致了产品成本较低，因此，这两方面对它都有利。

该公司的产品是工业用门，它的型号近乎无限，顾客可任选其宽度、高度及材料。由于型号的重要性，库存几乎是无用的；大多数门在刚订购后就能制造出来。

过去，该行业接到无现货或者是按顾客要求订做的订单时大约需4个月才能供货。该公司的战略优势是时间。它只需几周便可供应任何订货。它建立了订货记录、设计、制造和物流系统，保证信息和产品迅速可靠地流动。

首先，建立了准时化的工厂。这些从概念上看很简单，它们需要有预备的工具和设备以减少变换时间，按订购的产品来组织制造过程，安排好进度，以做到同时开始生产和完成所有的零部件。结果，对该公司完成供货起到关键作用的工厂，其运行时间才占产品交付周期的2.5周。

其次，缩短了系统前端即订货到达和对其组织加工这一阶段的时间。通常，当顾客、经销商或销售人员向一工业用门制造商询问有关价格和交货情况时，他们要等一个多星期才能得到答复。如果需要的门没有现货、没有做出安排或没有设计，甚至要等待更长的时间，迫使他们到别处订货。

Atlas 认识到了大大缩短系统中这部分时间的良机，他们先是简化程序，接着使整个订货记录、设计、定价和进度安排实现了自动化。今天，当顾客还在打电话时，Atlas 就能对95%的订货进行报价和做出安排。它能迅速地对新的特定订货进行设计，因为它将以前所有特定订货的设计及有关生产方面的资料存到了计算机中——这大大减少了必须重新设计的任务量。

再次，Atlas 严格地控制物流，以使所需的零配件及时无误地运至各工地。一批订货需要的零配件很多，要把它们汇集至工厂且确保没有差错是一个费时的工作。然而更费时的是一些零配件没有按时装运。Atlas 设计了一个可对每一订货所需的零配件进行跟踪的系统，保证它们都按时到达装运码头——一个准时化的物流运行系统。

在短短的10年里，Atlas 成了全国80%的经销商的最大工业用门供应商。有了这一战略优势，该公司对经销商就有了选择性，它仅对实力最强的经销商送货上门。继这一间接冲击之后，原有的竞争对手并没能有效地做出反应。反应上的迟缓只能使 Atlas 遥遥领先。

（资料来源：http://www.delsongolf.com/wangzhanyunying/20100331/yzmi2zr2ng51754301281.html）

讨论：

1. Atlas 采取了哪些关键措施使其获得竞争优势？
2. Atlas 这种管理思想与传统的生产管理思想有何不同？

第一节　生产环境概况

一、生产与企业生产系统

工业企业的基本任务是为社会提供工业产品或劳务，同时取得良好的经济效益和社会效益。企业要完成基本任务就必须进行一系列生产经营活动，包括生产活动、制定经营方针和目标、技术活动、供应活动、销售活动、财务活动。

所谓生产，就是人类为了生存与发展所从事的基本活动，即人们利用资源创造产品或服务的制造活动。这是一个将输入转化为输出的过程，生产活动在将生产要素转化为有形和无形生产财富的过程中增加附加价值。生产要素就是投入生产过程的各种生产资源，包括生产对象（如生产原材料）、生产手段（如设计、制造技术）、劳动力和生产信息。狭义的生产一般指企业中各种产品的制造活动，广义的生产还包括银行、医院、学校等社会组织的服务活动。

生产要素的输入、转化、输出，生产过程的反馈控制，以及企业内外部环境，共同构成了企业的生产系统，如图 7.1 所示。

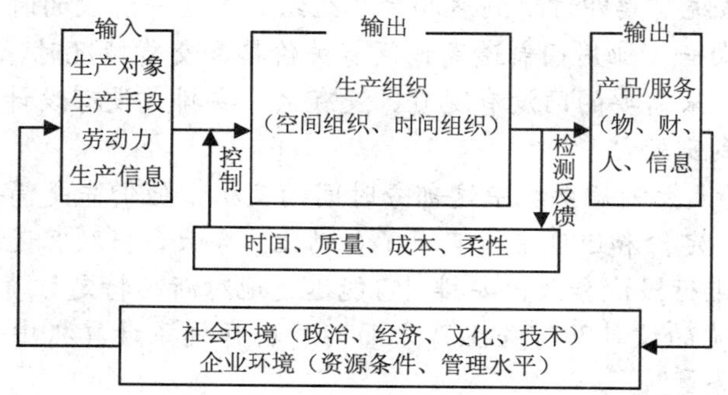

图 7.1　企业生产系统示意图

企业生产系统是一个由人、财、物、信息等基本要素构成的有机整体，由输入、转化、输出和反馈控制四个部分组成，它不仅接受各种生产要素的输入、转化，同时接受反馈机制的调整与控制，以保证输出的有效与转化过程的经济。生产系统的功能是将生产各环节相互联系的生产要素转换为社会财富。企业生产经营管理就是对企业投入、转换、产出全过程的筹划与管理。企业生产系统是一个开放的系统，系统的运作受到环境的随机干扰，系统本身有适应环境的应变能力。

企业进行的各种生产经营活动与企业所处的环境息息相关，企业需要快速适应企业内外部环境的变化，形成核心竞争力，才能在市场竞争中生存与发展。

二、现代生产环境

随着人类社会进入新经济时代，计算机技术和网络通信技术以惊人的速度发展，对企业的生产经营活动及企业外部的市场竞争环境产生了巨大影响，改变了企业经营管理的方式和市场竞争模式，形成了以市场需求为导向、以信息技术为支撑、以计算机网络为平台、以人为本的信息化生产环境。

现代生产环境具有以下几个特征。

1）计算机技术和网络通信技术普遍应用于企业生产经营活动中，实现信息化生产。企业依赖于各种信息系统平台和软件工具，应用网络通信技术、研发制造技术及各种信息管理技术进行企业规划、设计、生产、销售等经营管理活动，实施企业网络化、数字化、柔性化、敏捷化和标准化经营生产方式。

2）技术革新的步伐急剧加速。各种信息技术飞速发展，更新换代的速度越来越快，信息技术的生命周期越来越短，对企业的管理模式调整和技术环境适应能力提出了更严峻的挑战。

3）市场需求动态多变。顾客在买卖市场上的主导地位日益突出，对产品多样化、

个性化的需求越来越强烈，顾客买方市场特征显著。同时顾客依赖于网络拥有更多的比较和选择机会，使市场需求变得更难以预测。市场环境的瞬息变化对企业的市场响应能力提出了更高的要求。

4）产品寿命越来越短。随着市场需求的多样化、个性化发展，以及信息技术的不断更新，产品的品种越来越多，新老产品更替的速度越来越快。

5）顾客对企业的服务水平提出更高的要求。从产品质量、产品性能、产品交货期到服务态度，在各方面要求企业满足其需要。

6）竞争全球化、白热化。信息技术和网络通信技术的普遍应用加速了竞争的全球化和白热化，信息技术应用越普遍、网络通信平台越完善的地区，竞争越激烈。

新经济时代，企业处于一个瞬息万变、充满竞争的环境，优胜劣汰的规则在企业竞争中尤为突出。现代生产环境要求企业必须加强企业信息化建设，不断更新管理理念，推行新管理方法。提高市场的响应能力及生产环境的适应能力是企业生存与发展的必然要求。

阅　读　资　料

知识经济时代，人们的需求日新月异，产品更新换代的周期越来越短，多样化、个性化的市场已经形成。快速满足用户多样化、个性化需求的能力是企业在全球激烈的市场竞争环境中制胜的根本。这使企业生产的产品向多品种、小批量、多批次、短周期方向发展，导致了产品实现过程的复杂度和多变性，带来了企业生产模式变革。

纵观制造工业发展史，共经历了三次生产模式的转变：单件小批量生产替代手工作坊式生产模式；大规模定制生产替代单件小批量生产模式；多品种小批量柔性生产替代大规模定制生产模式。大量生产模式被现代多种少量生产模式替代过程中，出现了一系列基于柔性生产模式的先进制造技术与管理方法，主要有：成组技术（GT）、独立制造岛（AMT）、计算机集成制造系统（CIMS）、智能制造（IMS）、精益生产（LP）、虚拟制造（VM）、敏捷制造（AM）、制造资源计划（MRPⅡ）和企业资源计划（ERP）等。

（资料来源：http://www.1mfg.com/1mfg/control?dogo=StoryAff.show&id=2139）

第二节　生产过程类型、内容与组织形式

一、生产过程

（一）生产过程的概念及组成

生产管理的对象是生产过程。生产过程是指围绕完成产品生产和服务输出的一系列

有组织的生产活动的运行过程。生产过程有狭义和广义之分。狭义的生产过程是指产品生产过程，即原材料投入到成品产出的全过程。广义的生产过程是指企业生产过程或社会生产过程。企业生产过程是基本生产、辅助生产、生产技术准备和生产服务等企业范围内各种生产活动协调配合的运行过程。社会生产过程是指从原材料开采到冶炼、加工、运输、储存，在全社会范围内各行各业分工协作制造产品的运行过程。

1. 产品生产过程

产品生产过程由一系列生产环节所组成，一般包含加工制造过程、检验过程、运输过程和停歇过程等。

（1）产品生产过程的组成

从工艺角度分析，产品生产过程是由基本工艺过程、辅助工艺过程和非工艺过程等几部分组成。

基本工艺过程是改变劳动对象的几何形状、尺寸、精度、物理化学性能和组合关系的加工制造过程。有一些产品的基本工艺过程中还包含自然过程。所谓自然过程，是指借助于自然力的作用，使劳动对象完成所需的某种物理化学变化过程，如酿酒生产中的发酵过程。此外，还包括自然冷却、自然干燥、自然时效等自然处理过程。

辅助工艺过程是为保证基本工艺过程顺利实现而进行的一系列辅助性工作，如工件装卡、设备调整试车、理化检验、计量工作等。非工艺过程是指生产过程中的运输过程、库存储备过程和停歇过程等。不论由于何种原因造成的产品生产过程的中断，均属停歇过程。

（2）产品生产过程的基本形式

根据行业特点、产品结构和工艺特点，产品生产过程可分为两种基本形式。

1）流程式生产过程。流程式生产过程是指原材料通过一系列化学处理或者物理处理，成为产品的过程。这种流程式还可进一步分为综合流程式和分解流程式。综合流程式是集合各种不同的半成品，共同制成一种产品的生产过程，如冶金、纺织、化工、造纸等工业；分解流程式是将原材料分解成各种产品的过程，如炼油、焦化、制糖等工业。

2）加工装配式生产过程。加工装配式生产过程指原材料加工成零件，再将零件装配成部件，最后将零部件集合在一起总装成产品的过程，如汽车、机床、无线电等工业。生产过程形式中，加工装配式生产过程最为复杂，在生产管理中也最具有代表性，本书研究中的生产过程大都以此为例。

2. 企业生产过程

根据承担的任务不同，企业的生产过程可划分为生产技术准备过程、基本生产过程、辅助生产过程、生产服务过程和附属生产过程。

1）生产技术准备过程：指企业为了制造新产品或改进老产品，在投入生产前进行的一系列准备工作过程。主要包括产品设计、工艺设计、工艺装备的设计与制造、新产品的试制与鉴定、材料与工时定额的制定、生产组织的调整等工作。

2）基本生产过程：指直接改变劳动对象的物理和化学性质，使之成为企业主要产

品的过程，如机械制造企业的毛胚生产、零件加工、部件和整机装配过程，钢铁企业的炼铁、炼钢、轧钢过程，纺织企业的纺纱、织布、印染过程。

3）辅助生产过程：指为了保证基本生产过程的正常进行所从事的各种辅助性生产活动过程。一般表现为产品或劳务直接为基本生产过程服务，如企业所需动力的生产和供应、工模夹具的制造及设备的维修等。

4）生产服务过程：指为基本生产和辅助生产所进行的各种生产服务活动的过程。例如，原材料、半成品、工具的供应、保管、运输、配套和试验等过程，都属于生产服务过程。

5）附属生产过程：是指利用企业生产主导产品的边角余料和其他资源，生产市场需要的不属于企业专业方向的产品的生产过程，如飞机厂利用边角余料生产铝制日用品的过程。

生产过程的各组成部分既相互区别又密切联系。其中基本生产过程是主要的组成部分，生产技术准备是必要前提，辅助生产过程和生产服务过程都是围绕基本生产过程进行并为基本生产过程服务。附属生产过程与基本生产过程是相对的，根据市场需要，企业的附属生产产品也可能转化为企业的主导产品。

（二）组织生产过程的基本要求

组织生产过程是指以最佳的方式将各种生产要素结合起来，对生产的各个阶段、环节、工序进行合理的安排，使其形成一个协调的系统。具体来说就是对生产过程中的劳动者、劳动工具、劳动对象以及生产过程的各个环节、阶段、工序的合理安排，使之在空间上衔接，时间上紧密配合，形成一个协调的产品生产系统。它的基本任务是保证产品制造的流程最短、时间最少、耗费最省，并按照计划规定的产品品种、质量、数量、期限等生产出社会需要的产品。合理组织生产过程要满足以下要求。

1. 传统意义上的要求

（1）连续性

生产过程的连续性包括空间上的连续性和时间上的连续性。空间上的连续性是要求生产过程的各个环节在空间布置上合理紧凑，使加工对象所经历的生产流程路线短，没有迂回往返现象。时间上的连续性是指生产对象在加工过程各工序的安排上紧密衔接，消除生产中断和不应有的停顿、等待现象。提高生产过程的连续性，可以缩短产品生产周期、减少在制品数量，加速资金周转，同时能更充分地利用物资、设备和生产面积。

（2）比例性

生产过程的比例性是指生产过程各阶段、各工序之间在生产能力上要保持一定的比例关系，以适应产品生产的要求。这表现在各个生产环节的工人人数、设备数量、生产速率、开动班次等，都必须互相协调配套。比例性是保证生产连续性的前提，并有利于充分利用企业的设备、生产面积、人力和资金。

（3）均衡性

生产过程的均衡性是要求生产过程的各个基本环节和各工序在相同的时间间隔内，

生产相同或稳定递增数量的产品，每个工作地的负荷经常保持均匀，未出现前松后紧，或时紧时松的现象，保持有节奏的均衡生产，也称生产过程的节奏性。均衡性特点是连续性和比例性特点所决定的。生产不均衡会造成忙闲不均，既浪费资源，又不能保证质量，还容易引发设备、人身事故。

（4）平行性

生产过程的平行性是指物料在生产过程中实行平行交叉作业。平行作业是指相同的零件同时在数台相同的机器上加工。交叉作业是指同一批零件在上道工序还未加工完成时，将已完成的部分零件转到下道工序加工。即生产过程的各工艺阶段、各工序在时间上实行平行作业，产品各零部件的生产能在不同空间进行。平行交叉作业可以大大缩短产品的生产周期。平行性是生产过程连续性的前提。

（5）适应性

生产过程的适应性是指企业的生产组织形式要灵活多变，能根据市场需求的变化及时调整和组织生产。由于科学技术的迅猛发展，产品更新换代的速度加快，市场对新产品的需求也日新月异，促使企业必须不断开发新产品和更新品种，以适应市场的需求。市场竞争环境要求企业的生产要有很强的市场适应性和应变能力。

2. 现代意义上的要求

1）数字化。计算机技术和网络通信技术在生产经营中的应用要求生产的各环节实现计算机操作与控制管理，以提高企业生产系统各部分的协调运作，取得系统运作效率最高。

2）精确化。通过各种信息系统和软件控制，保证决策信息的充分性与可靠性，提高决策效率，保证生产系统中采购、库存、销售信息的准确性与完整性，使零部件在生产过程中以最准确的时间、最准确的数量到达最准确的位置，实现高效生产。

3）自动化。自动化是提高生产效率和集约化程度的重要途径。自动化有效增加单位时间的产出量，生产状态稳定、工作质量提高、减少物料消耗。自动化生产是现代生产的必然要求。

4）柔性化。市场竞争要求企业生产系统在极短的时间内以最小的代价从一种产品的生产转换到另一种产品的生产，满足多变的市场需求。企业不仅需要保持产品加工制造的可变性、可调节性，还要提高服务、运输、库存等方面的灵活性及便捷性。

5）人性化。信息技术的发展使传统的以技术为中心的经营管理理念已经向以人为中心转变，知识成为企业最重要的资本，有知识、有技能、有创造力的员工成为企业最有力的竞争利器。保证员工的安全，满足员工的需要，人本管理成为现代生产过程组织的基本要求。

二、生产类型

生产类型是企业根据产品结构、生产方法、设备条件、生产规模和专业化程度等方面的情况，按照一定的标志进行的分类。生产类型是决定生产过程组织的重要因素，是

生产系统设计和生产系统管理首先要明确的重要问题。为了更好地研究和组织企业的生产过程，需要对企业的生产类型进行划分与确定。

按生产系统输出物的性质，可以将生产分为制造性生产和服务性生产。

1. 制造性生产

制造性生产是通过物理或化学作用将有形输入转为有形输出的过程，如汽车制造，钢铁冶炼和石油化工等。常见的制造性生产类型划分主要从生产工艺特征、接受生产任务方式、生产的重复程度三方面进行。

（1）按生产工艺特征划分

按生产工艺特征，制造性生产可分为流程型生产与离散型生产。流程型生产是指物料均匀、连续地按一定工艺顺序移动，并不断改变形态和性能，最后形成产品的生产，炼油、化工、冶金、造纸等都属于流程型生产。流程型生产一般生产设施地理位置集中，生产过程自动化程度高，生产协作与协调任务较少。离散型生产也称加工装配型生产，是一个个单独的零部件组成最终成品的生产方式。这种生产方式使产品的零部件可以在不同地区甚至在不同国家生产。离散型生产企业在我国分布的行业较广，如机械加工、仪表仪器、汽车、船舶、家具、五金、医疗设备、服装、玩具等。

流程型生产与加工装配型生产在产品市场特征、生产设备、原材料等方面有着不同的特点，如表 7.1 所示。

表 7.1　流程型生产与加工装配型生产的特征

特　　征	流程型生产	加工装配型生产
产品品种数	较少	较多
产品差别	有较多标准产品	有较多用户要求的产品
营销特点	依靠产品的价格与可获性	依靠产品的特点
资本/劳力/材料密集	资本密集	劳动力、材料密集
自动化程度	较高	较低
对设备可靠性的要求	高	较低
维修的性质	停产检修	多数为局部修理
原材料品种数	较少	较多
在制品库存	较低	较高
副产品	较多	较少

（2）按接受生产任务方式划分

按接受生产任务方式，制造性生产可分为备货型生产（make to stock，MTS）和订货型生产（make to order，MTO）两种。流程型生产一般为备货型生产，加工装配型生产既有备货型又有订货型。备货型生产是指按已有的标准产品或产品系列进行的生产，生产的直接目的是补充成品库存，通过维持一定量成品库存来满足顾客的需要。例如，流程型生产中的化肥、炼油及加工装配型生产中的轴承、紧固件等都属于备货型生产，服务业的快餐也属于备货型生产。订货型生产是指按顾客订单进行的生产，生产的是顾客所要求的特定产品，没有订单就不组织生产。顾客对产品提出产品性能、外观等要求，经过协商以协议或合同的形式确认产品的性能、质量、数量和交货期等要求后，组织设计与生产。例如，锅炉和船舶等属于订货型生产。

备货型生产与订货型生产的特征在产品、交货期、设备、人员等方面有不同的特征，如表 7.2 所示。

表 7.2　备货型生产与订货型生产的特征

项　目	备货型生产（MTS）	订货型生产（MTO）
产品	标准产品	按顾客要求生产，无标准产品
对产品的需求	可以预测	难以预测
价格	事先确定	难以预测
交货期	不重要，由成品库随时供货	很重要，订货时决定
设备	多采用专用高效设备	多采用通用设备
人员	专业化人员	多种操作技能人员

（3）按生产的重复程度划分

按生产的重复程度，制造性生产可分为单件生产、批量生产和大量生产。单件生产是根据用户的特定要求组织生产或服务，如船舶制造、医疗保健等。批量生产是产品品种较多、产量较大、若干种产品成批轮番生产，一批相同零件加工结束后调整设备和工装再加工另一批零件，如家用电器生产。大量生产则是大批量生产一种或少数几种标准化产品，如福特 T 型车生产。实际生活中，绝对的单件生产和大量生产较为少见，更多的是批量生产。批量生产又可细分为单件小批量生产、中批生产和大批生产。各生产类型有不同的技术经济特性，表 7.3 为常见生产类型的技术经济特性。

表 7.3　常见生产类型的技术经济特性

项　目	大量生产	批量生产
产品种类	在一定时间内，固定生产某一种或少数几种产品	产品品种有数十种以上
工作的专业化程度	每个工作地固定完成 1～2 种零件或工序，专业化程度高	每个工作地定期轮番生产，每个工作地专业化程度不高
设备及其布置	采用专用设备，设备按产品工艺过程布置	一部分设备按机群式布置，一部分设备按工艺过程布置
工艺装备	采用专用工装	主要为通用工装，部分采用专用工装
生产对象移动方式	平行移动，少数用平行顺序移动	平行顺序移动
工艺过程的拟定	详细按每道工序拟定零件的加工工艺，制定工序卡片	零件制定加工工艺，编制工艺过程卡
产品周期	短	较长
作业的弹性程度	小	较大
生产管理的重点	作业标准的制定	生产批量的制定，产品更换的生产准备工作

续表

项　　目	大量生产	批量生产
产品生产的效率	高	较高
生产成本	低	较高

2. 服务性生产

服务性生产又称非制造性生产，其基本特征是不制造有形产品，有时提供实现服务必需的有形产品。服务行业多为服务性生产。

按照是否提供有形产品可将服务性生产分为纯劳务服务和一般劳务服务。纯劳务服务不提供任何有形产品，如咨询、法庭辩护、指导与讲课等。一般劳务服务则提供有形产品，如批发、零售、邮政、运输和图书馆书刊借阅等。

按顾客是否参与也可将服务性生产分为顾客参与的服务性生产和顾客不参与的服务性生产。顾客参与的服务性生产如保健、客运、学校和娱乐中心。顾客不参与的服务性生产如修理、邮政和货运等。

按学者多洛斯·瑞斗（Dororthy Riddle）的观点，服务性生产可分为：商业服务（如咨询、金融、银行）、贸易服务（如零售业、维修和保养业等）、基础设施服务（如通信业、运输业等）、社会或个人服务（如餐饮业、保健业等）及公共管理（如教育、政府等）。

不同的服务类型有不同的运作规律，服务性生产的分类有助于进一步深入研究不同服务类型的内在运作规律。服务性生产的管理与制造性生产的管理有很大不同，不能把制造性生产的管理方法简单搬到服务业中。与制造性生产相比，服务性生产有以下几个特点：

1）服务的产出是无形的、不可储存的。对于服务而言，服务过程就是产品。

2）有顾客参与，顾客作为服务系统的输入，服务人员与顾客直接接触。

3）生产率难以确定。

4）质量标准难以建立。

5）服务管理具有服务运作和服务营销双重职能。

6）有形的产品和无形的服务很难区分，产品往往伴随有服务，服务的同时有产品的提供。

三、生产过程组织的基本内容

生产过程组织包括生产过程的空间组织和时间组织两方面内容。

（一）生产过程的空间组织

所谓生产过程的空间组织，就是合理地确定劳动对象在空间的运动形式，以及劳动对象与劳动工具和劳动者的结合方式。生产过程的空间组织主要是研究企业内部怎样划分和设置生产单位的问题。

1. 企业生产单位的组成

企业生产单位的组成与企业生产过程相适应。一般来说，企业为实现生产过程，在企业内部设置下列有关生产单位和部门：

1）生产技术准备部门：为基本生产和辅助生产提供产品设计、工艺设计、工艺装备设计、非标准设备设计等技术文件，并负责新产品试制工作的生产单位，包括研究所、设计科、工艺科、工具科和试制车间等。

2）基本生产部门：直接从事企业基本产品生产，实现企业基本生产过程的生产单位。对于机械制造企业来说，一般包括准备车间、加工车间、装配车间。

3）辅助生产部门：实现辅助生产过程，为基本生产提供产品与劳务的生产单位。包括各种辅助生产车间（如工具车间、模型车间、机修车间和电修车间等）和动力部门（热电站、压缩空气站、煤气站、氧气站、锅炉房和变电所等）。

4）生产服务部门：为基本生产和辅助生产服务的单位，包括运输部门（机车队、汽车队、装卸队等）和仓库（材料库、工具库、成品库、半成品库等）。

除设置以上四方面生产单位和部门外，有的企业还设置附属与副业生产部门。附属生产部门是为基本生产或辅助生产部门提供辅助材料的生产部门；副业生产部门是利用企业的废料、边角余料作材料制造产品的生产部门。

企业生产单位的组成是否合理，对企业管理工作的水平和企业生产经营活动的成果有很大影响。企业的产品方向、生产专业化协作程度、企业的生产规模以及产品结构与工艺特点，直接影响企业生产单位的组成模式。

2. 企业生产单位的专业化组织形式

企业生产单位的组织形式是指设置企业生产单位所采取的专业化形式或专业化原则。生产单位专业化原则主要有工艺专业化原则和对象专业化原则。与此相适应，有两种生产单位的专业化组织形式。正确选择生产单位的专业化组织形式，是企业生产过程空间组织的一项重要内容，它决定着工艺过程的流向及材料、在制品在厂内的运输路线和运输量，影响着企业生产的经济效果。

（1）工艺专业化形式

工艺专业化形式也叫工艺原则，是按生产过程各个工艺阶段的工艺性质来设置生产单位的一种形式，如图 7.2 所示。在工艺专业化的生产单位内，集中着同种类型的设备

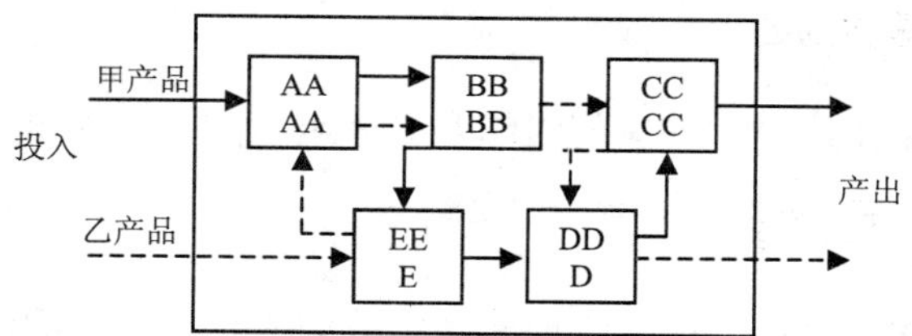

（A、B、C、D、E 为不同类型的设备，—→ 为甲产品路线，- - → 为乙产品路线）

图 7.2 工艺专业化形式

和相同工种的工人，每一个生产单位只完成同种工艺方法或同种功能的加工，如机械制造企业中的热处理车间、机加工车间和车床组等。

由于将同类的工艺设备和相同的工艺加工方法集中在一起，使工艺专业化具有如下优点：

1）产品制造顺序有一定的弹性，能较好地适应产品品种变化的要求。

2）有利于提高设备的利用率，生产系统的可靠性较高。

3）工人固定操作某一种设备，有利于提高专业技能。

4）工艺及设备管理较方便。

但工艺专业化的生产单位不能独立完成产品（或部件）的全部加工任务，一件产品必须通过许多生产单位才能完成，这就造成了工艺专业化的如下缺点：

1）产品在加工过程中运输次数多，运输路线长。

2）产品在加工过程中停放、等待的时间增多，延长了生产周期，增加了在制品，占用了资金。

3）各生产单位之间的协作往来频繁，使生产作业计划管理、在制品管理及产品的成套性工作比较复杂。

4）有时只能使用通用机床和工艺装备，生产效率低。

（2）对象专业化形式

对象专业化也叫对象原则，是以产品为对象来设置生产单位的一种形式，如图 7.3 所示。在专业对象化的生产单位内，集中了为制造某种产品所需要的不同类型的生产设备和不同工种的工人，对其所负责的产品进行不同工艺方法的加工。每一个生产单位基本上能独立完成该种产品的全部或大部分工艺过程。由于工艺过程是封闭的，也叫封闭式生产单位。封闭式生产单位有两种主要形式，一是以产品或部件为对象，将大部分加工装配等工艺过程封闭在一个生产单位里，如汽车制造厂的发动机车间；二是以同类零件为对象，将下料、加工、检验等工艺过程封闭在一个生产单位里，如机床厂的齿轮车间等。

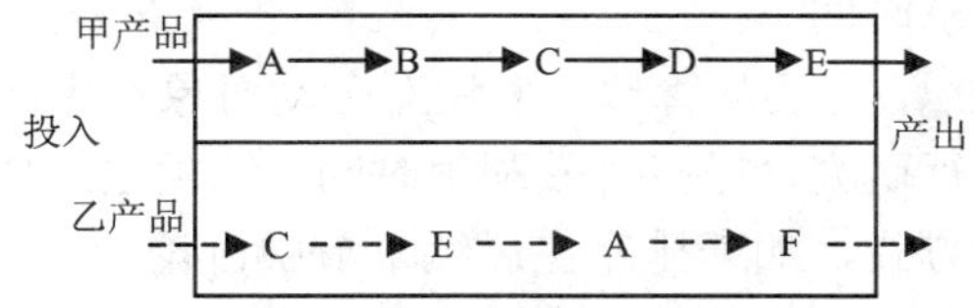

（A、B、C、D、E 为不同类型的设备，——▶ 为甲产品路线，---▶ 为乙产品路线）

图 7.3　对象专业化形式

按照对象专业化形式组织生产单位的优点如下：

1）可以大大缩短产品在加工过程中的运输路线，减少运输次数和仓库及生产面积的占用。

2）可以减少产品在加工过程中的停放、等候时间，缩短生产周期，减少在制品库存，节约资金。

3）便于采用专用高效设备和工艺装备以及先进的生产组织形式。

4）减少了生产单位之间的协作联系，简化生产作业计划工作和生产控制工作。

5）有利于按期、按量、成套地生产出产品，强化质量责任和成本责任。

对象专业化形式的缺点如下：

1）对品种变化适应性差，一旦品种改变，很难作出相应的调整。

2）生产单位内加工工艺方法多，不便于对工艺进行专业化管理和指导。

3）当产量不够大时，会出现生产面积和设备能力不能充分利用的情况。因此，对象专业化适合于企业的专业方向确定，产品的结构、产量、品种比较稳定，工种和设备比较齐全配套的大量大批或成批生产类型。

在实际生产过程的组织中，上述两种专业化形式往往是结合起来应用的，以取两者的优点：

1）在对象专业化形式基础上采用工艺专业化形式，如锅炉厂的铸造车间。

2）在工艺专业化形式基础上采用对象专业化形式，如铸造厂的箱体造型工段。

（二）生产过程的时间组织

生产过程的时间组织，主要是研究劳动对象在生产过程中各生产单位之间、各道工序之间在时间上衔接和结合的方式。其内容包括：研究产品生产过程的时间构成；研究缩短产品生产周期的途径；研究批量零件在加工过程中的移动方式，以及各种零件的加工排序等问题。

产品的生产周期是从原材料投入到成品验收入库整个过程所经过的日历时间。其中包括有效时间和停歇时间，有效时间又包括劳动过程时间（工艺工序、运输和检验时间）和自然过程时间，停歇时间包括必要的停歇时间（工艺、工序之间的等待、休息与生理需要时间）和不必要的停歇时间（管理缺欠造成的停工、返工时间浪费）。缩短产品生产周期的途径，主要从技术和管理两个方面着手。在技术方面，改进产品设计、采用先进工艺，提高技术水平；在管理方面，重点是改进工作方法，提高组织管理水平，降低等待时间，消除不必要的停歇时间。

进行生产过程的时间组织，主要从管理方面针对劳动对象在生产过程中的移动方式和多品种的加工排序问题进行研究，寻找有效利用时间、缩短生产周期的方法。本节重点讨论零件在工序间的移动方式，加工排序在后续章节中讨论。

零件在工序间的移动方式是指零件从一个工作地到另一个工作地之间的运送方式。移动方式与加工零件的数量有关，加工零件只有一件时，零件顺序地在各道工序上加工。如果是加工一批相同的零件，可以有三种移动方式。

1. 顺序移动方式

顺序移动的特点是每批零件只有在前道工序全部加工完毕后，才整批地转送到下道工序进行加工，即加工对象在各工序之间是整批移动的，如图 7.4 所示。

在不考虑各工序之间的运输、检验和等待加工等所停歇的时间时，该批零件的加工周期为

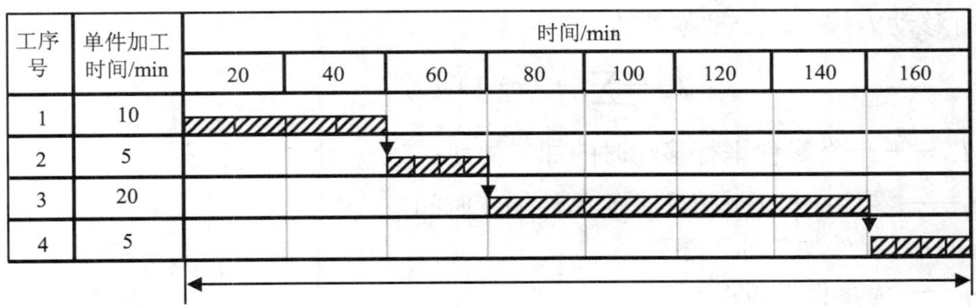

图 7.4　顺序移动方式

$$T_{顺}=n(t_1+t_2+\cdots+t_n)=n\sum_{i=1}^{m}t_i \tag{7-1}$$

式中：$T_{顺}$——一批零件顺序移动方式下的加工周期；

n——零件批量；

t_i——零件在第 i 道工序上的单件工时；

m——零件加工的工序数目。

例如，已知 $n=4$，$t_1=10\text{min}$，$t_2=5\text{min}$，$t_3=20\text{min}$，$t_4=5\text{min}$，求 $T_{顺}$。

将数据代入公式，得加工周期

$$T_{顺}=n\sum_{i=1}^{m}t_i=4\times(10+5+20+5)=160\ (\text{min})$$

采用顺序移动方式时，由于一批零件在各道工序上集中加工和运送，设备没有停歇，减少了设备的调整时间和运输的次数，生产组织工作简单。但是每个零件都有等待加工和等待运输时间，导致工艺加工周期长，资金周转慢。这种移动方式适合于批量不大和工序时间较短的零件加工。

2. 平行移动方式

平行移动方式的特点是：每个零件在前道工序加工完毕后，就立即转移到下一道工序继续加工，形成一批零件中的各个零件同时在各道工序上平行地进行加工，如图 7.5 所示。

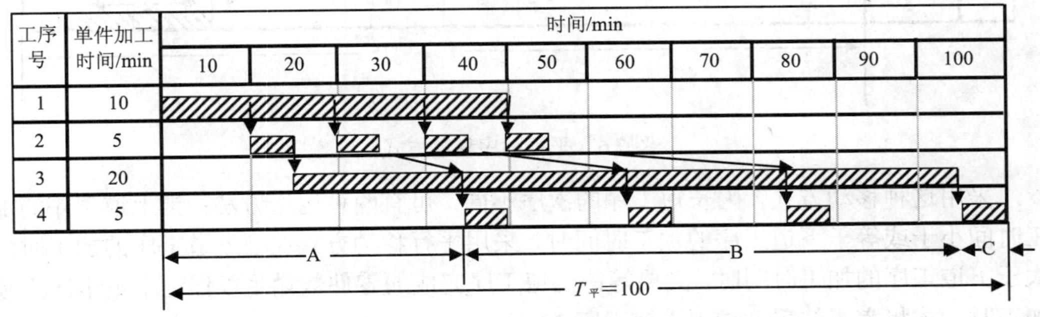

图 7.5　平行移动方式

平行移动方式中，一批零件的加工周期为

$$T_{平}=\sum_{i=1}^{m}t_i+(n-1)t_L \tag{7-2}$$

式中：$T_{平}$——一批零件平行移动时的加工周期；

t_i——零件在第 i 道工序上的单件加工时间；

m——零件加工的工序数；

n——为零件批量；

t_L——最长的单件工序时间。

将图 7.5 中数据代入公式，得加工周期为

$$T_{平}=\sum_{i=1}^{m}t_i+(n-1)t_L=(10+5+20+5)+(4-1)\times 20=100\ (\text{min})$$

采用平行移动方式时，零件是逐个地移动，不会出现零件成批等待现象，可以大大减少停歇时间，所以整批零件的加工周期最短。但由于前后工序的加工时间不等，会出现零件等待加工和设备停工待料的现象，使人力和设备得不到充分利用。另外，采用平行移动方式，零件运送频繁，加大了运输工作量。这种移动方式常用于大批量流水生产及任务十分紧急的情况。

3. 平行顺序移动方式

平行顺序移动方式的特点是既考虑了相邻工序上加工时间的尽量重合，又保持了该批零件在工序上的顺序加工。一批零件在前一道工序全部加工完毕前，把已经加工完的部分零件转送到后一道工序进行加工，并保证下道工序能连续地全部加工完整批零件，如图 7.6 所示。

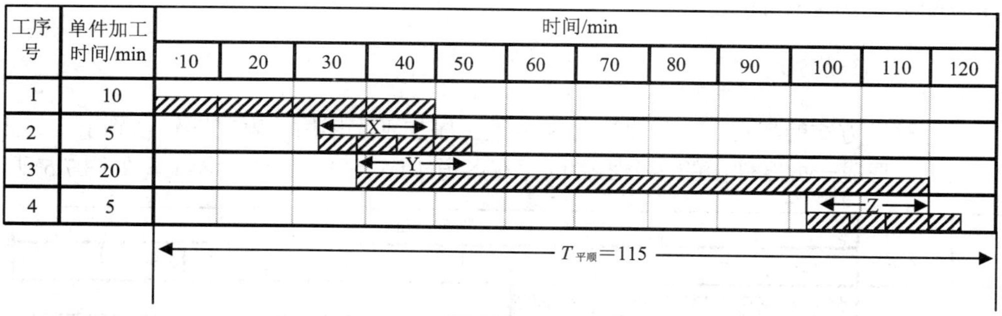

工序号	单件加工时间/min	时间/min											
		10	20	30	40	50	60	70	80	90	100	110	120
1	10												
2	5				X								
3	20				Y								
4	5											Z	

$T_{平顺}=115$

图 7.6　平行顺序移动方式

采用这种移动方式，因长短工序的次序不同，可有两种运送方法：当上道工序的加工时间小于或等于下道工序的加工时间时，采用平行移动方式；当上道工序的加工时间大于下道工序的加工时间时，则要等待上道工序完成的零件数量足以保证下道工序连续加工时，才将完工的零件送到下道工序去加工。

平行顺序移动方式下的一批零件加工周期，可以用顺序移动方式下的加工周期减去

相邻两工序重合部分的时间得到。所有相邻工序加工时间的重合交叉部分，都是该批零件数量减 1，再乘以相邻两工序中加工时间较短的工序加工时间。若用 t_{iS} 表示相邻两个工序中加工时间较短的工序的加工时间，则平行顺序下一批零件的加工周期为

$$T_{平顺}=n\sum_{i=1}^{m}t_i-(X+Y+Z)=n\sum_{i=1}^{m}t_i-(n-1)\sum_{i=1}^{m-1}t_{iS} \tag{7-3}$$

式中：$T_{平顺}$——一批零件平行顺序移动时的加工周期；

n——该批零件的数量；

m——零件加工的工序数；

t_i——零件在第 i 道工序上的单件加工时间。

图 7.6 中的该批零件加工周期为：

$$\begin{aligned}T_{平顺}&=n\sum_{i=1}^{m}t_i-(X+Y+Z)\\&=n\sum_{i=1}^{m}t_i-[(n-1)t_2+(n-1)t_2+(n-1)t_4]\\&=n\sum_{i=1}^{m}t_i-(n-1)(t_2+t_2+t_4)\\&=4\times(10+5+20+5)-(4-1)\times(5+5+5)=115(\text{min})\end{aligned}$$

平行顺序移动方式吸取了前两种移动方式的优点，消除了设备在加工过程中的间断现象，保证了人力和设备的充分负荷，适当缩短了零件的加工周期。不足的是生产组织比较复杂，不易掌握运送规律。一般在工序的单件工时不相等的情况下，采用这种方式可取得较好的效果。

综合以上三种移动方式，平行移动方式的加工周期最短，平行顺序移动方式次之，顺序移动的加工周期最长。在具体应用时，还需根据企业的具体情况考虑以下因素：

1）企业的生产类型。在大批量生产条件下，生产单位一般都是按产品专业化来组织，运输距离短，宜采用平行移动或平行顺序移动方式，特别是组织流水生产时应该采用平行移动方式。在单件小批量生产条件下，生产单位一般按照工艺专业化来组织，因为同一品种零件数量少、运输路线较长而往返交叉，所以适于采用顺序移动方式，以减少运输工作量，并且由于数量少，等待的时间也不长。

2）生产单位的专业化原则。按照对象专业化原则组织的生产单位，由于工作地是按照产品的工艺过程排序的，适用采取平行移动或者平行顺序移动方式；按工艺专业化原则组织的生产单位，由于考虑的运输条件的限制，宜采用顺序移动方式。

3）零件的重量及工序劳动量。零件重量轻，价值低，工序时间又短，宜采用顺序移动方式，这样有利于批量运输，节约运输费用；如果零件重量大，价值高，工序时间长，工序劳动量大，且需要逐件地进行加工，则宜采用平行移动或平行顺序移动方式。

4）调整设备所需劳动量。如果改变劳动对象时，调整设备的劳动量大，应考虑采用顺序移动方式；如果调整设备的劳动量小，则应考虑平行移动或平行顺序移动方式。

5）生产任务的缓急程度。如果生产任务较急，应采用平行移动方式；如果生产任

务不急，则应考虑顺序移动方式。

四、生产过程的组织形式

任何生产过程的组织形式都是生产过程的空间组织与时间组织的结合。企业必须根据其生产目的和条件，将生产过程的空间组织与时间组织有机结合，采用适合自己生产特点的生产组织形式。下面介绍几种效率较高的生产组织形式。

1. 流水生产线

在多品种产品生产中，生产线是最常见的生产组织形式。它按对象专业化原则组织，在一条生产线上设置完成一种或几种产品的加工任务所必需的机器设备。这些设备的排列和工作地的布置由生产线上主要产品或多数产品的工艺路线和工序劳动量比例决定。

生产线中，流水生产线（简称流水线）是一种较为先进的组织形式。它将对象专业化的空间组织方式与平行移动的时间组织方式有机结合，使劳动对象按照一定的工艺过程，顺序地经过各个工序的加工，并按统一的节拍完成工序。流水线具有如下特点：

1）专业性。流水线固定生产一种或几种制品，固定地完成一道或几道工序，各个工作地专业化程度很高。

2）连续性。工作地按工艺排列，加工对象在工序之间平行或平行顺序移动，最大限度地减少制品的延误时间。

3）节奏性。流水线生产都必须按统一的节拍或节奏进行。节拍是指流水线上连续出产两件制品的时间间隔。计算公式为

节拍＝计划的有效工作时间÷计划期产品产量

4）封闭性。工艺过程是全封闭的，各工作地按照制品的加工顺序排列，制品在流水线上作单向顺序移动，完成工艺过程的全部或大部分加工。

5）比例性。流水线上各道工序之间的生产能力相对平衡，尽量保证生产过程的比例性和平衡性。

由于流水线所具有工作地专业化程度高、生产过程节奏性强、生产过程的连续性好等特点，因此，在进行大批量生产时，是一种较好的生产组织形式，能够极大减少原材料、在制品的搬运量，从而节约了大量运输费用。同时，由于生产过程的节奏和连续性，也使生产过程的管理和控制工作简化。但由于流水线是按产品专业化组织生产的，因而其生产非常不灵活，并且流水线上工人的技术水平也要比单件小批生产线上工人的技术水平低，管理的难度加大，特别是基层工段的管理难度较大。另外，流水线上的操作工人长时间重复一种操作，显得枯燥乏味，工人之间轮流操作又会降低工人熟练程度，影响产品质量。

自动化流水线是流水线更高级的形式，依靠自动化机械体系实现产品的加工过程，是一种高度连续的、完全自动化的生产组织。同一般流水线相比，自动化流水线减少了工人需要量，消除了繁重的体力劳动，生产效率更高，产品质量更容易保证。但投资数额巨大，回收期长，自动化流水线任一地方出现小故障，都会造成自动化流水线生产的

中断，维修和管理要求较高。采用自动化流水线组织生产，需要工厂有较为雄厚的实力，产品结构和工艺稳定而先进，且产品的市场需求量大。

2. 成组技术与成组加工单元

制造企业中，随着人们追求个性化、特色化产品的增加，大批量的产品越来越少，单件小批量的产品生产模式越来越多，传统的生产组织形式越来越不能满足生产要求，产品产量小使先进制造技术的应用受到限制。为此，成组技术（group technology，GT）应运而生。成组技术的基本思想是用大批量的生产技术和专业化方法组织多品种生产，提高多品种下批量的生产效率。它以零部件的材质结构、工艺等方面相似性和零件类型分布的稳定性、规律性为基础，合理地进行产品、工艺设计、技术准备和组织产品生产过程。在成组技术应用中，出现了一具多用的成组夹具，一组成组夹具一般可用于几种甚至几十种零件的加工。成组技术不以单一产品为生产对象，而是以“零件组”为对象编制成组工艺过程和成组作业计划。

成组加工单元就是使用成组技术，以“组”为对象，按照对象专业化布局方式，在一个生产单元内配备不同类型的加工设备，完成一组或几组零件的全部工艺的组织。采用成组加工单元，加工顺序可在组内灵活安排，多品种小批量生产可获得接近大量流水线生产的效率和效益。目前，成组技术主要应用于机械制造和电子产品的设计、制造和生产管理。

3. 柔性制造系统

柔性制造系统（flexible manufacturing system，FMS）是由统一的信息控制系统、物料储运系统和一组数字控制加工设备组成，能适应加工对象变换的自动化机械制造系统。柔性制造系统的工艺基础是成组技术，它按照成组的加工对象确定工艺过程，选择相适应的数控加工设备和工件、工具等物料的储运系统，并由计算机进行控制，能自动调整并实现一定范围内多种工件的成批高效生产，并能及时地改变产品以满足市场需求。

就机械制造业的柔性制造系统而言，其基本组成部分有：

1）自动加工系统。它以成组技术为基础，把外形尺寸（形状不必完全一致）、重量大致相似、材料相同、工艺相似的零件集中在一台或数台数控机床或专用机床设备上进行多种工序的自动加工，主要有加工中心、车削中心或计算机数控（CNC）车、铣、磨及齿轮加工机床等。

2）物流系统。物流系统由多种运输装置构成，如传送带、自动导引小车、工业机器人及专用起吊运送机，用以实现工件及工装夹具的自动供给和装卸，完成工序间的自动传送、调运和存储工作。

3）信息系统。它对加工和运输过程中所需各种信息收集、处理、反馈，并通过电子计算机或其他控制装置（液压、气压装置等），对机床或运输设备实行分级控制。

4）软件系统。它包括设计、规划、生产控制和系统监督等软件，保证柔性制造系统用电子计算机进行有效管理。

柔性制造系统是一种技术复杂、高度自动化的系统，它将微电子学、计算机和系统工程等技术有机地结合起来，有效解决了机械制造高自动化与高柔性化之间的矛盾。柔性制造系统运行灵活、场地利用率高、在制品少、设备利用率高、生产能力稳定、产品质量高、生产周期短、产品应变能力大，是一种先进的制造理念和生产组织形式。

知识拓展

企业应该建立一个科学的生产制造系统，制造出有竞争力的产品。产品竞争力体现在性能、质量、价格、交货期四个方面。产品的这四个方面首先取决于设计阶段，然后形成于制造阶段，这些阶段的管理工作都属于生产运作管理的范围。生产管理追求的目标是高效、低耗、灵活、清洁、准时地生产合格产品和提供满意服务。生产管理的任务是全面完成生产计划所规定的内容，不断提高生产运作系统的效能和效率，不断提高生产运作系统的柔性，提高产品生产的应变能力。生产管理的内容即对物质资料生产活动和劳务活动的计划、组织与控制，包括对运营系统的设计、运行和维护过程的管理。

（资料来源：叶春明．2005．生产计划与控制．北京：高等教育出版社）

第三节　物料需求计划与制造资源计划

物料需求计划（material requirement planning，MRP）系统是一种普遍适用于产品结构复杂、具有多级制造装配过程的企业的生产作业计划系统。应用 MRP 的逻辑和方法规范制造装配型企业的生产作业计划工作和生产管理工作，并在此基础上实现生产作业计划的计算机管理是生产管理的发展方向。从 MRP 到 MRPⅡ，共经历了三个阶段：作为库存方法改进的物料需求计划阶段，作为生产作业计划与控制系统的闭环 MRP 阶段，作为企业经营生产管理计划系统的制造资源计划（manufacturing resource planning，MRPⅡ）阶段。

一、MRP

1. MRP 的产生背景

物料需求计划起源于 20 世纪 60 年代初，最初是针对当时制造企业生产管理中存在的普遍问题以及传统库存控制方法的不足而提出的一种生产组织管理技术。

订货点法是传统的库存计划与控制方法，基本思想是根据过去的经验预测未来的需求，根据物料的需求情况来确定订货点和订货批量。由于生产或销售的原因库存逐渐减少，当库存量降低到某一预先设定的点时，即开始发出订货单（采购单或加工单）来补充库存，直至库存量降低到安全库存时，发出的订单所定购的物料（产品）刚好到达仓库，补充前一时期的消耗，此订货的数值点，即称为订货点，如图 7.7 所示。

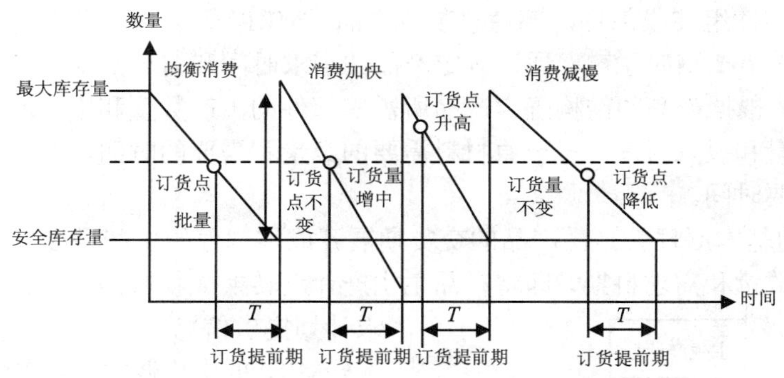

图 7.7　订货点法

图中：

订货点＝单位时段的需求量×订货提前期＋安全库存量

在稳定消耗的情况下，订货点是一个固定值。当消费加快时，如果保持订货点不变，就会消耗安全库存；如果还要保持一定的安全库存，就必须增加订货量来补充消耗了的安全库存；如果不增加订货量，又不消耗安全库存，就必须提高订货点，也就是提早订货。相反，如果消费减慢，就要降低订货点。这样，订货点上下浮动，不再是一个固定值。因此，对需求量随时间变化的物料，由于订货点会随消费速度的快慢而升降，无法设置一个固定的订货点。

订货点法适合于需求比较稳定的物料库存控制与管理。然而，在实际生产中，市场环境时刻发生变化，需求常常是不稳定的、不均匀的、难以预测的。在这样情况下使用订货点法，企业往往需要提高订货点的数量，设置一个比较大的安全库存来保证需求，如此便造成较多的库存积压，库存占用的资金大量增加，产品成本也就随之提高，企业缺乏竞争力。

为了解决订货点法在处理需求计划上的不足，20 世纪 60 年代中期，美国 IBM 公司的约瑟夫·奥利佛博士提出物料需求计划（MRP）理论，将产品中的各种物料分成独立需求物料与相关需求物料，按时间段确定不同时期的物料需求，通过产品结构将所有物料的需求联系起来，根据产品完工日期和产品结构制定生产计划，按时按量得到所需要的物料，从而较好地解决了库存管理和生产控制中的难题。

2. MRP 的原理与工作逻辑

在 MRP 中，物料被分成独立需求（independent demand）和相关需求（dependent demand）两种类型。独立需求是指该物料的需求与对其他产品或零部件的需求无关，它来自企业外部，需求量和需求时间由企业外部需求决定，如成品或维修件的需求。独立需求数据一般通过预测和订单来确定。相关需求是指对某些物料的需求取决于其他物料项目或最终产品的需求，如汽车轮胎数量取决于汽车的需求量。相关需求数据通过计算得到。对于某些物料项目，有时可能既有独立需求又有非独立需求。MRP 处理的是相关需求。

制造型企业的生产是将原材料转化为产品的过程；例如将原材料制成毛坯，毛坯加工成零件，零件组装成部件，部件总装成产品。MRP 的思想是围绕物料转化组织制造资源，实现按需要准时生产。通过确定产品的需求时间和需求数量，确实产品装配时间和装配数量，根据产品的结构确定产品所需零部件的出产数量和出产时间，进而确定零部件投入数量和投入时间，直至原材料需要的数量和需要的时间，汇总得出所需要的制造资源和需要时间。

MRP 的基本原理就是由产品的交货期展开成零部件的生产进度日程与原材料、外购件的需求数量和需求日期，即将产品主生产计划转换成物料需求表，并为编制能力需求计划提供信息。

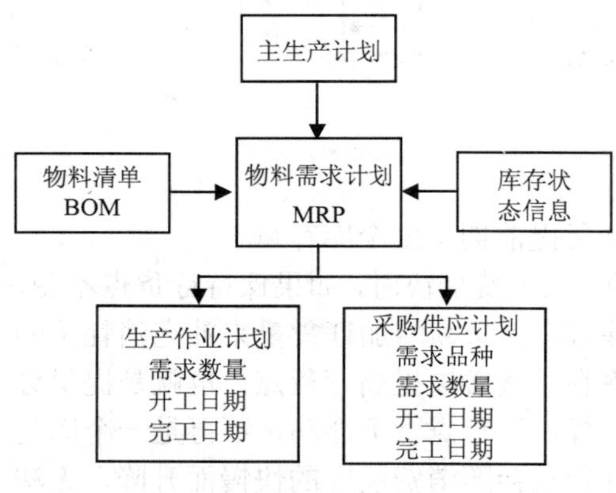

图 7.8　MRP 的工作逻辑

MRP 的工作逻辑如图 7.8 所示。

1）确定主生产计划，解决要生产什么、生产多少的问题。

2）绘制物料清单，解决需要什么的问题。

3）盘算库存，解决已经具备什么的问题。

4）根据物料清单和库存制定物料需求计划，解决缺少什么、缺少多少、何时需要的问题。

5）制定精确的生产作业计划和采购供应计划。在生产作业计划中，规定了每一项自制件的需求数量、开工日期和完工日期；在采购供应计划中，规定了采购物料的需求品种、需求数量、订货日期和到货日期。

MRP 有三个基本输入信息：主生产计划（MPS）、物料清单（bill of materials，BOM）和库存状态信息。主生产计划是 MRP 的主要输入，它规定在计划时间内（年、月）每一生产周期最终产品的计划生产量。主生产计划的对象是来自于企业外部需求的产品或零部件，是独立需求产品。物料清单又称产品结构，它表示了产品的组成及结构信息，包括所需零部件的清单、产品项目的结构层次、制成最终产品的各个工艺阶段的先后顺序。库存状态信息保存每个项目（产品、零部件、在制品、原材料）的库存相关信息，包括当前库存量、计划入库量（在途量）、提前期、订购/生产批量、安全库存量等。

下面举例说明 MRP 的工作逻辑。

某公司生产 A 产品，A 产品的产品结构图如图 7.9 所示。现接到客户订单，要求 8 周后提供 10 件 A 产品。

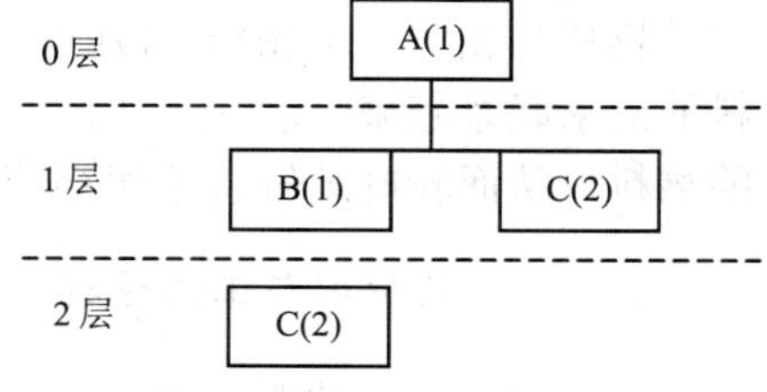

图 7.9　A 产品的产品结构图

1）制定主生产计划，按客户需求明确需求产品及产品数量、出产时间，如表 7.4 所示。

表 7.4　A 产品要求出产的日期和数量

周次	1	2	3	4	5	6	7	8
产品 A								10

2）绘制 A 产品的物料清单。1 件 A 由 1 件 B 和 2 件 C 组装而成，其中 1 件 B 由 2 件 C 加工而成，B 和 C 总装成 A 需 2 周时间，C 采购周期为 2 周，C 加工成 B 的时间为 1 周。将 A 产品的产品结构按时间进行倒排，得到基于时间坐标的产品结构图，如图 7.10 所示。

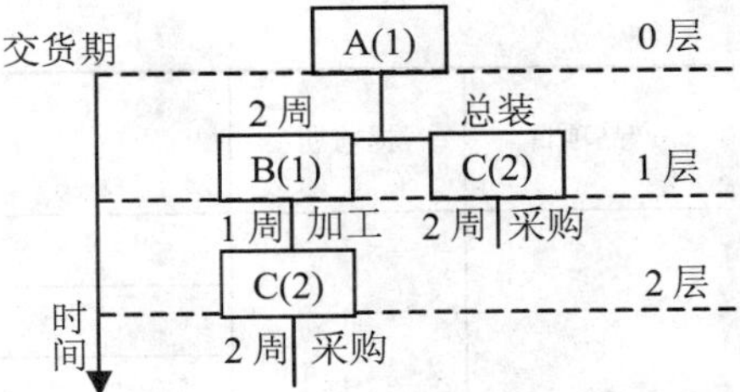

图 7.10　基于时间坐标的 A 产品结构图

3）查看 A 产品的相关物料库存信息。A、B、C 的现有库存量分别为 0、2、4，A 的预计到货数在整个周期为 0，B 在第 2 周预计到货 6 件，C 在第 3 周预计到货 8 件。绘制 A 产品的物料库存信息表如表 7.5 所示。

表 7.5　A 产品的物料库存信息

周次			1	2	3	4	5	6	7	8
A	现有数	0								
	预计到货量									
B	现有数	2								
	预计到货量			6						
C	现有数	4								
	预计到货量				8					

4）制定物料需求计划。根据总需求、预计到货量、现有数计算整个计划期内的净需求量，确定计划订单投入。净需求量=总需求－预计到货量－现有数。如果计算的净需求量小于 0，则取 0。按公式从第 0 层开始逐层计算净需求，并根据计划订单的提前期确定各层物料的计划订单投入时间，得出 A 产品的物料需求计划如表 7.6 所示。

表 7.6　A 产品的物料需求计划

产品项目	提前期	项目		周次							
				1	2	3	4	5	6	7	8
A（0 层）	2 周	总需求量									10
		预计到货量									
		现有数	0	0	0	0	0	0	0	0	0
		净需求量									10
		计划订单投入量							10		
B（1 层）	1 周	总需求量							10		
		预计到货量			6						
		现有数	2	2	8	8	8	8	0	0	0
		净需求量							2		
		计划订单投入量						2			

续表

产品项目	提前期	项目		周次							
				1	2	3	4	5	6	7	8
C（2层）	2周	总需求量						4	20		
		预计到货量				8					
		现有数	4	4	4	4	12	8	0	0	0
		净需求量							12		
		计划订单投入量					12				

在计算中，需要注意的是，C 有两个层次。对于第 1 层的 C 是 A 产品的部件，根据第 6 周 A 的计划订单投入量为 10 推算出 C 第 6 周的总需求为 20；对于第 2 层的 C 是 B 的组装件，由第 5 周的计划订单投入量为 2 推算出 C 第 5 周的总需求量为 4。根据净需求公式计算出 C 第 6 周有 12 个需求，根据提前期推出 C 在第 4 周的计划订单投入量为 12。

5）制定生产作业计划和采购供应计划。根据 A 产品的物料需求计划表，可以得出：第 4 周采购 C，数量为 12；第 5 周加工 B，数量为 2；第 6 周组装 A，数量为 10。

在实际生产中，企业往往对产品结构中最底层元件或原材料设置安全库存，以避免生产过程产生缺料现象，造成生产或供应的中断。设置安全库存后，计算净需求量需在原来公式基础上加上安全库存量，即

净需求量＝总需求－预计到货量－现有数＋安全库存量

二、闭环 MRP

在 MRP 中，尽管按照 MRP 的处理逻辑可以形成车间生产计划和采购计划，但车间生产计划和采购计划的可执行性很大程度上取决于车间的生产能力及采购的仓储能力。为此，有必要进行能力需求计划的平衡。

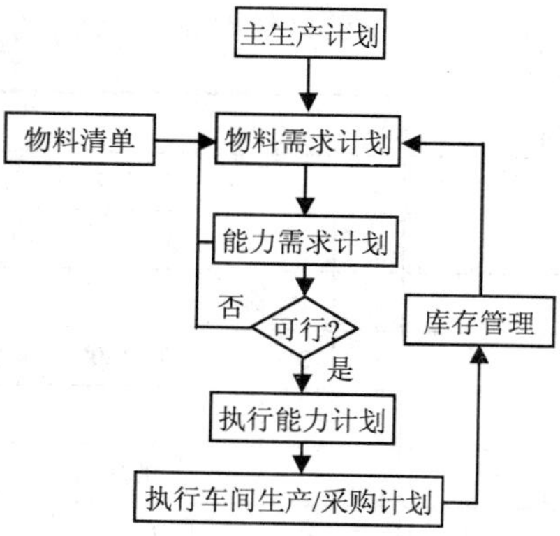

闭环 MRP 是一个计划与控制系统，如图 7.11 所示。产生物料需求计划后，编制能力需求计划，如果能力需求计划可行，那么执行相应的能力计划和物料需求计划，否则重新调整主生产计划和物料需求计划，使计划具有可行性。

图 7.11　闭环 MRP

三、MRPⅡ

闭环 MRP 虽然是一个完整的计划与控制系统，但它无法解释清楚执行计划后会给企业带来什么效益，这个效益在多大程度上实现了企业的整体战略目标。为此，在闭环 MRP 的基础上，将企业的宏观决策和对产品成本的计划和控制纳入系统中，形成 MRPⅡ。

MRPⅡ的基本思想是把企业看作一个有机整体，如图 7.12 所示。在纵向上，一方

面向下体现出：从决策层、计划层到控制层对企业经营计划的层层分解，迅速下达，并具体落实到车间和班组；另一方面，通过向上反映，从控制执行层、计划层到决策层的计划执行情况信息的及时反馈，为计划的及时调整提供依据。在横向上，体现出生产系统与财务会计系统相结合，通过数据信息的集成，可以同步地处理各种管理事务，实现物流与资金流的信息集成。MRP Ⅱ将企业的生产制造、财务会计、市场营销、工程管理、采购供应以及信息管理等各个部门纳入整体管理之中，使其成为整个企业的运作系统。

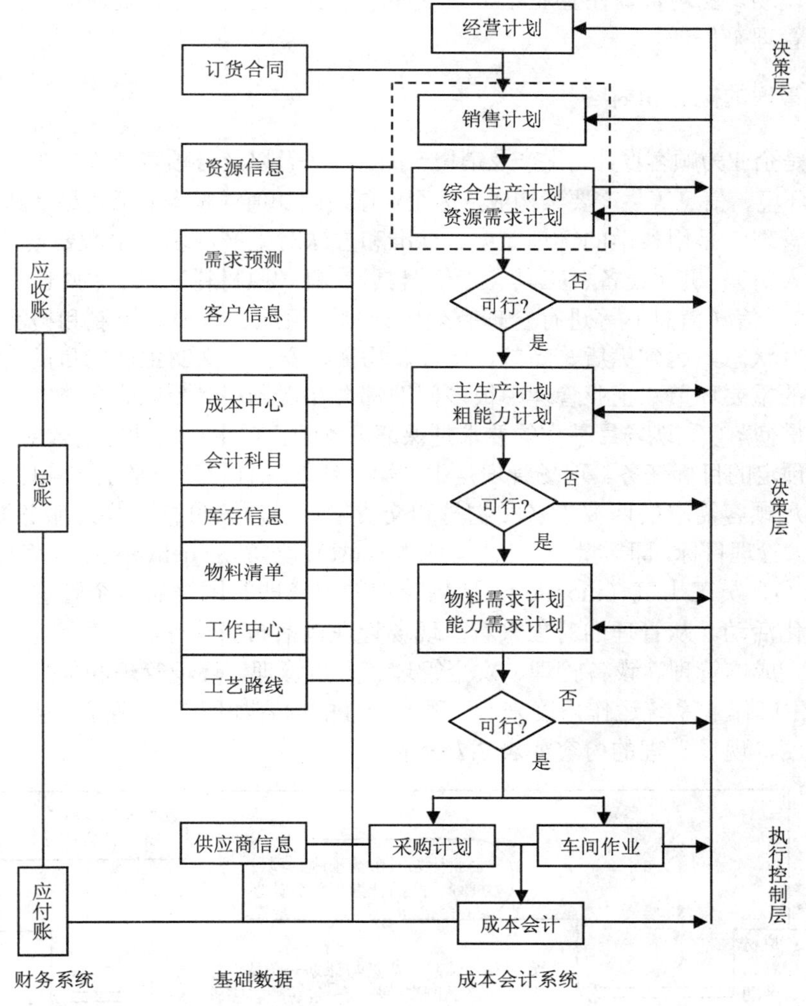

图 7.12　MRP Ⅱ逻辑流程图

MRP Ⅱ系统的成功应用，可以给企业在降低库存、合理利用资源、缩短生产周期、提高劳动生产率、按期交货、提高服务质量、降低成本等方面带来显著的效果。随着生产技术的进步和管理理论的发展，MRP Ⅱ系统不断得到完善与提升，向更大范围和更好层次的方向，如企业资源计划（enterprise resource planning，ERP）发展。

第四节 现场管理

当今企业之间的竞争是现代化制造的竞争，产品和服务的质量、生产成本和交货期成为企业成败的重要条件。企业生存主要取决于两个因素：一个是市场/产品，一个是产品的制造现场。现场管理在企业竞争中发挥越来越重要的作用，优质的产品必须通过科学的现场管理来保证。

一、现场管理的概念和内容

现场是企业为顾客设计、生产及销售产品和服务，以及与顾客交流的地方。现场由人、机、物、环境、信息等生产要素构成，为企业创造附加值，是企业活动最活跃的地方。

现场管理就是用科学的管理制度、标准和方法对生产现场各生产要素，包括人（工人和管理人员）、机（设备、工具、工位器具）、料（原材料）、法（加工、检测方法）、环（环境）、信（信息）等进行合理有效的计划、组织、协调、控制和检测，使其处于良好的结合状态，达到优质、高效、低耗、均衡、安全、文明生产的目的。现场管理是企业管理的重要环节。企业管理中很多问题都会在现场得到反映，各项专业管理工作也要在现场贯彻落实。现场最基本的要求是保证现场的各项生产活动能高效率、有秩序地进行，实现预定的目标任务。现场管理是生产第一线的综合管理，是生产管理的重要内容。

为满足顾客需求的四要素（货物量和交货期、品质、价格、售后服务），现场管理设置了六大管理目标，即质量（quality）、成本（cost）、交货期（delivery）、效率（production）、安全（safe）、员工士气（morale）。现场管理的内容即是围绕这六个管理目标要素展开的资源优化活动。从管理的对象来看，现场管理包括布局管理、工序管理、品质管理、物料管理、成本管理、设备管理、安全管理、人员管理、环境管理和信息管理等方面的内容。从生产作业系统运作角度来看，现场管理的内容如图 7.13 所示。从资源管理和管理目标角度，现场管理的内容如表 7.7 所示。

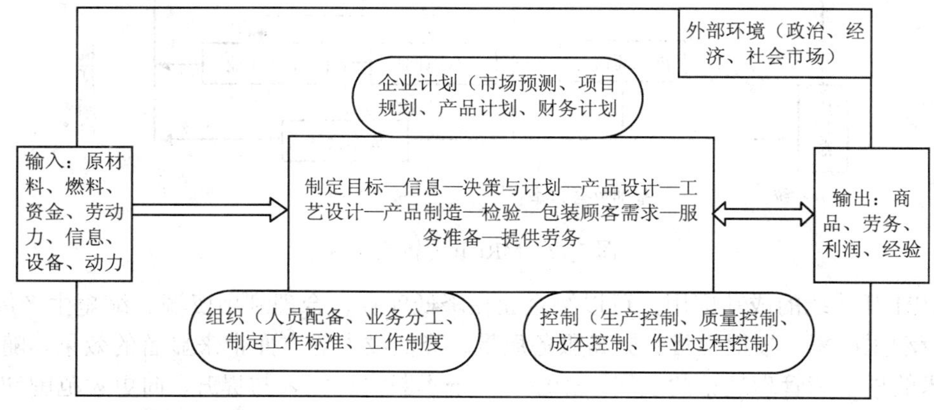

图 7.13 现场管理系统

表 7.7　现场管理资源、目标与项目

资源 方法 系统 目标	人力	设备	材料	方法	环境	目标管理项目
品质						品质管理
成本						成本管理
交货期						生产管理
效率						效率管理
安全						安全管理
士气						全员参与活动
资源管理项目	人力资源管理	设备管理	材料管理	技术管理	5S 活动	

（资料来源：易树平，郭伏．2005．基础工业工程．北京：机械工业出版社）

二、现场管理方法

优秀的现场管理，是在遵循系统原则，整分合原则，企业类型划分原则，权变原则，责、权、利统一原则，规范化、标准化原则，优化原则等基础上，靠科学方法打造出来的。目前，在现场管理实践活动中涌现许多管理技术，其中应用较为广泛的有目视管理、“5S”管理和定置管理等。这些管理技术通常与 PDCA 循环结合应用，不断循环、永无止境地改善现场。

1. 目视管理

目视管理是一种以公开化和视觉显示为特征的管理方式，也可称为“看得见的管理”，“一目了然的管理”、“图示管理”。它是利用形象直观而又色彩适宜的各种视觉感知信息（如仪器图示、图表看板、颜色、区域规划、信号灯、标识等）将管理者的要求和意图让大家看得见，以达到员工的自主管理、自我控制及提高劳动生产率的一种管理方式。目视管理在生活中得到广泛应用，如包装箱的酒杯标志，表示不宜倒放；排气口绑上一根小布条，布条飘动表示运行状态。

目视管理可使生产过程是否正常“一目了然”。当现场发生了异常或问题，操作人员便可迅速及时发现问题，采取措施，将事故发生和损失降到最小程度。目视管理有助于信息的沟通，保证员工安全，减少浪费，降低员工劳动强度，是定置管理的必要条件。

（1）目视管理的要求

目视管理对管理项目的基本要求是统一、简明、醒目、严格、实用。同时还要把握“三要点”：

1）透明化，无论谁都能判明是好是坏（异常）。

2）视觉化，各种状态都设计有明确标识，能迅速判断。

3）定量化，对状态加入计量功能，精度高，判断结果不会因人而异。

（2）目视管理的内容

目视管理所管事项，归纳起来有如下七个方面：

1）生产任务与完成情况图表化。

2）规章制度、工作标准公开化。

3）与定置管理相结合，实现视觉显示信息的标准化。

4）生产作业控制手段的形象直观与使用方便化。

5）物品的码放和运送的数量标准化。

6）现场人员着装的统一化与实行挂牌制度。

7）色彩的标准化管理。

针对目视管理的内容，人们在实践中创造出了看板管理和图示管理等方法，并设计出多种形式的目视管理用具，如表 7.8 所示。

表 7.8　目视管理的内容级管理工具

序　号	项　目	目视管理工具
1	目视生产管理	生产管理看板、目标生产量标示板、生产量图、进度管理版、作业指示板、交货时间管理板、作业指导书、作业指示灯、出勤表
2	目视物品管理	料架牌、放置场所编号、现货揭示看板、库存表示板、库存最大最小量标签、订购点标签、缺货库存标签
3	目视质量管理	不良图表、管制图、不良发生标示灯、不良场所标示、不良品展示台、不良品处置规则标示板
4	目视设备管理	设备清单一览表、设备保养及点检处所标示、设备点检检验表、设备管理负责标牌、设备故障时间表（图）设备运转标示板
5	目视安全管理	各类警告标志、安全标志、操作规范

（3）目视管理的步骤

目视管理的实施可以让现场操作人员通过眼睛就能判断工作是否异常，省去请示、询问、命令等。实施目视管理一般经过以下四个步骤：

1）成立目视管理推行领导小组，制定目视管理的推行计划，并进行宣传、教育等工作。

2）设定目视管理项目。

3）准备目视管理用具。

4）开展目视管理活动。

（4）目视管理的注意事项

实施目视管理过程中还需注意：推行目视管理要目标明确、有计划、有步骤地实施；使全体员工了解目视管理的内容、目的和意义，全员参与；建立激励机制，奖惩与待遇挂钩；制定严格的检查制度，并常抓不懈；领导重视，目视管理推行成功与否关键在于活动领导小组的组织与指导是否得力。

2. “5S”管理

“5S”通过开展以整理、整顿、清扫、清洁和素养为内容的活动，对生产现场中的人员、机器、材料、方法等要素进行有效的管理。“5S”管理源于日本，是日本企业广

泛采用的现场管理方法，是日文 SEIRI（整理）、SEITON（整顿）、SEISO（清扫）、SEIKETSU（清洁）、SHITSUKE（修养）五个单词的缩写。“5S”管理又称“5S”活动，其实质就是我国开展的“文明生产”活动。

（1）“5S”管理的作用

“5S”对塑造企业形象、降低成本、准时交货、安全生产、高度标准化、改善现场、创造令人心旷神怡的工作场所等方面发挥重要作用。“5S”管理的作用概括起来有以下几点。

1）提升企业核心竞争力。“5S”活动可以提高员工的敬业精神和工作乐趣，通过提高服务质量和顾客满意度提升企业核心竞争力。

2）提高工作效率。“5S”管理使物品摆放有序，减少等待和查找时间，及时发现异常，减少问题的发生，提高工作效率，保证准时交货。

3）保证产品质量。实施“5S”活动，使员工形成照章办事的风气，工作现场干净整洁，作业出错率降低，产品质量上升，品质有保障。

4）消除一切浪费。“5S”使资源得到合理配置和使用，避免不均衡，增加设备的利用率，减少设备闲置和各种浪费。

5）保障安全。通道畅通，各种标识清楚显眼，危险处“一目了然”，人身安全有保障。

6）提升企业文化。“5S”强调团队精神，要求所有员工秩序化、规范化，使每个员工形成反对浪费的习惯，提升员工素质，有利于形成良好的企业文化。

目前，“5S”管理已经被企业广泛应用，是企业提高管理水平的关键和基础。“八零工厂”是“5S”管理应用其中一个例子。“八零”指亏损为零、不良为零、浪费为零、故障为零、产品切换时间为零、事故为零、投诉为零、缺勤为零。

（2）“5S”管理的内容

要使“5S”活动顺利推行，企业需使企业所有员工理解“5S”的含义、目的、要领和实施方法，使“5S”活动深入人心。“5S”管理的具体内容如下：

整理是指区分必需品和非必需品。现场不需要的东西坚决清除，如生产过程中产生的边角废料、报废品，以及生产现场暂时不用或无法使用的工装夹具、量具、机器设备等，做到生产现场无不用之物。整理要制定“要与不要”的判别标准，制定各类物品的处理方法。可用拍摄方法、标牌进行整理。

整顿是指把必要的物品分门别类定位放置，摆放整齐。整顿是对整理后需要的东西定位摆放，工装、夹具、量具按类别和规格摆放整齐，做到过目知数，用时能立即取到，用后物品立即归还原位。整顿的目的是减少无效的劳动，减少无用的库存物资，节约物品去放的时间，提高工作效率。

清扫是指清除工作现场的灰尘、油垢和垃圾，使机器设备以及工装夹具保持清洁，保证生产或工作现场干净整洁、无灰尘、无垃圾。清扫时每个人都要把自己的东西清扫干净，不要单靠清洁工来完成。清扫的对象包括地板、天花板、墙壁、工具架、橱柜、机器、工具和测量用具等。

清洁是整理、整顿、清扫“3S”的坚持与深入，并制度化、规范化。清洁要做到“三不”，即不制造脏乱、不扩散脏乱、不恢复脏乱。清洁的目的是维护前面的“3S”成果。

素养是指培养现场作业人员遵守现场规章制度的习惯和作风。素养是“5S”活动的核心。素养是保证前“4S”持续、自觉、有序、有效开展的前提，是使“5S”活动顺利开展并坚持走下去的关键。要提高素养，一是经常进行整理、整顿、清扫以保持清洁的状态；二是自觉养成良好的习惯，遵守工厂的规则和礼仪规定，进而延伸到仪表、行为美等等。

为了帮助理解和记忆，企业通常用各种喜闻乐见的漫画、看板等方法进行描述“5S”，如某企业这样描述：

整理——要与不要，一留一弃；

整顿——科学布局，取用快捷；

清扫——清除垃圾，美化环境；

清洁——洁净环境，贯彻到底；

素养——形成制度，养成习惯。

“5S”是一项长期的活动，只有持续地推行才能真正发挥“5S”的效力。各部门每周、月对发现的问题进行汇总，形成各部门需要改善项目，限期整改，并以管理循环圈PDCA作为持续改善的工具，以实现改进、维持、再改进的目标。

3. 定置管理

定置管理就是科学地规定物品在生产现场的摆放位置。对生产现场各类物品，如原材料、在制品、半成品、产成品、工艺装备、工位器具、工检量具、运输器械、安全设施等的定置进行设计、组织、实施和控制，使人、物、场所三者达到最佳结合，实现生产现场管理的秩序化、文明化、科学化。

定置管理的基本内容和开展程序是：①工艺研究；②人、物结合状态分析；③物流、信息流分析；④定置管理的设计；⑤定置管理的实施；⑥定置检查与考核。

（1）工艺研究

工艺研究是定置管理开展程序的起点。它是对生产现场现有加工方法、机器设备、工艺流程进行详细研究，确定工艺在技术水平上的先进性和在经济上的合理性，分析是否需要和可能用更先进的工艺手段及加工方法，进行改造、更新，从而确定生产现场产品制造的工艺路线和搬运路线。

（2）人、物结合状态分析

人、物结合状态分析是开展定置管理中最关键的一个环节。定置管理是强调物品的科学、合理摆放，依次进入每一道工序，使整个操作流程规范化，使各道工序之间秩序井然，不致延误、阻碍下一道工序的操作。定置管理要在生产现场实现人、物、场所三者最佳结合，要由人在现场中对现场中的物进行整理、整顿。按人与物有效结合的程度，可将人与物的结合归纳为A、B、C三种基本状态。A状态表现为物与人结合能立即进行有效的生产活动，属于这类的物，操作者取用时能得心应手。B状态是指物与人处于寻找状态，或存在一定的缺陷，需经过某种活动后才能进行有效的生产活动。C状态则

为物与现场的生产活动无关，也不需人与之结合。这类物品在生产现场完全失去存在价值，应彻底清除掉。

（3）物流、信息分析

在生产现场，物流、信息流决定着生产现场物的定置方式和定置效果。生产现场的物流，统称为对象物物流和加工手段物物流。生产现场的信息流，是指在生产活动中，指引、控制、确认对象物物流的各类信息媒介物的流动过程。其内容一般包括：起生产指挥作用的指令性信息流，起查询操作依据作用的标准性信息流，起引导寻物作用的引导性信息流，起表示现场物品位置状态、特性凭证作用的确认性信息流四个方面。

（4）定置管理的设计

定置管理设计就是对各种场地及各种物品如何科学、合理定置的统筹安排。定置管理设计主要是做定置图的设计和信息标准化工作。按定置设计的具体内容和要求进行定置管理，即对生产现场的材料、机械、操作者、方法进行科学的治理整顿，将所有物品定位，做到有物必有区，有区必挂牌，按区存放，按图定置，图物相符，通过实行科学的治理整顿，使人、物、场所三者结合状态达到最佳程度。

（5）定置管理的实施

定置管理的实施包括三个步骤：①清除与现场无关之物；②按定置图实施定置；③放置标准信息标牌。定置管理的实施必须做到：有图必有物，有物必有区，有区必有挂牌，有牌必分类。按图定置，按类存放，账（图）物一致。

（6）定置管理的检查与考核

定置管理的检查与考核一般分为两种情况：一是定置后的验收检查，检查不合格的不予通过，必须重新定置，直到合格为止；二是定期或不定期，突击性地对定置管理进行检查与考核。定置考核的基本指标是定置率，表明生产现场中必须定置的物品已经实现定置的程度。其计算公式为

$$定置率=\frac{实际定置的物品个数（种类）}{定置图规定的定置物品个数（种类）}\times 100\%$$

第五节　准时化生产方式

准时化生产（just in time，JIT）是一种不同于 MRP 的生产方式，也称无库存生产方式（stockless production）、零库存（zero inventories）或一个流（one-piece flow）。JIT 一般适用于订货型生产（MTO）。

一、JIT 的概念及哲理

1. JIT 的概念

JIT 的思想可以追溯到福特创造的流水线生产，但真正得到重视并得以推广的是日

本丰田汽车公司对 JIT 方法的成功运用以后。1913 年福特发明汽车流水装配线，汽车实现大批量生产，汽车业得到高速增长。到了 20 世纪 70 年代末，严重影响世界经济的能源危机使汽车业开始进入了低增长的阶段。鉴于本国资源和国内市场与美国的差别，日本在引进技术进行产品制造时没有直接照搬当时非常经典的福特式生产线，而是非常注重提高产品质量和节约制造资源。在此环境下，日本丰田汽车公司将最优秀的工程师安排在生产的第一线，致力于消除制造过程中的一切浪费，创立了以消除制造过程中的一切浪费为宗旨的 JIT 生产方式，又称丰田生产方式或丰田生产系统（Toyota production system，TPS）。JIT 生产方式极大地促进了日本制造业的发展，尤其是汽车和电子行业。对此，麻省理工学院组织了一项国际汽车研究项目计划，历时 5 年之久、耗费几千万美元的调研之后，将日本丰田生产方式总结为精益生产方式。

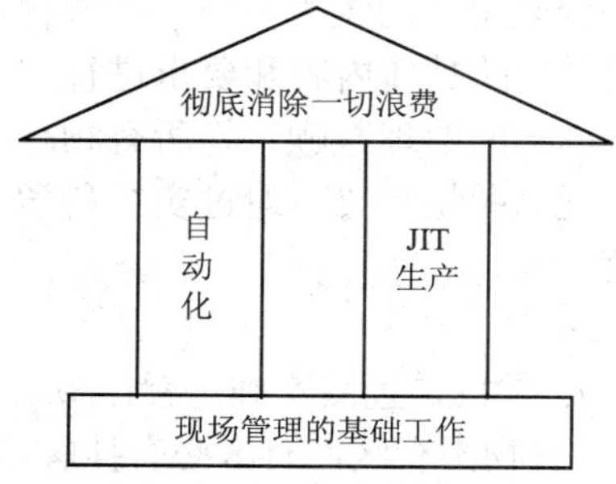

图 7.14　丰田生产系统的两大支柱

JIT 生产与精益生产紧密相连。精益生产是以必要的劳动，确保在必要的时间内，按必要的数量生产必要的产品，以期达到消除无效劳动，降低成本，提高质量，实现零库存、零缺陷、零故障和零浪费的最佳生产过程，以及用最少的投资实现最大的产出的目的。精益生产是当前工业界最佳的一种生产组织体系和方式。丰田生产系统中有两大支柱，一是自动化，二是 JIT 生产，如图 7.14 所示。

大多数汽车企业学习日本精益生产方式时，重点学习其中的 JIT 生产。JIT 生产是精益生产的核心和支柱。

JIT 生产是指在精确测定生产各工艺环节作业效率的前提下按订单准确地计划，在正确的时间将正确的原材料和零部件以正确的数量运送至正确的地点的生产技术。它通过对生产过程中的人、设备、材料等投入要素的有效使用，消除各种无效劳动和浪费，确保在必要的时间和地点生产必要数量和完好质量的产品，是有效运用多种方法和手段的综合管理体系。JIT 生产强调“非常准时”和“按需要生产”，要求生产过程中各个环节衔接的准时化，没有不必要的物流停顿和库存，按用户的质量、数量和交货期生产。在该方式下，所有的物料要求准时离开和到达指定地点，没有任何等待加工的工件，也没有等待加工任务的工人和设备，生产过程在可能短的时间内以尽可能最佳的方式利用资源。

JIT 生产不仅仅是一种生产技术，更是一种全新的管理模式。它改变了传统的思路，在生产系统中任何两个相邻即上下工序之间都是供需关系。且需方起主导作用，决定供应物料的品种、数量、到达的时间和地点。供方只能按需方的指令（一般用看板）供应物料。这种以需定供的管理模式大大提高了工作效率和经济效益。

2. JIT 的哲理

JIT 生产方式是一种彻底追求生产合理性、高效性，能够灵活多样地生产适应各种市场需求的高质量的生产方式，其根本出发点和落脚点是彻底杜绝供、产、销过

程中的一切浪费，精髓是通过持续改进过程活动和最大限度地降低成本来实现企业经营目标。

在 JIT 理念中，浪费就是不能创造附加价值的所有活动，主要有以下 7 种浪费：

1）过量生产的浪费，是指没有根据市场的实际需求生产而产生多余的成品库存，及因此增加工位器具和堆放场地的浪费。

2）等待时间浪费，是指批量生产，劳动组织不合理等造成的设备等待加工浪费和人员闲置浪费。

3）运输的浪费，是指由于设备布置不合理使物料发生搬运和临时堆放等造成的浪费。

4）库存的浪费，是指多余产品库存产生不必要的管理费用，以及半成品、在制品和原材料的管理费用。

5）工序的浪费，是指由于操作标准的错误或者没有采用适当的加工技术，导致工时、工具和设备等浪费。

6）动作的浪费，是指零部件、工具定置不合理造成动作的浪费。

7）产品缺陷的浪费，是指不良品本身浪费及次品流入市场造成的用户退货、索赔等损失。

生产过程的浪费可以分为四个层次：过剩的生产能力是第一层次浪费，包括过多的人员、设备；过剩的生产能力会导致制造过剩是第二层浪费；制造过剩产生过剩的库存是第三层浪费；过剩的库存会增加不必要的仓库、人员、设备及相应的管理成本是第四层浪费。第三层浪费和第四层浪费会造成利息支出的增加和设备折旧费，以及间接劳动费的增加，最终导致产品成本的增加。

JIT 生产是一种哲理，认为库存是万恶之源，因为它不仅占用大量的资金，造成修建或租赁仓库等一系列不增加价值的活动，造成浪费，而且还将许多管理不善的问题掩盖起来，如机器经常出故障、设备调整时间太长、设备能力不平衡、缺勤率高，备件供应不及时等问题，使问题得不到及时解决。JIT 生产首先暴露出生产过量和其他方面的浪费，然后对设备、人员等进行淘汰、调整，不断改进，达到降低成本、简化计划和提高控制的目的。JIT 生产的基本思想简单，容易理解，但不易实现。因为 JIT 生产设置了一个最高标准，一种极限——“零库存”。实际生产中只能无限地接近这个极限，不能真正实现零库存。这个极限使生产改进永无止境，“降低库存—暴露问题—解决问题—降低库存”循环无限重复，工作效率和效益不断提高。

二、JIT 生产的体系结构

JIT 生产追求零库存、质量零缺陷、设备零故障，通过这三个目标来实现消除浪费、降低成本、提高企业利润的目的，其体系结构如图 7.15 所示。

JIT 生产追求零库存，是精益生产的核心，其体系结构为图 7.15 中的虚线部分。JIT 生产主要通过看板管理来实现目标，其实质是拉动式订单生产。拉动生产意味着仅在需要的时候生产需求的产品，不生产多余的产品，从而使库存大幅度降低。同时，通过多品种小批量混批生产达到生产均衡化，减少人员、设备的闲置浪费。

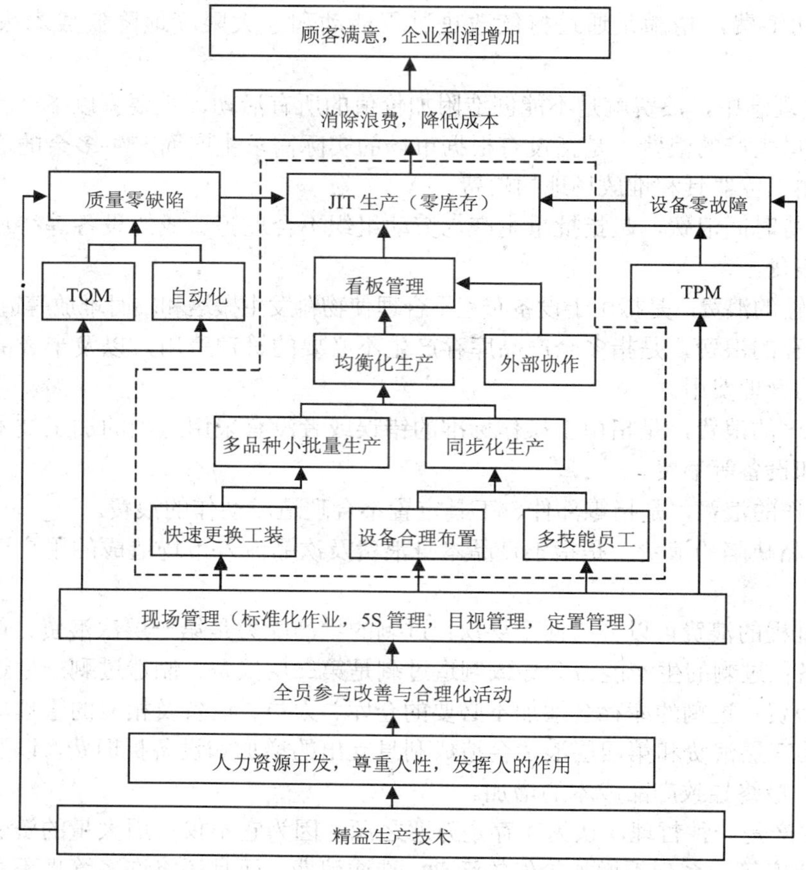

图 7.15　JIT 生产体系结构

要保证 JIT 生产能顺利实施，首先必须尊重人性，发挥人的作用。尊重人性是最基本和最关键的保证，必须充分发挥人的主观能动性，建立质量管理、现场管理和设备管理工作小组，对工人进行授权，当生产过程出现问题时可将生产线停下来。其次，必须做好现场管理工作，通过现场管理消除生产过程中的一切浪费。最后，必须以质量零缺陷、设备零故障为保障，若存在质量缺陷和设备故障，生产过程势必中止生产线，并设置一定库存，这不符合精益生产思想。

JIT 生产说到底是一种生产管理系统技术，看板是其重要的管理手段。它以全员素质、现场管理为基础，以全面质量管理和全面设备管理为基本保障，以物流组织、劳动组织、工艺方法、配套设计、供应商选择的合理化等实施作为必要条件，以生产必要数量的所需产品为原则，以持续改进和不断完善为核心，目的是消除生产过程的一切浪费，降低成本，提高企业效益。

三、JIT 生产实施的基本手段

JIT 生产方式通常通过适时适量生产、弹性配置作业人员、全面质量管理三种基本

手段来确保目标的实现。

1. 适时适量生产

适时适量生产是消除浪费的核心手段，只“在需要的时候，按需要的量生产所需的产品”。

首先，实行拉动式生产，以最终用户的需求为生产起点，只在市场需要的时候生产市场需要的产品。拉动式生产系统是企业生产产品的品种、数量和时间由市场需求决定，市场需求信息拉动产品装配需求，产品装配需求拉动零件加工，每个车间、工序按照上游车间、工序发出的需求指令进行生产。

其次，实施生产环节同步化。工序间不设置仓库，前一工序的加工结束后，使半成品立即转到下一工序去，装配线与机械加工几乎平行进行。在铸造、锻造、冲压等必须成批生产的工序，则通过尽量缩短作业更换时间来尽量缩小生产批量。

再次，实施均衡化生产。均衡化生产即平均制造产品，使物流在各作业之间、生产线之间、工序之间、工厂之间平衡、均衡地流动。后工序需在必要时刻从前工序领取必要数量的必要零部件，总装线均衡地领取各种零部件、实行混批生产，使最终装配线上的生产变动最小化，避免生产前后工序忙闲不均，避免了人员、设备的闲置浪费。为达到均衡化，在 JIT 生产中采用月计划、日计划，并根据需求变化及时对计划进行调整。

2. 弹性配置作业人员

劳动费用是成本的一个组成部分，要求企业根据生产量的变动，弹性地增减各生产线的作业人数，以求尽量用较少的人员完成较多的生产活动。这种人员弹性配置的方法实施独特的设备布置，能够在需求减少时将作业集中起来以整顿消减人员，它改变了传统生产系统中的“定员制”，对作业人员提出了更高的要求，工人必须成为具有各种技能的“多面手”以适应这种变更。

3. 全面质量管理

JIT 生产方式打破传统生产方式认为质量与成本之间成反比关系，通过将质量管理贯穿于每一工序中来实现产品的高质量与低成本。具体方法是自动化，在生产组织中融入这样两种机制：一是使设备或生产线能够自动检测不良产品；二是生产第一线的设备操作工人发现产品或设备的问题时，有权自行停止生产的管理机制。通过自动化机制保证及时制止废品的发生、消除不合格品的无效加工。

JIT 生产强调由过程质量管理来保证最终质量，要求制造工艺的每一个步骤都要确保产品质量，所有员工对自己的工作质量完全负责，保证及时发现问题。对于出现的质量问题，组织相关的技术与生产人员作为一个小组，一起协作，尽快解决。

四、JIT 生产与看板管理

在实现 JIT 生产中最重要的管理工具是看板。看板是用来控制生产现场的生产排程工具，具体而言，是一张卡片，卡片的形式随不同的企业而有差别。看板上的信息通常包括：零件号码、产品名称、制造编号、容器形式、容器容量、看板编号、移送地点和零件外观等。

1. 看板的功能

JIT 生产方式中，看板的主要功能包括以下几个方面：

1）生产以及运送的工作指令。看板中记载着生产量、时间、方法、顺序以及运送量、运送时间、运送目的地、放置场所、搬运工具等信息，从装配工序逐次向前工序追溯，在装配线将所使用的零部件上所带的看板取下，以此再去前工序领取。“后工序领取”以及“JIT 生产”就是这样通过看板来实现的。

2）防止过量生产和过量运送。看板必须按照既定的运用规则来使用。其中一条规则是：“没有看板不能生产，也不能运送。”根据这一规则，看板数量减少，则生产量也相应减少。由于看板所表示的只是必要的量，因此通过看板的运用能够做到自动防止过量生产以及适量运送。

3）进行“目视管理”的工具。看板的另一条运用规则是：“看板必须在实物上存放”，“前工序按照看板取下的顺序进行生产”。根据这一规则，作业现场的管理人员对生产的优先顺序能够一目了然，易于管理。通过看板就可知道后工序的作业进展情况和库存情况等。

4）改善的工具。在 JIT 生产方式中，通过不断减少看板数量来减少在制品的中间储存。在一般情况下，如果在制品库存较高，即使设备出现故障、不良品数目增加也不会影响到后道工序的生产，所以容易把这些问题掩盖起来。而且即使有人员过剩，也不易察觉。根据看板的运用规则之一“不能把不良品送往后工序”，后工序所需得不到满足，就会造成全线停工，由此可立即使问题暴露，从而必须立即采取改善措施来解决问题。这样通过改善活动不仅使问题得到了解决。也使生产线的“体质”不断增强，带来了生产率的提高。

2. 看板管理的原则

看板作为拉动系统的重要手段，必须充分有效地利用才能发挥应有的功效，否则就会成为 JIT 生产的障碍。要做到这一点，就必须符合一定的规则。

1）后工序必须在必要的时候，只按必需的数量，从前工序领取必需的物品。即如果没有看板不能领取，超过看板数量的领取不能进行，看板必须附在实物上。

2）前工序仅按被领走的数量生产被领取的物品，不能超过看板枚数规定的数量。另外，当前工序生产多种零部件时，必须按各看板送达的顺序生产。

3）不合格品绝对不能送到后工序。后工序没有库存，后工序一旦发现不合格品必须停止生产，并将不合格品送回前道工序。不合格品包括制造的产品，也包括不良作业。制造不合格品是最大的浪费，不仅产品本身造成损失，还有已经投入的大量资金、材料、设备和劳动力。JIT 生产中，要求严格控制不合格品的传递。控制不合格品的传递，一

方面要加强员工质量意识，另一方面可借助放错装置控制，当出现不合格品机器自动停止。

4）必须把看板数量减少到最小程度。看板数量直接决定库存的数量，控制看板的数量就意味着控制了库存的数量。变更看板数量的权限要交给现场监督人员，看板的总数量不能有太大的变更。

5）看板必须适应小幅度的需求变化，适应突然发生的需求变化，适应生产上的紧急事态。

6）看板上表示的数量要与实际的数量一致。

3. 看板的内容及分类

看板就是工作指令，可以反映零件号码、产品名称、零件外观、制造编号、容器形式、容器容量、看板编号、生产量、生产时间、方法、次序、搬运量、搬运周期、搬运目的、放置场所、搬运工具等信息。

看板一般分为生产指示看板和领取看板。生产指示看板是一种准备看板，如果是以批量生产的工序，通常用信号看板，如果是批量以外的一般生产用则用一般生产看板。生产看板反映生产信息，包括生产的产品名称、编号、生产容器型号和容量、工序名称等。领取看板又分为工序内领取看板和外协订货看板两种。领取看板反映由后道工序向前道工序领取产品的信息，包括物料名称、编号、容器型号和容量，以及到何处领取，送到哪个工位等。领料工根据领取看板可知，领何种物料，到何处领取，领多少，送至何处。

看板管理是一种独特的管理工具，它不等于 JIT 生产，仅仅是 JIT 生产的工具之一，但它是 JIT 生产方式中最独特的部分，因此也有人将 JIT 生产方式称为“看板方式”。看板只有在工序一体化、生产均衡化、生产同步化的前提下才能有效发挥作用。因而，在应用看板管理时，需对生产系统进行作业标准化，开展现场管理活动，合理化设备布置，提高工人操作技能，保证生产同步化与均衡化。

知 识 拓 展

精益生产（lean production），其中 lean 被译成“精益”有其深刻含义。“精”表示精良、精确、精美，“益”包含利益、效益等，它突出了这种生产方式的特点。精益生产方式与大量生产方式的最终目标是不同的。大量生产奉行的是给自己制定可接受数量的次品率、可接受的最高库存量以及相当狭窄范围的产品品种。精益生产奉行的是将目标确定为尽善尽美，即不断减少的成本、零次废品率、零库存以及无终止的产品品种类型。

1990 年出版的《改变世界的机器》一书。率先提出了精益生产的模式，详细介绍了精益生产的基本逻辑和技术，阐述了该生产模式的哲理。该书对精益生产的定义如下：

1）精益生产的原则是团队作业，交流，有效利用资源并消除一切浪费，不断改进及改善。

2）精益生产与大量生产相比只需要1/2劳动力，1/2占地面积，1/2投资，1/2工程时间，1/2新产品开发时间。

该书是IMVP进行五年调查、研究、分析的结果，是深刻地阐述精益生产内涵的专著，值得我国的企业学习和借鉴。

（资料来源：叶春明．2005．生产计划与控制．北京：高等教育出版社）

小　结

本章主要阐述了企业生产环境、生产过程的组织及典型的现代生产管理方式与方法。

企业生产环境及类型特点决定了企业管理的特点，不同生产类型对应不同的生产组织形式和方法。无论是哪种类型的企业，其生产过程一般都包含基本生产、辅助生产、生产技术准备和生产服务等运行过程。生产过程组织包括生产过程的空间组织和时间组织两部分基本内容，企业需根据其生产的目的和条件有机结合空间、时间组织，采用适合的生产组织形式。

MRP 是一种计划主导性的生产管理方法，将产品主生产计划转换成物料需求表。MRPⅡ在MRP的基础上将采购、生产、销售、财务以及信息管理等作为一个整体来管理，实现资源的有效利用。“目视管理”、“5S管理”、“定置管理”是应用较为广泛的现场管理方法，通常与PDCA循环结合应用，持续改善现场。JIT生产是一种较为先进的生产管理方式，它通过消除生产过程的无效劳动和浪费，实现减少库存、缩短工时、降低成本、提高效率的目的。JIT 以适时适量生产、弹性配置作业人员、全面质量管理为基本手段，看板是JIT生产中最重要的管理工具。

复习思考题

1．什么是生产？如何理解生产系统？

2．什么是生产过程？生产过程由哪些部分组成？

3．合理组织生产过程应达到哪些要求？

4．工艺专业化形式和对象专业化形式有何优缺点？

5．MRP与MRPⅡ的处理逻辑是什么？

6．JIT生产与传统的生产方式有什么区别？

7．说明JIT的基本思想、体系结构及实施的基本手段。

8．JIT与看板管理是什么关系？

9．现场管理有哪些方法？

10．简述目视管理、“5S”管理、定置管理的内容。

案 例 分 析

上海通用汽车公司精益生产实施

“柔性化共线生产、精益制造技术”是人们在谈到上海通用先进的生产方式时经常提及的一点，但很少有人能真正明白什么是柔性化，什么是精益制造。实际上，柔性化与精益制造（也称精益生产）不仅仅是上海通用生产制造的一个环节，更是从采购到销售整个企业流程运作的基本理念。作为一条柔性化精益制造的生产线，它仅仅是整个通用制造体系（general manufacture system，GMS）系统中一个具体的工艺流程。

假如把 GMS 看作是一架高速运转的机器，那么“标准化、缩短制造周期、质量是制造出来的、持续改进、员工参与”是保证这部机器运转良好的最重要的 5 个环节。实际上 GMS 就是以这 5 条作为其构成的最基本原则，而这 5 条原则又是循序渐进，互为补充，互相促进的，最终达到良性循环的效果。

1. 万事有道：标准化

标准化是整个 GMS 系统最基本的要素。实现大规模的精益生产，首先需确立标准和规范，标准化是现代工业开端的标志。标准化所设定的基准是持续改进的基础，同时支持最佳的操作方法，更有助于解决问题。标准化包含多方面内容，如工作场地布置标准化、定额工时管理的标准化、标准化的作业流程以及目视的运用和管理。

工作场地布置标准化主要是研究工具、材料的布置，合理规划工作场地，使员工最直接、最有效、最便捷取用到工具或材料，高效完成工作。定额工时的管理则是对产品的生产环节（如手工操作时间、取料时间、行走时间和机器运转时间）进行分析，减少不必要（不增值）时间浪费，以提高工作效率。目视管理以颜色代表文字，简化工作。如在零件的标签上，红色代表废品、黄色代表待处理品、绿色代表合格品、灰色代表在制品；对于岗位工作基本情况的考核，红色代表低于要求，提出警告；黄色代表有待改进，找出对策；绿色代表达到要求，可以放行。一个井然有序、安全、清洁的工作环境，不仅提高操作准确率、工作效率和产品质量，同时将工时和资源浪费减少到最小。

2. 人人有责：制造质量

GMS 系统中人人铭记一个原则是：质量是制造出来的，而不是检验出来的。这个原则的本质在于把质量观念置于整个产品生产制造过程，在不同环节、不同流程阶段的工位心中树立质量的观念，每发现一处缺陷都把他消灭在萌芽状态，而不是靠最后的检验环节检验出来。在整个质量环节还有一个基本的原则——“不接受缺陷、不制造缺陷、不传递缺陷”。这条原则把每一个工位，无论是上一道工序还是下一道工序都首先看作彼此的“客户”，本岗位、本客户不接受上一道工序传来的缺陷，同时自己也不能产生失误和差错，如果产生失误和差错，下一个工位或客户有权拒绝接受。这三条原则在工作流程中广泛使用。

3. 永恒目标：缩短周期

缩短制造周期最能体现物流和一体化管理的概念。缩短制造周期对企业有着非常重要的意义，交货期的缩短，会获得用户的满意，加快客户反馈的过程，利于产品的改进，质量的提高。同时根据订单生产，可以避免过量生产，减少流动资金的占用。但缩短制造周期却主要靠物流和一体化来拉动，而不是靠生产环节来拉动，这又是为什么呢？这是因为随着技术的提高和工人素质的提升，制造环节的挖潜空间已不大。可能大幅增值的只有物流和一体化管理。

物流的缩短主要包括生产现场的物流管理和 CKD 远洋运输的物流。现场管理的物流主要是通过物料看板、物料少量精益再包装、地址配送、物料看板等几个环节的配合来实现。物料看板是放置在物料箱里标明物料品名、型号、数量等物料基本情况的卡片，而物料箱里物料则是根据少量精益减少存货的原则配置的，同时物料箱的设计也具有质量控制的思想，所有在某个工位要使用的物料都会在物料箱里有固定的位置和固定的数量，不可能放错也不可能少。因为不同规格的零件在物料箱里有不同的尺寸和位置，物料箱里有任何多余的零件则意味着生产装配过程存在缺陷。当若干盒被取用后的物料箱只剩到某一数量时，会有物料工将空物料箱看板收集后送至仓库配料，然后按照配送地址送到不同工位。而物料仓库的看板工则可以一目了然地了解各工位物料需求以及配送情况。CKD 远洋配送则是指由国外供应商将零部件包装后由集装箱运至国内按照要求进行重新包装，然后分别送入企业仓库或者国内供应商，通过企业仓库运至生产现场的一种物流形式。

一体化管理是企业为全力保障核心业务（如汽车的生产制造业务）而将诸如后勤供应、仓储管理等非核心业务交与更专业、效率更高的社会专门机构来管理的方式。上海通用先进的管理理念很大一部分体现在一体化管理的运用上，上海通用也是在国内率先采用一体化管理的企业。企业为了实现总体运行的高效率，必须将有限的资源集中在实现高附加值的核心业务的专业化运行上，同时通过与外部实现资源共享的方式来实现非核心业务管理的专业化。这种在管理职能上的分工能够极大地减少企业在非核心业务方面的机构设置和人员投入，同时又能通过供应商的专业管理系统使公司成为高效、敏捷的精益制造企业。如上海通用在化学品管理方面开创了一条通过社会专业资源来履行环保义务实现绿色生产的新途径，上海通用的做法得到了全国人大执法检查组和有关部门的肯定。

4. 修正坐标：持续改进

持续改进以标准化的实施为前提，每一个点滴的小改进都是进一步提升的基础。持续改进的一个重要步骤就是全员的生产维修，设备维修的方式是自主保养加预防性维修加抢修。在自主保养方面强调操作工要对设备进行自主保养，形成“自己的设备自己维护”的主人翁意识。同时还要对操作工进行设备保养知识的培训。除此之外，还要通过专业仪器对设备进行专业性的振动分析，以得出人为无法分析和判断出精确数据。

5. 以人为本：员工参与

企业中最重要最核心的要素就是人。上海通用提倡员工参与的观念，不断激励员工，同时下放职权，给员工以充分的参与与创造空间。提倡员工参与，即激励个人的能动性，

更提倡团队方式参与到工作目标的实现上。在上海通用的车间里，可以看到每一个小组的休息点都有印制好的合理化建议单和建议箱，每一项被最终采纳的合理化建议都会得到物质和精神上的奖励。据悉，从2000年5月开始，已经采纳合理化建议1500条，直接节约成本188万元。而现在上海通用的员工已经有88%的人参与到提合理化建议的活动中来。在员工参与的原则中，上海通用着重强调员工的安全。在工厂发生火灾的时候，工厂不提倡员工做无谓的牺牲来保全企业的财产，而应采取正确措施是迅速通知专业的救火部门，协助救火人员做好扑救工作。

柔性理念也体现在对员工培训上，其目的是通过多方位的培训，使员工能胜任不同的岗位，为所有的员工提供更多的发展计划和机会。一人多岗，一岗多能的培训为一个生产线上不同车型的共线生产打下了基础，一人多岗，一岗多能也使员工避免产生枯燥呆板的情绪，在不同的工作环境和岗位撞击出更多的火花。

（资料来源：http://auto.gasgoo.com/News/2008/11/171138253825.shtml）

讨论：

1．精益生产与JIT生产有什么联系？

2．实施精益生产/JIT生产要求有怎样的基础？

3．成功实施精益生产/JIT生产的关键因素是什么？

第八章 质 量 管 理

教学目标

本章主要介绍了质量的内涵及质量管理发展的阶段，对企业管理体系的建立进行基本原则和体系要求的说明，进而对质量管理的工具进行介绍，以更好地熟悉质量管理的思想及管理流程。

学习任务

通过这一章内容的学习，要达到以下几个目的：

- 了解质量的定义及特性。
- 了解质量管理的发展阶段及各阶段的主要特点。
- 了解质量管理工具的内容及方法。
- 掌握质量管理的内涵，理解质量管理的意义。

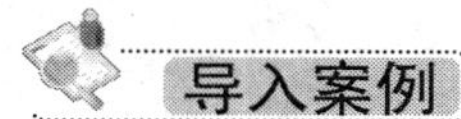

导入案例

丰田召回门的反思

曾经，丰田汽车公司以其品质高、价格合理，成为全球最大的汽车生产商，它的质量管理模式被称为“丰田神话”。

然而，进入2009年，丰田汽车连遇尴尬，“丰田神话”更是屡遭质疑。据不完全统计，仅今年前10个月，丰田已在全球召回了9次，涉及车辆达到625万余辆。

召回，对于一个企业来说本是正常之事，但是连续召回，不得不让人对其产品质量和管理模式产生质疑。

包括丰田高层在内的很多专业人士都意识到，为了早日成为世界第一大汽车生产商而快速地扩充产能，使丰田生产体系的质量管理不能跟上发展的步伐，这是造成“丰田召回门”的一个主要原因。

对此，丰田社长丰田章男于2010年新闻发布会上表示，丰田宣布放弃夺取全球15%市场份额的目标，从而退出全球销量第一的争夺战。丰田争取全球销量第一的目标对公司发展不利，其销量增长的同时，质量严重下降，影响了消费者对丰田品牌的信心。

（资料来源：http://auto.sohu.com/s2010/howtoyota/）

讨论：

企业在快速发展的同时，如何保证产品质量是一个非常重要的战略工作。

第一节　现代企业质量管理概述

一、质量概念及特性

1. 定义

什么是质量？这是一个又熟悉又难回答的问题，似乎谁都知道什么是质量，但谁都很难说清楚什么是质量。经过质量管理理论界和实践界的专家们多年的研究和实践，在1986年的ISO 8402《质量管理和质量保证》标准中给出了质量的定义。2000版的ISO 9000给质量的定义为：质量是一组固有特性满足要求的程度。

根据我们国家标准的规定，质量是指产品、过程或服务满足规定或潜在需要能力的特征和特性综合。

质量定义中的“需要”，在合同环境或法规环境中，如在核安全性领域中，是明确规定的，而在其他环境中隐含的需要则应加以识别并规定。

需要通常可转化为用指标表示的特性。因此，产品质量的好坏和高低是根据产品所具备的质量特性能否满足人们的需要及其满足的程度来衡量的。

2. 质量特性说明

质量的特性可以分为有形产品质量特性和无形产品质量特性，如图 8.1 所示。

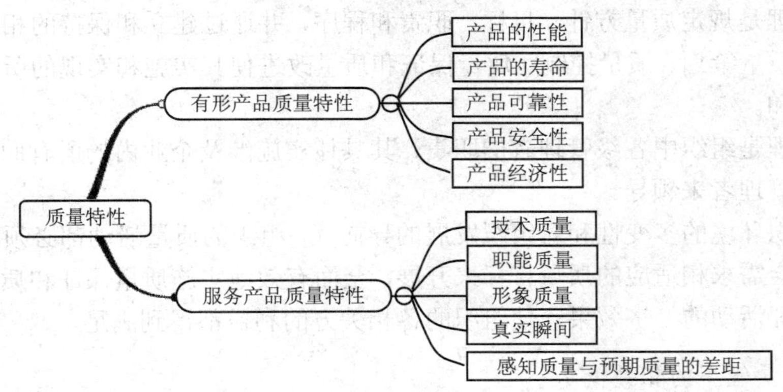

图 8.1　质量特性

（1）有形产品的质量特性

1）产品的性能：是指产品应达到使用功能的要求，如钟表的走时准确，电视机的图像清晰度等。

2）产品的寿命：是指产品在规定的使用条件下，满足规定功能要求的工作期限，如灯泡的使用小时数、电冰箱的使用年数等。

3）产品的可靠性：是指产品在规定时间内，在规定的条件下，完成规定功能的能力，如电视机平均无故障工作时间、机床的精度保持的时间长短等。

4）产品的安全性：是指产品在制造、流通和使用过程中保证人身与环境免受危害的安全的程度，如各种家用电器在故障状态下不自燃起火、不漏电等。

5）产品的经济性：是指产品从设计、制造到整个产品使用寿命周期总费用的大小，具体表现为顾客购买产品的售价和使用成本，如电冰箱的耗电量、汽车的耗油量及维护保养费用等。

（2）无形产品的质量特性（服务质量）

1）服务质量的概念。服务质量是产品生产的服务或服务业满足规定或潜在要求（或需要）的特征和特性的总和。服务质量最表层的内涵包括服务的安全性、适用性、有效性和经济性等一般要求。其具体内涵如下：服务质量是顾客感知的对象；服务质量要有客观方法加以制定和衡量，更多地要根据顾客主观的认知加以衡量和检验；服务质量发生在服务生产和交易过程之中；服务质量是在服务企业与顾客交易的真实瞬间实现的；服务质量的提高需要内部形成有效管理和支持系统。

2）服务质量的构成要素。服务质量既是服务本身的特性与特征的总和，也是消费者感知的反应，因而服务质量既由服务的技术质量、职能质量、形象质量和真实瞬间构成，也由感知质量与预期质量的差距所体现。

二、质量管理

（一）质量管理的定义

质量管理是规定质量方针、目标、职责和程序，并通过建立和保持的相关体系进行过程管理、质量策划、质量控制、质量保证和质量改进使其实施和实现的所有质量职能和活动的总和。

质量管理是组织中各级管理者的职责，其具体实施涉及企业内的所有职工，但必须由企业最高管理者来领导。

由于组织环境的多变性和对组织发展的导向性，组织的质量活动都必须围绕着与顾客需求和社会需求相适应的质量目标来开展，全面有效地实施质量保证和质量控制，并讲求质量管理活动的经济效果，使组织的各相关方的利益都得到满足。

（二）质量管理的相关概念

1. 质量管理体系

2000版ISO 9000族标准对质量管理体系（quality management system）下的定义是：在质量方面指挥和控制组织的管理体系。所谓管理体系（management system），是指建立方针和目标并实现这些目标的相互关联和相互作用的一组要素。企业的质量管理是通过制定质量方针和目标，建立、健全质量管理体系并使之有效运行来付诸实施的，所以，质量管理体系是企业有效开展质量管理的核心。

2. 质量策划

2000 版 ISO 9000 族标准对质量策划（quality planning）定义是：质量管理的一部分，致力于设定质量目标并规定必要的运行过程和相关资源，以实现其质量目标。质量策划是组织质量管理中的筹划活动，是组织最高管理者和质量管理部门的质量职责之一。

以企业为例，质量策划的内容主要有三个：产品策划、管理和作业策划以及编制质量计划。产品策划指要根据市场、顾客需求和竞争的需要，对老产品改进和新产品开发进行筹划，包括产品定位、确定产品的质量特性、质量目标和要求等，并规定相应的作业过程和相关资源，以实现产品质量目标。管理和作业策划是指企业为了不断完善质量管理体系并使之有效运作，必须安排对人员进行培训，确定质量管理系统的过程内容，提出质量管理体系各过程的控制目标和要求，并规定相应的作业过程和相关资源，以实现企业的质量目标。编制质量计划是指为满足顾客的质量要求，企业要根据自身条件开展一系列的筹划和组织活动，提出明确的质量目标和要求等，并制定相应的质量管理体系要素和资源的文件。

3. 质量控制

质量控制（quality control）是质量管理的一部分，是指致力于满足质量要求的活动。任何因素偏差，都会影响组织运作的绩效，必须给予有效控制。

企业实施质量控制的目标是确保产品质量能满足企业各利益方对质量的要求。质量控制的范围涉及质量形成的全过程，其目的是通过一系列作业技术和活动对全过程影响质量的人、机、料、法、环（简称 4M1E）诸因素实施有效控制，并排除会使产品质量受到损害而不能满足质量要求的各种原因，以减少损失，提高绩效。

4. 质量保证

质量保证（quality assurance）是质量管理的一部分，是指致力于提高质量要求会得到满足和信任的活动。质量保证和质量控制是相互关联的，质量保证以质量控制为其基础，进一步引申到以提高“信任”为目的。

由目的出发，企业的质量保证分为内部质量保证和外部质量保证。内部质量保证要求全体员工之间都要提供质量信任，是企业最高管理者实施质量管理活动的一种重要管理手段；外部质量保证是指质量保证要向顾客或第三方提供信任。

5. 质量改进

2000 版 ISO 9000 族标准对质量改进（quality improvement）下的定义是：是质量管理的一部分，致力于增强满足质量要求的能力。

产品质量是企业在竞争中取胜的重要手段。为了增强企业竞争力，有必要进行持续的质量改进。为此，企业应确保质量管理体系能推动和促进持续的质量改进，使其质量管理工作的有效性和效率能使顾客满意，并为企业带来持久的效益。

企业在开展质量改进应注意以下几点；一是质量改进通过改进进程来实现，进程决定了结果，关注过程的质量改进将有助于企业提高质量管理的效率和有效性；二是质量改进致力于经常寻求改进机会，而不是等待问题暴露后再去捕捉机会，要有积极主动的质量管理态度；三是对质量损失的考虑依据顾客满意度、过程的质量效率和社会质量损失三个方面的分析结果。

（三）质量管理的发展历程

质量管理是一门科学，它是随着整个社会生产的发展而发展的，同时，它同科学技术的进步、管理科学的发展也密切相关。质量管理的发展过程可分为三个阶段，如表 8.1 所示。

表 8.1　质量管理发展三个阶段

阶　段	时　间	特　征
质量检验阶段	～20 世纪 40 年代	对已完成的产品进行质量检验；防守型的质量管理
统计质量控制阶段	20 世纪 40～60 年代	在生产过程中，定期地进行抽查；预防型的质量管理
全面质量管理阶段	20 世纪 50 年代末、60 年代初～	充分满足顾客要求的条件下进行生产和提高服务；攻防兼备的质量管理

1. 质量检验阶段

从大工业生产方式出现直至 20 世纪 40 年代，基本上属于这一阶段。这一阶段也称为传统质量管理阶段。其主要特征是按照规定的技术要求，对已完成的产品进行质量检验。

在这一阶段，质量管理的中心内容是通过事后把关性质的质量检查，对已生产出来的产品进行筛选，以保证质量，把不合格品和合格品分开。这对于保证不使不合格品流入下一工序或出厂送到顾客手中，是必要的和有效的，至今在工厂中仍不可缺少。但这种检验等于“死后验尸”，不良品带来的损失已经造成，也很难在生产过程中起到预防和控制的作用。另外，要求成品全数检验，有时从经济上说不够合理，在技术上考虑也不完全可能。这是质量管理发展中的初级阶段，这种检验方式已不符合大生产发展的要求。

2. 统计质量控制阶段

统计质量控制阶段是以数理统计方式应用于质量控制为特征的统计的质量管理，是质量管理发展过程中的一个重要阶段，它是 20 世纪 40～60 年代得到发展和推广应用的。

统计质量控制的方法是应用数理统计的方法，对生产过程进行控制。也就是说，它不是等一个工序整批工件加工完了，才去进行事后检查，而是在生产过程中，定期地进行抽查，并把抽查结果当成一个反馈的信号，通过控制图发现或鉴定生产过程是否出现了不正常的情况，以便能及时发现和消除不正常的原因，防止废品的产生。它的主要特点是，从质量管理的指导思想上看，由事后把关变为事前预防；从质量管理的方法上看，广泛深入地应用了统计的思考方法和统计的检查方法。统计方法的应用减少了不合格

品，降低了检验费用。但是现代化大规模生产十分复杂，影响产品质量的因素是多种多样的，单纯依靠统计方法不可能解决质量管理的所有问题。随着大规模系统的涌现与系统科学的发展，质量管理也走向系统工程的道路。

3. 全面质量管理阶段

全面质量管理的出现，始于20世纪50年代末、60年代初。最早提出全面质量管理概念的是美国的质量管理专家费根堡，他在1961年所著的《全面质量管理》一书中，正式提出了全面质量管理的理论。费根堡提出："全面质量管理是为了在最经济的水平上，并考虑到充分满足顾客要求的条件下进行生产和提高服务，并把企业各部门研制质量、维持质量和提高质量的活动构成一体的一种有效体系。"

本章后面内容将对全面质量管理进行比较详细的说明。

总的来说，以上质量管理发展的三个阶段的质的差别是，质量检验阶段靠的是事后把关，是一种防守型的质量管理；统计质量控制阶段主要是靠在生产过程中实施控制，把可能发展的问题消灭在生产过程之中，是一种预防型的质量管理；而全面质量管理则保留了前两者的长处，对整个系统采取措施，不断提高质量，可以说是一种攻防兼备的质量管理。

（四）全面质量管理

全面质量管理开创了现代质量管理的一个新时代，经过了日本和其他国家企业质量管理的实践及其众多学者的总结研究，全面质量管理理论获得了很大发展。

1. 全面质量管理的特点

（1）满足顾客需求是全面质量管理的基本出发点

把顾客需求放在第一位，牢固树立为顾客服务、对顾客负责的观点，是企业推行全面质量管理的指导思想和基本原则。企业通过开展全面质量管理，可以经济地研制和提供技术服务，充分发挥产品效用，以达到更好地满足顾客需要的目的。这条基本原则，不仅适用于生产企业处理与顾客之间的关系，而且可以引用到企业内部处理前、后工序（或环节）之间的关系。全面质量管理要求企业各道工序（或工作环节）都必须树立"后工序（或环节）就是顾客"、"努力为后工序服务的"思想。

（2）全面质量管理所管的对象是全面的，即广义的质量

全面质量管理不仅管产品质量，而且管产品质量赖以形成的工作质量。离开工作质量的改善，提高产品质量是不可能的。全面质量管理特别要在改善工作质量上下功夫。通过提高工作质量，不仅可以保证和提高产品质量，而且可以做到降低成本，供货及时，服务周到，以全面质量的提高来满足顾客的要求。

（3）全面质量管理所管的范围是全面的，即产品质量产生、形成和是实现的全过程

实行全过程的质量管理，要在产品生产过程的一切环节加强控制，消除产生不合格品的种种隐患及其深层的原因，形成一个能够稳定生产合格产品的生产系统；要加强开发设计的质量管理，提高开发设计的质量，使产品设计充分满足顾客适用性要求；要保

证顾客的使用质量，保证技术服务工作质量。这就把质量管理从原来的市场制造过程扩大到市场调查、开发设计、制定工艺、采购、制造、检验、销售、顾客服务等各个环节，形成“一条龙”的总体质量管理。

（4）全面质量管理是全员参与的管理

企业产品质量的好坏，是企业许多工作和许多环节活动的综合反映，它涉及企业各个部门和全体职工。保证和提高产品质量需要依靠全体职工的共同努力，从企业领导、技术人员、管理人员到每个工人，都必须参加质量管理，学习和运用全面质量管理的思想、方法，做好自己的工作。只要人人关心质量，承担相应的质量责任，做到“主要领导亲自抓，分管部门具体抓”，各个部门协同抓，才能搞好全面质量管理。广泛开展群众性的质量管理小组活动，是组织广大职工参加质量管理，把群众关心质量的积极性引导到实现质量目标上来的有效形式。

（5）全面质量管理所采用的方法是多种多样的、综合的

在全面质量管理的各项活动中，要把数理统计等科学方法与改革专业技术、改善组织管理，以及加强思想教育等方面紧密结合起来，综合发挥它们的作用。因为影响产品质量的因素错综复杂，来自各个方面，既有物的因素，又有人的因素；既有生产技术因素，又有组织管理因素；既有自然因素，又有心理、环境、经济、政治等社会因素；既有企业内部因素，又有企业外部因素等。要把这方方面面的因素综合地、系统地控制起来，必须根据不同情况，有针对性地采取各种不同的管理方法和措施，才能促进产品质量长期稳定地持续提高。

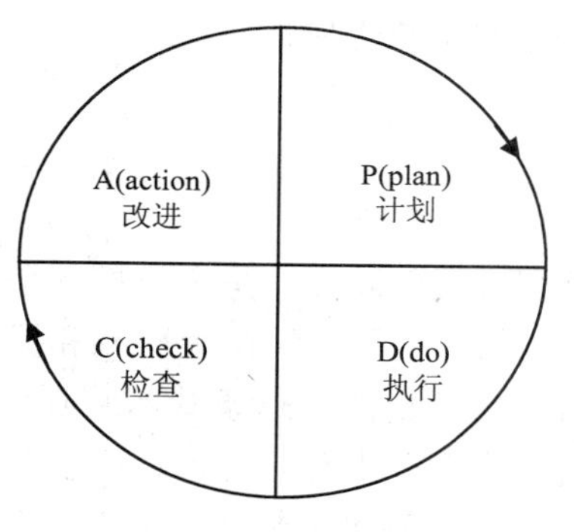

图 8.2　PDCA 戴明循环

2．全面质量管理的基本工作程序

PDCA 循环是全面质量管理最基本的工作程序，PDCA 是美国统计学家戴明提出的，因此也叫戴明循环。PDCA 是计划（plan）、实施（do）、检查（check）、处理（action）的简称，是全面质量管理反复经过的四个阶段，如图 8.2 所示。

第一个阶段称为计划阶段，又叫 P 阶段。这个阶段的主要内容是通过市场调查、顾客访问、国家计划指示等，搞清楚顾客对产品质量的要求，确定质量政策、质量目标和质量计划等。

第二个阶段为执行阶段，又称 D 阶段。这个阶段是实施 P 阶段所规定的内容，如根据质量标准进行产品设计、试制、试验、其中包括计划执行前的人员培训。

第三个阶段为检查阶段，又称 C 阶段。这个阶段主要是在计划执行过程中或执行之后，检查执行情况，是否符合计划的预期结果。

第四阶段为处理阶段，又称 A 阶段。主要是根据检查结果，采取相应的措施。四个阶段循环往复，没有终点，只有起点。

在全面质量管理中，通常还可以把 PDCA 循环四阶段进一步细化为 8 个步骤，如表 8.2 所示。

表 8.2　PDCA 循环四阶段八步骤

阶　段	步　骤
P 计划阶段	1）寻找质量问题 2）寻找产生质量问题的原因 3）从各种原因中，找出对质量影响最大的因素，即主要原因 4）针对原因，研究措施，制定对策和计划
D 执行阶段	5）按预定计划的对策，认真执行
C 检查阶段	6）检查执行效果
A 改进阶段	7）巩固成绩，进行标准化 8）寻找遗留问题，为下一个 PDCA 循环提供依据

第二节　质量管理体系

为了取得质量成效，组织需要采用一种系统和透明的方式进行质量管理。经过长期的实践和总结，人们对这种系统和透明的方式加以发展，形成了质量管理体系。在实践中人们逐渐认识到，要使组织获得长期成功，就必须针对所有相关方的需求，实施并保持持续改进组织业绩的质量管理体系。这里所谓的相关方（interested party），是指与组织的业绩或成就有利益关系的个人或团体，如顾客、所有者、员工、供应方、银行、工会、合作伙伴和社会等。如何组建一个有效的质量管理体系来支持其持续改进业绩呢？

一、质量管理的基本原则

ISO/TC176 在总结 1994 版 ISO 9000 标准的基础上提出了质量管理的八项基本原则，作为 2000 版 ISO 9000 族标准的指导思想。人们普遍认为，这八项质量管理原则，不仅是 2000 版 ISO9000 族标准的理论基础，而且应该成为任何一个组织机构建立质量管理体系并有效开展质量管理工作所必须遵循的基本原则。

质量管理的八项基本原则包括了一个组织的最高管理者应关注的工作重点，包括思想方法、工作方法和领导作风，以及处理内部各种关系的正确态度，对指导管理者完善组织的质量管理工作有着重要作用。八项基本原则的中心是以顾客为关注焦点，其他七项基本原则围绕该项基本原则展开。建立和完善组织的质量管理体系，必须坚持全员参与，并贯穿整个生产和服务过程。质量管理的八项基本原则如图 8.3 所示。

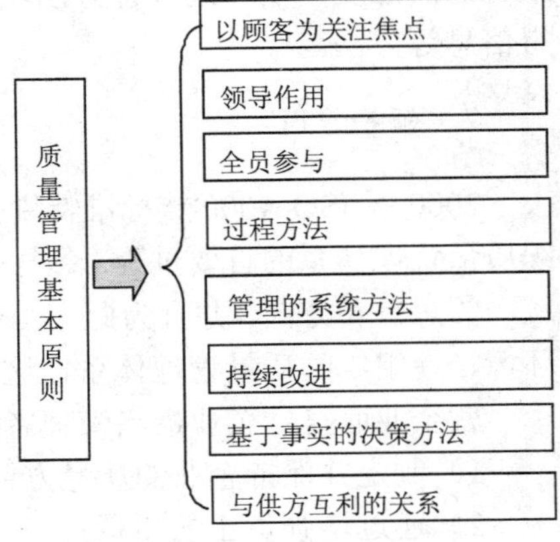

图 8.3　质量管理的八项基本原则

1. 以顾客为关注焦点

组织总是依存于他们的顾客。组织的变革和发展都离不开顾客，所以组织应充分理解顾客的当前和未来需求，满足顾客需求并争取超过顾客的期望。

对于企业来讲，必须做好以下工作：

（1）通过全面而广泛的市场调查，了解顾客对产品性能的要求

企业必须认识到顾客对不同产品价格的承受能力以及不同消费阶层、不同地区消费者的消费能力，并把它们转化为具体的质量要求，采用有效措施使其在产品中实现。

（2）谋求在顾客和其他受益者（企业所有者、员工、社会等）的需求与期望之间达到平衡

在确定顾客所能接受的价格后，还应分析产品所能取得的利润，是否使企业所有者及其股东能够获得适当利润；是否能够提高员工的福利待遇，这样的待遇能否对员工起到相应的激励作用；产品的销售是否会带来正面的社会效益，从而扩大企业的社会影响力。

（3）将顾客的需求和期望传达到整个企业

把进行顾客调查所得到的资料分门别类，采取科学的方法进行分析、归纳。随后，就这些分析结果采用各种形式传达给企业内的每一个员工，使其更加确定顾客的期望，并把这些顾客的期望贯穿到生产、服务的每一个环节。这样将会使企业的每一个成员牢固树立“顾客就是上帝”的观念，同时使企业形成相应的企业文化，在社会上树立良好的企业形象。

（4）测定顾客的满意度，并为提高顾客的满意度而努力

顾客对产品质量的评价，存在于顾客的主观感受中，反映在市场的变化之中。促使顾客满意及评判顾客满意的标准只有一个——是否满足顾客需要并超越其期望。顾客对特定事物的满意度受到三个基本因素的影响，它们是不满意因素、满意因素和非常满意因素。不断提高顾客的满意度，能够从根本上提高产品的市场占有率，对组织的生存是非常重要的，任何忽视顾客满意度的行为，都会明显地影响到企业的经营和生存发展。顾客的满意度可以通过多种方法获得，如采用市场问卷调查、新产品试用、售后服务获得信息等方法。

2. 领导作用

2000 版 ISO 9000 族标准特别强化最高管理者的作用，为此把“管理职责”作为组织质量管理体系的首要过程。领导作用的原则强调了组织最高管理者的职能是确立组织统一的宗旨和方向，并且为此应当创造并保持使员工能充分参与并实现组织目标的内部环境，使组织的质量管理体系在这种环境下得以有效运行。

就企业而言，企业最高管理者应该发挥以下作用：

1）制定并保持企业的质量方针和质量目标。

2）通过增强员工的质量意识、参与质量管理的积极性，在整个企业内促进质量方针和质量目标的实现。

3）确保整个企业关注顾客要求。

4）确保实施适宜的过程，以满足顾客和其他相关方要求并实现企业的质量目标。

5）确保企业建立、实施和保持一个有效的质量管理体系以实现企业的质量目标。

6）确保企业的质量管理活动能获得必要的资源。

7）定期评审质量管理体系。

8）决定企业有关质量方针和质量目标的措施。

9）决定改进企业质量管理体系的措施。

3. 全员参与

组织是由不同层次的人员组成，各级人员都是组织之本。组织的质量管理不仅需要最高管理者的正确领导，还有赖于组织全体员工的参与。只有全体员工的充分参与，才能使他们的才干为组织带来效益。

对于企业而言，应鼓励全体员工积极参与质量管理工作，具体包括：

1）承担起解决质量问题的责任。如果生产的产品出现质量问题，企业中不同层次的人员，都要从自己所负责的工作范围中积极查找出现质量问题的可能性，并提供意见协助其他人员共同解决所有的质量问题。

2）不断增强技能、知识和经验，主动地寻找机会进行质量改进。要形成员工自我更新知识的风气，培养学习型的员工，鼓励员工根据顾客需求，不断改进生产工序和生产方式，不断提高产品的质量。

3）在团队中自由地分享知识和经验，关注为顾客创造价值。

4）在生产过程中对企业的质量管理目标进行不断的改进和创新，通过产品所具有的质量和个人行为向顾客和社会展示自己的企业。

5）从工作中能够获得满足，并为是企业的一员而感到骄傲和自豪。

在质量管理活动中坚持全员参与的原则，有助于员工提高对自身工作岗位的满意度，积极地参与有助于个人成长和发展的活动，主动承担起对组织目标的责任，有效地参与适当的决策活动和质量改进活动，提高对组织利益的贡献能力。

4. 过程方法

将活动和相关的资源作为过程进行管理，可以更有效地得到期望的结果。任何使用资源将输入转化为输出的活动或一组活动就是一个过程。系统地识别和管理组织所应用的过程，特别是这些过程之间的相互作用，称之为“过程方法”。

质量管理体系的四大过程是：管理职责、资源管理、产品实现及测量、分析和改进。

过程方法的优点是对诸过程直接的相互作用和联系进行系统的识别和连续的控制，可以更高效地得到期望的结果。在质量管理体系中，过程方法强调：

1）对整个过程给予界定，以理解并满足要求和实现组织的目标。

2）从增值的角度考虑过程。

3）识别过程内部和外部的顾客、供方和其他受益者。

4）识别并测量过程的输入和输出，获得过程业绩和有效性的结果。

5）基于客观的测量进行持续的过程改进。

5. 管理的系统方法

所谓系统管理，是指将相互联系的过程作为系统加以识别、理解和管理，有助于组织提高实现目标的有效性和效率。根据系统理论，在质量管理体系中所有过程都是相互关联的，不应把单个过程从体系中割裂出来进行管理，要把组织内各项活动作为相互关联的过程进行系统管理。首先应强调的是确定哪些过程与组织目标的实现有关，这种相关性的确定就是“识别”；其次是理解这些过程的相互关联性和对目标的作用，并认识其重要程度；最后再是如何对这些过程进行控制和管理。

在本原则实施的过程中，应注意以下几点：

1）正确识别相关过程。

2）以最有效的方式实现目标。

3）正确理解各过程的内在关联性及相互影响。

4）持续地进行评估、分析和改进。

5）正确认识资源对目标实现的约束。

实施系统管理的原则可达到以下效果：

1）有利于组织制定出相关的具有挑战性的目标。

2）使各过程的目标与组织设定的总目标相关联。

3）对各过程的有效监督、控制和分析，可以对问题产生的原因有比较透彻的了解，并及时地对问题进行改进和防止。

4）协调各职能部门，减少部门之间的障碍，提高运行效率。

6. 持续改进

持续改进总体业绩应当是组织的一个永恒目标。由于质量最本质的含义是不断满足顾客的需求，而顾客的需求是随着社会的进步和科技的发展不断变化、提高的。所以对质量的持续改进也是大势所趋，并成为一个组织永恒的目标和永无止境的追求。

改进是指产品质量、过程及体系有效性和效率的提高，持续改进质量管理体系的目的在于增强顾客和其他相关方满意的机会。为此，在持续改进过程中，首先要关注顾客的需求，努力提供满足顾客的需求并争取能提供超出其期望的产品。另外，一个组织必须建立起一种“永不满足”的组织文化，使持续改进成为每个员工所追求的目标。

持续改进是一项系统工程，它要求组织从上到下都有这种不断进取的精神，而且需要各部门的良好协作和配合，使组织目标与个人目标的一致，这样才能使持续改进在组织内顺利进行。持续改进应包括：

1）分析和评价现状，识别改进区域。

2）确定改进目标。

3）寻找、评价和实施解决办法。

4）测量、验证和分析结果，以确定改进目标的实现。

5）正式采纳更改，并把更改纳入文件。

7. 基于事实的决策方法

有效决策建立在基于事实的数据和信息分析的基础上。有两点需要说明：

1）所提供的数据和信息必须是可靠和翔实的，必须是建立在组织活动的基础上获得的事实，错误的信息和数据，必然会导致决策的失误。

2）分析必须是客观的、合乎逻辑的，而且分析方法是科学的和有效的，如统计方法的运用和计算机等信息工具的支持。

实施本原则至少可以为组织带来以下结果：

1）客观把握组织的质量状况，减少错误决策的可能性。

2）有利于优化资源配置，使资源的利用达到最大化。

3）充分发挥科学方法的作用，提高决策的效率和有效性。

8. 与供方互利的关系

组织与供方是相互依存的，互利的关系可增强双方创造价值的能力。在当今社会分工越来越细的情况下，选择一个良好的供方和寻找一个良好的顾客一样重要。因此，如何保证供方及时提供优质的产品，也是组织质量管理中一个重要的课题。

（1）供需双方应保持一种互利关系

只有双方成为利益的共同体时，才能实现供需双方双赢的目标。把供方看成合作伙伴是互利关系的基础，在获取组织利益的同时也注重供方的利益，将有助于组织目标的实现。如果把供方看成是谈判的敌方，尽量在谈判中争取更多的既得利益，将会损害供方的利益，并最终导致组织利益的损失。

（2）供方也需要不断完善其质量管理体系

蓬勃向上的供方，是组织有效开展质量竞争的保证。互利的供需方关系，将有助于促进供方建立健全质量管理体系，使组织持续获得质量稳定的供应。这一系统的实现，是增强供应链管理和供应链竞争力的重要保证。

（3）积极肯定供方的改进和成就，并鼓励其不断改进

供方的质量改进，带来的是供需双方的共同利益。每个供方都这么做，整体的质量和竞争力将会得到巨大的提高，双赢的目标就能得到持续稳定的保证。

二、质量管理体系要求

采用质量管理体系需要组织的最高管理者进行战略决策。一个组织质量管理体系的设计和实施，受其变化着的需求、具体目标、所提供的产品、所采用的过程以及该组织的规模和结构的影响。组织建立质量管理体系的目的是：

1）识别并满足其顾客和其他相关方（组织的人员、供方、所有者、社会）的需求和欲望，以获得竞争优势，并以有效和高效的方式实现。

2）实现、保持并改进组织的整体业绩和能力。

1. 质量管理原则的应用

成功地领导和运作一个组织需要以系统和透明的方式对其进行管理，八项质量管理基本原则是组织质量管理体系的基础。根据2000版ISO 9000族标准的设计思想，八项质量管理基本原则是为组织的最高管理者制定的，目的是使最高管理者领导组织进行业绩改进。八项质量管理基本原则的应用不仅可为组织带来直接利益，也对成本和风险的管理起着重要作用。利益、成本和风险的管理对组织、顾客及其他相关方而言都很重要，关于组织整体业绩的这些考虑可影响：

1）顾客的忠诚。

2）业绩的保持和发展。

3）营运结果，如收入和市场份额。

4）对市场机会的灵活与快速反应。

5）成本和周转期（通过有效和高效的利益资源达到）。

6）对最高效地达到预期结果的过程的整合。

7）通过提高组织能力获得的竞争优势。

8）了解并激励员工去实现组织的目标以及参与持续改进。

9）相关方对组织有效性和效率的信心，这可通过该组织业绩的经济和社会效益、产品生命周期来证实。

10）通过优化成本和资源以及灵活快速地共同适应市场的变化，为组织及其供方增强创造价值的能力。

组织成功运用八项质量管理基本原则将使相关方获益，如提高投资回报、创造价值和增加稳定性。

2. 过程方法

2000版ISO 9000族标准鼓励组织在建立、实施质量管理体系以及提高质量管理体系的有效性和效率时，采用过程方法，以便通过满足相关方的要求来提高其满意程度。

组织使用资源并接受管理，从而将输入转化为输出的活动可视为过程。一个过程的输出通常会直接成为下一个过程的输入。为使组织能有效和高效地运作，组织必须识别并管理许多相互关联的活动，这就是“过程方法”。过程方法的优点是它可通过对系统内的各过程之间的连接和相互作用进行连续的控制。

当过程方法用于质量管理体系时，着重强调以下方面的重要性：

1）理解并满足要求。

2）需要从增值方面考虑过程。

3）获取过程业绩和有效性方面的结果。

4）以目标测量为依据对过程进行持续改进。

3. 体系和过程的管理

成功地领导和经营一个组织需要以系统的和可见的方式对其进行管理。实施并保持一个考虑了所有相关方的需求，从而持续改进组织业绩有效性和效率的管理体系，可使组织获得成功。

2000 版 ISO 9000 族标准希望组织的最高管理者通过以下方式建立一个以顾客为中心的组织：

1）确定体系和过程，这些体系和过程要得到准确的理解以及有效和高效的管理和改进。

2）确保过程有效和高效地得到控制，并确保具有用于确定组织良好业绩的测量方法，持续地收集并使用过程数据和信息。

3）引导组织进行持续改进，并使用适宜的方法评价过程改进，如自我评价和管理评审等。

2000 版 ISO 9000 族标准提出了质量管理体系要求，这是许多专家和企业长期研究和实践的结晶。具体的内容是：

1）识别质量管理体系所需的过程及其在组织中的应用

2）确保这些过程的顺序和相互作用。

3）确定确保为这些过程有效运行和控制所需的准则与方法。

4）确保可获得必要的资源和信息，以支持这些过程的有效运作和对这些过程的监控。

5）测量、监控与分析这些过程。

6）实施必要的措施，以实现对这些过程所策划的结果和对这些过程的持续改进。

4. 文件

组织的管理者应规定建立、实施并保持质量管理体系以及支持组织过程有效和高效运作所需的文件，包括相关记录。文件的性质和范围应满足合同、法律法规要求以及顾客和其他相关方的需求和期望，并应与组织相适应。文件可以采取适合组织需求的任何形式或媒体。

为使文件满足相关方的需求和期望，组织的管理者应考虑：

1）顾客的合同要求或其他相关方的要求。

2）采用的国际、国内、区域和行业标准。

3）相关的法律法规要求。

4）组织的规定。

5）与组织能力发展相关的外部信息来源。

6）与相关方的需求和期望有关的信息。

组织的管理者应针对以下准则，如功能性（如处理速度等）、便于使用、所需的资源、方针和目标、与管理知识相关的当前和未来的要求、文件体系的水平对比、组织的顾客、供方和其他相关方所使用的接口等，就组织的有效性和效率对文件的制定、使用和控制进行评价。另外，组织的管理者还应确保组织的人员能得到相关文件，以确保文件得到足够的认识并被有效使用。其他相关方能否得到文件则视组织的沟通方针而定。

（1）文件要求

组织的质量管理体系文件应包括：

1）形成文件的质量方针和质量目标。

2）质量手册。

3）形成文件的程序。

4）组织为确保其过程有效策划、运行和控制所需的文件。

5）质量记录。

减少程序文件是2000版ISO 9000族标准的重要发展。因而，组织如果参考该标准建立质量管理体系，则对于标准中出现“形成文件的持续”之处应加以关注，这表明标准在该处要求建立该程序、形成文件，并加以实施和保持。2000版ISO 9000族标准中明确规定需要形成文件的程序有文件控制、记录控制、不合格品控制、内部审核、纠正措施和预防措施等六处。另外，组织应该根据其规模和活动的类型、过程及其相互作用的复杂程度、人员的能力等因素来决定其质量管理体系文件的详略程度以及采用媒体的形式或类型。

（2）质量手册

组织应编制和持续使用质量手册，质量手册包括：

1）质量管理体系的范围，包括任何删减的细节与合理性。

2）为质量管理体系编制的形成文件的程序或对其的引用。

3）质量管理体系过程的相互作用的表述。

（3）文件控制

质量管理体系所要求的文件应予以控制。为此，组织应编制形成文件的程序，以规定以下方面所需的控制：

1）文件发表前得到批准，以确保文件是充分与适宜的。

2）必要时对文件进行评审、更新并再次批准。

3）确保文件的更改和现行修订状态得到识别。

4）确保在使用处可获得适用文件的有关版本。

5）确保文件保持清晰，易于识别。

6）确保外来文件得到识别，并控制其分发。

7）防止作废文件的非预期使用，若因某种原因而保留作废文件时，对这些文件进行适当的标识。

（4）记录的控制

记录是一种特殊类型的文件，应进行严格的控制。组织应建立并保持记录，以提供质量管理体系符合要求和有效运行的证据。根据2000版ISO 9000族标准的要求，组织应编制形成文件的程序，以规定记录的标识、储存、保护、检索、保存期限和处置所需的控制。记录应保持清晰，易于识别和检索。

第三节　质量控制常用的工具

质量改进中常用的方法很多，本教材将根据新旧七种工具分类介绍，如表 8.3 所示。

表 8.3　质量管理工具

旧 七 种 工 具	新 七 种 工 具
调查表	箭形图法
排列图	关联图法
因果图	系统图法亲和图
分层法	KJ 法
直方图	矩阵图
控制图	矩阵数据分析法
散布图	PDPC 法 （过程决策图法）

一、质量管理的旧七种工具

1. 调查法

调查法又称统计分析表法、检查表法，是利用统计表对数据进行整理和初步分析原因的一种方法，其格式有：不良项目调查表、零件尺寸频数分布表、缺陷统计表、不良原因调查表、不合格品分类统计分析表和措施计划表等。

在质量管理中，强调“用数据说话”，因此需要收集数据。实际收集数据时，要求方法要简单、数据处理也要比较方便。调查法就是这样的一种质量管理方法，此方法虽简单，但很实用，如表 8.4 所示。

表 8.4　按原因分类的不合格的调查表（表格式）

序　号	项　目	频　数	累计频数	累计%
1	服务态度差	80	80	40
2	商品种类少	60	140	70
3	商场环境差	30	170	85
4	价格偏高	20	190	95
5	服务设施差	4	194	97
6	其他	6	200	100
合计				

调查者：　　　　日期：　　　　地点：　　　　调查方式：　　　　总计

2. 排列图法

排列图法，又称主次因素分析法、帕洛特图法，它是找出影响产品质量主要因素的一种简单而有效的图表方法。

排列图是根据“关键的少数和次要的多数”的原理而制作的。也就是将影响产品质量的众多影响因素按其对质量影响程度的大小，用直方图形顺序排列，从而找出主要因素。为方便理解，以某商场服务质量排列图举例，如图 8.4 所示。

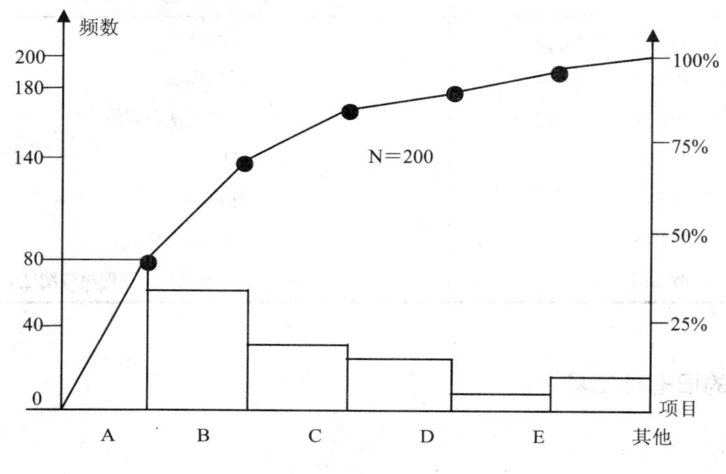

图 8.4 某商场服务质量排列图

通常累计百分比将影响因素分为三类：占 0～80%的因素为 A 类因素，也就是主要因素；80%～90%的因素为 B 类因素，是次要因素；90%～100%的因素为 C 类因素，即一般因素。由于 A 类因素占有问题的 80%，此类问题解决了，质量问题大部分就得到了解决。从图 8.4 可以看出，影响商场服务质量的主要原因是服务态度差、产品种类少、商场环境差，商场要提高服务质量，要从这三个方面入手进行提高。

在应用排列法时，有以下注意事项：

1）“项目”确定应表明“关键少数”，否则应重新排列。

2）“项目”不易太多，5～7 项为宜。

3）取样数量不易太少，至少 50 个数据。

4）关键问题不死扣 80%，一般 1～3 项为宜。

5）其他一定要放在最后，一般不大于 10%。

6）图形规范，标注齐全。

7）累计百分比是折线，不是直线。

8）目标值高的情况不宜使用排列图。

3. 因果分析法

因果分析法，又称特性要因法。它是寻找质量问题产生原因的一种有效工具。

（1）适用的管理活动

在进行质量分析时，如果通过直观方法能够找出属于同一层次的有关因素的主次关系（平行关系），就可以用排列法。但往往在因素之间还存在着纵向的因果关系，就要求有一种方法能同时理出两种关系，因果分析法就是根据这种需要而构思的。

（2）内涵

因果分析法形象地表示了探讨问题的思维过程，利用它分析问题能取得顺藤摸瓜、步步深入的效果。即利用因果分析图可以首先找出影响质量问题的大原因，然后寻找到大原因背后的中原因，再从中原因中找到小原因和更小的原因，最终查明主要的直接原因。这样有条理地逐层分析，可以清楚地看出“原因—结果”、“手段—目标”的关系，使问题的脉络完全显示出来。

（3）基本说明

应用因果图进行质量问题分析一般有以下几个步骤：确定要分析的问题，分析作图，找主要原因。

（4）应用因果图注意事项

1）确定原因时应通过大家集思广益，充分发挥民主。

2）确定原因，应尽可能具体。

3）有多少个质量问题，就要绘制多少张因果图。

（5）相应的表格或其他

因果图的基本格式为由特性、原因、枝干三部分构成，如图 8.5 所示。

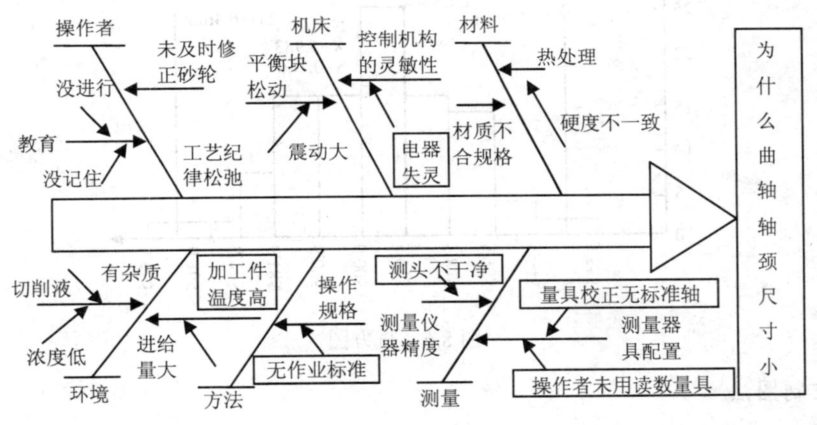

图 8.5　因果图

4. *分层法*

分层法，又称分类法，是质量管理中常用来分析影响质量因素的重要方法。在实际生产中，影响质量变动的因素很多，这些因素往往交织在一起，如果不把它们区分开来，就很难得出变化的规律。有些分布，从整体看好像不存在相关关系，但如果把其中的各个因素区别开来，则可看出，其中的某些因素存在着相关关系；有些分布，从整体看似乎存在相关关系，但如果把其中的各个因素区别开来，则可看出，不存在相关关系。可见用分层法，可使数据更真实地反映实施的性质，有利于找出主要问题，分清责任，及时加以解决。在实际应用分层法时，研究质量因素可按操作者、设备、原材料、工艺方法、时间、环境等方法进行分类。

5. 直方图法

直方图，又称质量分布图。直方图法，是通过对生产过程中产品质量分布状况的描绘与分析，来判断生产过程质量的一种常用方法。

直方图法是从总体中随机抽取样本，对从样本中获得的数据进行整理，从而根据这些数据找出数据变化的规律，以便预测工序质量好坏，估算工序不合格品率的一种方法。直方图法在质量管理活动中具有如下作用：

1）展示用表格难以说明的大量数据。

2）显示各种数值出现的相对频率。

3）揭示数据的中心、散布及形状。

4）推断数据的潜在分布。

5）为预测过程提供有用信息。

6）可以发现“过程是否能够满足顾客的要求”。

作好的直方图形态如图 8.6 所示。

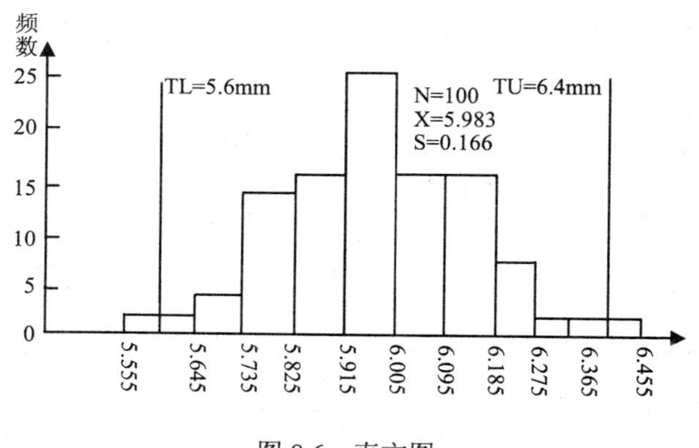

图 8.6　直方图

6. 控制图法

控制图法是以控制图的形式，判断和预报生产过程中质量状况是否发生波动的一种常用的质量控制统计方法。它能直接监视生产过程中的过程质量动态，具有稳定生产、保证质量、积极预防的作用。

7. 散点图法

散点图是表示两个变量之间关系的图，又称相关图，用于分析两测定值之间相关关系，它具有直观简便的优点。通过作散布图对数据的相关性进行直观地观察，不但可以

得到定性的结论，而且可以通过观察剔除异常数据，从而提高用计算法估算相关程度的准确性。

观察相关图主要是看点的分布状态，概略地估计两因素之间有无相关关系。

通过观察相关图主要是看点的分布状态，概略估计两因素之间有无相关关系，从而得到两个变量的基本关系，为质量控制服务。

如图 8.7 所示，图形（a）和（b）表明 *X* 和 *Y* 之间有强的相关关系，且图形（a）表明两者之间是强正相关，即 *X* 增大时，*Y* 也显著增大；图形（b）表明是强负相关，即 *X* 增大时，*Y* 却显著减小。图形（c）和（d）表明 *X* 和 *Y* 之间存在一定的相关关系，图形（c）表明两者之间是弱正相关，即 *X* 增大时，*Y* 也大致增大；图形（d）表明两者之间是弱负相关，即 *X* 增大时，*Y* 却也大致减小。图形（e）表明 *X* 和 *Y* 之间没有相关关系，*X* 的变化对 *Y* 没有什么影响。图形（f）表明 X 和 Y 之间存在相关关系，但这种相关关系比较复杂，是曲线相关，而不是线性相关。

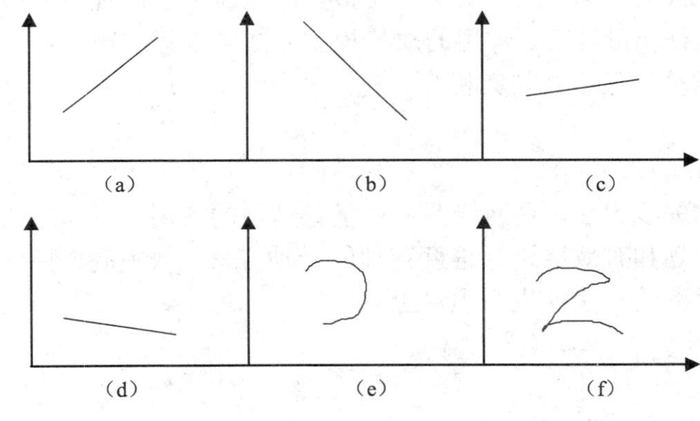

图 8.7　散点图

综合以上介绍，可以看出，质量管理的旧七种管理工具各有特点，都有自己的适用管理活动，整理如表 8.5 所示。

表 8.5　质量管理的旧七种管理工具运用范围

序号	方法 程序	QC 旧七种工具						
		调查表	分层图	排列图	因果图	直方图	控制图	散布图
1	选题	□	□	□		△	△	
2	现状调查	□	□	□		△	△	△
3	设定目标		□			○	○	
4	分析原因				□			
5	确定主因	△	□	△		△	△	△
6	制定对策	△	△					

续表

序号	程序＼方法	QC 旧七种工具						
		调查表	分层图	排列图	因果图	直方图	控制图	散布图
7	对策实施	△	△					
8	检查效果	△	□	△		△	△	△
9	巩固措施	△	□			○	○	
10	遗留问题		□					

注：□特别有效，△有效，○有时采用

二、质量管理的新七种工具

质量管理的新七种工具是日本质量管理专家于 20 世纪 70 年代末提出的，主要运用于全面质量管理 PDCA 循环的 P（计划）阶段，用系统科学的理论和技术方法，整理和分析数据资料，进行质量管理。常用的质量控制方法主要运用于生产过程质量的控制和预防，新的七种质量管理工具与其相互补充。

1. 箭形图法

箭形图法又称矢线图法，是网络图在质量管理中的应用。箭形图法是制定某项质量工作的最佳日程计划和有效地进行进度管理的一种方法，效率高，特别是运用于工序繁多、复杂、衔接紧密的一次性生产项目上。

2. 关联图法

关联图法，是指用一系列的箭线来表示某一质量问题的各种因素之间的因果关系的连线图。质量管理中运用关联图要达到以下几个目的：制定 TQC 活动计划；制定 QC 小组活动计划；制定质量管理方针；制定生产过程的质量保证措施；制定全过程质量保证措施。

通常，在绘制管理图时，将问题与原因用“○”框起，其中，要达到的目标和重点项目用“◎”圈起，箭头表示因果关系，箭头指向结果，其基本图形如图 8.8 所示。

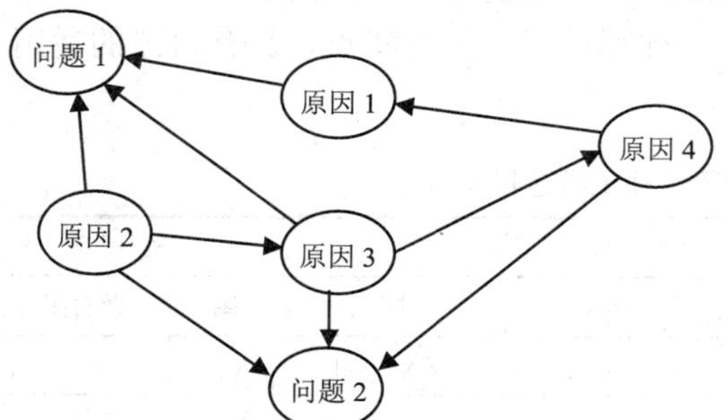

图 8.8 关联图

3. 系统图

系统图，是指系统寻找达到目的的手段的一种方法，它的具体做法是将要达到的目的所需要的手段逐级深入。

系统法可以系统地掌握问题，寻找到实现目的的最佳手段，广泛应用于质量管理中，如质量管理因果图的分析、质量保证体系的建立、各种质量管理措施的开展等，如图 8.9 所示。

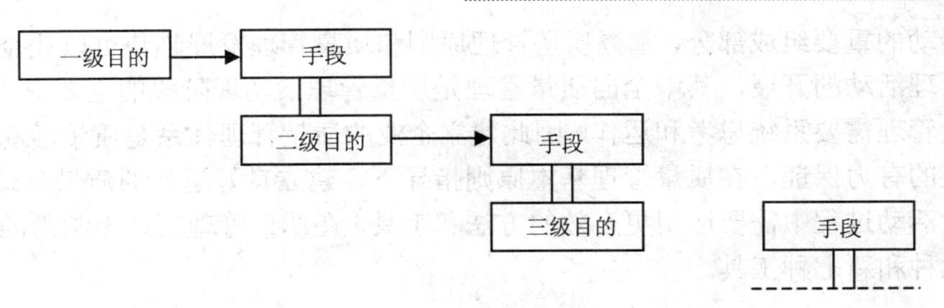

图 8.9　系统图

4. KJ 法

KJ 法针对某一问题广泛收集资料，按照资料近似程度，内在联系进行分类整理，抓住事物的本质，找出结论性的解决办法。这种方法是开拓思路、集中集体智慧的好方法，尤其针对未来和未知的问题可以不受限制的预见、构思、对质量管理方针计划的制定、新产品新工艺的开发决策和质量保证都有积极的意义。

5. 矩阵图法

矩阵图法运用二维、三维乃至多维矩阵表格，通过多元因素分析找出问题和造成问题的原因。矩阵图主要运用于寻找改进老产品的着眼点和研制新产品、开发市场的战略。以及寻找产品质量问题产生的原因、确定质量保证体系的关键环节等质量管理工作。

6. 矩阵数据分析法

当矩阵图中各对应因素之间的关系能够定量表示时，矩阵数据分析法是对矩阵图的数据进行整理和分析的一种方法。这种方法主要用于影响产品质量的多因素分析及复杂的质量评价。

7. PDPC 法

PDPC 法又称过程决策程序图法，将运筹学中的过程决策程序图应用于质量管理。PDPC 法是指在制定达到目标的实施计划时，加以全面分析，对于事态发展中可以设想的各种结果的问题，设想和制定相应的处置方案和应变措施，确定其达到最佳结果的方法。PDPC 法可以在一种预计方案不可行或效率不高、出现质量问题时采用第二、第三方案，确保最佳效果。PDPC 法适用于制定质量管理的实施计划以及预测系统可能发生的问题并预先制定措施控制质量管理的全过程。

小　结

质量对于企业生产和发展具有重要战略意义，了解产品质量特性是开展质量活动的基础。产品质量特性分为有形产品和无形服务质量特性。对质量进行科学有效管理是企业管理活动的重要组成部分，掌握质量管理原则和质量管理发展趋势可以让企业更好进行质量管理活动的开展，其中全面质量管理是质量管理活动现阶段的主要形式。

质量管理需要系统思考和运作，因此建立企业的质量管理体系是质量活动更有效和高效开展的有力保证，在质量管理基本原则指导下，建立良好运作的质量管理体系。

质量活动过程中需要运用更有效的方法和工具，在质量管理活动中常用的管理工具分为旧七种和新七种工具。

复习思考题

1．质量的特性有哪些？有形产品和无形服务的质量特性有哪些差异？
2．质量管理的目标是什么？
3．质量管理的基本原则是什么？对企业的指导意义何在？
4．质量管理体系如何建立？
5．质量管理工具有哪些？各有什么特点？

案 例 分 析

华为的全面质量管理

2009 年对所有电信设备商而言，都是备受考验的一年，华为也不例外。全球绝大多数区域的投资都在下降，特别是刚进入 2009 年时，各个地区都呈负增长，但是华为笑到了最后。

2008 年，华为销售额为 233 亿美元，销售收入为 170 亿美元。2009 年华为实现销售额超过 300 亿美元，完成了 2008 年定下的目标，实现销售收入 215 亿美元，分别比 2008 年强劲增长了 28.8%和 26.5%。华为 2010 年的销售收入 1852 亿元人民币，约为 280 美元，同比增长 24.2%。

在中国的众多企业中，华为绝对可以算得上是对质量管理比较重视的一个企业。在华为在制定《华为基本法》时就提出：“我们的目标是以优异的产品、可靠的质量、优越的终生效能费用比和有效的服务，满足顾客日益增长的需要。质量是我们的自尊心。”任正非在讲话时也指出：“我们决不能为了降低成本，忽略质量，否则那是自杀，或杀人。搞死自己是自杀，把大家都搞死了，是杀人。”

虽然华为很重视质量的提高，但是在发展初期的时候，由于缺乏资金、受技术的劣势等因素的影响，华为的产品质量相对于思科、朗讯等国际主流企业制造的产品的质量来说还是有一定的差距的。因此华为在发展中一面通过加强对服务的管理来弥补质量上的不足，另一方面积极努力建立自己的质量管理体系。

华为质量管理体系的运作方式，在其《华为基本法》中有明确的表述："优越的性能和可靠的质量是产品竞争力的关键。我们认为质量形成于产品寿命周期的全过程，包括研究设计、中试、制造、分销、服务和使用的全过程。因此，必须使产品寿命周期全过程中影响产品质量的各种因素，始终处于受控状态；必须实行全流程的、全员参加的全面质量管理，使公司有能力持续提供符合质量标准和顾客满意的产品。"这里提到的全面质量管理是由美国著名励志管理专家费根堡于20世纪60年代提出的全面质量控制（total quality control）逐步发展而来的一套先进的管理理论。

（资料来源：http://mkt.163.com/10/0104/09/5S64KPB100903G4M.html）

讨论：

1. 华为为什么能在逆境中实现销售的快速增长？
2. 华为的质量管理理念及其质量管理的借鉴意义？

第九章　企业物流与设备管理

教学目标

通过对本章学习，了解企业物流及企业物流信息系统的一般概念、特点及层次结构，了解企业设备的维护保养、修理、改造及更新知识，掌握物流领域的新观点及发展趋势，掌握企业设备的选择和合理使用。

学习任务

通过这一章内容的学习，要达到以下几个目的：

- 了解企业物流的含义、特点、分类。
- 了解企业物流系统的组成及特点。
- 理解企业物流信息系统的基本功能和层次结构。
- 掌握物流领域的新观点及发展趋势。
- 掌握企业设备的选择和合理使用。
- 了解企业设备的维护保养、修理、改造及更新知识。

导入案例

青岛啤酒的物流系统目标

青岛啤酒企业集团于 1998 年第一季度，提出了以“新鲜度管理”为系统目标的物流管理系统思路，开始建立新的物流管理系统。当时青岛啤酒的年产量不过 30 多万吨，但是库存就高达 1/10，维持在 3 万吨左右。

这么高的库存，引发了几个问题：①占压了相当大的流动资金，资金运作的效率低；②需要有相当数量的仓库来储存这么多的库存。当时的仓库面积有 7 万多平方米；③库存数量大，库存分散，经常出现局部仓库爆满，局部仓库空闲的问题，同时没有办法完全实现先进先出，使一部分啤酒储存期过长，新鲜度下降甚至变质。

青岛啤酒集团并没有把压缩库存作为物流系统的直接目标，而是把“新鲜度管理”作为物流系统的直接目标。这个目标的提出，不但能够解决库存降低、流动资金降低、损耗降低的目的，更重要的是面向消费者的实际需要，在实现消费者满意的新鲜度目标的同时，达到解决库存问题的目的。

“新鲜度管理”的物流系统目标提出：“让青岛人民喝上当周酒，让全国人民喝上当月酒”。其实施方法是：以提高供应链运行效率为目标的物流管理改革，建立集团与各销售点物流、信息流和资金流全部有计算机网络管理的快速信息通道和智能化配送系统。

他们首先成立了仓储调度中心，重新规划全国的分销系统和仓储活动，实现统一管理和控制。由提供单一的仓储服务，到进行市场区域分布，流通时间等全面调整、平衡和控制，成立独立法人资格的物流有限公司，以保证按规定的要求，以最短时间、最少环节和最经济的运行方式将产品送至目的地。这样一来，就实现了全国的订货，产品从生产厂直接运往港、站；省内的订货，从生产厂直接运到客户仓库。同时对仓储的存量规定做了大幅度压缩，规定了存量的上限和下限，上限为12 000吨，低于下限发出要货指令，高于上限不再安排生产，这样使仓库成为生产调度的“平衡器”。

（资料来源：www.china-study.net ）

讨论：

青岛啤酒如何解决了库存过高的问题？

第一节　企业物流的一般概念

企业物流一定是将企业的管理与物流活动结合在一起的。物流观念、技术和理论的发展、创新都是与企业有着密不可分的关系。企业物流概念的发展是伴随着物流理论的发展而逐渐发展和成熟起来的，因此对物流概念的理解将有助于理解企业物流的概念。

一、物流的概念

物流是指为了满足客户的需要，以最低的成本，通过运输、保管、配送等方式，实现原材料、半成品、成品及相关信息由商品的产地到商品的消费地所进行的计划、实施和管理的全过程。

可以从以下几点理解：

① 物流中的“物”是指一切可以进行物理性位置移动的物质资料。

② 物流是物品物质实体的流动。

③ 物流是物品由供应地流向接收地的流动。

④ 物流包括空间位置的移动、时间位置的移动以及形状性质的变动，因而通过物流活动，可以创造物品的空间效用、时间效用和形质效用。

⑤ 物流包括运输、搬运、存储、保管、包装、装卸、流通加工和物流信息处理等基本功能活动。

二、企业物流的概念

1. 企业物流概念的内涵

企业物流（internal logistics）是指在企业生产经营过程中，物品从原材料供应，经过生产加工，到产成品销售，及伴随生产消费过程所产生的废旧物资的回收和再利用的完整循环活动。企业物流是以企业经营管理为核心的物流活动，是围绕企业经营管理的各环节进行的，具有具体的、微观的物流活动的典型特征。企业经营系统活动的基本结构是“投入—转换—产出”。从生产型企业来讲，是原材料、燃料、人力、资本等的投入，经过制造或加工使之转换为产品或服务。企业物流活动是伴随着企业的“投入—转换—产出”而发生的。与投入相对应的是企业外供应或企业外输入物流等供应物流，与转换相对应的是企业内生产物流或企业内转换物流，与产出相对应的是企业外销售物流或企业外服务物流。由此可见，在企业经营活动中，企业物流是渗透到各项经营环节中的物流活动。

2. 企业物流的特点

（1）企业物流与企业的生产活动密不可分

企业物流渗透于从生产的准备工作开始到生产工作完成的整个过程中，无论是原材料的采购、运输还是中间产品的转移都离不开企业物流，如现代汽车和家电生产企业中各种自动化生产线装配线上的坯料、工件、配件、组装件的运达和配送，大型机械制造业、冶金联合企业的“铁—钢—各种轧材”生产流程中各种中间产品的搬运流转以及连铸连轧一体化等。此时，物流已与企业生产活动紧密地结合为一个统一的整体，物流系统的流量、流速和作业质量都直接与生产的速率及质量相关联。

（2）企业生产物流具有连续性

企业的生产物流活动不但充实、完善了企业生产过程中的作业活动，而且把整个生产企业所有孤立的作业点、作业区域有机地联系在一起，构成了一个连续不断的企业内部生产物流。企业内部生产物流是由静态和动态相结合的结点连接在一起的网络结构。静态的“点”，表示物料处在空间位置不变的状态，如相关装卸、搬运、运输等企业的厂区配置、运输条件、生产布局等。生产物流动态运动的方向、流量、流速等正是使企业生产有节奏、有次序、连续不断地运行的基础。

（3）企业生产物流的关键特征是物料流转

物料流转的手段是物料搬运。在企业生产中，物流流转贯穿于生产、加工制造过程的始终。生产物流的目标应该是提供畅通无阻的物料流转，以保证生产过程顺利、高效率地进行。

（4）企业物流成本具有二律背反性

“二律背反”主要是指企业各物流功能之间或物流成本与服务水平之间的二重矛盾，即追求一方则必须舍弃另一方的一种状态，即两者之间的对立状态。企业物流管理肩负着降低企业物流成本和提高服务水平两大任务，这是一对相互矛盾的对立关系。整个物流合理化，需要用总成本评价，这反映出企业物流成本管理的“二律背反”特征及企业物流是整体概念的重要性。

三、企业物流的分类

社会经济领域中的物流无处不在，根据物流的对象不同、目的不同、范围不同，形成了不同类型的物流。企业物流按其业务性质不同可以分为两类，即生产企业物流和流通企业物流。

1. 生产企业物流

生产企业物流是对应生产经营活动的物流，始于生产所需的原材料、零部件和生产设备等要素的采购活动，经过加工、制造活动，制造出新的产品，终于产品销售的整个社会供应的全过程。生产企业物流包括供应物流、生产物流、销售物流、逆向物流和废弃物物流。

（1）供应物流

供应物流（supply logistics）是企业为组织生产所需要的各种物资供应而进行的物流活动，是企业生产活动所需生产资料的供应，包括原材料等一切生产物资的采购、进货运输、仓储、库存管理、用料管理和供应管理，也称为原材料采购物流。它是生产物流系统中相对独立性较强的子系统，并且和生产系统、财务系统等生产企业各部门以及企业外部的资源市场、运输部门有密切的联系。供应物流是企业为保证生产节奏，不断组织原材料、零部件、燃料、辅助材料供应的物流活动，这种活动对企业生产的正常、高效率进行发挥着保障作用。企业供应物流不仅要实现保证供应的目标，而且要在低成本、少消耗、高可靠性的限制条件下来组织供应物流活动，因此难度很大。

企业的供应物流有三种组织方式：第一种是委托社会销售企业代理供应物流方式；第二种是委托第三方物流企业代理供应物流方式；第三种是企业自供物流方式。

（2）生产物流

生产物流（production logistics）是指企业按生产流程的要求，组织和安排物资在各生产环节之间进行的内部物流。它是企业从开始生产到产成品下生产线的一系列物流活动，包括订单处理、物料的搬运、存储，半成品在生产车间、生产工序之间的移动和在仓库的暂时仓储等。生产物流的管理目标是协调物资在生产的各环节之间的移动，实现物流的通畅，保证生产的顺利进行。

企业生产物流的过程大体为：原材料、零部件、燃料等辅助材料从企业仓库和企业的“门口”开始，进入到生产线开始端，再进一步随生产加工过程各个环节运动，在运动过程中，本身被加工，同时产生一些废料、余料，直到生产加工终结，再运动至成品仓库便终结了企业生产物流过程。

（3）销售物流

销售物流（distribution logistics）是指企业为实现产品销售，组织产品送达用户或市场供应点的外部物流。它是企业为保证本身的经营利益，不断伴随销售活动，将产品所有权转给用户的物流活动。

企业销售物流的内涵：企业在销售过程中，将产品的所有权转给用户的物流活动，是产品从生产地到用户的时间和空间的转移，是以实现企业销售利润为目的的，是包装、运输和储存等环节的统一。

（4）逆向物流

逆向物流（reverse logistics）指从供应链下游向上游的运动所引发的物流活动。如旧报纸、书籍可以通过回收、分类再制成纸浆加以利用，特别是金属及其废弃物，由于其良好的再生性，可以回收重新熔炼成为有用的原材料。目前，我国冶金行业每年有30MT废钢铁作为炼钢原料使用，也就是说我国钢产量中有30%以上是由回收的废钢铁重新熔化冶炼而成的。正向物流与逆向物流的流向分别如图9.1和图9.2所示：

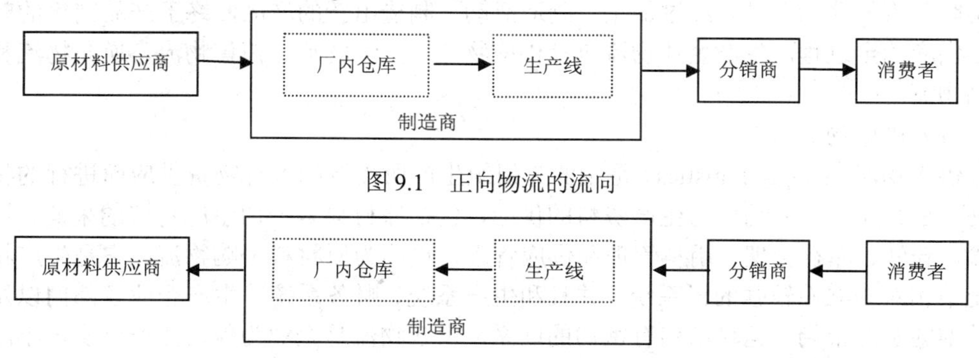

图9.1　正向物流的流向

图9.2　逆向物流的流向

（5）废弃物物流

废弃物物流（waste material logistics）将经济活动中失去原有使用价值的物品，根据实际需要进行收集、分类、加工、包装、搬运、储存等，并分送到专门处理场所时所形成的物品实体流动。这些物品可以通过堆放、销毁、填埋、净化处理加工等方式予以处理。

生产和流通系统中所产生的无用的废弃物，如开采矿山时产生的土石，炼钢生产中的钢渣、工业废水，以及其他一些无机物垃圾等，已没有再利用的价值。但如果不妥善处理，会造成环境污染，就地堆放则会占用生产用地以致妨碍生产，对这类物资的处理过程产生了废弃物物流。它虽然没有经济效益，但是对减少资金消耗，提高效率，更好地保障生产和生活的正常秩序，具有不可忽视的重要影响。

2. 流通企业物流

流通企业物流是指从事商品流通的企业物流，包括批发企业的物流、零售企业的物流、仓储企业的物流、配送中心的物流、“第三方物流”企业的物流。

（1）批发企业的物流

批发企业处于产品销售渠道的中间环节，将生产厂家与零售企业或者最终消费者联系起来，是产品销售渠道的关键环节。批发企业的物流是指以批发据点为核心，由批发经营活动所派生的物流活动。这一物流活动对于批发的投入是组织大量物流活动的运行，产出是组织总量相同物流对象的运出。在批发点中的转换是包装形态及包装批量的转换。

（2）零售企业的物流

零售企业处于产品供应链的下端，与最终消费者紧密联系，是产品销售渠道的最后环节。零售企业物流是以零售商店据点为核心，以实现零售销售为主体的物流活动。零

售企业物流的核心是商品的供应，物流活动几乎不涉及生产。零售企业的类型有：一般多品种零售企业、连锁型零售企业和直销企业等。

（3）仓储企业物流

仓储企业是以储存业务为主要赢利手段的企业。仓储企业的物流是以待储货物的接收、入库、保管保养、出库、分拨或运输为流动过程的物流活动，其中储存保管是其主要的物流功能。为了满足客户的需要，仓储企业也可以提供简单的包装等加工操作，因此会产生与生产型企业类似的生产物流，但是生产物流并不会成为仓储企业物流活动的重点。

（4）配送中心的物流

配送中心是接受并处理末端用户的订货信息，对上游运来的多品种货物进行分拣，根据用户订货要求进行拣选、加工、组配等作业，并进行送货的设施和机构。配送中心物流是集储存、流通加工、分货、拣选、运输等为一体的综合性物流过程。

（5）“第三方物流”企业的物流

“第三方物流”通常也被称之为契约物流或物流联盟，是指从生产到销售的整个物流过程中进行服务的“第三方”，可以向生产型企业提供供应物流、生产物流、销售物流、逆向物流及废弃物物流中所涉及到的专业物流服务。它本身不拥有商品，而是通过签订合作协定或结成合作联盟，在特定的时间段内按照特定的价格向客户提供个性化的物流代理服务，使企业物流活动的外包成为可能。它是以现代信息技术为基础、实现信息和实物的快速、准确的协调传递，提高仓库管理、装卸运输、采购订货以及配送发运的自动化水平。具体的物流内容包括商品运输、储存、配送以及附加的增值服务等。

四、企业物流的发展

1. 企业物流的发展过程

企业物流理念从提出到发展至相对较为成熟与完善，经历了近 40 年的时间。概念的最早提出，可以追溯到 20 世纪 60 年代。1962 年 4 月，美国管理学大师 Peter Drucker 在 Fortune 杂志上发表的《经济领域的黑暗大陆》的文章中首次提出了“物流”的概念。虽然当时 Drucker 提出的物流（distribution）仅仅是针对产成品来讨论的，但很快就引起了企业界的巨大关注，真正的企业物流（logistics）理念迅速波及到原材料领域，进而形成为综合物流（integrated logistics），发展到 20 世纪 90 年代，正式提出了供应链管理（SCM-supply chain management）理念。

概括地说，企业物流的发展过程大致可以分为如下三个阶段：

第一个阶段：产品物流阶段（product distribution），又称为产品配送阶段。这个阶段为 20 世纪 60 年代初期至 70 年代后期，属于企业物流的早期发展阶段。在该阶段中，物流的主要功能大多围绕在对产品从企业工厂生产出来到如何到达消费者手中这一过程的运作上。

在当时，企业重视产品物流的目的是希望能以最低的成本把产品有效地送达顾客。企业重视产品物流的主要原因来自两个方面：一是为了扩大市场份额，满足不同层次顾客的需要，扩张其生产线；二是为了对付企业内部与外部市场的压力，倾向于生产非劳动密集型的高附加值产品。产品物流阶段物流管理的特征是注重产品到消费者的物流环节。

第二个阶段：综合物流阶段（integrated logistics），这个阶段为20世纪70年代中后期至80年代后期，在这个阶段中，企业物流集中表现为原材料物流和产品物流的融合。实践证明，综合物流管理可以为企业带来更大的效益，因此，在这个期间综合物流得到了迅速的发展。

在当时，运输自由化（deregulation）以及全球性竞争的日渐加剧，使企业认识到把原材料管理与产品配送综合起来管理可以大大地提高企业运行效率与效益，因此，在上述因素的推动下，企业物流迅速地从产品物流阶段向综合物流阶段发生转移。

第三个阶段：供应链管理阶段（supply chain management），这个阶段开始于20世纪90年代初期，在这个阶段中，企业对传统的物流管理有了更为深刻的认识，企业已经将单纯的个体企业之间的竞争上升到企业群、产品群或产业链条上不同企业所形成的供应链之间的竞争这个高度。

从20世纪80年代后期开始，信息技术获得了飞速的发展，信息技术的发展迅速转化为生产力，进而在生产领域掀起了一场前所未有的信息化革命。由信息技术所衍生的一系列外部因素的变化，使企业开始把着眼点放至物流活动的整个过程，包括原材料的供应商和制成品的分销商，进而使企业物流从综合物流阶段向供应链管理阶段转移。

2. 我国企业物流的发展现状

（1）企业对物流服务的认识不够全面和深刻

随着经济的发展，顾客对物流服务的要求越来越个性化、多样化。可是我国的许多企业只把物流看作是企业对顾客的单向贡献，一味地削减物流成本，没有充分发挥供应链的增值功能，未能将企业物流上升到战略层高度。甚至有很多企业目前还存在着“物流腐败”现象，比如有些采购人员钻体制改革的空子，牺牲企业的整体利益来谋取个人私利，使物流成本高居不下。另外，大部分的企业还没有意识到20/80原则的重要性，将有限的物流资源平均分配给所有的顾客和所有的产品，这种“一刀切”的服务形式势必要挫伤“20”关键消费者的利益，从而失去“80”的利润。

（2）企业的基础设施落后，物流效率低下

从运输方面看，我国许多企业仅拥有一些单一的运输手段，运输网络也不完善，重复、对流运输比率较高，有数字显示目前我国货运汽车空驶率高达37%，返空现象严重。另外，仓库空间浪费大、保管不合理；大多数企业物料出、入库仍然由一些简易的机械设备来完成；很多企业的仓库仅具有传统的存储功能，还未向流转型转变。

（3）企业物流的信息化程度低

由于我国信息产业发展比较晚，不同利益阶层的人对企业信息化的认识存在着分歧。受财力、物力、人力等条件限制，一些企业的领导还不能接受管理信息系统的应用，因而大部分企业还未能实施数字化的物流管理，先进的电子数据交换、自动识别和条码技术、全球定位系统等更无从谈起。这就使企业无法对自己的物流服务进行即时监控，也无法实现与上游供应商和下游消费者的信息共享，更没有与社会物流合作的兼容接口。

（4）企业缺乏专业的物流人才

物流作为一种新型的管理技术，涉及的领域极其广泛，这就要求物流管理人员不但要熟悉整个工艺流程，而且要精通物流管理技术、掌握企业内物流以及向外延伸的整条供应链的管理等综合知识。而我国现在具备综合物流知识的管理和技术人才严重缺乏，不能满足企业物流现代化的需要。

3. 企业物流的发展趋势

随着经济全球化步伐的加快，科学技术尤其是信息技术和通信技术的发展，使当前企业物流的发展呈现出一系列新的特点。

（1）企业物流一体化

企业物流一体化就是将供应物流、生产物流、销售物流等有机地结合起来，以较低的营运成本满足顾客的货物配送和信息需求。它的核心是物流需求计划（logistics requirement planning，LRP），它将供应物流、生产物流、销售物流与商流、信息流和资金流进行整合，使现代物流在商品数量、质量、种类、价格、交货时间、地点、方式、包装及物流配送信息等方面都满足顾客的要求。一体化物流与传统物流的最大区别在于，后者是以低廉的价格提供服务，而前者则是把顾客需求放在第一位，它除了提供优质物流服务外，还承担促进销售、创造顾客需求的功能，分享增值服务的利润。一体化的供应链管理，强化了各节点之间的关系，使物流成为企业的核心竞争力和赢利能力。例如海尔集团，它以 JIT 采购、JIT 材料配送和 JIT 采购、JIT 配送和 JIT 分拨物流来实现同步流程，实现了在中心城市 8 小时、区域内 24 小时、全国 4 天以内配送到位。

（2）企业物流服务网络化

对于一个企业集团来讲，往往各个下属企业的属地相去有一定的物理距离，这就要求物流服务必须随时跟上，所以，必定要建立起物流服务网络。企业通过数字化平台及时获取并处理供应链上的各种信息，提高对顾客需求的反应速度。例如海尔集团，应用 CRY（客户关系管理）和 BBP 采购平台加强了与全球用户、供应链资源网的沟通，实现了与用户的零距离。目前，它 100%的采购订单由网上下载，采购周期由原来的平均 10 天降到 3 天，网上支付已达到总支付的 20%。

（3）企业物流管理信息化

企业物流系统的核心是信息的沟通，企业应用计算机技术和网络技术建立自己的电子信息系统，能够很好地协调和统一企业各部门的物流活动，实现有效的管理。物流管理信息系统包括ERP、MRP、WMS（仓库管理系统）、BCP（条码印制系统）和RP（无线终端识别系统）等。企业通过互联网进行物流管理，降低了流转、结算、库存等成本。

企业的电子信息系统在企业物流管理上有以下功能。

1）数据的收集和处理。企业所有的经营管理数据、仓储数据、运输数据、客户和市场信息数据，均由计算机进行统一、高效、准确的处理，通过建立的数据库进行管理。

2）生产作业的计划制定和生产控制。计算机根据已有的数据库对市场需求趋势和客户订货变化提供企业生产的优化计划；通过对仓储数据、市场信息的分析，预测销售情况和库存数量的变化，调整生产速度，保持企业最优的库存数量。

3）信息的反馈。根据反馈的信息将企业的客户服务水平调到企业战略中制定的目标水平。

（4）企业物流外包与部分功能的社会化

在工业化高度集中的今天，企业只有依靠核心技术才能在竞争中存得一席之地。而任何企业的资源都是有限的，不可能在生产、流通各个环节都面面俱到，因此，企业将资源集中到主营的核心业务，将辅助性的物流功能部分或全部外包不失为一种战略性的选择。例如，Amazon公司虽然目前已经拥有比较完善的物流设施，但对于“门到门”的配送业务，它始终都坚持外包，因为这种“一公里配送”是一项极其繁琐、覆盖面极广的活动，不是其优势所在，它的这种外包既降低了物流成本，又增强了企业的核心竞争力。

（5）企业物流绿色化

说得简单一点，回收物流、废弃物物流本身就是绿色物流的范畴。当然，降低物流作业的噪音可以减少噪音污染，改善物流设施的烟气排放是减少大气污染。

第二节　以信息为基础的企业物流系统

一、企业物流系统

（一）企业物流系统的组成

根据企业具体的物流活动，可以将其物流管理系统划分为若干个子系统，在各个子系统的计划执行过程中，由于实施人员的理解误差可能造成实际行动偏离计划，这就需要企业有监督控制部门对企业计划的实施进行监督，对各种情况的变化及时地反应，以保证企业物流管理目标的实现。企业物流系统可以分为物流作业系统和物流信息系统。物流信息子系统的设置便于物流管理过程中各个部门之间的协调及数据交换。所以，企业物流管理子系统包括订货子系统、采购子系统、运输子系统、仓储子系统、生产管理子系统、包装子系统、库存管理子系统、销售管理子系统、客户服务子系统、配送子系

统、监督控制子系统等，如图 9.3 所示。

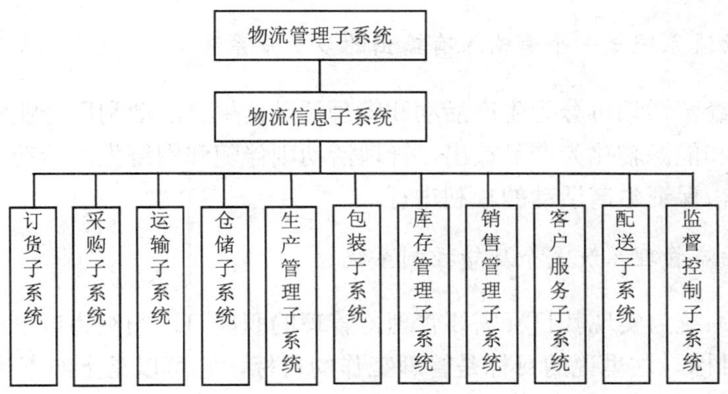

图 9.3 企业物流系统的组成

1）订货子系统根据客户订单等需求信息，调整订货。

2）采购子系统根据客户订单、订货子系统、生产计划以及库存管理子系统反馈的库存情况及时采购材料以保证生产的顺利进行。

3）运输子系统则根据客户订单、采购子系统提供的采购情况，生产子系统、产品销售子系统提供的产品生产、销售情况，以及客户服务子系统提供的信息安排运输计划，以保证材料以及产品能准时到达，提高效率，优化企业的客户服务。

4）仓储子系统根据订货子系统、采购子系统等发挥仓储功能并提供信息。

5）生产管理子系统按照客户订单、生产计划组织安排生产。

6）包装子系统根据生产子系统、销售子系统安排包装。

7）库存管理子系统根据运输子系统提供的材料及产品的入库、出库情况，生产子系统提供的产品生产情况，以及销售子系统提供的产品销售情况管理库存。

8）销售管理子系统根据生产子系统提供的生产情况和库存管理子系统提供的产品库存情况制定产品的销售计划，处理与销售产品相关的其他事务。

9）客户服务子系统根据企业的销售情况提供客户服务。

10）配送子系统根据各子系统的信息组织选货、配货与送货。

11）监督控制子系统实施监督各系统，对于在实际运作过程中偏离计划、偏离物流管理整体目标的活动以及由于环境发生变化需要及时调整的情况及时反应，做出相应的决策，并通过物流管理信息子系统快速反映到相应部门。

物流管理各子系统之间的信息交换都是通过物流管理信息子系统进行的，企业通过网络将各个子系统的情况及时地反映到所需信息的其他子系统，使其他子系统能根据所需信息及时地做出自己的决策，并快速行动，从而保证整个物流管理活动的效率。这些子系统既相互依赖又相互制约，每一个子系统出现差错就会影响到其他子系统的运作，进而影响到整个物流活动。

（二）企业物流系统的特点

1. 企业物流系统是一个有输入有输出的多变量系统

企业生产经营活动可分为生产活动和管理活动。生产活动利用企业资源，把输入到企业的原材料和能源转化为产品输出。管理活动则伴随和围绕生产活动，执行决策、计划和调节功能，保证生产活动的顺利进行。

2. 企业物流管理系统是个反馈控制系统

企业物流系统为实现其目标需要管理，管理的职能可以归纳为以下五点：

1）确定目标。这里说的目标是管理工作的目标，它可以是上级下达的一项任务；也可以是长期计划中规定的、现在即将开始执行的某项任务；也可以是从企业运行中发现了问题，准备着手解决的某项任务。

2）制订计划。为了达到上一步所规定的目标，管理人员就需要估计解决问题所需要的资源（人、财、物、时间），然后，充分了解组织现有资源的状况，以及有可能取得资源的途径。在这个基础上，管理人员可以充分考虑各种达到目标的途径，制订方案，作出实现目标或解决问题的具体安排计划。

3）组织。计划制定之后，管理人员的任务就是按照计划的安排，有步骤地调集人力，筹集物资，安装设备，下达各项任务的具体要求及进度表。这里有大量的信息由上而下传达下去。

4）监督。计划下达之后，一般来说是不可能自然而然地顺利完成的。这是因为企业内外环境的种种因素发生了变化，计划中某一方面的因素未能考虑到或者估计不足，计划的某一步或某一方面未能如期完成，或者未达到预期的要求。这种情况是正常的，问题在于管理人员必须及时地、充分地了解到这些情况。这就要自下而上、及时地传送计划执行的信息。所谓监督，实际上就是及时掌握信息。

5）调整和控制。监督的结果，必然是对当前的工作情况进行某种调整，或者说执行某种控制。具体地说，就是重新安排人力、物力及设备等，以保证薄弱环节及时赶上来，以免影响整个计划的完成。这里既包括了对监督所得信息的分析，又包括了新的调整措施的下达，实质上是局部重复了制定计划和组织的功能。

由以上分析可以看出，无论是计划的制定还是计划的执行与控制，都离不开收集信息。通过信息反馈获得企业物流系统的实际情况，将计划与实际进行比较，经修改后再去执行。因此，企业物流管理系统实质上是一个反馈控制系统。

3. 企业物流子系统功能相互制约，成本交替损益

由于物流系统必须具有高度的时间和空间有序性，因而各个子系统功能间的相互协调就显得极为重要，每项功能既对其他功能产生影响，又受到其他功能的共同制约。所以，有必要对整个物流系统进行统一规划和集中管理，并运用协同、耗散结构理论来揭

示各个子系统的协同效应和非线性的相关效应，以提高物流系统的整体功能。

企业物流子系统的相互影响，还表现为各子系统物流成本的交替损益，在图 9.4 中，若降低缺货费用，将导致库存成本的上升。这一现象要求对物流成本进行统一管理，以物流系统的总成本下降为物流系统合理化的目标。

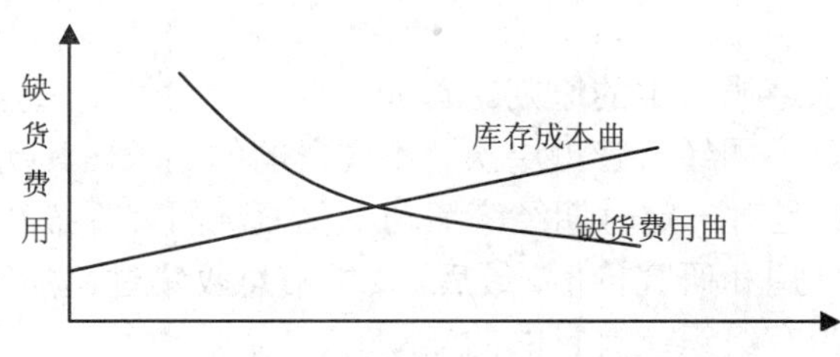

图 9.4　库存成本与缺货费用关系

二、企业物流信息系统

所谓信息，是指能够反映事物内涵的知识、资料、情报、图像、数据、文件、语言和声音等，是事物的内容、形式及其发展变化的反映。物流信息就是物流活动的内容、形式、过程及发展变化的反映，是指在物流活动进行中产生及使用的必要信息。企业物流信息是指企业在生产物流和与之相关的供应物流、销售物流、废弃物流等活动进行中产生及使用的必要信息。

信息流是整个企业物流系统的关键因素，以信息为基础的企业物流系统或称为企业物流信息系统。

企业物流信息系统是根据物流管理的需要，在管理信息系统基础上形成的一个通过对物流系统内外与物流相关的信息的收集、存储以及加工处理来获得有用信息，从而实现对物流的有效控制和管理，并为物流管理人员及其他企业管理人员提供战略及运作决策支持的人机系统。企业物流信息系统是提高物流运作效率、降低物流总成本的重要基础设施，甚至可称作是现代物流的“中枢神经”。

企业物流信息系统是专业用于企业物流管理的信息管理系统。现代企业物流是以满足需求为目标，把采购、制造、运输、销售等情况统一起来思考的一种战略措施，是以采集、处理和提供物流信息服务为目标的系统，具有储存、管理、控制物流信息，并有预测、控制和辅助决策的功能。

企业物流信息系统为企业创造了一种新的不受地域、时间约束的信息交流、共享和协作方式，这种方式给企业带来了新的机会，同时也带来了挑战。它能够在企业内部改善商流、物流、资金流、信息流的通畅程度，使企业的运行数据更加准确、及时、全面、翔实；同时对各种信息进一步加工，为企业领导层的生产、经营决策提供充分依据，使他们能更好地把握商机，创造更多的发展机会。

（一）企业物流信息系统的基本功能

企业物流信息系统实现的功能主要包括以下几个方面。

1. 收集信息

信息的收集是信息流运行的起点，也是重要的一步。收集信息的质量（即真实性、可靠性、准确性、及时性）决定着信息时效价值的大小，是企业物流信息系统运行的基础。

信息收集过程要求遵循一定的原则。首先，要有针对性，重点围绕物流活动进行，针对不同信息需求以及不同经营管理层次、不同目的的要求。其次，要有系统性和连续性，系统、连续的信息是对一定时期经济活动变化概况的客观描述，它对预测未来经济发展趋势具有很高的使用和研究价值。最后，要求信息收集过程的管理工作具有计划性，使信息收集过程称成为有组织、有目的的活动。

2. 信息处理

收集到的信息大都是零散、相互孤立、形式各异的信息。对于这些不规范的信息，要存储和检索，必须经过一定的整理加工程序。采用科学方法对收集到的信息进行筛选、分类、比较、计算、存储，使之条理化、有序化、系统化、规范化，才能成为能综合反映某一现象特征的真实、可靠、适用而有较高使用价值的信息。

3. 信息传递

信息传递是指从信息源出发，经过适当的媒介和信息通道输送给接收者的过程。信息传递最基本的要求是迅速、准确和经济。信息传递方式有许多种：

1）从信息传递方向看，有单向信息传递方式和双向信息传递方式。

2）从信息传递层次看，有直接传递方式和间接传递方式。

3）从信息传递时空看，有时间传递方式和空间传递方式。

4）从信息传递媒介看，有人工传递方式和非人工的其他媒体传递方式。

4. 信息应用

信息应用是指对经过收集、加工处理后的信息进行使用，以实现信息使用价值和价值的过程。信息的使用价值是指信息这一商品所具有的知识性、增值性、效用性等特征决定了其能满足人类某种特定的需要，给人类带来一定的效益。信息的价值是指信息在收集、处理、传递、存储等过程中，需要一定的知识、特殊的工具和方式，要花费一定的社会劳动，是人类一种创造性劳动的结晶，这种凝结在信息最终产品中的一般人类劳动即为信息的价值。

5. 控制和决策

通过合理的指标体系，评价和鉴别各种方案，强调信息系统的控制力度。物流信息能够协调管理人员进行物流活动的评估、比较以及进行成本—收益分析，从而更有效地进行物流决策，强调信息系统对决策的影响。

（二）企业物流信息系统的层次结构

企业物流信息系统在纵向上，根据其处理的内容及决策的层次可分为业务处理、计划控制、决策分析三个层次。在横向上依据具体功能分为供应（采购）子系统、生产（库存）子系统和销售（配货）子系统、系统管理子系统、信息发布平台。

1. 纵向层次结构

（1）业务处理层

业务处理层又称为系统技术层，是整个信息系统的基础层，用以保障整个物流系统的正常运作。业务处理层主要包括日常经营和管理活动所必需的信息，一般来自具体的业务部门，由基层管理者使用，供控制业务进度及调整计划时使用。业务处理层主要支持企业的日常物流信息运作，解决日常业务中遇到的物流问题。其主要功能为数据录入、查询、统计及对数据的适当处理。

（2）计划控制层

计划控制层主要帮助企业建立计划机制及控制机制，辅助物流部门进行决策。其主要手段是依据一定的理论，建立相应的数据模型库，综合大量业务数据做出计划及控制分析结论。其目的是使物流业务符合活动目标的要求，并监督内部各分目标的实现。该层是物流作业的核心，体现了统一接单、综合调度、具体作业、考核反馈的物流管理思想。通过订单管理模块完成具体物流订单的接收、审核、调度工作；调度后的订单分配给具体的生产、仓储、运输作业部门；日常物流作业数据通过计费、成本管理模块核算后提供给财务部门，通过绩效管理模块反馈给项目部。该层次信息系统需兼顾灵活性和可追溯性。

（3）决策分析层

决策分析层是面向公司的高层决策部门，以历史数据为依据，以科学的预测模型为保证，帮助决策层领导进行决策分析，为中长期目标服务。该层次应包括对供应商的研究，以作为形成战略联盟的依据，企业的核心能力和市场机会的分析、开发和提炼等。

2. 横向层次结构

企业物流信息系统是一个开放的系统，与外界有物流、信息流及资金流的交换。系统与上游供应商之间形成供应物流、信息流及资金流，与下游顾客包括分销商、零售商、最终用户等形成销售物流、信息流及资金流。具体来说，企业物流信息系统在横向上依据具体功能分为供应（采购）子系统、生产（库存）子系统和销售（配货）子系统、系统管理子系统、信息发布平台，如图 9.5 所示。

以上各个系统之间信息的交换都通过物流信息系统，企业通过网络将各个子系统的情况及时反映到所需信息的其他子系统，使其他子系统能根据所需信息及时做出自己的决策，并快速行动，从而保证整个物流管理活动的效率，这是整个物流管理活动中比较关键的一点。这些子系统既相互依赖又相互制约，每一个子系统出现差错都会影响到其他子系统的运作，进而影响整个物流活动。在物流管理过程中，协调好以上各个子系统

之间的关系是实现物流管理信息系统目标的关键。

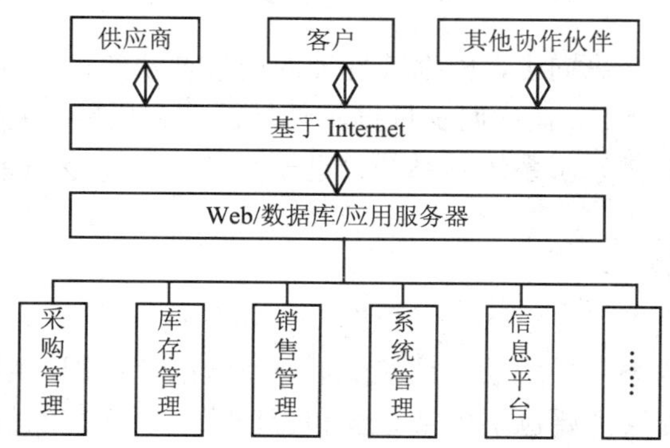

图 9.5 企业物流信息系统的横向结构

（1）采购管理子系统

采购管理子系统功能结构如图 9.6 所示。

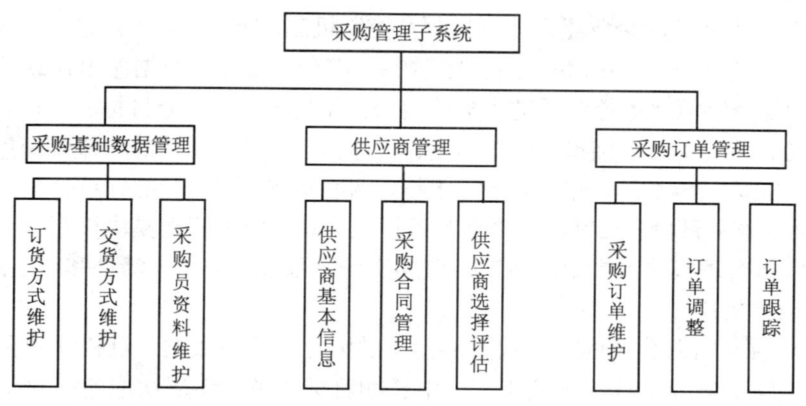

图 9.6 采购管理功能结构

其中，供应商管理子系统主要实现供应商与产品信息管理、信用度和采购合同一揽子采购协议管理等功能。供应商与产品信息管理，具有数据录入、修改、删除与查询功能，通过 Internet 进行企业与供应商间网上互操作，实现信息集成和数据共享。为企业领导制定采购策略、进行系统决策分析，建立战略合作伙伴关系提供重要依据。企业可在浏览器上进行供应商及产品信息的查询操作。

（2）库存管理子系统

库存管理子系统是一个物流管理信息系统中开发难度最大、工作量最多的模块。在库存管理中，物资的进出不是随意而行的，必须根据采购、生产、销售部门所下达的各种计划对各种物料办理进出手续，因此库存管理不仅是简单的物料出入，它还为采购、生产、销售等部门对采购计划、生产计划、销售订单的跟踪查询提供可靠的依据。

在具体企业中，对不同类型的库存采用的是不同的管理方法，即对供应库存和销售库存进行联合托管，对半成品库存进行自营管理。但在供应库存和销售库存中，仍是由

制造商派遣本公司员工负责物料或产品的日常库存操作。对供应库存、半成品库存和销售库存这三种类型库存进行的功能操作是一致的，只是对应的职权不同。

该子系统的主要功能包括基本信息管理、入库管理、库存管理、出库管理等。

1）基本信息管理。这部分内容包括仓库信息和货位信息等。

2）入库管理。入库的货物一定要登录进信息系统，以便有计划地安排入库，提高效率。入库时可采用条码扫描来确保库存的精确性，对规定的货品记录批号和到期日，以确保先进先出的库存周转。

其主要功能包括管理所有与入库相关的信息，作业及资料的处理。主要包括入库作业规划、货物验收管理、入库数据处理、退货换货处理。入库作业规划，针对每一产品的特征预先规定其储区，以便使系统能对产品及储位进行有效的管理，货物验收管理是指在接收货物后要进行质量检验。入库数据处理，则根据预设的条件可由系统自动产生上架储位，或可由使用者自行用手动方式产生储位。退货处理，根据进货的来源，作退货的管理。

3）库存管理。管理所有与库存有关的信息，作业及资料的处理。主要包括库存盘点作业、库存控制、物料分析、补货管理。

盘点作业，仓库可根据物料保管情况，产生仓库的盘点单，实地定时、机动盘点，根据盘点表，及时发现呆滞物料。库存控制，库存管理中盘点作业发生的异常状况，在本功能中进行修改、调整，并记录修改原因、情况，可依状况进行物料余额查询、编制存货移动报表、存货状态报表、存货账期分析、物料存货报表、储位存货报表。物料分析，根据产品的零售价格或采购价格移动频率来做分析。补货管理，依据产品所设定的安全库存量，做定期定量的补货处理，将补货资料与采购管理结合来产生采购建议数量。

4）出库管理。管理所有与出库有关的信息，作业及资料的处理。主要包括出库作业规划、出库数据处理、出库退入处理。出库作业规划，针对每一订单资料预先选配好需要出库的物料，以便使系统预先对储位进行有效的管理。出库数据处理，根据预设的条件可由系统自动空出下架储位，或可由使用者自行用手动方式空出将会有空的储位，有利于下一入库作业规划和储位查询。出库退入处理，根据生产实际情况，进行出库退入的管理。

（3）销售物流管理子系统

销售物流管理系统主要用于帮助业务人员对客户资料和销售物流进行管理，包括对每个客户每一次订单资料、要货时间、销售价格进行综合分析管理。其功能主要包括销售订单管理、销售预测和客户管理。

销售订单管理处于整个物流管理的核心位置，现代制造企业的生产经营将是一种“拉式”的模式，这决定了物流的运转也是“拉式”的，“拉”的来源在于销售订单。其主要功能包括规则设定、订单处理、订单状态跟踪和订单查询等。

销售分析预测是指对企业实际销售效果的评价。不仅可判别实际生产经营是否已经达到预期的目标，而且从中可以发现系统存在的各种问题，如策略是否正确、组织机构是否适应以及措施是否得当等。销售分析的依据是具体而准确的销售记录，而销售物流管理系统为各种记录信息的收集和维护提供了有力支持。

客户管理包括客户基本信息、客户合同管理和客户资料维护。

（4）系统管理子系统

该系统提供对安全管理的支持，包括系统用户管理、系统用户组管理等，规定不同角色用户，如企业内部用户，供应商等享有不同系统权限，保障系统正常运行。

（5）企业信息门户

在系统中应开辟一个制造企业的信息发布平台，可以及时发布最新的产品信息和企业动态等。相应的供应商和客户可以登录此平台，进行自身权限内的相关操作，比如对物料或产品状态进行跟踪，对订单进行修改等。该系统主要功能包括网上订单录入、订单处理跟踪、网站信息管理、客户服务反馈等。

阅 读 资 料

华联超市的信息化管理系统

一、企业背景及开发需求

华联超市是一个庞大的连锁企业。每个商场、配送中心，以及每种业务均可自成一套不同规模的计算机管理系统。在《华联超市股份有限公司计算机管理系统》投入实施之前，华联超市曾开发了众多的管理系统。最成功的有原配送系统、配送仓库管理系统与物价管理系统等。这些单一功能的管理系统在一定程度上提高了管理效率，促进了企业发展。但是，由于各系统相对独立，系统间信息传递困难，信息一致性难以保证。如基本的商品分类，在原系统中存在着两套差异很大的分类规则：配送有配送分类法，物价有物价分类法。给企业管理和发展带来了障碍。

随着企业的发展，超市企业的决策者们越来越强烈地意识到，如果仍然采用原先的一套管理方法，已很难适应企业的发展。要在激烈的竞争之中立于不败之地，必须采用先进的手段与方法。华联超市正是在此环境下与上海时运高新技术有限公司共同合作开发了《华联超市股份有限公司计算机管理系统》，对连锁超市的信息管理、配送管理、门店管理、财务管理等方面进行了规范，提高了市场竞争力。

《华联超市股份有限公司计算机管理系统》一期工程是围绕着连锁超市企业的各项业务而设计的，它主要包括了“总部信息管理系统”、“配送中心管理系统”、“门店（商场）管理系统”和“财务信息管理系统”四个方面；它以基本信息为基础，以物流、信息流及资金流为主线，并将这三者有机地结合起来，真正实现构架在广域网与局域网之上的联机事务处理。

二、系统功能和性能

1．业务综述

《华联超市股份有限公司计算机管理系统》围绕着连锁超市的各项业务而建立。它以基本信息为基础，以商品流、信息流及资金流为主线，并将这三条主线有机结合起来；融进了现代商业的管理理念、长期积累的业务经验，以及当前最先进的计算机技术。

（1）系统的管理对象商品流

商品流由供应商供货开始至客户销售结束或反之可退货。中间接点为配送中心与商场。

配送中心由供应商进货（中心进货）。进货入库后成为配送中心的库存。配送中心库存可配送给自营商场、加盟商场或批发销售。也可在不同的配送中心之间调拨。

（2）系统的实施手段信息流

1）信息采集：信息流伴随商品流产生。信息的最佳采集点是业务的发生点。本系统采用实时信息处理方法与远程批量信息交换方法相结合的方式。在业务处理时采集数据，生成所有需要的单据。

2）信息加工：均由系统自动处理。统一定义、管理。确保信息一致。并为二期工程辅助决策、成本分析奠定基础。

3）信息传输：均由系统经内部网络传输。

4）信息共享：信息一旦发生，立即采集；一经采集，便为整个网络共享；避免重复劳动，提高效率。

（3）系统的目标资金流

商品流产生了信息流，最终导致了资金流。对资金的管理与控制是所有经营的主要目的之一。企业的效益来自于资金流。怎样快速反映资金的流动、有效管理、控制资金流是《华联超市股份有限公司计算机管理系统》主要目标。

2. 系统功能结构

（1）基本信息模块

基本信息是系统正确运作的基础。必须统一管理，精确定义，网络传输，同步控制，全局共享。主要的基本信息包括：商品信息、供应商信息、价格信息、系统信息。商品信息-包括商品名称、规格、类别、包装、价格、条形码、税率和证书等信息。

（2）物价管理模块

物价管理是商家制胜的手段之一。系统既要统一物价，又要灵活变价。系统采用事先制订变价方案，定时自动执行。支持调价，促销调价，竞争调价。制订物价本。记录物价变化过程。有效管理物价。

（3）采购业务模块

采购业务模块主要由订货管理与供应商付款两大功能组成。订货管理是物流的起点。它将管理和控制配送中心的进货。加快进货速度，提高配送中心商品周转率。最大限度地降低疑难仓卡，甚至消灭疑难仓卡。进货预报在订货时自动完成并与配送中心共享。订货信息可通过传真服务器传送供应商。

（4）配送管理模块

配送是连锁超市物流调度的一个重要环节，《华联超市股份有限公司计算机管理系统》支持自营商场配销、加盟商场配销、批发配销及前置配送中心配销。可以采用摘选法与播种法。

（5）总部财务管理模块

对资金的管理与控制是经营的主要目标之一。系统的效益来自于资金流，怎样快速的反映资金的流动、有效管理控制资金流是本系统的主要目标。

本系统自带的财务管理模块，它将在业务发生的同时自动产生记账凭证，进行账务处理，编制各类会计报表。

（6）商场管理模块

商场是商品流转的最后一个环节。它直接与客户联系，也是商品流转过程中最终的一个重要环节。从前台 POS 机得到的商品销售信息，通过数据网络传送到后台，形成销售信息。根据销售基本信息可完成销售信息的查询与分析。并且可根据商品的销售情况，向总部提出调价申请，经复核后，对商品进行调价；对部分商品进行促销，对商品进行优惠或折扣销售。总部的基本信息可经过网络传到 POS 机。

（7）商场财务管理模块

华联的管理模式是各商场设立各自的商场财务。商场各自管理自己的资金。通过内部银行转账并入总部财务。

本系统自带的财务管理模块，它将在业务发生的同时自动产生记账凭证，进行账务处理，编制各类会计报表。

（资料来源：http://www.exam8.com/zige/wuliu/anli/200711/334098.html）

第三节　物流领域的若干新观点及发展趋势

一、物流概念的产生与传播

物流概念的正式形成经历了漫长的道路，从美国于 20 世纪初最先提出物流的概念至今，对物流活动和物流管理的认识几乎经历了一个世纪。关于物流的认识，是社会生产力发展状况在人们头脑中的必然反映。最初的物流认识就来自于生产过程的组织实践和产品销售的实际需要。

物流（physical distribution）一词最早出现于美国，在第二次世界大战中，围绕战争供应，美国军队建立了“后勤”（logistics）理论，并将其用于战争活动中。其中所提出的“后勤”是指将战时物资生产、采购、运输、配给等活动作为一个整体进行统一布置，以求战略物资补给的费用更低、速度更快、服务更好。后来“后勤”一词在企业中广泛应用，又有商业后勤、流通后勤的提法，这时的后勤包含了生产过程和流通过程的物流，因而是一个包含范围更广泛的物流概念。

1935 年美国销售协会认为：“物流是包含于销售之中的物质资料和服务，以及从生产地到消费地点流动过程伴随的种种活动。”在第二次世界大战期间，美国战时供应中采取后勤管理，随后引入商业部门，并将其定义为“包括原材料的流通、产品分配、运

输、购买与服料的流通、产品分配、库存控制、储存、用户服务等业务活动”。

第二次世界大战以后，西方经济进入大量生产、大量销售的时期，降低流通成本的矛盾引人注目，实物分配（physical distribution，PD）的概念更为系统化。从20世纪50年代中期开始到80年代中期，physical distribution的概念继续在美国得到发展和完善，并从美国走向世界，形成了比较统一的物流概念，也成为世界公认的物流概念。

20世纪50年代PD的概念在日本被译为“物的流通”，日本著名学者、被称为物流之父的平原直就用“物流”这一更为简捷的表达方式代替“物的流通”，是1956年直接从英文的physical distribution翻译而来，“物流”从此被广泛使用。到了70年代，日本已成为世界上物流最发达的国家之一。

1981年，日本综合研究所编著的《物流手册》，对“物流”的表述是：“物质资料从供给者向需要者的物理性移动，是创造时间性、场所性价值的经济活动。从物流的范畴来看，包括：包装、装卸、保管、库存管理、流通加工、运输、配送等诸种活动。”

同样，这样的物流概念也逐步流行到了西欧、北美和其他许多国家。物流概念主要通过两条途径从国外传入我国，一条是20世纪80年代初随着“市场营销理论”的引入而从欧美传入，因为欧美的所有市场营销教科书都毫无例外地要介绍physical distribution，这两个单词直译为中文即为“实体分配”，后来我们逐步将它翻译为“分销物流”。另一条途径是从欧美传入日本，日本人将physical distribution翻译为“物流”，20世纪80年代初，我国从日本直接引入“物流”这一概念。后来，基本上全世界各个国家都接受了“physical distribution”这样的物流概念。

1986年，美国物流协会所作的物流定义是：“以适合于顾客的要求为目的，对原材料、在制品、制成品与其关联的信息，从产出地点到消费地点之间的流通与保管，为求有效率且最大的‘对费用的相对效果’而进行计划、执行、控制”。

1997年，中国国家技术监督局的《物流术语国家标准（征订意见稿）》一书将物流定义为：“以最小的总费用，按用户要求，将物质资料（包括原材料、半成品、产成品、商品等）从供给地向需要地转移的过程。主要包括运输、储存、包装、装卸、配送、流通加工、信息处理等活动。”

1998年，美国物流管理协会（Council of Logistics Management）为了适应物流的发展，重新修订了物流的定义，也就是现在被普遍接受的定义：“物流是供应链过程的一部分，是为了满足客户需求而对商品、服务以及相关信息从产地到消费地的高效、低成本流动和储存进行的规划、实施与控制的过程。”该定义反映了随着供应链管理思想的出现，美国物流界对物流的认识更加深入，强调“物流是供应链的一部分”；并从“反向物流”角度进一步拓展了物流的内涵与外延。

二、物流领域若干新观点

1. 黑大陆学说

著名管理学权威德鲁克（P. F. Drucker）曾经讲过：“流通是经济领域里的黑暗大陆”，消费者所支付的商品价格中，约50%是与商品流通活动有关的费用，物流是降低成本的最后领域，物流是“经济的黑暗大陆”，“一块未被开垦的处女地”。德鲁克的流通是泛指，但是，在流通领域中，物流活动的模糊性尤其突出，流通领域中人们更是认识不清，所以，“黑大陆”说法主要针对物流而言。

2. 物流冰山说

物流冰山说是日本早稻田大学西泽修教授在 1970 年提出来的，他专门研究物流成本时发现，现行的财务会计制度和会计核算方法都不可能掌握物流费用的实际情况，因而人们对物流费用的了解是一片空白，甚至有很大的虚假性。他把这种情况比做“物流冰山”，其特点是大部分沉在水面以下的是我们看不到的黑色区域，而我们看到的不过是物流的一部分。

3. 第三利润源

“第三利润源”的说法主要出自日本。从历史发展来看，人类历史上曾经有过两个大量提供利润的领域：第一个是资源领域，第二个是人力领域。通过商品成本构成的分析，一些经济学者把降低生产成本中的物化劳动消耗，即原材料成本的降低，称为“第一利润源”；把提高劳动生产率以降低活劳动消耗，称为“第二利润源”。随着技术水平的提高和内部管理的加强，前两个利润源潜力越来越小，利润开拓越来越困难，而在生产和销售领域以外的运输、仓储、配送等物流环节上却大有潜力。在这种情况下，企业经营决策者开始把寻求成本优势和差别化优势的视角转向物流领域，按时间序列，物流成为企业在降低物质消耗、提高劳动生产率之外的“第三利润源”。

4. 供应链管理

供应链最早来源于彼得·德鲁克提出的“经济链”，而后经由迈克尔·波特发展成为“价值链”，最终日渐演变为“供应链”。它的定义为：“围绕核心企业，通过对信息流、物流、资金流的控制，从采购原材料开始，制成中间产品及最终产品，最后由销售网络把产品送到消费者手中。它是将供应商、制造商、分销商、零售商，直到最终用户连成一个整体的功能网链模式”。所以，一条完整的供应链应包括供应商（原材料供应商或零配件供应商）、制造商（加工厂或装配厂）、分销商（代理商或批发商）、零售商（大卖场、百货商店、超市、专卖店、便利店和杂货店）及消费者。

供应链管理就是指对整个供应链系统进行计划、协调、操作、控制和优化的各种活动和过程。其目标是在满足客户需要的前提下，对整个供应链（从供货商、制造商、分销商到消费者）的各个环节进行综合管理，高效协调地工作，实现有效的资源共享和信息互通，建立一个最优的商品供应系统，降低整个供应链成本，实现高品质的用户服务，获得市场竞争优势，赢取企业利润。例如从采购、物料管理、生产、配送、营销、供应链管理系统到消费者的整个供应链的货物流、信息流和资金流，把物流与库存成本降到最小。

三、国际物流发展趋势

随着经济全球化步伐的加快，科学技术尤其是信息技术、通信技术的发展，跨国公

司的出现所导致的本土化生产、全球采购以及全球消费趋势的加强，使当前国际物流的发展呈现出一系列新的特点。

1. 国际物流管理网络化

以现代信息技术提供的条件，强化资源整合和优化物流过程是当今国际物流发展的最本质特征。信息化与标准化这两大关键技术对当前国际物流的整合与优化起到了革命性的影响。同时，又由于标准化的推行，使信息化的进一步普及获得了广泛的支撑，使国际物流可以实现跨国界、跨区域的信息共享，物流信息的传递更加方便、快捷、准确，加强了整个物流系统的信息连接。现代国际物流就是这样在信息系统和标准化的共同支撑下，借助于储运和运输等系统的参与，借助于各种物流设施的帮助，形成了一个纵横交错、四通八达的物流网络，使国际物流覆盖面不断扩大，规模经济效益更加明显。以法国 KN 公司为例，该公司在没有自己的轮船、汽车等运输工具的情况下，通过自行设计开发的全程物流信息系统，对世界各地的物流资源进行整合，在全球 98 个国家、600 个城市 开展物流服务，形成了一个强大的物流网络。目前，该公司空运业务已排名世界第五，每周运输量 1.9 万次，海运业务一年毛利约为 40 亿欧元。

2. 国际物流服务的优质化与全球化趋势日益明显

物流服务的优质化与全球化趋势日益明显，物流服务的全球化是今后发展的又一重要趋势。根据荷兰国际销售委员会（HIDC）在最近发表的一篇题为《全球物流业——供应连锁服务业的前景》的报告中指出，目前许多大型制造部门正在朝着“扩展企业”的方向发展。这种所谓的“扩展企业”基本上包括了把全球供应链条上所有的服务商统一起来，并利用最新的计算机体系加以控制。同时，报告认为，制造业已经实行“定做”服务理论，并不断加速其活动的全球化，对全球供应连锁服务业提出了一次性销售（即“一票到底”的直销）的需求。这种服务要求极其灵活机动的供应链，这也迫使物流服务商几乎采取了一种“一切为客户服务”的解决办法。随着合同导向的客户服务观念的确立与普及，以及物流服务产品化、市场化的继续发展，物流市场的服务标准将逐渐趋于规范化。

3. 国际物流标准更加统一化

国际物流的标准化是以国际物流为一个大系统，制定系统内部设施、机械装备、专用工具等各个分系统的技术标准；制定各系统内分领域的包装、装卸、运输、配送等方面的工作标准；以系统为出发点，研究各分系统与分领域中技术标准与工作标准的配合性；按配合性要求，统一整个国际物流系统的标准；最后研究国际物流系统与其他相关系统的配合问题，谋求国际物流大系统标准的统一。

随着经济全球化的不断深入，世界各国都很重视本国物流与国际物流的相互衔接问题，努力使本国物流在发展的初期，其标准就与国际物流的标准体系相一致。因为现在如果不这样做，以后不仅会加大与国际交往的技术难度，更重要的是，在现在的关税和运费本来就比较高的基础上，又增加了与国际标准不统一所造成的工作量，将使整个外贸物流成本增加。因此，国际物流的标准化问题不能不引起更多的重视。目前，跨国公司的全球化经营，正在极大地影响物流全球性标准化的建立。一些国际物流行业和协会，在国际集装箱和 E DI 技术发展的基础上，开始进一步对物流的交易条件、技术装备规格，特别是单证、法律条件、管理手段等方面推行统一的国际标准，使物流的国际标准更加深入地影响到国内标准，使国内物流日益与国际物流融为一体。

4. 国际物流系统更加集成化

传统物流一般只是货物运输的起点到终点的流动过程，如产品出厂后从包装、运输、装卸到仓储这样一个流程，而现代物流。从纵向看：它将传统物流向两头延伸并注入新的内涵，即从最早的货物采购物流开始，经过生产物流再进入销售领域，其间要经过包装、运输、装卸、仓储、加工配送等过程到最终送达用户手中，甚至最后还有回收物流的全过程。从横向看：它将社会物流和企业物流、国际物流和国内物流等各种物流系统，通过利益输送、股权控制等形式有机地组织在一起，即通过统筹协调、合理规划来掌控整个商品的流动过程，以满足各种用户的需求和不断变化的需要，争取做到效益最大和成本最小。国际物流的集成化，是将整个物流系统打造成一个高效、通畅、可控制的流通体系，以此来减少流通环节、节约流通费用，达到实现科学的物流管理、提高流通的效率和效益的目的，以适应在经济全球化背景下“物流无国界”的发展趋势。

现代物流已经演变成一群物流企业与另一群物流企业的竞争、一个供应链与另一个供应链的竞争、一个物流体系与另一个物流体系的竞争。物流企业所参与的国际物流系统的规模越大，物流的效率就越高，物流的成本就越低，物流企业的竞争力就越强，这种竞争是既有竞争、又有合作的“共赢”关系。国际物流的这种集成化趋势，是一个国家为适应国际竞争正在形成的跨部门、跨行业、跨区域的社会系统，是一个国家流通业正在走向现代化的主要标志，也是一个国家综合国力的具体体现。

当前，国际物流向集成化方向发展主要表现在两个方面：一是大力建设物流园区，二是加快物流企业整合。物流园区建设有利于实现物流企业的专业化和规模化，发挥它们的整体优势和互补优势；物流企业整合，特别是一些大型物流企业跨越国境展开“横联纵合”式的并购，或形成物流企业间的合作并建立战略联盟，有利于拓展国际物流市场，争取更大的市场份额，加速本国物流业深度地向国际化方向发展。

5. 第三方、乃至第四方物流迅速崛起

第三方物流是指由供方和需方以外的物流企业提供的物流服务的业务模式。作为一种新兴的物流方式活跃在流通领域，它的节约物流成本、提高物流效率的功能已为众多企业认可。第四方物流即物流研究和咨询机构，如德国著名的运输与物流研究所。第四方物流最大的优越性，是它能保证产品得以“更快、更好、更廉”地送到需求者手中。近十年来，第三方物流发展神速，美国及日本企业利用第三方物流服务的比重分别达到60%和 80%。目前国外物流业已经发展成熟，第一、二、三、四方物流业已各自在物流市场中定位，初步形成了一个相互依存、相互促进、专业化与多功能化相结合、和谐高

效的有机整体。

6. 绿色物流是物流发展的又一趋势

物流虽然促进了经济的发展，但是物流的发展同时也会给城市环境带来不利的影响，如运输工具的噪声、污染排放、对交通的阻塞等，以及生产及生活中的废弃物的不当处理所造成的对环境的影响。为此，21世纪对物流提出了新的要求，即绿色物流。

所谓绿色物流（environmental logistics），就是以降低对环境的污染，减少资源消耗为目的，利用先进的物流技术规划和实施运输、仓储、装卸搬运、流通加工、配送、包装等物流活动。在绿色物流过程中，强调抑制物流对环境造成危害，实现对物流环境的净化，使物流资源得到最充分的利用。随着环境资源恶化程度的加深，其对人类生存和发展的威胁越来越大，因此人们对环境的利用和保护越来越受到重视，现代物流的发展必须优先考虑环境问题，需要从环境角度对物流体系进行改进，即需要形成一个环境共生型的物流管理系统。这种物流管理系统建立在维护全球环境和可持续发展的基础上，改变原来发展与物流、消费与物流的单向作用关系，在抑制物流对环境造成危害的同时，形成一种能促进经济与消费健康发展的物流系统，即向绿色物流转变。因此，现代绿色物流管理强调了全局和长远的利益，强调了全方位的对环境关注，体现了企业的绿色形象，是一种新的物流管理趋势。

知识拓展

绿色物流

绿色物流包括两方面，一是对物流系统污染进行控制，即在物流系统和物流活动的规划与决策中尽量采用对环境污染小的方案，如采用排污量小的货车车型，近距离配送，夜间运货（减小交通阻塞、节省燃料和减小排放）等。发达国家政府倡导绿色物流的对策是在污染发生源、交通量、交通流等三个方面制定了相关政策。绿色物流的另一方面就是加大对绿色物流新技术的研究和应用，把有效利用资源和维护地球环境放在发展的首位，建立起全新的从生产到废弃全过程效率化的、信息流与物质流循环化的绿色物流系统。

第四节　设备的选择与使用

一、设备的选择

设备的选择是指新建企业设备的选择、老企业购置新设备的选择、企业自行研制专用设备以及从国外引进技术设备的选择等。

企业设备的选择，首先应调查设备的技术经济指标，进行技术经济分析论证，提出可供选择的多种方案，然后本着技术上适用、经济上合理、生产上可行的原则，考虑多方面因素，对设备进行比较，择优订购。

（一）设备的选择应考虑的因素

1. 设备的生产率

设备的生产率一般用设备功率和效率等指标来衡量，也有一些设备以单位时间内的产品产量来衡量。企业在选择设备时，必须使设备的生产率与企业的生产任务相适应。计算生产任务不仅要结合企业当前的生产和经营情况，分析产品的市场占有状况，还应考虑企业的长远规则，预测市场变化和发展趋势。

2. 设备的可靠性

设备的可靠性实质上是反映设备性能或精度的保持性，运行的稳定性。这两方面对于保证产品质量，提高设备的生产效率是十分重要的。选择设备时，要认真分析和研究生产厂家所提供的有关资料，对反映设备可靠性的指标进行论证。

3. 设备的维修性

设备的维修性是指需要修理的系统、设备、零部件等所具有的维修的程度和性质。设备应易于检修、便于拆卸，互换性好，能缩短维修时间，提高设备利用率，降低维修费用。在进行设备选择时，应考虑设备结构的易修性，同时也要考虑生产厂家对配件的供应情况和提供维修服务的可能性等。

4. 设备的耐用性

设备的耐用性是指设备的使用寿命，一般以设备的使用年限来表示。设备的使用寿命愈长，每年分摊的折旧费愈少。企业在选择设备时，既要以自然寿命期为主，又要考虑无形磨损的因素，适当选择耐用性长的设备。

5. 设备的安全性

设备的安全性是指设备对生产安全的保证程度。设备的安全性包括人身安全和环境保护等。例如，所选用的设备有无安全保护装置，清除和防止“三废”污染措施等。

6. 设备的节能性

设备的节能性是指设备节约能源的能力，设备的节能性好，可以大幅度降低设备的使用费用，提高寿命周期内的经济效果。

7. 设备的成套性

设备的成套性是形成企业生产能力的前提条件。特别是选用国外设备时，成套选购

往往比分开购买主机和辅机合适，可节约投资费用和节省外汇。

8. 设备的经济性

设备的经济性是选择设备的综合指标。它不仅要考虑设备的投资费（自制设备包括研究、设计、制造费用，外购设备包括购置费、运输费、安装调试费），还要考察设备在整个寿命周期内的使用费（包括维修费、保险费、能源消耗费等）。总费用最少，又能完成规定的任务，这样的设备综合效益好，经济性最佳。

9. 环保性

设备的环保性是指设备对环境保护的性能。环境保护一般以设备的噪声和设备排放的有害物质对环境污染的程度来表示。在选择设备时，应选择噪声控制在保护人体健康的卫生标准范围内的设备。

10. 灵活性

设备的灵活性是指设备对不同工作条件、操作使用和通用多能的适应程度。灵活性内容包括：一是在工作对象固定的条件下，设备能够适应不同的工作条件和环境，操作使用比较灵活方便；二是对于工作对象可变的加工设备，要求能够适应多种加工性能，通用性强；三是结构紧凑、重量轻、体积小。

上述这些因素是相互联系，互相制约的。因此，企业在选择设备时，对各种因素要统筹兼顾，权衡利弊，综合评价，选择购置设备的最优方案。

（二）企业远景开发与设备选择

企业远景（corporate vision）又称为企业愿景，是企业未来希望达到的状态，概括了企业的未来目标、使命及核心价值，是企业为之奋斗的愿景和远景。企业远景具有清晰、持久、独特和服务精神的特点，基本上包括在企业内外公开发表的所有价值链（value chain），具有领域性和层次性。

如果企业不从企业远景出发去选择行动方案，就不可能进行真正的危机管理或对策。所以明确的企业远景是企业活动中解决问题或进行革新活动的必要条件。

对企业而言，产品可能在品种、性质、数量上发生改变，因此必须根据企业的目前需求和近期的、远期的发展战略，使设备选型与企业现况以及远景开发结合起来。

（三）设备寿命周期费用与设备的选择

设备寿命周期费用是指设备一生的总费用，即设备在研究、设计、制造、安装、调试、使用、维护、修理、改造直至报废的整个寿命周期内所消耗费用的总和。它主要包括购置费用和维持费用两部分。购置费用是一次性投资，所以又叫非再现费用；维持费用是使用过程中与使用维修设备有关的人员、动力、物资等所消耗的费用，又叫再现费用。

设备寿命周期费用＝购置费＋维持费＋拆除费－残值

1. 购置费

购置费是为了取得该设备而一次性支付的费用。其直接费用包括：开发规划费、市场调查费；设计费、专利使用费、制造费、运输费、保管费；操作、维护图纸资料费，操作、维修人员培训费、培训设施费。间接费用包括：图书资料费、计算机处理费、有关人员管理费用及合同有关的费用。

2. 维持费

维持费是企业取得有关设备后，为了使用该设备而经常支付的各种费用。其直接费用有运行费、维修费、后勤费、报废处理费。运行费包括：操作人员费、辅助人员费；电、气、油、汽等动力费；消耗材料费、空调费。维修费包括：维修材料及备件费、人工劳务费、工具器具费、设备改造费。后勤费包括：备件、维修材料保管费，试验设备租赁费等。间接费用包括搬运费、调查费和办公费等。

购置费低的设备，其使用费不一定低。所以，考虑设备费用时，应以寿命周期费用为基础，而不是以出厂价格为基础。运用寿命周期成本理论优化设备选型 。

（1）设计阶段应用寿命周期成本理论的意义

1）真正实现技术与经济的有机结合。

2）为确定项目合理的功能水平提供依据。

3）有助于增强项目的抗风险能力。

4）使设备选择更科学。

（2）寿命周期成本理论在设计阶段设备选型中的应用

基本步骤包括：提出备选方案，确定评价指标；明确费用构成，预测费用水平；计算各方案经济寿命，分析计算期；计算各方案的费用效率，选择最优方案。

【例 1】 某集装箱码头需购置一套装卸设备，表 9.1 所示四个方案中，不考虑时间价值因素，应优先选择哪个？

表 9.1 备选方案

方　案	甲	乙	丙	丁
寿命周期/年	8	10	7	8
寿命周期成本/万元	2420	4250	1600	1200
工作量/万吨	256	408	90	110

解：费用效率＝工作量/寿命周期成本，根据表 9.3 中数据，甲为 0.106，乙为 0.096，丙为 0.056，丁为 0.092，甲方案的费用效率值最高。

（四）设备选择的一般步骤

设备选择必须注意调查研究，在广泛搜集信息资料的基础上，经多方分析、比较、论证后，进行选型决策。设备选择一般要经过以下。

1. 收集市场信息

通过广告、样本资料、产品目录、技术交流等各种渠道，广泛收集所需设备及其关键配套件的技术性能资料、销售价格和售后服务情况，以及产品销售者的信誉、商业道德等全面信息资料。

2. 筛选信息资料

将所收集到的资料按自身的选择要求，进行排队对比，从中选择出 2～3 个产品厂作为候选单位。对这些单位进行咨询、联系和调查访问，详细了解设备的技术性能（效率、精度）、可靠性、安全性、维修性、技术寿命以及其能耗、环保、灵活性等各方面情况；制造商的信誉和服务质量；各用户对产品的反映和评价；货源及供货时间；订货渠道；价格及随机附件等情况。通过分析比较，从中选择几个合适的机型和厂家。

3. 选型决策

对于已选出的几个机型，进一步到制造厂和用户进行深入调查，就产品质量、性能、运输安装条件、服务承诺、价格和配套件供应等情况，分别向各厂仔细地询问，并作详细笔录，最后在认真比较分析的基础上，再选定最终认可的订购厂家。

对于专用设备和生产线以及价值较高的单台通用设备，一般应采用招标方式，经过评议确定，与中标单位签订供货合同。

知 识 拓 展

招标的方式

（1）公开招标

包括国际性竞争招标（ICB）和国内竞争性招标（LCB）。

（2）邀请招标

即不公开刊登招标广告，设备购买单位根据事先的调查，对国内外有资格的承包商或制造商直接发出投标邀请。这种形式一般用于设备购置资金不大，或由于招标项目特殊、可能承担的承包商或制造商不多的情况下。

（3）议标（又称谈判招标）

它是非公开、非竞争性招标，它是由招标人物色几家直接进行合同谈判。一般情况下尽量不采用这种做法。

（资料来源：约翰·门茨尔．2006．供应链管理概论．王海军，董凤娜译．北京：电子工业出版社）

二、设备的合理使用

1. 合理使用设备的基本要求

正确合理地使用设备，精心维护，可以减轻磨损，延长使用寿命，保持良好的性能和应有的精度，从而充分发挥设备的生产效率，提高产品质量，降低使用费用等。设备的合理使用需要做到以下几点。

（1）合理配备各种类型的设备

由于各企业的生产特点、工艺过程、生产任务及生产组织形式互不相同，因此，必须根据企业的各种产品结构特性和工艺技术要求，结合各个车间不同的生产组织形式，合理地配备各种类型的设备。为了适应产品品种、结构和数量的不断变化，还要及时进行调整，使它们都能充分发挥效能，适应生产发展的要求。

（2）提高设备的利用程度

提高设备的利用程度就是充分发挥设备的作用，以增加经济效益，主要表现在两个方面：是提高设备的利用时间，即充分利用设备可能的工作时间，不让设备闲置；是提高设备的利用程度，就是要使设备在单位时间内生产出尽可能多的合格产品。

（3）恰当地安排生产任务

不同的设备是依据不同科学技术原理设计制造的，它们的性能结构、制造精度、使用范围、工作条件和动力及其技术条件是不相同的。企业要根据各种设备的性能、结构和技术经济特点恰当地安排加工任务，做到合理使用各种设备，既要避免“大机小用”，造成设备效率的浪费，更要防止“精机粗用”和超负荷、超范围、超性能安排工作，以保证设备的工作精度，延长设备的使用寿命。

（4）合理配备操作工人

操作工人的技术水平和劳动态度，直接影响到能否管好、用好设备。因此，为了充分发挥设备的性能，使机器设备在良好状态下使用，必须配备相适应的工人。要求操作者熟悉并掌握设备的性能、结构、工艺加工范围和维护保养技术。企业应根据设备的技术要求和复杂程度，配备相应的工种和胜任的操作者，并根据设备性能、精度、使用范围和工作条件安排相应的加工任务和工作负荷，确保生产的正常进行和操作人员的安全。

（5）为设备创造良好的工作条件

良好的工作条件，是保持设备正常运转，延长使用期限，保证安全生产的重要条件。

（6）经常开展正确使用和爱护设备的教育

职工群众对企业设备爱护的程度，对于设备的使用和保养以及设备效能能否充分发挥，具有极其重要的影响。为此，企业各级领导和设备管理部门一定要对职工经常进行思想教育和技术教育，使操作人员养成自觉爱护设备的风气和习惯，使设备经常保持“整齐、清洁、润滑、安全”，处于最优的技术状态。

（7）建立和健全各种规章制度

建立与健全各种规章制度是合理使用设备的重要保证，如安全操作制度、岗位责任制、定期检查维护规程和操作合格证制等。这些规章制度是指导工人操作、维护和检修设备的技术法规，它是根据设备说明书中注明的各项技术条件制定的。

（8）开展完好设备竞赛活动

为了用好管好设备、必须把完好设备的竞赛评比活动，列为班组竞赛的一个重要内容。企业应定期对设备进行检查评比，根据设备的技术状况，通过检查，对完好设备给

予恰当的表扬和奖励；对带病运转设备要纳入修理计划；对停机待修设备，要组织力量进行检修。

2. 提高设备的使用率

企业在合理使用设备的基础上，还要求进一步做到提高设备的使用率，使设备在数量、功能和使用时间上都能得到充分地利用。这样，就可以使已有的设备生产出更多更好的产品，从而可以扩大生产能力，节约劳动力，提高生产率，降低产品成本。提高设备的使用率，一般应做好以下具体工作。

1）改善设备的利用时间，提高设备的时间利用率。设备的时间利用率是设备的实际工作时间与规定时间的比率，它是衡量设备利用情况的一个主要指标。

2）改善设备的强度利用情况。也就是要提高设备在单位时间内的产量。

3）改善设备的协调使用。即要使主要设备和辅助设备、动力设备、起重运输设备等配套使用，前道工艺设备和后道工艺设备在性能和生产效率上相互配合协调，以充分发挥主要生产设备和整个生产线的生产效率。

4）从广度上改善设备的利用。企业应尽量使所有设备都在生产中使用，发挥效能，以增加全部设备总的作业时间。

第五节　设备的维护与修理

设备使用过程中，经常会发生技术状态的变化、磨损和腐蚀，这就要进行维护保养和修理。设备的维护保养是设备自身运动的客观要求。如果企业设备不及时进行维护保养和修理，就会造成设备的过早磨损，甚至酿成严重事故。

一、设备的维护保养

（一）设备的磨损

设备在使用（或闲置）过程中会产生磨损。磨损有两种形式：一种是有形磨损，亦称物质磨损或物质损耗；一种是无形磨损，也称精神磨损或经济磨损。无论有形磨损还是无形磨损，其结果都会造成经济损失。为了减少设备磨损和在设备磨损后及时进行补偿，就必须首先弄清产生磨损的原因和磨损的规律，以便采取相应的技术、组织、经济措施。

1. 设备的有形磨损

（1）正常磨损

设备使用过程中的有形磨损，可以分为两种：第一种是设备在运转过程中因受力的作用，零部件会发生摩擦、振动和疲劳等现象，致使设备的实体产生磨损，这种磨损属于不可避免的正常磨损。这种磨损大致可分为三个阶段。

第一阶段是初期磨损阶段（也称磨合磨损阶段）。在这个阶段，设备各零、部件表面的宏观几何形状和微观几何形状（粗糙度）都要发生明显的变化。这种现象的产生，原因是零件在加工、制造过程中，无论经何种精密加工，其表面仍有一定粗糙度。当互相配合作相对运动，如粗糙表面由于摩擦而磨损。此时的磨损速度很快，磨损量和时间决定于零件加工的粗糙程度。这种现象一般发生在设备制造、修理的总装调试时和投入使用期的调试和初期使用阶段。

当作相对运动的零部件的表面经磨合磨损以后，磨损进入了第二阶段，即正常磨损阶段。在这一阶段内，如果零部件的工作条件不变或变化很小时，磨损量基本随时间匀速增加。也就是说，在正常情况下，零、部件的磨损速度非常缓慢。当磨损至一定程度，零件不能继续工作，这一阶段的时间就是这个零件的使用寿命。

第三阶段称为剧烈磨损阶段。这一阶段的出现，往往是由于零件已到达它的寿命期而仍继续使用，破坏了正常磨损关系，使磨损加剧，磨损量急剧上升，造成机器设备的精度、技术性能和生产效率明显下降。例如，机器设备上的轴和滑动轴承之间的相互摩擦，在正常情况下，是由相互的配合间隙内的流体或半流体隔开，使它们不直接接触摩擦。当轴或轴承磨损至一定程度而仍继续使用时，就因间隙增大，造成油或油脂量不足，液体摩擦失去作用，使轴与轴承直接摩擦，磨损加剧。

（2）非正常磨损

第二种有形磨损是因保管、使用不当和因受自然力的腐蚀（工作环境恶劣所致）而引起的非正常磨损。这种磨损的结果，通常表现为：

1）使组成设备的各零、部件的原始尺寸改变。当磨损到一定程度时，甚至会改变零、部件的几何形状。

2）使零、部件之间的相互配合性质改变，导致传动松动，精度和工作性能下降。

3）零件损坏，甚至因个别零件的损坏而引起与之相关联的其他零件的损坏，导致整个部件损坏，造成严重事故。

设备在闲置过程中，自然力的作用（如油封油质中的腐蚀性介质的侵蚀，空气中的水分和有害气体的侵蚀等）是产生磨损的主要原因，如果保管不善，缺乏必要的维护保养措施，就会使设备受腐蚀，随着时间的延长，腐蚀面和深度不断扩大、加深，造成精度和工作能力自然丧失，甚至因锈蚀严重而报废。

2. 设备的无形磨损

新设备的出现引起原有设备的贬值，称为无形磨损（又称精神磨损、经济磨损）。根据劳动生产率提高所造成的不同影响，无形磨损可分为两种：一种是设备的技术结构和性能并没有变化，但由于技术进步，社会劳动生产率水平的提高，同类设备的再生产价值降低，致使原设备相对贬值，称为价值损耗；另一种是由于科学技术的进步，不断创新出性能更完善、效率更高的设备，使原有设备相对陈旧落后，其经济效益相对降低而发生贬值，称为技术损耗。科学技术的飞速发展使无形磨损在设备管理中越来越受到重视，企业应及时更新设备和应用新技术进行技术改造，补偿无形磨损。

3. 设备的综合磨损

综合磨损指设备在有效使用期内发生的有形磨损和无形磨损的合成。企业应根据综合磨损情况对设备的维修、改进、更新进行全面技术经济分析，确定补偿方式。

（二）设备故障

设备故障，一般是指设备失去或降低其规定功能的事件或现象，表现为设备的某些零件失去原有的精度或性能，使设备不能正常运行、技术性能降低，致使设备中断生产或效率降低而影响生产。

设备故障，简单地说是一台装置（或其零部件）丧失了它应达到的功能。随着时间的变化，任何设备从投入使用到退役，其故障发生的变化过程大致分三个阶段：早期故障期、偶发故障期和耗损故障期。

1. 早期故障期或称磨合期

该时期的故障率通常是由于设计、制造及装配等问题引起的。随运行时间的增加，各机件逐渐进入最佳配合状态，故障率也逐渐降至最低值。

2. 偶发故障或随机故障期

在这时期内，故障是由于使用不当、操作疏忽、润滑不良、维护欠佳、材料隐患、工艺缺陷等偶然原因所致，没有一种特定的失效机理主导作用，因而故障是随机的。

3. 磨损故障期

机械长期使用后，零部件因磨损、疲劳，其强度和配合质量迅速下降而引起的，其损坏属于老化性质。

（三）设备维护保养

设备的维护保养，是指操作工和维修工，根据设备的技术资料和有关设备的启动、润滑、调整、防腐、防护等要求和保养细则，对在使用或闲置过程中的设备所进行的一系列作业。

设备维护保养的内容是根据不同设备的结构，工艺技术复杂程度、型号、规格、大小等具体情况和特点来确定的，使设备保持清洁、整齐、润滑良好、安全运行，包括及时紧固松动的紧固件，调整活动部分的间隙等。简言之，即“清洁、润滑、紧固、调整、防腐”十字作业法。实践证明，设备的寿命在很大程度上决定于维护保养的好坏。维护保养依工作量大小和难易程度分为日常保养、一级保养、二级保养、三级保养等。

1）日常保养，又称例行保养，是指对设备在使用过程中，由于各部件、零件相互摩擦，而产生的技术状态变化，进行经常的检查、调整和处理。这是一项经常性的工作，由操作工和维修工共同负责。其主要内容是：进行清洁、润滑、紧固易松动的零件，检查零件、部件的完整。这类保养的项目和部位较少，大多数在设备的外部。

2）一级保养，主要内容包括普遍地进行拧紧、清洁、润滑、紧固，还要部分地进行调整。日常保养和一级保养一般由操作工人承担。

3）二级保养，主要内容包括内部清洁、润滑、局部解体检查和调整。

4）三级保养，主要是对设备主体部分进行解体检查和调整工作，必要时对达到规定磨损限度的零件加以更换。此外，还要对主要零部件的磨损情况进行测量、鉴定和记录。二级保养、三级保养在操作工人参加下，一般由专职保养维修工人承担。

在各类维护保养中，日常保养是基础。保养的类别和内容，要针对不同设备的特点加以规定，不仅要考虑到设备的生产工艺、结构复杂程度、规模大小等具体情况和特点，还要考虑到不同工业企业内部长期形成的维修习惯。

二、设备的修理

设备修理，是指修复由于日常的或不正常的原因而造成的设备损坏和精度劣化。通过修理更换磨损、老化、腐蚀的零部件，可以使设备性能得到恢复。设备的修理和维护保养是设备维修的不同方面，二者由于工作内容与作用的区别是不能相互替代的，应把二者同时做好，以便相互配合、相互补充。

1. 设备修理的种类

根据修理范围的大小、修理间隔期长短、修理费用多少，设备修理可分为小修理、中修理和大修理三类。

（1）小修理

小修理通常只需修复、更换部分磨损较快和使用期限等于或小于修理间隔期的零件，调整设备的局部结构，以保证设备能正常运转到计划修理时间。小修理的特点是：修理次数多，工作量小，每次修理时间短，修理费用计入生产费用。小修理一般在生产现场由车间专职维修工人执行。

（2）中修理

中修理是对设备进行部分解体、修理或更换部分主要零件与基准件，或修理使用期限等于或小于修理间隔期的零件；同时要检查整个机械系统，紧固所有机件，消除扩大的间隙，校正设备的基准，以保证机器设备能恢复和达到应有的标准和技术要求。中修理的特点是：修理次数较多，工作量不很大，每次修理时间较短，修理费用计入生产费用。中修理的大部分项目由车间的专职维修工在生产车间现场进行，个别要求高的项目可由机修车间承担，修理后要组织检查验收并办理送修和承修单位交接手续。

（3）大修理

大修理是指通过更换，恢复其主要零部件，恢复设备原有精度、性能和生产效率而进行的全面修理。大修理的特点是：修理次数少，工作量大，每次修理时间较长，修理费用由大修理基金支付。设备大修后，质量管理部门和设备管理部门应组织使用和承修单位有关人员共同检查验收，合格后送修单位与承修单位办理交接手续。

2. 设备修理的方法

（1）标准修理法

标准修理法又称强制修理法，是指根据设备零件的使用寿命，预先编制具体的修理计划，明确规定设备的修理日期、类别和内容。设备运转到规定的期限，不管其技术状况好坏，任务轻重，都必须按照规定的作业范围和要求进行修理。此方法有利于做好修理前准备工作，有效保证设备的正常运转，但有时会造成过度修理，增加了修理费用。

（2）定期修理法

定期修理法是指根据零件的使用寿命、生产类型、工件条件和有关定额资料，事先规定出各类计划修理的固定顺序、计划修理间隔期及其修理工作量。在修理前通常根据设备状态来确定修理内容。此方法有利于做好修理前准备工作，有利于采用先进修理技术，减少修理费用。

（3）检查后修理法

检查后修理法是指根据设备零部件的磨损资料，事先只规定检查次数和时间，而每次修理的具体期限、类别和内容均由检查后的结果来决定。这种方法简单易行，但由于修理计划性较差，检查时有可能由于对设备状况的主观判断误差引起零件的过度磨损或故障。

（4）事后修理

事后修理是指设备发生故障后，再进行修理。这种修理法出于事先不知道故障在什么时候发生，缺乏修理前准备，因而修理停歇时间较长。此外，因为修理是无计划的，常常打乱生产计划，影响交货期，只适用于数量多、价值低的一般性设备，如砂轮机和小台钻等。事后修理是比较原始的设备维修制度。目前，除在小型、不重要设备中采用外，已被其他设备维修制度所代替。

上述四种修理方法中，前三种都是事先有计划安排的，所以叫作计划修理的方法。在一个企业中，应当针对不同的设备采用不同的方法。

第六节　设备的改造与更新

企业在做好设备维修工作的同时，还要抓好设备改造和更新工作，才能使设备的磨损得以补偿，保证企业生产不断发展，设备现代水平不断提高，企业发展能力不断增强。

企业的设备改造和更新，是提高企业素质、促进企业技术进步、增强企业内在的发展能力和对外界环境变化的适应能力的需要。通过设备改造更新，必然会为企业的产品生产不断增加品种、提高质量、增加产量、降低消耗、节约能源、提高效率等方面带来极大的收益。

设备更新改造的重点包括以下几个方面。

1）不能满足产品更新换代和提高产品质量要求的设备。

2）严重浪费能源的设备，能源利用率低下的设备。

3）经过技术经济分析、评价，经济效益太差的设备。

4）污染严重，危害人身安全的设备。

5）使用年限过长，技术性能落后、原制造有先天缺陷的设备。

6）按国家有关部门规定，应淘汰的设备。

设备改造和设备更新都是社会生产力发展的客观要求，它们既有联系又有区别。

一、设备改造

所谓设备改造，是指应用现代技术成就和先进经验，为适应生产需要，对原有设备进行技术改革，以改善设备性能，提高精度和生产率。它是一种局部性的更新，也是一种最快、最经济、最有实效的方法。

设备改造的方式分为设备局部的技术更新和增加新的技术结构两种。局部的技术更新是指采用先进技术改变现有设备的局部结构。增加新的技术结构是指在原有设备基础上增添部件、新装置等。

1. 设备改造的注意点

1）必须根据企业生产技术发展的需要出发。分析研究设备对产量、质量、成本、安全、能耗和环境保护等各方面的影响程度，有计划，有步骤地进行，使设备经过改造后，能达到预期的目的和要求。

2）必须充分考虑技术上的可靠性。

3）必须充分考虑经济上的合理性。对于各种设备的改造方案，都要经过专业人员进行一系列的详细计算，组织技术经济论证和经济效果分析。若改造费很高，或者改造后的效果并不理想，应该重新修改方案。

4）必须坚持自力更生的方针。充分发动群众，依靠自己的力量。同时，也要重视吸收国内外科学技术上的新成就，在努力学习的基础上，做到为我所用。

在设备进行改造时，必须与设备大修理计划和生产计划结合起来。这样，既能达到设备改造的目的，又能节约改造费用，保证生产任务的完成，这是一种行之有效，最经济合理的方法。

2. 设备改造的优点

设备改造与设备更换相比，有如下优点：

1）设备改造的针对性和对生产的适应性强。这种改造与生产密切结合，能解决实际问题。需要改什么就改什么，需要改到什么程度就改到什么程度，均由企业自己决定。

2）设备改造由于充分利用原有设备的可用部分，因而可大大节约设备更换的投资。

3）设备改造的周期短。一般比重新设计或制造、购置新的设备所需的时间短，而且还可以结合设备的大修理进行改造设备。

4）设备改造还可以促进设备拥有量构成比的改善。通过设备改造可以改善设备的技术性能，从而使结构比向先进的方向转化。

5）设备改造的内容广泛。它包括：提高自动化程度；扩大和改善设备的工艺性；提高设备零部件的可靠性、维修性；提高设备的效率；应用设备检测监控装置；改进润滑冷却系统；改进安全维修系统；降低设备能耗；改善环境卫生；使零部件标准化。

二、设备更新

设备更新是指对在技术上或经济上不宜继续使用的设备，用新的设备更换或用先进的技术对原有设备进行局部改造。或者说是以结构先进、技术完善、效率高、耗能少的新设备，来代替物质上无法继续使用，或经济上不宜继续使用的陈旧设备。

由于设备更新是要进行大量的资金投入，同时还将会使原有某些设备被淘汰废弃。所以在具体项目选择时一定要慎重。一般来说，属于下列情况的设备，应该优先予以更新：

1）损耗严重。性能和精度已不能满足工艺要求，造成严重不利的技术经济后果的设备。

2）已超过使用役龄。大修在经济上不如更新合算的设备。

3）设备陈旧。结构简单，技术落后，效率低下，即便进行改造也很难改变以上落后特征的设备。

4）设备本身设计制造有严重缺陷。故障多，可靠性差、维修不方便，而且具有较大的安全隐患。

5）设备性能落后，致使能源与原料严重浪费。如果两三年内所浪费能源和原材料的价值超过购置新设备费用时，应坚决更新。

1. 设备更新的形式

由于对设备更新的要求不同，在实际工作中可以采用不同的设备更新形式。

（1）设备的原型更新

设备的原型更新（或叫简单更新）指设备已磨损到不能继续使用的程度时，以相同的设备进行替换。设备的原型更新是指采用与原设备结构相同的新设备来更换旧设备。原型更新主要是为了淘汰已经损坏且修复不经济，或者技术经济性能已劣化的旧设备。原型更新不增加厂内原来设备的种类，不用支付工人培训费用，能节约维修费。在没有合适的新型设备供选择时，往往采用原型更新，但其不具有技术进步的性质。企业如果只是进行设备的原型更新，就会导致技术的停滞。

（2）设备的技术更新

设备的技术更新是指采用结构更先进、性能更好、技术上更先进、效率更高、耗费能源和原材料更少和外观更新颖的设备来更新旧型号的设备。在进行设备更新时，要注意从实际需要出发，合理筹措与有效使用设备更新资金，将购置新设备与自行研制新设备结合起来，将设备的更新与加强原有设备的维护修理结合起来。应把下列设备作为设备更新重点考虑的对象：已经长时间使用的设备；性能、制造质量不高的设备；经过多次大修已无修复价值的设备；技术落后的设备；不能满足新产品开发的设备和浪费能源的设备。对于老设备要妥善处理，最经济地收回残值。

2. 设备更新应注意的问题

在进行设备更新时，必须紧紧围绕着提高经济效益，坚持“既能促进技术进步，又能确保经济上合算”的原则。设备更新时应注意以下几个问题：

1）要搞好现有企业的设备更新，必须根据我国的国情和各行业的具体条件，制定出全面的设备更新规划，有重点有步骤地进行。

2）在设备更新的过程中，要发扬自力更生，勤俭办事的精神，对待国内外的先进技术，应学创结合，立足于创。

3）要十分讲究经济效果，认真做好更新方案的技术经济分析，要妥善处理好被更换下来的老设备。

4）在设备更新时，要注意克服薄弱环节，提高企业的综合生产能力。

小　结

本章主要介绍了有关物流、企业物流、企业物流信息系统、设备选择与合理使用以及设备维护修理的基本内容。

物流是指为了满足客户的需要，以最低的成本，通过运输、保管、配送等方式，实现原材料、半成品、成品及相关信息由商品的产地到商品的消费地所进行的计划、实施和管理的全过程。

企业物流（internal logistics）是指在企业生产经营过程中，物品从原材料供应，经过生产加工，到产成品销售，及伴随生产消费过程所产生的废旧物资的回收和再利用的完整循环活动。企业物流信息系统是根据物流管理的需要，在管理信息系统基础上形成的一个通过对物流系统内外与物流相关的信息的收集、存储以及加工处理来获得有用信息，在横向上依据具体功能分为供应（采购）子系统、生产（库存）子系统和销售（配货）子系统、系统管理子系统、信息发布平台。

设备的选择应充分考虑到设备的生产率、可靠性、维修性、耐用性、环保性、节能性、经济性、安全性和灵活性等因素的影响。

设备的合理使用需要做到合理配备各种类型的设备、提高设备的利用程度、恰当地安排生产任务、合理配备操作工人等几个方面。

设备的维护保养，是指操作工和维修工，根据设备的技术资料和有关设备的启动、润滑、调整、防腐、防护等要求和保养细则，对在使用或闲置过程中的设备所进行的一系列作业。设备修理，是指修复由于日常的或不正常的原因而造成的设备损坏和精度劣化。通过修理更换磨损、老化、腐蚀的零部件，可以使设备性能得到恢复。

复习思考题

1. 企业物流的特点是什么？未来的发展趋势是什么？
2. 企业物流信息系统的功能有哪些？
3. 分析企业物流信息系统的横向结构。
4. 简述物流领域出现的新观点。
5. 设备的选择需要考虑哪些因素？
6. 如何做到合理使用设备？
7. 设备修理的方法有哪些？
8. 举例说明在哪些情况下需要对设备进行更新处理。

案 例 分 析

发展信息技术支持宝供

“中国物流示范基地”——广州宝供物流企业集团有限公司，这个中国第一家被授予此称号的第三方物流企业，2001 年人均产值近 56 万元，年运作货物总量超过 200 万吨，仓库年进出货物超过 1 亿件；在全国 40 多个中心城市建立了 6 个分公司和 43 个办事机构，建成了覆盖全国并向美国、澳大利亚、中国香港等地扩展的物流营运网络，为全球 500 强中近 50 家大型跨国集团和国内一大批大型制造企业提供物流一体化服务。广东省、广州市的领导多次视察宝供，宝供还多次应邀出席全国性物流工作和经济工作系列会议，作为第三方物流作专题发言。包括中央电视台、人民日报、凤凰卫视、大公报等中央地方媒体纷纷报道宝供的发展历程与经验。

1. 创业——小货站做大文章

1992 年，作为铁路职工的刘武，承包了广州一个铁路货物转运站。刘武信奉“天道酬勤”的信条，真正把客户当成上帝，执情接待每一位顾客，认真对待每一笔生意，对客户每一个细小的要求都尽力去做。由于他承接的货运业务做到准时、安全，保证质量，仓库也管理得井井有条，货物堆放整齐、明晰，整个作业区清洁干净，且能 24 小时服务，他的客户都比较满意，对交给他发运的货物比较放心。他有了一批固定客户，在社会上也有了信誉。此时，他还是小打小闹的一家承包制货运仓储服务的货站承包主。

1994 年，美国宝洁公司在广东建立了大型生产基地，宝洁的产品开始进入中国市场。美方是讲究效率的。对一个刚刚在中国打市场的跨国公司，物流的效能维系着其在中国的成功与否。宝洁先后与广州的两家国有大型储运公司合作，委托把产品发往全国各主要城市与销售网点，但“蜜月”仅两个月就宣布分手，由于长期计划经济形成的官僚主义、管理混乱、服务质量差，这两家储运公司根本无法满足宝洁的要求，货物常常误时误点，破损率居高不下，有了质量问题还找不到责任人，于是宝洁公司开始在民营企业中寻找合作伙伴。

当宝洁公司把货运订单交到刘武的小货站时，哥儿几个可真是紧张不安，既高兴又难言轻松。整整一车皮的货发往上海，从来没哪家公司要托运那么多的货，时间、破损率要求都是相当苛刻的。当宝洁的货送到仓库后他们特别小心，用刘武自己的话来说“好像是在照料一个婴儿，呵护备至”。货物装上集装箱挂上车皮后，刘武即刻乘飞机跟着去了上海，一方面他不放心这第一次大宗承运的货物情况，进行现场督战，同时考虑物流的各个环节，能有最直接的感觉与印象，以保证以后业务的质量、管理和具体操作。使第一笔对他来说是大生意的活儿顺利，做得圆满，哪怕不赚多少钱。到了上海，他可是亲自看着卸货、堆垛，与收货人一起清点、发运，忙得几天没睡一个好觉。

这一次运货，宝洁公司相当满意。准时准点和破损率比合同规定低得多，虽然这趟生意没赚到钱，但却为他的转运站带来了更高的声誉，带来了更多的订单。

不久，刘武正式注册成立了广州宝供储运有限公司，结束了货运站小打小闹个体户经营的局面。

宝洁成为宝供的主要客户，宝洁从此开始给宝供加大业务量，甚至一度把宝供生产基地所有的铁路货运业务交给宝供储运，同时，不断给宝供提出新的要求，灌输新的物流作业理念。更乐意在合作中帮助宝供提高业务能力，提高管理水平。宝供也在这过程中改变传统运作方法，千方百计满足客户的要求，加大公司的管理力度，研究学习宝洁的管理思路，使自己的公司必须从经营管理、发展业务上都走在同行的前面。刘武自己也说：“宝洁公司是推动我向前跨出大步的关键的大客户，也是教会我如何去做物流的大客户”。

此时的宝供，业务量发展很快，在全国已经有将近30万平方米的仓库，每天的发运量也非常大。初始的那种业务管理方法已经不管用了，尽管公司也上了计算机，但仍是传统的记账式管理，信息的瓶颈已经凸现出来。比如客户规定的发运时间、到达目的地的时间、破损率控制情况、送达仓库与否、签收手续是否办等，无法一一及时反馈到宝供的最高管理层。靠一厚叠报表要了解一天之内十几趟发运的数百个信息实在是非常困难，即使反馈信息做出来了，还有个及时处理的问题，已经力不从心。业务越做越大，信息反馈却越来越差，长此以往，会降低信誉影响质量，“做熟的鸭子也会飞掉。”

有一件事让刘武心有余悸。宝洁公司不仅要求提供安全、准确、及时、可靠的储运服务，还非常关注自己的货物在整个物流中各个环节产生的信息，比如货物什么时候发运、哪次列车、预计到货时间、货物运载情况如何、有无污损、签单入库情况，甚至气候变化的情况，宝洁都非常关心。

1996年，宝洁几次向刘武投诉，批评宝供不能提供及时准确的货运信息。具体指出如到货时间不准、破损率上升问题。刘武一时还丈二和尚摸不着头脑，因为他从业务部了解的情况并不存在这些问题。可一看宝洁发来的详尽的数字收货记录，才明白，统计上来的信息有水分。这促使他下决心突破信息瓶颈，立即着手建立先进的信息系统，能够对各个储运环节进行全方位实时实地监控协调管理。

2. 发展信息先导 IT 支撑

1997 年起宝供开始着手做这一方面的工作，包括引进 IT 人才，购置相关硬件设施。尽管当时资金非常紧张，但信息化建设已是刻不容缓。就是借贷也要使这个基础建设尽快上马。经过两年多的设计、运行、调试、试行、修正，从原先 DOS 平台上电话连接的内部网络到公司全方位的数据信息库，从报表自动生成到订单成本核算、财务模块自动信息，并根据公司发展的需要，根据客户对信息的要求，不断加以完善、提升，把信息系统的应用从原来信息采集层次推进到企业经营层次。1999 年投入运行的 Internet 的业务成本核算系统，对控制成本、减少支出、改善经营、增加效益非常有效，直观的数据统计为领导层决策提供了充分的依据。

目前，公司总部人手一台计算机，每位经理也都配备了笔记本电脑。经理们开会都用计算机在查询数据、记录内容，同行们都自叹不如。有了 IT 的帮助，宝供的储运效率得到很快的提升，时间缩短 1/3，准点率达到 95%，公路货运达到 99%以上。主要的物流操作全部由分公司完成。总公司业务部 12 人只负责监控协调。营运部的经理说：“我们没用这个信息系统的时候更像是作坊，现在大家感觉我们是在做现代化工厂了。”

至今，宝供已累计投入数千万元人民币建立了物流信息管理系统，已经实现了全国范围内物流运作信息实时动态的跟踪管理，确保信息处理、传递、反馈的及时性、有效性和正确性。

在 2001 年，借助 VPN 平台和 XML 技术，宝供物流企业集团实现了与飞利浦、宝洁、红牛等客户的电子数据的无线链接，彻底摆脱了落后的手工对账工作模式，而代之以利用数据库、网络传递等计算机辅助手段来实现数据的核对、归类、整理、分析，极大地提高了工作效率，同步提升了客户的物流管理水平。 不久，宝供物流企业集团追加 1000 万元的投资以提升现有的物流信息管理系统，并与国际大型应用软件巨头建立合作伙伴关系，开发出适合中国国情的、具有国际先进水平的物流信息系统。

（资料来源：http://wenku baidu.com./view/acf09b00b52acf789ebc932.html/）

讨论：

信息技术给宝供的发展带来什么好处？

第十章 市场营销管理

教学目标

本章主要介绍了市场的涵义及特点、组成市场的要素；对市场营销的概念、市场营销与推销等关系以及市场营销哲学进行说明；介绍了市场细分的概念及其对企业的意义，对市场细分的标志进行了说明；进而对目标市场的选择战略与市场营销组合战略进行了介绍，从而更好地开展市场营销活动，实现企业的经营目标。

学习任务

通过这一章内容的学习，要达到以下几个目的：

- 了解市场的涵义及组成要素。
- 了解市场营销的定义及相关概念。
- 理解市场营销的发展趋势。
- 了解市场调查与预测的意义及方法。
- 理解市场营销策略的内容及对企业的意义。

导入案例

“王老吉”的销售神话

加多宝集团生产的罐装“王老吉”凉茶的销售额从2002年的1.8亿元快速发展到2008年近120亿元（含盒装），创造了罐装饮料的神话。

2002年以前，从表面看，红色罐装王老吉（以下简称“红罐王老吉”）是一个活得很不错的品牌，在广东、浙南地区销量稳定，盈利状况良好，有比较固定的消费群，红罐王老吉饮料的销售业绩连续几年维持在1亿多元。发展到这个规模后，加多宝的管理层发现，要把企业做大，要走向全国，就必须克服一连串的问题，甚至原本的一些优势也成为困扰企业继续成长的障碍。

而所有困扰中，最核心的问题是企业不得不面临一个现实难题——红罐王老吉当“凉茶”卖，还是当“饮料”卖？

进过深入调研，咨询公司向加多宝提交了品牌定位研究报告，首先明确红罐王老吉是在“饮料”行业中竞争，竞争对手应是其他饮料；其品牌定位——“预防上火的饮料”，独特的价值在于——喝红罐王老吉能预防上火，让消费者无忧地尽情享受生活：吃煎炸、香辣美食，烧烤，通宵达旦看足球……

经过重新市场定位之后，并通过广告等营销组合，创造了罐装“王老吉”的销售神话。

（资料来源：http://www.chengmei-trout.com/）

讨论：

1．罐装“王老吉”为什么要进行重新定位？

2．重新定位后的“王老吉”是如何进行营销组合设计的？

市场营销是企业生产经营管理活动中十分重要的一个环节，对营销工作的管理是企业管理的重要组成部分。随着企业成为市场主体，企业市场营销工作的地位日益突出，企业领导者必须高度重视。本章着重对市场营销的相关概念、市场营销工作的性质和内容、市场营销观念、市场调查与预测、市场选择和市场营销策略等问题进行论述。

第一节　市场营销概述

一、市场营销相关概念

市场营销在一般意义上可理解为与市场有关的人类活动。因此，首先要了解市场及其相关概念。

（一）市场的概念

在日常生活中，人们习惯将市场看作是买卖的场所，如集市、商场、纺织品批发市场等。这是一个时空市场概念。

经济学家从揭示经济实质角度提出市场概念。他们认为市场是一个商品经济范畴，是商品内在矛盾的表现，是供求关系，是商品交换关系的总和，是通过交换反映出来的人与人之间的关系。因此，“哪里有社会分工和商品生产，哪里就有‘市场’。”市场是为完成商品形态变化，在商品所有者之间进行商品交换的总体表现。这是抽象市场概念。

将上述市场概念作简单综合和引申，可以得到市场较为完整的认识。

1）市场是建立在社会分工和商品生产基础上的交换关系。

2）现实市场的形成要有若干基本条件：一是消费者（用户）一方需要或欲望的存在，并拥有其可支配的交换资源；二是存在由另一方提供的能够满足消费者（用户）需求的产品或服务；三是要有促成交换双方达成交易的各种条件，如双方接受的价格、时间、空间、信息和服务方式等。

3）市场的发展是一个由消费者决定，而由生产者推动的动态过程。

站在营销者角度，人们常常把卖方称行业，将买方称之为市场。它们之间的关系如图 10.1 所示。

这里，买卖双方有四种流动相连：卖方将商品（服务）送达市场，并与市场沟通；买方把金钱和信息送到行业。图 10.1 中，内环表示钱物交换，外环表示信息交换。

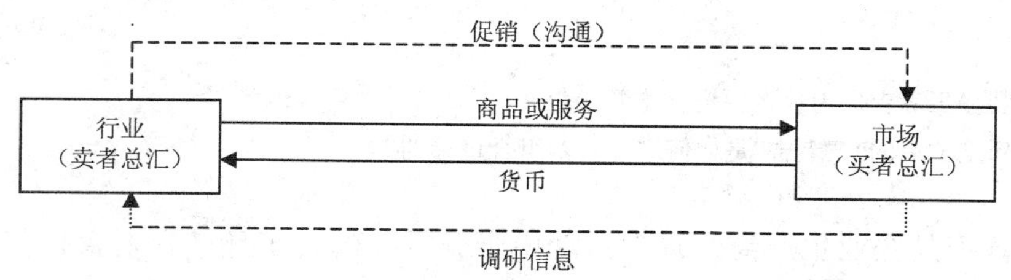

图 10.1　简单的市场营销系统

（二）市场的构成要素

市场包含三个主要因素：有某种需要的人、为满足这种需要的购买能力和购买欲望。用公式来表示就是：

市场＝人口＋购买力＋购买欲望

市场的这三个因素是相互制约、缺一不可的，只有三者结合起来才能构成现实的市场，才能决定市场的规模和容量。例如，一个国家或地区人口众多，但收入很低，购买力有限，则不能构成容量很大的市场；又如，购买力虽然很大，但人口很少，也不能成为很大的市场。只有人口既多，购买力又高，才能成为一个有潜力的大市场。但是，如果产品不适合需要，不能引起人们的购买欲望，对销售者来说，仍然不能成为现实的市场。所以，市场是上述三个因素的统一。市场是指具有特定需要和欲望，而且愿意并能够通过交换来满足这种需要或欲望的全部潜在顾客。因此，市场的大小，取决于那些有某种需要，并拥有使别人感兴趣的资源，同时愿意以这种资源来换取其需要的东西的人数。

（三）市场营销的含义

著名营销学家菲利普·科特勒教授的定义：市场营销是个人和群体通过创造并同他人交换产品和价值以满足需求和欲望的一种社会和管理过程。

1. 市场营销与销售或推销、促销的关系

市场营销不同于销售或推销、促销。现代企业市场营销活动包括市场营销研究、市场需求预测、新产品开发、定价、分销、物流、广告、人员推销、销售促进、售后服务等，而销售或推销、促销仅仅是现代企业营销活动的一部分，而且不是最重要的部分。

2. 市场营销的相关概念

市场营销作为一种复杂、连续、综合的社会和管理过程，是基于下列核心概念的运用的（如图 10.2 所示），只有准确地把握和运用市场营销的核心概念，才能深刻认识市场营销的本质。

（1）需要、欲望和需求

需要和欲望是市场营销活动的起点。需要是指没有得到某些基本满足的感受状态，是人类与生俱来的。如人们为了生存对食品、衣服、住房、安全、归属、受人尊重等的

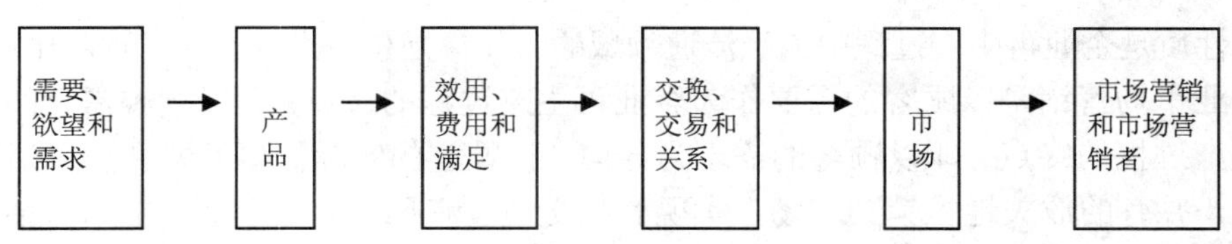

图 10.2　市场营销核心概念

需要。欲望是指想得到上述基本需要的具体满足品的愿望，是个人受不同文化及社会环境影响表现出来的对基本需求的特定追求。市场营销者无法创造需要，但可以影响欲望，开发及销售特定的产品或服务来满足欲望。需求是指人们有能力购买并愿意购买某个具体产品的欲望。需求实际上也就是对某特定产品及服务的市场需求。市场营销者总是通过各种营销手段来影响需求，并根据对需求的预测结果决定是否进入某一产品（服务）市场。

（2）产品

产品是能够满足人的需要和欲望的任何东西。产品的价值不仅是拥有它，而在于它给我们带来的欲望的满足。产品实际上只是获得服务的载体。这种载体可以是物，也可以是“服务”，如人员、地点、活动、组织和观念。

（3）效用、费用和满足

效用是消费者对产品满足其需要的整体能力的评价。消费者通常根据这种对产品价值的主观评价和要支付的费用来作出购买决定。另外，作为营销者，如果只研究和介绍产品本身，忽视对消费者利益的服务，就会犯“市场营销近视症”而失去市场。

（4）交换、交易和关系

交换是指以提供某种物品（现代社会主要是货币）作为回报而从他人换取所需要产品的行为。人们只有通过市场交换产品时才存在市场营销。交换发生的基本条件是：交易双方互为满意的有价值的物品及双方满意的交换条件（价格、地点、时间、运输及结算方式等）。

（5）市场

营销视市场为与卖者相对应的各类买者的总和。对市场的界定因人而异。消费者视市场为买卖双方聚集交易的场所，如百货商店、专卖店、摊群市场等。

（6）市场营销与市场营销者

在交换双方中，如果一方比另一方更主动、更积极地寻求交换，我们就将前者称之为市场营销者，后者称为潜在顾客。换句话说，所谓市场营销者，是指希望从别人那里取得资源并愿意以某种有价值的东西作为交换的人。市场营销者可以是卖方，也可以是买方。当买卖双方都表现积极时，我们就把双方都称为市场营销者，并根据这种情况称为相互市场营销。

二、市场营销工作的性质和地位

1. 市场营销工作的性质

企业市场营销，是企业为满足市场需要，实现自身经营目标而开展的商务活动过程，其工作性质是企业再生产过程中属于流通领域的工作，是生产过程在流通过程中的延续。

企业市场营销是以顾客的需要作为企业再生产过程的起点，又以顾客需要的满足作为再生产过程的终点。即以顾客的需求为导向，按顾客的实际需要开发和生产适销对路的产品，并有的放矢地推销到市场，实现商品交换，满足顾客的需要。市场营销工作是涉及企业生产经营全过程的一项重要工作。

2. 市场营销工作的地位

在生产型管理的条件下，企业销售工作不受重视，被摆到企业很多工作的后面；在生产经营型管理的条件下，销售工作提到企业很多工作的前面，在企业生产经营活动的第一线，已经属于先行性的工作，处于“核心”的地位。

在现代企业管理中，营销职能是属于核心位置的管理职能。这是因为：

1）企业经营的主要任务是吸引、保持和扩大顾客。如果企业不能赢得更多的顾客，企业就失去了存在的价值和意义。市场营销的基本任务就是在动态的管理过程中（市场调查—市场定位—生产—销售—目标顾客），以优质的产品、合理的价格、全方位的服务，实现顾客满意的利益和需求。

2）企业管理是一个复杂的系统工程。实现顾客需求的高度满意，必须有职能部门的通力合作和协调配合，然而这种配合协作应以营销管理为中心，脱离营销宗旨和任务的生产管理、财务管理和人力资源管理，无论其管理效益多高，也没有实际意义。

3）企业经营管理的基本任务是认识和研究目标市场的顾客需求，在此基础上将企业各种资源优化组合，提供能充分满足顾客欲望和需求的产品或服务。市场营销正是实现市场需求与企业经营有效连接的基本功能。与其相比，生产管理、人力资源管理均属于辅助职能，必须围绕着提高市场管理能力提供辅助功能。

4）市场营销管理实质上是顾客需求管理，是企业由内至外、内外结合的管理。企业能否赢得顾客，是衡量企业绩效和竞争地位的首要标准，失去了顾客，企业便失去了生命力。与营销管理相对而言，生产管理、财务管理、人事管理均属于企业内部各种要素的职能管理，它们必须服务于营销管理这个中心，否则，便失去其管理的实际意义。

市场营销工作是属于开辟市场、占领市场和扩大市场的工作，企业的科技开发产品和生产活动都要为市场的开拓工作服务，即以市场为依据，最终服务于市场。

三、企业市场营销工作的作用及内容

1. 企业市场营销工作的作用

（1）市场营销工作的基本作用

市场营销工作的基本作用在于解决生产与消费的矛盾，满足消费者生活消费和生产消费的需要。通过企业市场营销工作，使生产者方面各种不同的供给与消费者各种不同的需求和欲望相适应，实现生产与消费的统一。

（2）市场营销工作的具体作用

企业市场营销工作意义重大，其具体作用表现在以下几方面：

1）营销工作是实现企业生产目的的必要条件，对企业再生产过程的正常进行起着保证作用。企业的再生产过程是生产过程和流通过程的统一，产品营销正是通过流通过程这个中间环节，把产品卖给消费者，以换回货币，再购买生产资料，方能进入下一个生产过程。营销工作不仅满足消费者的需要，实现商品的使用价值，也使市场过程中创造的商品价值得以实现，营销使商品转化为货币，企业便能以收抵支，取得利润。一方面保证上缴国家的税金，另一方面也能增加企业财富，保证企业扩大再生产的需要。

2）营销工作是联系生产和消费的纽带，是开拓市场额先锋，起着桥梁作用。通过营销工作，一方面把自己生产出来的产品和信息输送给消费者，帮助消费者选择商品；另一方面又把消费者对商品的意见和新的需求反馈给企业，促进企业不断开发新的产品，满足消费者不断发展的需要。营销工作通过商品交换和信息沟通，发现和开拓新的市场，起着联系企业和用户的桥梁作用。

3）营销工作为企业各项经营决策提供客观依据，起着指导作用。营销工作是企业的“耳目”，营销工作不是单纯地推销产品，营销人员在推销产品时要进行市场调查，了解供需动态，了解顾客的需求及其变化趋势，掌握产品供给情况及其竞争趋势，为企业进行产品决策、生产安排、营销决策、财务决策，以及其他决策提供有关信息，保证企业经营决策的科学性。

4）营销工作对企业改进各方面工作，提高经济效益，起着促进作用。通过产品在市场的销售，可以发现本企业的长处和短处，从而促进本企业改善素质，提高经营管理水平，改进生产，提高技术，努力降低成本，减少物耗，节约能源，提高产品质量，增加花色品种，加速新产品的开发和老产品的更新换代，生产出物美价廉、适销对路的产品，提高企业的适应能力和竞争能力，提高经济效益。

2. 企业市场营销工作的内容

随着时代发展和竞争的不断加剧，企业市场营销主要包括以下工作。

（1）市场调研工作

进行市场调查与预测，掌握市场需求状况及其变化趋势、发展动向；了解市场供给情况，掌握竞争对手动向和竞争的变化趋势；搞好销售统计，积累基础资料。根据市场信息和历史统计资料，进行预测预报。

（2）目标市场选择工作

在市场调研的基础上，进行市场态势的分析；细分市场，确定目标市场和重点市场；制定开辟、占领和扩大市场的战略和策略。

（3）产品开发建议与商标、品牌、包装设计工作

根据市场调查取得的需求信息，及时向技术开发部门和生产制造部门，提出开发和生产适销对路的新产品的建议；参与商标和包装的设计工作，制定有关商标和品牌的战略和策略。

（4）产品定价工作

配合财务部门做好财务或劳务的定价工作，提出定价战略和策略的建议；给用户报价；决定浮动价格；与用户协商定价。

（5）销售渠道选择工作

根据企业营销队伍情况和产品特点，正确地选择营销方式和销售渠道，制定正确的渠道战略和策略。

（6）产品促销工作

根据企业产品特点和经营实力，做好产品的广告和宣传工作；做好公共关系工作；做好人员推销工作和营业推广工作，并制定相应的广告战略与策略、公关战略与策略。

（7）产品储存和运输工作

组织好产品的入库、保管、出库和发运工作；有些产品需要在销售地点适当储备，也需要做储存和保管工作，调节好各地产品的供需平衡。

（8）承接订货和销售服务工作

承接客户订货，签订各种合同，加强对合同的管理，认知履行合同；做好售前、售时和售后的各项服务工作；制定有效的服务战略。

（9）客户关系管理工作

客户是企业的利益共同体。客户利益和企业利益时一致的，企业在为客户创造价值、满足其需求的同时，才能实现企业自身的利益。客户是企业最珍贵的资源，也是可以管理的资源，企业应把这一资源如供应商、渠道商那样纳入自己的管理范畴，从而延长和加强自己完整的价值链管理。要善于细分客户，不是所有的客户都是很有价值的，要抓住对企业发展起决定性作用的核心客户，同时兼顾好一般客户，从一般客户中培育出一些未来的重点客户。

四、市场营销管理哲学

现代市场营销学具有强烈的“管理导向”，即从管理决策的角度研究营销者（企业）的市场营销问题。企业的市场营销活动是在特定的市场营销哲学或经营观念指导下进行的，市场营销哲学作为企业市场营销活动的基本指导思想，对企业经营成败具有决定性意义。

（一）市场营销管理哲学的含义

市场营销管理哲学是指企业对其营销活动及其管理的基本指导思想。它是一种观念、一种态度或一种企业思维方式。

市场营销管理哲学的核心是正确处理企业、顾客和社会三者之间利益关系。随着生产和交换向纵深发展，社会、经济与市场环境的变迁和企业经营经验的积累，市场营销管理观念发生了深刻的变化。这种变化的基本轨迹是由企业利益导向转变为顾客利益导向，再发展到社会利益导向，如图 10.3 所示。

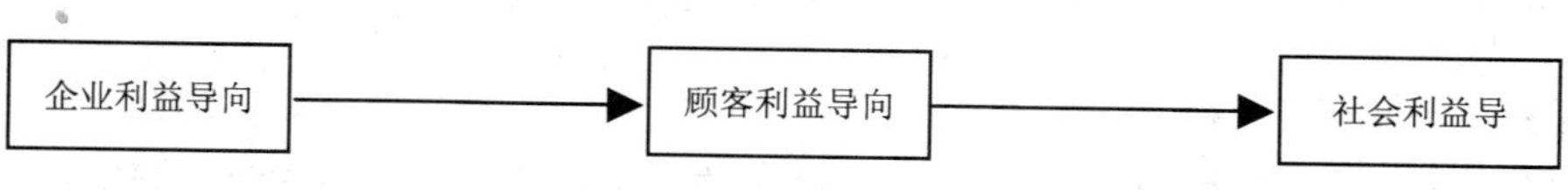

图 10.3　营销哲学发展轨迹

（二）市场营销管理哲学的演进

企业营销管理哲学经过不断发展，经过了从以企业为中心的市场营销管理哲学、到以消费者为中心的市场营销管理哲学、再到以社会利益为中心的市场营销管理哲学观念的演进，如图 10.3 所示。

1. 以企业为中心的观念

以企业为中心的市场营销观念，是以企业利益为根本取向和最高目标来处理营销问题的观念。主要包括以下几个观念：

（1）生产观念

生产观念，即顾客喜欢那些随处得到的、价格低廉的产品。所以企业应致力于获得较高的生产效率和广泛的销售覆盖面。其典型的表现就是我们生产什么就卖什么。

生产观念一般适用于物质短缺、产品供不应求的市场状态。除此之外，当某种产品具有良好的市场前景但生产成本很高，必须通过提高生产率、降低成本来扩大市场时，企业也会奉行生产观念。

（2）产品观念

产品观念，即消费者最喜欢高质量、多功能和具有某些特色的产品。故企业应致力于生产优质产品，并不断改进产品使之日臻完善。

产品观念产生于市场产品供不应求的“卖方市场”状态下，它比生产观念多了一层竞争的色彩，并且考虑到了消费者或用户对产品质量、性能、特色和价格方面的愿望。持产品观念的企业假设购买者欣赏精心制作的产品，相信他们能够鉴别产品的质量和功能，并愿意出较高的价格购买质量上乘的产品，强调“以质取胜”、“以廉取胜”。换言之，只要企业生产出优质产品，顾客必然会找上门来，正所谓的“酒好不怕巷子深”。

（3）推销观念

推销观念，即如果对消费者置之不理，他们就不会大量购买本组织的产品，所以企业必须进行大量的推销和促销努力。换言之，只要企业努力推销什么产品，消费者或用户就会更多地购买什么产品。

推销观念十分注意运用推销术和广告术，向现有买主和潜在买主大肆兜售产品，以期压倒竞争者，提高市场占有率，取得丰厚的利润。由于这种强调推销的观念其口号仍然是“我卖什么，你就买什么”，与生产观念和产品观念没有本质的区别，至于售后顾客是否满意则不是主要的。

2. 以消费者为中心的观念——市场营销观念

市场营销观念（以消费者为中心的观念）是指实现组织诸目标的关键在于正确确定目标市场的需要和欲望，并且比竞争对手更有效、更有力地传送目标市场所期望满足的东西。

在市场营销观念指导下，企业考虑问题的逻辑顺序是从反映在市场上的消费需求出发，按照目标顾客的需求与欲望有效地去组织生产和销售。消费者或用户需要什么产品，企业就生产和销售什么产品。企业的主要目标不是单纯追求销售量的短期增长，而是着眼于长久占领市场阵地。流行的口号是："顾客至上"、"哪里有消费者的需要，哪里就有我们的机会"。

第二次世界大战后，尤其是20世纪50年代以来，西方先进企业的经营思想由推销观念发展成为市场营销观念。

3. 以社会长远利益为中心的观念——社会营销观念

社会营销观念是指组织的任务是确定目标市场的需求、欲望和兴趣，并以保护或者提高消费者和社会福利的方式，比竞争者更有效、更有利地向目标市场提供所期待的满足。

社会营销观念是对市场营销观念的修改和补充。它产生于20世纪70年代西方资本主义国家出现能源短缺、通货膨胀、失业增加、环境污染严重、消费者保护运动盛行的新形势下。1971年，杰拉尔德·蔡尔曼和菲利普·科特勒最早提出了"社会市场营销"的概念，促使人们将市场营销原理运用于保护环境、改善营养、使用安全等具有重大推广意义的社会目标方面。

社会营销强调企业在确定营销政策时应考虑到公司利益、消费者需求的满足和公共利益三者间的平衡，并对市场营销观念的四个支柱内容作了一定的修正。

（三）市场营销管理新旧哲学的比较与分析

上述市场营销管理哲学（观念）也可归纳为市场营销的旧观念和新观念，生产观念、产品观念、推销（销售）观念一般称之为旧观念，是以企业为中心的观念；市场营销观念和社会营销观念一般称之为新观念，是以市场为中心的观念。李维特（Theodore Levitt）曾以推销观念与市场营销观念为代表，比较了新旧观念的区别（见表10.1）。

表10.1　市场营销新旧观念区别

	出发点	中心	方法	目标
推销观念	厂商	产品	推销和促销	以扩大消费需求获取利润
市场营销观念	目标市场	顾客满意	整体营销	以满足消费需求创造利润

第二节　市场营销调研调查与预测

一、市场营销调研

（一）市场营销调研的含义与内容

市场营销调研（marketing research）是指系统地设计、收集、整理与企业营销有关的数据和研究结果的营销活动。

各种调研人员出于不同的调研目的和要求，其调研内容各有不同的侧重点。主要内容有市场商品需求调查、市场商品资源调查、市场营销组合调查、影响市场各种因素的调查等。

（二）市场营销调研的方法

市场营销调研是一个复杂的过程，该过程包括：认识收集数据的必要性，明确调查目的和信息需求，确定数据来源和获取数据方法、设计调查表和数据收集形式、设计样本、数据收集与核算、数据统计与整理、报告研究结果等。由此可以看出，营销调研部门的主要时间和精力都要用在数据的收集上。因为只有及时准确地获取充足的数据，才能得出正确的市场营销调研结果。市场资料按来源不同可分为一手资料和二手资料。接下来先介绍二手资料调查，再介绍一手资料。

1．二手资料收集

二手资料也叫次级资料、间接市场资料，是指在某处已经存在并为某种目的已经编辑起来的资料。现存已能利用的大量的二手资料在全部信息中占首要地位，营销调研人员能够很容易的从中获取有用的部分，由于它是现成的，用较低成本和较短时间就能获取，因此调研人员一般要先收集二手资料。

（1）二手资料的类别

按资料来源，二手资料分为外部资料和内部资料。外部资料是指那些从企业以外机构收集的资料；内部资料是指企业内部自己记载的那部分资料。

按时间分类，二手资料为正规资料和非正规资料。正规资料是指定期汇编的，可与各个时期进行比较的资料。如月刊、季刊、年鉴等；其他的资料属于非正规的资料。

按存储方式分类，二手资料可分为纸载资料和机读资料。纸载资料是指以纸张为载体的资料，包括印刷和手写的；机读资料是指借助于机器才能查询、阅读的资料。

（2）二手资料的来源

二手资料的来源可分为以下几种：

1）内部报告系统，包括企业内部会计、统计资料和其他档案资料。

2）图书馆资料，包括各级公共图书馆、大学图书馆、科研单位图书馆、企业图书室等。

3）统计资料，包括市场营销统计资料指南、统计期刊、统计年鉴、普查统计资料和其他统计资料汇编。

4）行业组织，包括行业协会、商会、联合会等机构发布的行业法规、市场信息、经验总结、形式综述等。

5）新闻媒体，包括报纸、杂志、广播网、电视网、因特网等。

6）各级政府部门及统计机构、信息经营单位。

（3）收集二手资料的方法

收集二手资料的方法有两种：有偿获取和和无偿获取。有偿获取是指通过经济手段获得文献资料，通过一定的正规渠道实行有偿征集和转让。这种方式可以有效及时获得高质量的资料。无偿获取是指不需要支付费用，较为经济地获得资料，如企业免费赠送的产品目录、产品说明书等，也可以通过书信索取、询问、现场收集、接受赠阅等，还可以通过交流会、洽谈会、展销会、参观访问等获取资料。

2. 一手资料收集

一手资料也称原始资料、直接市场资料，是由市场预测者自己采用各种市场调查方式方法，对市场信息进行收集、整理、分析的结果。

由于是一手资料，因此只能来源于或直接取自社会经济实践，来源于作为调查对象或实验对象的企事业单位或团体、家庭或个人。

一手资料的收集方法主要有访问法、观察法、实验法、调查法和专家估计法等。

（1）访问法

访问法是指调研人员根据事先拟定的调查项目以某种方式提问被调查对象，要求给予回答，由此获得信息资料。一般包括面谈法、电话访问法、邮寄问卷法、网络访问法等。

面谈法是调查人员直接询问被调查对象，向被调查对象询问有关的问题，以获取信息资料。可一对一个别面谈，也可几个人群体面谈。其优点是回答率高，灵活性强；缺点是耗费较多的人力和经费。适用于小范围内的调查。

电话访问法是调研人员利用固定电话和移动电话向被调查者询问有关问题以获取信息资料。其优点是成本低，花费时间短；缺点是调查范围有限制、合作难度大、问题难深入。适用于通信比较发达地区使用。

邮寄问卷法是将事先设计好的问卷寄给被调查者，由被调查者根据填表要求填好后寄回的一种调查方法。其优点是邮寄容易、费用低、不受时空限制、可问较长系列的层级问题；缺点是回收率低、对文化程度低者不适用、无法控制受访者、信息反馈时间长等。适用于消费者市场的调查活动。

网络访问法是借助于联机网络、计算机通信和数字交换媒体获取信息资料的调查方法。其优点是组织简单、费用低、调查结果的客观性高、速度快、便于对信息质量的检验和控制、没有时空限制；缺点是上网的人不能代表所有人口、安全性不高、无限制样本等。适用于网络比较发达的地区。

（2）观察法

观察法是根据调查课题，观察者利用眼睛、耳朵等感觉器官和其他科学手段及仪器，有目的地对研究对象进行考察，以取得信息资料的一种方法。例如，有些企业在超级市场的天花板上安装电视照相机，追踪顾客在店内的购物过程，据此来考虑重新陈列产品，以便顾客选购。还有些在商店货架上安装电视照相机，记录顾客眼光的运动过程，以弄清楚顾客如何浏览各种品牌。

此外，观察法还可用于售货技术、顾客行为、顾客反应等市场营销活动。其主要优点在于客观实在，能如实反映问题。不足之处是运用这种方法很难捕捉到被观察者的内在信息，譬如它们的收入水平、受教育程度、心理状态、购买动机以及对产品的印象等。

另外，被观察者的行为或环境无法加以控制。为了试验特定市场营销刺激对顾客行为的影响，必须引进若干控制方法。

（3）实验法

实验法是将选定的刺激措施引入被控制的环境中，进而系统地改变刺激程度，以测定顾客的行为反应。包括的基本要素有：实验者、实验对象、实验环境、实验活动和实验检验。比如测定广告的投放效果如何时，可以从实验法来收集信息，采用不投放广告与投放广告的对比试验来进行。

实验法的优点是能在市场现象的发展变化过程中，直接掌握大量的第一手实际资料，能揭示市场现象之间的相关关系，具有可重复性，使结论具有较高的准确性。缺点是实验对象和实验环境的选择难以具有充分的代表性。

（4）调查法

调查法是收集有关产品特征、广告文稿、广告媒体、促销及分销渠道等信息的有效方法，比如调查消费者接触媒体的类型用调查法比较合适，能为广告投放的媒体决策提供依据。

整个调查研究过程可分为四个主要步骤进行：确定研究目的、制定研究战略、收集数据、分析数据。其中在制定研究战略过程中包括确定三个内容：首先是调查方法，主要有三种，即电话访问、邮寄问卷和人员访问；其次是研究工具，主要是如何合理有效设计问卷；再次是抽样计划，根据调研的课题重要性、复杂性等要求合理制定，如样本数量多少，如何选样等。

（5）专家估计法

专家估计法是指在企业没有充足的时间或经费来进行数据的收集，或即使使用科研方法也不能获取到适当的数据时，可以向市场销售人员、产品经理、经销商或其他市场专家询问估计的数据，以获取需要的信息资料。

采用这种方法时要注意：市场营销调研人员在询问这些专家时，应清楚地表达出自己需要哪些方面的数据，同时也要让专家感到容易回答；不要采纳那些主观臆造的数据，应该要求他们提出符合实际情况的数据；为了减少估计值的偏差，应对估计正确的专家进行奖励；应保留各时期的估计记录，以了解估计误差的趋势。

收集到专家的估计值后，需要对若干个专家的估计值进行平均。如果这些估计值比较接近，可用算数平均数法或中位数法计算出平均估计值；如果这些估计值差异较大，可以与专家讨论能否缩小差异，也可以用加权平均法来计算平均估计值。

二、市场营销预测

市场营销预测（marketing forecast）是根据收集到的市场过去和现在的资料，应用科学的预测方法对市场未来的发展变化进行预计或估计，为科学制定营销决策提供依据。

市场营销预测包括定性预测和定量预测。

1. 定性预测

定性预测是指依靠预测人员的经验和知识及综合分析能力，估计预测对象的发展前景的一种预测方法。

（1）营销人员意见预测法

营销人员意见预测法是指长期从事市场营销活动的人员凭借他们对产销情况、市场环境的熟悉、对消费者需求心理和消费水平的了解、长期积累的销售经验，对未来的市场销售趋势进行估计和预测。一般适用于短期预测。这种预测方法比较接近现实，但是容易受营销人员近期销售绩效的影响，有时估计值比较保守或过于乐观。

（2）决策人员意见预测法

决策人员意见预测法是厂长、经理等高级主管人员根据产品销售、资金财务、市场环境、管理水平等资料，通过听取各类负责人的汇报和意见，在此基础上综合分析判断市场变动趋势的一种预测方法，常用于中长期预测。

（3）用户意见预测法

用户意见预测法是预测者通过访问、电话、信函和投票等方式了解用户的需求情况和意见，掌握消费者的购买意向，预测消费者未来需求特点和变动趋势的一种预测方法。主要用于工业品和耐用消费品市场预测。如海尔电视刚刚投放市场时，海尔公司通过打电话的方式向消费者征询意见，以了解消费者对海尔电视的看法。这种方法效果很好，但是费用较高。

（4）访问意见预测法

访问意见预测法根据预测目标的要求，预测者事先拟定访问提纲，通过当面访问或书面访问形式向被调查者征询意见，然后对各种意见进行归纳、整理、分析和判断，从而取得预测方案的预测方法。适合对某商品的规格、款式、质量和价格等具体问题进行预测。

（5）问卷调查意见预测法

问卷调查意见预测法是预测者依据预测任务的要求，拟定调查提纲或调查表，直接向消费者调查而取得预测结果的预测方法。

（6）专家意见法

专家意见法是根据市场预测目的和要求，向有关专家提供一定的背景资料，通过会议的形式对某一经济现象及其前景进行评价，并在专家分析判断的基础上，综合他们的意见，对市场发展趋势进行推断。

（7）德尔菲法

德尔菲法由美国兰德公司首创和使用，是专家会议调查法的改进和发展。德尔菲法是使用系统的程序，采取不署名和反复进行的方式，先组成专家组，将调查提纲及背景资料提交专家，轮番征询专家意见后再进行汇总预测结果，经过几轮的反复征询、归纳和修改，直到各专家的意见趋于一致，才宣告结束。其结论比较接近实际，适用于总额的预测。

该方法的特点是匿名性、反馈性、多轮性和趋同性。

2. 定量预测

定量预测是根据收集的数据资料，运用统计或数学方法对市场的未来进行估计。

（1）平均数预测法

平均数预测法是以预测目标的时间序列的平均数作为预测目标趋势的预测依据，以

此来计算趋势预测值。包括简单平均数法和加权平均数法两种。

1）简单平均数法。简单平均数法利用简单算数平均数在时间序列上形成的平均动态数列，以说明某种经济现象在时间上的发展趋势。适用于趋势比较稳定的商品需求和生产预测。

其基本公式为

$$\bar{X}=\frac{\sum X}{n}$$

式中：$\bar{X}$——算数平均数；

n——预测资料的项数；

$\sum X$——各期实际值的总和。

2）加权平均数法。就是通过对不同数据按其重要性乘以不同的权数，以这些乘数相加之和除以权数总和，即得加权平均数，以此来预测。

其基本公式为

$$\bar{X}=\frac{\sum xf}{\sum f}$$

式中：$\bar{X}$——加权平均数；

f——权数；

$\sum$——代数和。

例如，某公司销售额资料如表 10.2 所示，试预测 7 月份销售额。

表 10.2 某公司 1～6 月销售资料

月 份	1	2	3	4	5	6
销售额/万元	21	19.5	20	19.7	20.1	20.3

$$\bar{X}=\frac{\sum xf}{\sum f}=\frac{21\times1+19.5\times2+20\times3+19.7\times4+20.1\times5+20.3\times6}{1+2+3+4+5+6}=20.05\text{（万元）}$$

运用加权平均法进行预测的关键是权数的选择。如果历史资料变动较大，可用等比数列为权数；如果历史资料变动小，可用等差数列为权数。

（2）移动平均数预测法

移动平均数预测法是通过移动平均数进行预测的方法。包括简单移动平均法和趋势移动平均法。趋势移动平均法是以一次移动平均值作为时间序列，计算其移动平均值，即在简单移动平均上再作趋势移动平均。

其基本公式为

$$M_t=\frac{X_t+X_{t-1}+\cdots+X_{t-n+1}}{n}$$

（3）直线趋势外推法

直线趋势外推法遵循事物发展的连续原则，分析预测目标时间序列资料呈现的长期

趋势变动的规律性，用数学方法找出拟合趋势变动轨迹的数学模型，据此进行预测的方法。常用最小二乘法进行预测。预测模型为

$$\hat{y}=a+bt$$

式中：$\hat{y}$——预测值；

a、b——待定参数；

t——时间变量。

$$a=\frac{\sum y-b\sum t}{n},\quad b=\frac{n\sum ty-\sum t\sum y}{n\sum t^2-(\sum t)^2}$$

（4）季节变动趋势预测法

季节变动趋势预测法是根据预测变量各个日历年度按月或季编制的时间序列资料，以统计方法测定出反映季节变动规律的季节指数，并利用它们进行短期预测的一种方法。

（5）一元线性回归预测法

虽然影响市场变化的因素是多方面的，但存在着一个最基本的、起决定作用的因素，而且自变量与因变量之间的数据分布成直线性趋势，那么就可以利用一元线性回归方程 $\hat{y}=a+bx$ 进行预测。

第三节　市场营销策略

一、市场细分与目标市场选择

1. 市场细分

（1）市场细分的概念

市场细分，就是企业根据市场需求的多样性和购买者行为的差异性，把整个市场（即全部用户）划分为若干具有某种相似特征的用户群（即细分市场），以便执行目标市场营销的战略和策略。换言之，市场细分是对需求进行的分类，是分辨具有不同特征的用户群，把它们分别归类的过程。通常，市场细分所形成的具有相同需求的用户群体称为细分市场或子市场（分市场、次级市场等）。

（2）市场细分的意义

企业实行目标市场营销，对于改善企业经营，提高经营效果具有重要作用。

市场细分有利于企业巩固现有市场阵地和发现新的市场机会，有利于企业针对目标市场的需求特点，开发适销对路的产品，制定更有效的营销组合策略，有利于企业将有限的人力、财力、资源用于目标市场的服务上，取得经营上的成功。所以，市场细分及其目标市场营销，既是现代企业市场营销的战略选择，又是企业市场竞争的有效策略。

市场细分不仅适合于实力较强的大型企业，还特别适合实力不强的中小型企业，因为中小型企业的资源相对有限，技术力量相对缺乏，竞争能力相对低下，通过市场细分

和结合企业自身特点，选择一些大型企业不愿顾及、市场需求相对较小的细分市场，集中精力做出成绩，取得局部优势，是立足市场和求得生存发展的秘密武器。从这个意义上讲，我国的众多的中小型汽车企业面对同行业的竞争，甚至几家大企业面对即将大举进攻我国的国际汽车列强的竞争，都要做好市场细分。

（3）市场细分的标准

1）按地理位置细分。即按地理位置和区域细分市场，这是最常见的划分市场的方法。如按地区划分，可细分为国内市场与国际市场等。

2）按人口特点细分，包括按消费者的年龄、家庭类型、性别、收入水平、受教育程度等标准进行市场细分。例如，在研究轿车市场时，就常按居民的收入水平进行市场细分。

3）按购买者心理细分，包括按消费者的生活态度、个性、购买动机以及消费习惯等细分市场。

4）按最终用户的类型细分。不同的最终用户对同一种产品追求的利益不同。企业分析最终用户，就可针对不同用户的不同需要制定不同的对策。

5）按用户规模细分。根据用户规模，企业可将市场划分为大、中、小三类客户。一般来说，大客户数目少，但购买额大，对企业的销售市场有着举足轻重的作用，企业应特别重视，应注意保持与大客户的业务关系，而对于一般小客户或个人用户，企业就不应直接供应，应通过中间商销售。

6）按用户的购买特点细分。购买特点主要指购买者的购买能力、购买目的、购买方式、购买批量、付款方式、采购制度和手续等。

（4）市场细分的原则

为了使细分市场有效和富有意义，营销人员在进行市场细分时，必须要把握好一定的原则。

1）差异性。按照所选择的划分依据，各细分市场客观上必须存在明确的差异。如果市场细分后，各细分市场仍模糊不清，则这样的市场细分就是失败的。

2）可衡量性。这是指细分市场现有的和潜在的需求规模或购买力是可以测量的。如果细分的结果导致市场容量难以评估，则这样的细分也是失败的。

3）可进入性。这是指企业拟作为自己目标市场的那些细分市场，企业必须有能力进入，能够为之服务，并能占有一定的份额。否则，细分的结果导致企业不能在任何细分市场上有所作为，这样的市场细分当然也是失败的。

4）收益性。这是指企业在细分市场上要能够获取期望的赢利。如果容量太小，销售量有限，则这样的细分市场对企业就缺乏吸引力。因此，市场细分并不是越细越好，而应科学归类，保持足够容量，使企业有利可图。

5）稳定性。这是指细分市场必须具有一定的稳定性。否则，如果变化太快，企业还未实施其营销方案，目标市场早已面目全非，则这样的市场细分同样也是失败的。

2. 目标市场选择

在对整体市场进行细分的条件下，企业需要从中选取自己的目标市场。

（1）选择目标市场的条件

1）对企业欲提供的产品或服务，目标市场应具有足够的潜在购买力。

2）目标市场需求变化的方向，应和企业的产品开发能力或方向一致，以使企业能够随市场需要或购买方向的变化而保持经营能力。

3）目标市场竞争者的数量或是竞争密度应相对较少，即在有选择的自由度时，应尽量选择参与竞争比较容易的细分市场作为目标市场。

4）要有可利用的销售渠道或可以建立销售渠道的现实条件。这样，企业的产品和服务才能进入，或按比较合理的成本花费进入目标市场。

5）企业可以有效地获取市场的信息或建立市场信息系统。

6）营销活动所需资源的取得，应当相对容易。

（2）对目标市场的评估

在目标市场选择后，应对其进行评估。评估目标市场主要应从市场潜力、市场结构吸引力和企业相对优势三个方面进行，具体内容见表 10.3。

表 10.3　评估细分市场的主要项目及内容

项　目	内　　容
市场潜力	当前销售价值 预计销售增长率 预期的利润
市场结构吸引力	竞争者 替代产品 购买者讨价还价能力 供应商讨价还价能力
企业相对优势	企业的长远发展目标：环境、政治及社会责任 市场能力：市场占有率、市场增长率、产品独特性、良好声誉 生产能力：低成本优势、技术优势 企业资源优势：营销技术、管理优势、人力资源优势、资金实力

（3）目标市场的战略选择

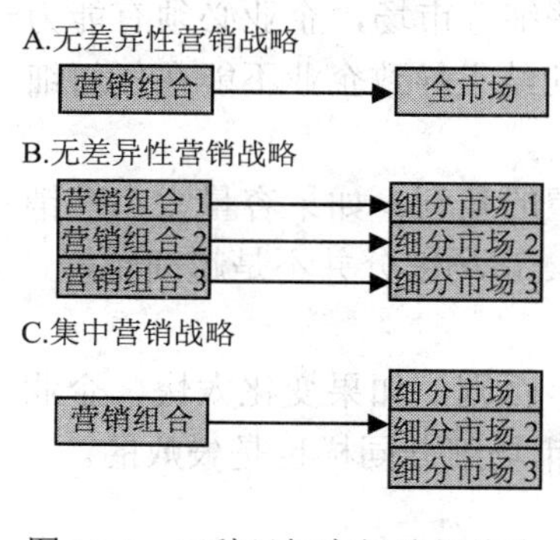

图 10.4　三种目标市场选择战略

企业对目标市场进行科学评估后，当决定进入时，还必须选择目标市场的营销战略。共有三种目标市场选择战略，如图 10.4 所示。

1）无差异性营销战略。无差异性营销战略是指企业不考虑各子市场的特性，而只注重于他们的共性，决定只推出单一产品，运用一种市场营销组合来进行市场运作。如早期的福特汽车用 T 型车产品参与市场竞争就是如此。采用无差异市场营销的理由是规模效应，可以大大降低生产、存储、广告等成本，从而降低企业的经营成本，获取成本上的优势。

2）差异性营销战略。差异性营销战略是指企业决定同时为几个子市场服务，设计

不同的营销组合以适应各个子市场的需要，如美国宝洁公司在洗发水领域推出飘柔、海飞丝等。每一种都针对一个不同的细分市场，并且这几种营销组合相互配合。差异性营销战略往往比无差异性市场营销赢得更大的市场份额。但是差异性营销战略要求企业在资金、技术、品牌等资源上有较强的实力，因为差异性营销战略对企业的成本、营销运作能力上提出很高的要求。

3）集中营销战略。集中营销战略是指企业集中所有资源，以一个或少数几个性质相似的子市场作为目标市场，试图在较小的子市场上取得较大的市场份额。实施这种策略的企业，往往是资源力量较弱的中小企业，或是刚刚进入市场的新兴企业。集中营销战略有利于企业在特定的子市场上通过营销专业化来取得竞争优势。但这种优势也存在较大风险，因为目标市场范围比较窄，一旦市场情况发生变化，企业因此可能陷入困境。

二、市场营销组合战略策略

1. 市场营销组合及其内容

（1）市场营销组合的概念

市场营销组合是指企业根据目标市场的需求特点，综合运用各种可能的营销因素和营销手段，组合成为一个有特色的、系统化的整体营销战略和策略，以实现企业经营目标的一种决策思想和方法。

对于市场营销组合的概念应把握以下要点：

1）市场营销组合是市场营销的一种决策思想，也是一种决策方法，它要求针对目标市场需求的特点，对各种可能的营销因素和营销手段进行有机的组合。

2）要求组合的结果是能形成一个特色的、系统化的整体营销战略和策略。

3）组合的目的，能使企业进入和有效占领目标市场，实现其经营目标，取得理想的经济效益。

（2）市场营销组合的内容

市场营销组合是由四个基本的营销变量或营销策略子系统组成。

1）产品要素子系统。这一系统主要由产品品种、质量、品牌、商标、造型、包装、服务、专利、安装、调试、培训等产品要素组成。

2）价格要素子系统。这一系统主要由价格影响因素、价格政策、价格水平、调价幅度、支付期限、折扣折让、信用条件等要素组成。

3）渠道要素子系统。这一系统主要由分配渠道、市场区划、营业场所、销售渠道的广度和宽度、中间商类型、商品储存与运输等要素组成。

4）促销要素子系统。这一系统主要由广告宣传、人员推销、营业推广与公共关系等要素组成。

（3）市场营销组合的要求

市场营销组合就是要求四个基本的要素系统相互依存、相互协调，并根据目标市场的需求特点和竞争态势的不同，尽可能地实现最佳的组合，以达到如下要求。

1）优势组合。针对每个目标市场的不同特点，每个营销要素子系统都应挑选与之相适应的优势要素参与组合，形成比竞争对手高出一筹的营销组合战略与策略，争取在目标市场的竞争中取得优势地位。

2）优中选优。由于每个子系统都有若干要素，因此四个要素系统进行组合，必然形成几十个、甚至上百个方案。应该按照目标市场的需求，逐批进行筛选，先筛选掉不重要、没优势的方案。保留一批较好的方案，再从中选择理想的方案。

3）形成特色。各个营销要素的组合既要有科学性，又要有艺术性。组合的科学性，就是组合的方案符合市场的规律性，反映价值规律、供求规律、竞争规律的要求；反映企业营销工作的规律性的要求。组合的艺术性，就是指组合的方案具有与众不同的特色，别具一格，突出了企业的优势，既能充分发挥企业生产能力、技术能力、营销能力，又能符合市场需求，使企业在市场竞争中处于有利地位。

2. 市场营销组合战略的类型

市场营销组合，基本上是由四个基本要素的子系统进行组合的。以每个要素子系统为重点进行组合，则可形成四种营销组合战略。也就是说，每一个营销变量在一定情况下都可能成为对企业发展和市场开拓起决定作用的因素，因而就出现了四种基本的营销组合战略。

（1）产品开道战略

产品开道战略，就是以产品要素为主，其他要素组合相配合的营销组合战略。在一般情况下，关键的因素是靠产品子系统各要素的优化组合，尤其是品种和质量的优化组合。如果质量低劣、品种单一、技术落后、性能陈旧，其他组合要素运用得再高明，也无济于事。例如，企业不惜破费，大做广告，也吸引不来顾客，价格再低也无人问津；产品质量低劣，不符合消费者和用户的需要，也打不开营销渠道，自己销不动，中间商也不愿意经销或代理。所以，在一般情况下，企业应以高品质、多品种或新产品作为强大的后盾，辅之以其他手段，总是能够打开市场，站稳脚跟，赢得顾客，获得发展。

（2）价格引路战略

价格引路战略，就是以价格要素为主，其他要素配合的营销组合战略。在产品质量过硬、品种适销对路，与对手相比不相上下的条件下，如何运用价格手段打开市场，扩大销路，就成为十分重要的战略问题。尤其在与众多对手相比产品质量、品种、差别较小的情况下，谁在价格手段上运用得好，技高一筹，谁就在市场竞争中处于主动地位。价格引路，一般采取低价或降价对策，即优质低价、薄利多销的战略。实行低价或降价，使顾客得到实惠，才能吸引他们购买本企业产品。降价，降到什么水平，或低到什么程度，既要考虑到对顾客的吸引力，同时也要考虑到不要使企业因降价而损失太大。总的原则是因降价而增加的收入、带来的利润，应大于降价所带来的损失。降价可视竞争激烈程度，降一个等级，或降两个等级，即优质中价，或优质低价。

价格引路的另一个思路就是提价，实行优势优价的战略。提价的前提必须是本企业的产品质量比对手高一个等级，或产品品质比对手新颖，因而产品优价。否则就叫乱涨

价，不会为顾客接受。实行优质优价、新品优价的营销战略，其市场范围有限，一般适用于高收入的居民层，或生产技术需要升级换代的用户。

（3）渠道开通战略

渠道开通战略就是以营销渠道为主，其他要素为辅的营销组合战略。一些企业，特别是那些后起之秀的企业，产品优质、品质新颖、价格合理，就是营销渠道不通。这是因为完全依靠企业自销，又受人力、物力和财力的限制。因此，必须研究打通渠道的对策。实施渠道开通战略的思路是多方面的。

1）思路之一，就是实施打通主渠道的战略，即通过国有的商业、物资、外贸等流通企业及其所属网络，或民营的较大规模的流通企业，打开国内、外市场、主渠道有庞大的流通网络、销售网点、营销队伍，有利于企业进入有关市场。比如神州数码，对于国外那些想进入中国市场的IT厂家来说就是需要重点合作的主渠道。

2）思路之二，就是实施打通辅渠道战略。即通过民营等较小规模的流通环节，如集体的或个体的销售网点，进入各地市场。比如生活用品，通过广泛分销到小超市店等中小网点，快速进入和覆盖市场。

3）思路之三，就是实施打通进入发达地区市场的渠道战略。例如，一些企业瞄准上海市场，千方百计打通进入上海市场的渠道。因为只有有能力进入上海市场，站稳脚跟，就等于打通了全国市场的渠道。海尔积极进入美国市场，也是因为成功进入美国市场，为海尔产品的全球销售打下了良好的品牌形象。

4）思路之四，就是实施打通进入发展中地区市场的渠道战略。发展中地区，市场有待开发，竞争不太激烈，谁捷足先登，谁就处于主动地位。我国浙江很多企业布局南美和非洲市场，就是出于这种思量。

渠道要素为主，也要辅之以其他要素的紧密配合，首先是产品过得硬，同时配合广告促销，以扩大本企业产品的影响。没有这些要素的配合，渠道不易打通，打通了也不易站稳脚跟。

（4）促销开路战略

促销开路战略，是指以促销要素为主，其他要素配合的营销组合战略。促销要素运用得好，加上其他要素的配合，同样是关系企业产品销售的重大战略之一，必须十分重视。促销手段很多，因而实施这一战略的思路也很多。

1）实施广告促销战略。利用广告的功能为企业产品鸣锣开道。当年秦池酒的畅销就是广告促销策略运用的经典案例。

2）实施人员推销战略。企业组建营销队伍，派出专业推销人员到市场，到用户那里推销。

3）实施公关促销战略。通过建立企业与社会各方面良好的公共关系，为企业营销创造良好的营销环境，为企业生产发展创造良好的外部条件。美国微软公司十分重视在中国的公共关系建设，为微软产品的销售创造出一个较好的外部环境。

4）实施营业推广战略。通过样品赠送、折扣优惠、有奖销售、特价包装等手段刺激消费者或中间商迅速或大量地购买产品，获得较好的市场业绩和效益。

3. 市场营销组合战略的选择

企业市场营销组合战略有很多方案。进行方案选择，选择理想的战略方案，一般要考虑图 10.5 所示。

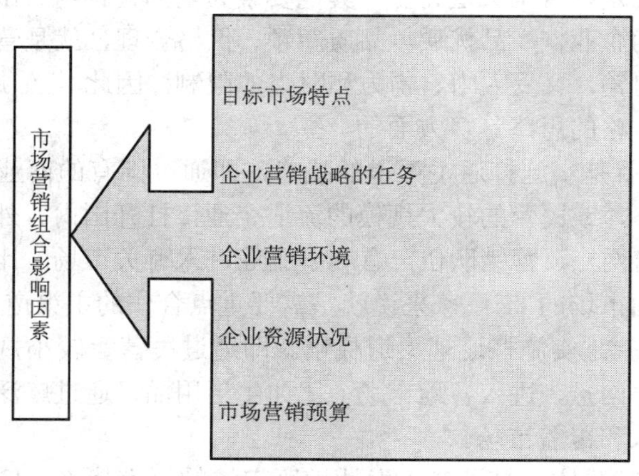

图 10.5 市场营销组合影响因素

（1）目标市场的特点

实施何种市场营销组合战略，主要应由目标市场的需求特点及竞争态势所决定。

1）应把握目标市场顾客数量、收入水平、分布密度、年龄结构等特点，以确定目标市场的需求潜力及市场规模。

2）掌握目标市场的需求层次和消费者行为的特点，这决定产品要素的组合和促销要素的组合。

3）分析目标市场竞争态势，如果需求量大，竞争对手少，供不应求，那么主要针对顾客需求特点进行营销组合就会成功；如果市场竞争激励，那么就必须既考虑顾客需求，又针对竞争对手，市场营销组合必须具有特色，组合出自己的优势，以便在竞争中取胜。

（2）企业营销战略的任务

企业营销战略任务不同，其营销组合方案的选择也就不同了。市场营销战略的任务在于扩大市场覆盖面并提高在每个目标市场上的市场占有率，那么，营销组合的重点应放在不同顾客群的共同需求上，努力增大企业产品的选择性和适应性，选择一种适用市场范围较大的营销组合方案。

如果企业营销战略的任务和目标主要是集中在某一细分市场上，争取在该市场上的领先地位，那么必须采取有特色的市场营销组合方案。如果企业营销战略的任务在于扩大销售额，争取在很多不同的细分市场上有自己的市场份额，那么，就必须提出很多各具特色的、差异性的市场营销组合方案，去适应不同细分市场的要求。

（3）企业营销环境

企业营销环境状况是影响营销组合的重要因素之一。宏观经济发展快就给企业带来

很多营销机会，需求增长，人们的收入水平提高，购买力增强，需求就会出现多样化、个性化、高档化的趋势。当然，中低档的需求依然存在，这就要求企业要针对不同的细分市场的差异性需求，提出较多的市场营销组合方案，以适应市场需求的变化。随着经济增长，就业人口增加，生活节奏加快，人们珍惜时间的观念加强，对节约时间的产品需求增长，方便食品、节约时间的家电产品受到欢迎，这就给很多企业带来了新的市场机会，市场营销组合必须适应营销环境变化的特点，把握住新的市场机遇。

（4）企业资源状况

企业市场营销组合受企业资源的制约，组合中应扬长避短，即应充分利用某些资源的长处，形成有优势、有特色的组合方案，去开辟和占领市场，争取顾客，战胜对手；避开某些资源的短处，形成的营销组合方案，应避免与拥有这些资源优势的企业直接竞争。

企业的资源包括物力资源，如原材料、能源的供应和储备等，机器设备的技术水平和配套能力等；软件技术资源，如技术储备、产品储备和专利技术等；人力资源，如员工文化结构、专业结构、能级结构、员工形象和企业文化等；管理资源，如管理水平和管理经验等；财力资源等。

营销组合必须依据企业资源状况，形成扬长避短的方案。例如组合方案考虑低价或降价，以薄利去争取顾客，薄利才能多销。能否多销，必须考虑企业生产能力资源，如果“多销”所确定的年销售量超过了企业年生产能力所能提供的产量，那么必然引起增加生产能力的投资问题，是否值得投资、增加生产能力，就需要研究，如果未来一定时期没有那么大的需求量，就没有必要投资，避免浪费企业的财力资源。

（5）市场营销预算

任何一种市场营销组合方案都涉及营销预算，即需要花钱。如针对某一目标市场的需求特点，需要开发某一新产品，因此，应用新产品开发费用预算。随着消费层次的提高，需要调整产品结构，增加高品质、高档次产品的生产，提高产品质量，需要增加质量成本费用；开通新的渠道，进行广告促销等，都需要有营销费用预算。采用什么广告媒体，要考虑企业的财力。

总之，每一个营销组合方案都应测算所需要的费用，应选择既能打开市场，所需要费用又尽可能节省的营销组合方案；或者所需预算费用虽然比较高，但打开市场后，财源滚滚而来、收益可观的市场营销组合方案。

小　结

本章介绍了市场的涵义及特点、组成市场的要素、并对市场的相关概念进行了介绍；对市场营销的概念、其与推销等的关系、市场营销哲学发展情况进行说明；介绍了市场细分的概念及其企业的意义，对市场细分的作用和标准进行了说明；对目标市场的选择战略进行了说明，为更好开拓目标市场；对市场营销组合的定义、内容进行介绍，并对市场营销组合战略的类型进行了说明，阐述了市场营销组合战略的影响因素。

复习思考题

1．为什么企业需要市场营销？
2．市场细分对企业的意义是什么？市场细分的标准是什么？
3．目标市场选择对企业意义？目标市场战略有哪些？
4．市场营销组合有哪些内容？
5．市场营销战略组合的影响因素有哪些？

案例分析

比亚迪电池产业的竞争战略

比亚迪公司是创立于1995年的一家民营高新技术企业，至今已走过14年的历程。2002年在中国香港主板上市，现为全球第二大充电电池生产商，建有深圳、北京、上海和西安等七大生产基地，并在美国，欧洲，日本，韩国，中国的香港、台湾、天津等地设有分公司或办事处，现员工总数已超100 000人。公司每年的业绩都在快速增长（除2005年受国内手机制造商萎缩及西门子重组影响利润较2004年相比下滑，其他年份销售额利润额和员工人数每年都呈大幅度增长趋势）。

比亚迪在电池产业的竞争优势为“创新低成本”策略。

中国具有大量低成本的研发人员，使得中国企业在许多应用研发领域有了突破的机会。有中国特色的巨大本土市场，也为中国企业的差异化竞争提供了可能。中国一方面低端市场巨大，使企业有可能形成规模效益，同时市场跨度又很大，几乎从最低端到最高端都有，这些都为企业多元化发展模式提供更多的机会。

许多中国企业开始确立创新带来的成本优势（创新低成本）就是以低成本的方式进行技术创新，以技术创新的方式降低成本。成本优势竞争关键是性价比的比拼。

（资料来源：http://www.bydauto.com.cn；/http://blog.vsharing.com/tps_lean/A1043982.html，改编）

讨论：

比亚迪公司在电池产业的竞争战略是什么？

第十一章　管理信息系统

教学目标

本章主要介绍了管理信息系统的定义、特点及对企业管理的作用；回顾了管理信息系统的发展进行了回顾，以及管理信息系统与其他管理理论的关系；介绍了管理信息系统的开发方法；分析了我国管理信息系统开发的现状，以及三类企业管理信息系统的开发战略，以便让读者对管理信息系统有更全面的理解和认识。

学习任务

通过这一章内容的学习，要达到以下几个目的：

- 了解管理信息系统的涵义及组成要素。
- 了解管理信息系统的发展历程。
- 了解管理信息系统的建设开发方法。
- 了解管理信息系统的开发应用对策研究。

导入案例

燕京啤酒的信息化

燕京啤酒集团1980年建厂，经过近30年快速、健康的发展，燕京已经成为中国最大啤酒企业集团之一。2008年啤酒产销量422万千升，进入世界啤酒产销量前十名，销售收入112.19亿元，实现利税23.43亿元，实现利润6.42亿元。燕京用20年的时间跨越了世界啤酒业100年的发展历程。

一个企业的成功固然与其生产技术息息相关，然而管理的科学与否直接影响到这些先进的生产技术能否真正给企业带来效益，良好的技术只有与优秀的管理思想相结合才能产生预期的效果。作为一个大规模的企业，企业管理水平的高低依赖于其信息化建设情况和信息管理水平，企业管理系统是企业管理思想的体现。燕京啤酒的成功与其科学管理有着密不可分的关系。

由于燕京啤酒公司财务、销售、仓库等部门位于不同的办公楼，办公楼之间相距上千米，为了便于各部门实时传递信息，加强对各部门的管理和监控，需要在公司厂区内建立一个内部网。

燕京啤酒管理系统主要由财务系统、销售管理系统、采购管理系统和存货管理系统等构成，目前采购管理系统为预留系统。销售管理系统包括销售开票、送货管理、运输费管理、结算管理、退货管理、退变质酒管理等模块，存货管理系统主要包括包装物周转管理、扎鲜啤酒桶周转管理和产成品库房管理等模块，财务系统主要包括总账、固定资产管理、工资管理、应收应付管理、UFO报表、现金流量表、财务分析等子系统。各模块之间实时传递信息，完全实现了销售、财务信息共享。

燕京啤酒管理系统实现了财务业务一体化，对企业的业务进行了有效的控制，为企业管理提供了丰富的工具和手段，准确、及时地为企业提供各种对内管理报表和对外财务报表，在企业管理升级中起到了非常重要的作用。

（资料来源：http://www.cbinews.com/casestudy/news/2565.html）

讨论：

为提高企业管理水平和经营效益，燕京在信息化建设上的举措是什么？

随着科学技术的进步和社会经济的发展，信息资源越来越成为一个组织的生存和发展的关键性、全局性和长远性的战略资源。管理工作的成败，取决于能否做出有效的决策，而决策的正确程度则取决于信息的质量。科学技术的进步和生产的发展使人类知识总量的增长速度不断加快。另一方面，生产社会化趋势的扩大和社会对产品需求的多样化使得企事业在生产经营活动中涉及的内部和外部信息量迅速地膨胀起来。面对激烈的市场竞争，对这些信息进行收集、加工、传递等过程的时间性和准确性也提出了更高的要求。这一切都使传统的、以手工业为基础的信息系统陷入了日益庞大、效率日益降低的困境。这样必须使管理进入现代化，计算机的出现为摆脱这种困境找到了出路。

第一节　管理信息系统概述

一、管理信息系统相关概念

1. 管理信息系统的定义

“管理信息系统”一词至今尚无一致的定义。对于这个以计算机为基础的，能支持组织的例行作业、决策活动与个人知识活动的系统，在文献中能看到许多其他的同义词。常见的有计算机化信息系统（computer-based information system）、信息处理系统（information processing system）、信息与决策系统（information and decision system）、组织信息系统（organizational information system），甚或简称为信息系统（information system）等。不过，一般还是以管理信息系统（MIS）一词用的多。

管理信息系统是一个以人为主导，利用计算机硬件、软件、网络通信设备以及其他办公设备，进行信息的收集、传输、加工、储存、更新和维护，以企业战略竞优、提高效益和效率为目的，支持企业高层决策、中层控制、基层运作的集成化人机系统。

从上述管理信息系统的定义可以看出，管理信息系统是一个以计算机为辅助工具、以为企业高、中、低三个层次提供决策、管理、运作支持为目的的信息系统，定义中强调了计算机的工具性质，强调管理信息系统不仅仅是一个技术系统，而是把人包括在内的人机交互系统，因而它是一个管理系统、社会系统。

2. 管理信息系统的特点

管理信息系统是在数据处理系统上发展起来的，其特征是面向管理的一个集成系统，它覆盖了整个管理系统，对管理信息进行收集、传递、存储和处理，是多用户共享的系统，直接为基层和各管理部门服务。

它的主要特点在于：

1）面向管理支持决策。该系统是管理学的思想方法、管理与决策的行为理论之后的一个重要发展，通过量化方法、预测和计划来优化支持管理、调节和控制。为管理决策服务，必须能根据管理的需要，及时提供需要的信息，帮助决策者做出决策。

2）数据的高度集中。将组织中的数据和信息集中起来，进行快速处理。一个中心数据库和一个计算机网络系统已经成为管理信息系统的重要标志，管理信息系统的处理方式是在数据库和网络基础上的分布式处理。

3）有预测能力和控制能力。管理信息系统使用数学模型，如运筹学模型和数理统计模型，来分析数据和信息，以便预测未来，提供决策支持。

4）人机系统。尽管计算机占大部分，但人始终是管理信息系统建设的主体，它涉及多方面的人员群体，所以管理信息系统也是一个人机结合的系统。各级管理人员既是系统的使用者，又是系统的组成部分，因此，在其开发过程中，要根据这一特点，正确界定人和计算机在系统中的地位和作用，充分发挥人和计算机各自的长处，使系统的整体性能达到最优。

二、管理信息系统的作用

管理信息系统作为企业管理的重要手段，对企业具有不可忽视的作用。

1. 从企业信息管理的角度来看

（1）准备和提供统一的信息

对企业的管理人员来讲，统一的信息格式无论从组织机构的全局还是从某个局部来讲都是非常重要的，这直接影响到信息的处理效率及应用的正确性和有效性。

例如，在我们日常生活中有许多事物可能有不同的称谓，如“北京科技大学”、“科技大学”、“北科大”等指的是同一所高校，而这却可能对相关的信息管理造成歧义。假如北京科技大学的上级主管部门在统计各大学相关的数据时，有可能将“北京科技大学”、“科技大学”及“北科大”误认为是三个不同的单位。

管理信息系统通过采用相关的方法及技术手段统一这些局部的和全面的信息格式，避免由于信息格式的不统一而造成的信息处理及使用上的问题。

（2）全面系统地组织和保存企业的信息

通过合理地分析企业信息管理的需求，管理信息系统可全面系统地组织企业的信息并通过相应的技术手段（如数据库管理系统及大容量高速度的存储设备等）保存企业的信息，为有效地处理和应用这些企业信息奠定数据基础。

（3）及时、准确地提供不同要求和不同详细程度的信息

基于对企业信息的合理组织和保存，管理信息系统可向企业的管理人员提供（或管理人员通过管理信息系统获取）不同要求及不同详细程度的信息，以达到完成某项管理业务的目的，例如企业的地区销售经理可通过管理信息系统的客户管理子系统获取客户按地区分布的情况等。

2. 从管理的角度来看

管理信息系统具备信息系统的功能。此外，从管理的角度来看，它还具备其特有的计划、控制、预测和辅助决策功能。

1）计划功能。根据现存条件和约束条件，提供各职能部门的计划，如生产计划、财务计划、采购计划等，并按照不同的管理层次提供相应的计划报告。

2）控制功能。根据各职能部门提供的数据，对计划执行情况进行监督、检查，比较执行与计划的差异，分析差异及产生差异的原因，辅助管理人员及时加以控制。

3）预测功能。运用现代数学方法、统计方法或模拟方法，根据现有数据预测未来。

4）辅助决策功能。采用相应的数学模型，从大量数据中推导出有关问题的最优解和满意解，辅助管理人员进行决策。以期合理利用资源，获取较大的经济效益。

第二节　管理信息系统的发展

管理信息系统的发展与计算机技术和管理科学的发展紧密相关，在三者的关系中，管理科学总是不断地提出新的管理方法和新的企业运行方式，而计算机技术为上述管理方法提供技术手段，管理信息系统通过技术手段成为先进管理方法的载体，帮助管理人员通过信息处理的方式应用这些先进的管理方法完成管理工作。

一、管理信息系统发展三阶段

自 1946 年世界上第一台电子计算机出现以来，信息处理方式从功能上经历了电子数据处理系统（electronic Dear sir or madam:ata processing system，EDPS）、管理信息系统（management information system，MIS）和决策支持系统（decision support system，DSS）三个阶段。

1. 电子数据处理系统

电子数据处理系统的特点是数据处理的计算机化，目的是提高数据处理速度。按数据的综合处理程度，电子数据处理系统又分为单项数据处理阶段（20 世纪 50 年代中期到 60 年代中期）和综合数据处理阶段（20 世纪 60 年代中期到 70 年代初期）。其中单项数据处理阶段是用计算机实现某个单项处理的手工操作，如工资计算、报表统计打印等，这个阶段的应用系统的功能由单机完成。在综合数据处理阶段，计算机的运算能力有了

很大提高，通过带动多个终端，对多个业务过程进行综合处理，但此时的数据处理方式仍然为集中式数据处理方式。

2. 管理信息系统

计算机管理信息系统是随着数据库技术和网络技术发展而产生并成熟起来的一种企业计算机应用系统，它能系统地组织、保存、处理企业的信息，以达到辅助企业管理的目的。从技术角度来看，管理信息系统的外在标志是应用了数据库管理系统及计算机网络技术而使系统本身具备了分布式数据处理能力，从而实现了真正意义上的信息管理的系统化。

管理信息系统不仅用于企业内部的各组织及部门，还可通过计算机网络把分散在不同地区的计算机互联，如通过互联网络与企业的供应商、客户建立数据联系，将供应商和客户也作为企业的一种资源进行管理，形成了企业资源规划系统（enterprise resource planning system，ERP）。

3. 决策支持系统

决策支持系统从其功能来讲是通过人和计算机交互帮助决策者探索和评价可能的方案，为管理者决策提供所需的信息，由于这类系统只能通过信息服务辅助决策者进行决策，因此称为决策支持系统。

由于支持决策是管理信息系统的功能之一，因此决策支持系统无疑是管理信息系统的重要组成部分。同时决策支持系统以管理信息系统所产生的信息为基础，应用模型或其他方法和手段，如数据仓库（data warehouse）技术、知识发现方法、经济管理数学模型等，实现辅助决策和预测功能，从这个意义上讲，也可以认为决策支持系统是管理信息系统发展的新阶段。

应当指出的是，自美国学者 Michael S. Scott Marton 首次提出了决策支持系统的概念后，虽经多年的努力，人们对决策支持系统的真正内涵、构架及具体实现方式仍未形成统一认识。但有一点是明确的，即决策支持系统与管理信息系统在数据处理方式上有着本质的区别。管理信息系统中的数据处理主要是企业管理中具体业务处理的事务型数据处理，而决策支持系统中的数据处理是面向决策分析主题的分析型数据处理。决策支持系统与管理信息系统在数据处理方面的差异，导致了决策支持系统与管理信息系统在数据组织上的巨大差异，并出现了专门用于分析型数据处理的数据组织与存储技术。

二、管理信息系统与管理理论

1. 管理信息系统与战略信息系统

企业采用计算机，在短短的三十余年中，发生了三次重大改变。每一次改变，各有其强调重点。20 世纪五六十年代强调改进作业效率，70 年代强调增进管理效能，而目前强调获得竞争优势。长久以来，企业运用信息科技，普遍忽视信息科技能影响组织战略。直到 1980 年左右，通过一些成功个案的报道，企业组织才逐渐重视信息科技在实现组织目标过程中所扮演的战略性角色，从而出现了“战略性信息系统”（strategic information system，SIS）一词。SIS 意指企业运用信息科技来支持或强化已采取的战略，甚或创造新的战略机会。

SIS 与 MIS 的差别在于前者极为强调“时间性”与“创造性”。以便利超市的销售点系统（point of sales system，POS）来说，首先装设的商店将可大幅提高其订货速度以及迅速掌握商情，结果势必提高其竞争优势。此时，POS 系便可称为 SIS。一旦 POS 系统已极为普遍，POS 只能维持竞争力，而无竞争优势可言，因此只能算是支持组织（交易活动）的管理信息系统。由此可知，SIS 的重点不在于系统本身如何运作，而是如何运作信息科技获取竞争优势，而时机与领先就成为关键因素。因此找寻 SIS 的机会便会成为管理人员的重要工作之一。

2. 管理信息系统与计算机整合制造

计算机在企业组织的应用除了数据处理之外，在生产过程自动化方面亦有蓬勃发展，从微计算机控制的数字控制机、机具中心、计算机辅助制造、弹性制造系统，到最近的计算机整合制造系统。计算机整合制造系统（computer integrated manufacturing，CIM）统合联络了 MIS 计算机、工程设计的 CAD/CAM 计算机以及弹性制造系统的主控计算机，使得从接到订单、生产调度、材料需求规划、工程设计到生产制造程序都统合在一个系统之下。这一统合的 CIM 与管理信息系统发展有密切关联。

3. 管理信息系统与使用者自建系统

最近的一项新概念十分显著地影响到管理信息系统的结构与设计，那就是使用者自建系统。在此观念下，信息系统的使用者能拥有终端机或个人计算机以及非常成熟而易学易用的软件，通过这些设备与软件，使用者可以直接写程序，以满足其本身的信息需求。换言之，是由使用者自行设计自己的应用系统，不再由管理信息系统专业人员设计，因而称为使用者自建系统（end-user computing，EUC）。这一发展趋势显著地改变了组织信息资源的结构、提供方式及使用方式，并引发了许多组织管理信息系统功能的变革，由集中式信息资源管理转变成由使用者自行控制与操作自己所开发的应用系统。许多企业机构在 MIS 部门中，成立了信息中心（information center），以各种方式支持使用者自行开发的信息系统。EUC 的技术背景是第四代语言（fourth generation language，4GL）。

4. 管理信息系统与信息资源管理

在 1975 年左右，基于信息是组织中一项重要资源的概念，企业界提出了一个管理概念，称之为“信息资源理”（information resources management，IRM）。IRM 概念的提出，实际上来源于管理信息系统。在 1975 年左右当计算机应用日渐普及之后，管理信息系统的相关成本日增，因而导致企业组织逐渐重视管理信息系统的管理。这一时期发展了许多管理技术用来作管理信息系统的规划与控制，如内部计价制度（charge-back

system)、应用系统优先顺序设定的技术以及三阶段的管理信息系统整体规划模式等。正在这些管理技术发展推行之际，部分人士悚然警觉，这些管理技术所控制的仅仅是组织中的计算机作业。实际上，组织中的信息来源并不是只限于计算机报表，还有许多信息是由人工处理，如秘书和打字员等；或由其他事务性的机器设备处理，如复印机、电话和传真机等。这些人工与事务性机器设备的成本，加起来可能远大于计算机作业的成本。因此，即对计算机作业费心是管制了组织中信息资源的一小部分而已。

因此，IRM 的观念是就整个组织着眼，对组织内的信息资源进行整体规划与控制。组织的信息资源泛指所有在组织中担任资料处理工作以产生信息的人员或设备。受此观念的影响，很多企业自主增设信息资源管理副总裁的职位，以统筹规划控制组织的信息资源。信息资源管理强调的是组织信息资源所导致的组织绩效，而不在于计算机硬件或软件技术的成熟度与使用效率。

5. 管理信息系统与全球化

通信设备与计算机技术结合之下，形成了计算机网络，它可以让企业组织的个人间或单位间，在极短的时间内完成消息的交换。这是一项可观的技术突破，也是 20 世纪 90 年代经营企业的一项重大挑战。以下首先来说计算机网络的联结能力，然后再进一步说明，这种快速的信息传递所引发出来的企业经营上的特殊考虑，即所谓的全球化概念。

德州仪器公司（TI）总部设在美国德克萨斯州达斯拉，主要事业包括半导体、计算机硬件与软件及其他消费性产品。该公司在全世界约有 50 个工厂，分散在 18 个国家，员工人数约为八万余人。自 1970 年，TI 即拥有一个整合型、全球性的即时网络系统，且不断扩充。通过这个世界性的计算机网络，可以传递大量的电子邮件。任何一个 TI 的员工，可以通过计算机网络，在几秒钟或几分钟之内与全球的任一员工交换信息。

拥有这样的联结能力极强的全球性网络，使 TI 在雇用人力方面，可以做全球性的考虑。譬如说：可以雇佣优秀的印度工程师，其成本只有美国的一半。因为借助该网络，印度工程师可以与美国保持经常而即时性的联系，不会因为距离上差距而影响信息交换与设计工作。

6. 管理信息系统与企业再造

在 20 世纪 90 年代之前，公司利用信息技术的方式，大多数是在不改变原先作业流程的情况下，利用计算机来加速作业流程的进行，以促使作业机械化。但是，仅仅将效率不高的流程自动化，并不能使它更为有效。许多公司今天所采用的工作设计、作业流程、控制机制以及组织结构都是建立于 20 世纪 50 年代。当时的技术基础与今日截然不同，如计算机还没有发明。另一方面，当时公司所面临的竞争环境也与目前不同。因此，设计这些作业流程的主要目标是追求效率和控制。但在今天，公司经营的目标已经改变，以求创新、速度、服务及品质为目标。

大多数公司已逐渐觉察到若继续以过去的方式做生意，极可能会带来严重的后果。

由于目前的企业活动已经变得更为复杂，竞争更为激烈，因此，过去用来处理订单的、开发新产品的、与供应商交易的以及管理资产的方法都已经落伍；企业必须在成本、质量、服务、速度等主要的绩效指标上，寻求大的改善。在大量采用信息科技的今天，企业应该能够利用一些与过去不同的方式来工作，以实现上述的要求。

这些问题在20世纪90年代逐渐浮现，所谓企业再造（business reengineering）就是这种趋势下的一个产物。根据Michael hammer的定义，企业再造是企业的一项活动，其内容是从根本上重新而彻底地分析与设计企业的所有活动，并管理相关的企业变革，以追求绩效，并使企业达快速成长。由于企业再造是以企业流程为变革单位，因此又称为企业流程再造工程（business process reengineering，BPR）。而再造工程（reengineering还可以译为再生工程、流程变革）则是指一项方法，该方法可以极其显著的改善企业绩效。综合以上说明可知，企业再造有以下四项特色。

1）问题必须从“根本”分析。我们必须问自己一些最根本的问题，如我们为什么要做现在做的事？我们为何要这么做？

2）活动必须“彻底”翻新。包括重新检讨与修正组织所有的结构、程序和规则等，并且务必不能让过去的一切成为新设计的包袱。

3）企业再造要求必须“戏剧性”地改进企业绩效。其本质并不是一种渐进式的修补，而是革命式的跃进。

4）企业再造是以“流程”为变革单位，而其变革的范围通常是跨部门的。

从以上的说明可以看出，企业再造必须以信息技术为基础，也就是说必须基于企业的信息和通信的基础建设，因此，企也再造也就和管理信息系统有着不可分割的关系。

7. 管理信息系统与互联网

用信息科技来支持组织间的交易、协调和沟通活动，其最基本的技术平台是在参与的各组织间架设专属通信网络。建立专属通信网络的成本很高，实际上只有少数的大型企业可以负担。但在互联网出现之后，改变了这个现象。互联网提供了一个开放式的全球网络，而使用成本又极为低廉，使人人可以在其上面尝试进行各项商业交易、消息交换和信息传播等活动。伴随互联网的盛行，企业可以将内部联系借由互联网来完成，即所谓的企业互联网（intranet）；亦可以将其与外部相关组织的联系借由互联网来完成，即所谓的企业外联网（extranet）。

8. 管理信息系统与电子商务

在20世纪90年代，通过IOS或互联网形成了所谓的电子层级（electronic hierarchy，EH）和电子市场（electronic market，EM）。前者是以单一生产厂商为主，纵向连接上游的原材料供应商和下游的客户所形成的一个电子网络，可在其上进行商业交易等活动。后者则是在一个产业之内，厂商除了纵向连接外，更形成了厂商间的横向连接，网络的规模更大。例如，美国航空公司的SABRE或AHSC公司的ASAP在发展的第三阶段都是纵向或垂直整合的电子层级，而第四阶段则迈入电子市场。Malone预测未来会有越来

越多的电子层级和电子市场，但最终的趋势仍为电子市场。

9. 管理信息系统与信息外包

当代企业着重企业组织之间的合作，企业倾向于只保留核心专长，而将其他的工作外包经营。例如，Nike公司把生产整个委托给一组合作伙伴和供应商，公司本身只掌握产品研发和营销。企业间的合作关系有多种形态，如交互投资和技术授权等，建立合作关系最普遍的做法，就是外包经营。信息外包，就是基于这一合作的理念，把组织内信息处理的工作外包出去。

10. 管理信息系统与供应链管理

虽然早在20世纪60年代，思想领先时代的学者就已看出信息系统的应用范畴应跨出组织内部，走到组织外部，联系企业的往来伙伴，如上游的原材料供应商和下游的客户。但这个理念到了20世纪末，才逐渐实现。

实现该理念主要的动力有二：

其一是流程再造的风潮让企业通过正确即时的信息消除内部作业流程中无附加价值的部分，获取经营绩效。在推动企业再造的过程中发觉许多正确而即时的信息必须来自企业的经营伙伴，如制造商能依据零售店每日的销售量做出生产计划，必然要比依据经验预估需求量做出的生产计划更为准确，准确的生产计划就能降低生产成本和库存。因此，流程再造的理念，可以扩大到整个供应链上所有的厂商，一起进行同步的流程改造，分享信息以提高整个供应链的绩效。

其二是互联网的发展，提供了供应链厂商交换信息、分享资源的技术平台。尤其是互联网全球联结能力和几近于零的成本，形成了一种巨大的技术动力。在这两个动力结合下，供应链管理逐渐形成。

而这种结合整个供应链上所做的同步流程改造，其功效比个别厂商独自改造其内部流程的绩效，高出许多倍。

11. 管理信息系统与客户关系管理

美国宾州大学教授David说：“利用信息科技，可以将客户变成企业的重要资产。这正是客户关系管理的精神。客户关系管理（CRM）兴起于美国，在20世纪80年代就有所谓“接触管理”，专门收集客户与公司的相关信息，在20世纪90年代年代发展成为包括电话服务中心与提供资料分析的客户服务。而在20世纪末以后，由于网络科技的发展，迫使企业的市场发生变化，企业必须与全球的竞争者一起竞争，消费者有权利任意选择符合需求的产品。并且通过互联网，消费者不必花费多大的成本即可找到世界级产品，因此过去对特定产品的忠诚度变得越来越难以建立。

12. 管理信息系统与知识管理

管理大师彼得·杜拉克将知识定位为后资本主义社会中竞争的新基准。Paul Romer

则称知识为世界唯一无限的资源。网络数字化经济体制下的社会，企业面临激烈的竞争且边际利润不断被侵蚀，能够屹立不倒的企业往往是那些能够不断创新，推出新点子、新做法、新产品、新服务的企业，而公司创新的源泉就是“知识”。Christopher Bartlert 和 Sumantra Ghoshal 也认为企业能否在信息时代中生存，完全取决于企业本身汲取智慧，将其转化为有用的知识，融入组织的学习机制，并将知识普及到企业各个角落的能力。因此，知识管理的重点在于企业如何将智慧资产积累起来，实现最有效的运用，以解决企业所面临的各种问题。而信息科技的魅力正是能够协助人们学习，将智慧资产累积起来转化成知识妥善管理，并且快速地传递到各处分享，成为企业持续创新、保持竞争优势的基础。

第三节　管理信息系统的开发方法

管理信息系统的开发工作过程是一项复杂的系统工程。本节首先介绍管理信息系统开发所涉及的工作内容，针对这些工作内容的完成方式不同讲述管理信息系统的两大类开发方法。

一、管理信息系统开发工作的内容

管理信息系统开发工作的内容一般认为包括五个大的方面，它们分别称为系统规划、系统分析、系统设计、系统实施、系统的运行与评价。

1. 系统规划

管理信息系统的系统规划是企业战略规划的组成部分，是关于管理信息系统的长远发展规划。系统规划工作一般包括以下内容。

1）确定管理信息系统的目标及总体功能结构。其中，管理信息系统的目标决定了管理信息系统的关键功能及关键信息需求。管理信息系统的总体功能结构给出了系统的总体功能划分，即系统的子系统组成。

2）了解企业计算机应用现状，包括计算机等设备资源及人员情况，从而进一步规划管理信息系统开发的费用及进度。

3）从整体上研究企业管理（或业务）流程的现状及存在的问题，以便在管理信息系统的整个开发过程中解决这些问题。

2. 系统分析

管理信息系统系统分析的任务是在对现有信息系统进行详细调研的基础上，通过各种可能的方式充分描述现有系统的业务流程及所需处理的数据，并分析这些处理过程及数据结构的逻辑合理性，最后给出新系统的逻辑方案。

新系统逻辑方案主要描述目标系统的功能结构，如新系统的子系统及进一步的功能

分解,这其中也包括新系统中的管理模型,即具体管理业务中采用的管理模型和处理方法。

系统分析的本质是通过分析现有系统业务和数据处理要求而达到确定新系统的逻辑功能及信息需求的目的。

3. 系统设计

系统设计的任务是依据系统分析工作得到的系统功能和信息需求设计新系统的处理流程及相关数据类，确定新系统的应用软件结构。依据新系统的功能需求及信息需求设计系统的硬件结构及系统软件结构。对构成新系统应用软件结构的每一功能模块给出其实现的输入、输出及处理过程的设计。

4. 系统实施

系统实施的主要任务包括硬件设备的购置、安装，依据系统设计的要求完成每一应用模块的程序设计、组装调试、系统测试和系统切换等工作。

5. 系统运行与评价

系统运行与评价的主要工作包括新系统运行后的系统运行维护、运行管理和对新系统从目标、功能、性能及经济效益方面的评价。

二、管理信息系统的两种开发方法

对管理信息系统开发的上述五项工作的不同完成方式形成了管理信息系统开发的两种开发方法，即结构化的生命周期法和快速原型法。

1. 结构化的生命周期法

结构化的生命周期法是把管理信息系统的生命周期分为系统规划、系统分析、系统计、系统实施以及系统运行与评价五个阶段，强调用系统的思想、系统工程的方法严格区分上述工作阶段，从而完成信息系统的整个开发过程。在整个开发过程中强调文档的规范化与标准化。

结构化的生命周期法的开发策略是“自顶向下”地完成管理信息系统的规划、分析与设计工作，然后“自底向上”地实现。结构化的生命周期法注重开发过程的整体性和全局性，适合开发大型的信息系统。该方法强调区分每个工作阶段，尽量避免各阶段工作的重叠。即在没有进行系统规划之前，不允许进行系统的详细调查研究；没有进行详细的调查研究与分析之前，不允许进行系统设计工作；在没有完成系统详细设计之前，不急于编程序。另外，结构化的生命周期法还注意充分预料可能发生的管理过程变化。

正是由于生命周期法的上述特点，使得应用结构化生命周期法进行管理信息系统开发所需的周期较长。另一方面，因为用结构化的生命周期法开发管理信息系统只有到系统实施阶段后才能让用户看到实实在在的系统，而在这之前的很长时间内开发人员只能通过技术文档与用户交流，造成与用户交流较为困难。

2. 快速原型法

采用结构化生命周期法开发管理信息系统周期较长，且难以与用户进行交流。快速原型法是随着开发工具软件不断强大及人们希望克服上述不足的背景下产生的与结构化生命周期法思路完全不同的管理信息系统开发方法。

与传统的结构化生命周期法相比，快速原型法摒弃了严格区分管理信息系统生命周期各个阶段的方式，而是一开始就凭借开发人员对用户需求的理解，利用强有力的开发工具，实现一个实实在在的系统模型（称为原型），即开发一个不太完善，也不一定完全符合用户需求的管理信息系统（或整个系统的一部分）。这个模型表达开发人员对用户要求的理解和他认为的系统实现后的形式。然后开发人员和用户一起对这个模型进行评价，并以用户为主对模型的不足之处提出改进意见。根据评价结果，开发人员对模型进行修改。如此反复直到用户完全满意为止。

快速原型法从原理到流程都十分简单，但它却克服了结构化生命周期法的大部分缺点（如过程复杂，开发周期长，与用户交流困难）。

（1）快速原型法的优势

快速原型法的上述特点使其在实际应用中得到了巨大成功，分析其原因，大致有如下几个方面。

1）可通过原型系统与用户更好地交流，获取用户的真正需求。虽然管理人员每天都在自己相应的岗位上工作，但却很难指望他们能系统、完备且一次性地描述他们的业务流程。快速原型法正是顺应了人们认识事物的自然规律，通过开发人员与用户共同对系统原型的不断修改而实现最终的系统。在这个过程中，用户往往通过对系统原型批评指责的方式对系统原型提出改进意见，这要比空洞地描述自己的设想容易得多，改进工作要比创造工作容易做得多。

2）在快速原型法中，系统原型是对真实系统或目标系统的一种模拟，这种方式能使系统开发人员和使用人员较早地发现系统实现后潜在的问题，并且对这些问题的解决方案是双方共同讨论确认的。

3）用快速原型法开发企业管理信息系统，加强了用户的参与程度。这使系统实施后系统的切换与运行维护较为容易和自然。

（2）快速原型法的开发条件

应用快速原型法进行管理信息系统开发工作也必须具有适合的条件。

1）需要具有能够快速生成系统原型和方便修改系统原型的开发工具。由于近年来出现了大量的面向对象开发工具，从而使开发者不需要通过编制一行行难以读懂的程序来完成开发工作，而是通过简单的屏幕操作即可生成系统原型，因而系统原型的生成和修改变得越来越容易。

2）需要用户参与整个管理信息系统开发的全过程。

（3）快速原型法的局限

用快速原型法开发管理信息系统也有一定的局限性。

1）对于规模巨大的管理信息系统，不经过系统性的规划、分析、设计，就很难保证系统的全局性能，因此对于大型管理信息系统的开发不适合应用快速原型法。

2）由于快速原型法强调用户从局部细节之处对原型提供修改意见，很难走出自己原有的工作习惯，因此容易使开发人员走上机械地模拟原手工系统的轨道。

通过上面对结构化生命周期法和快速原型法的论述和分析，看到在实际管理信息系统的开发过程中，只有将上述两种方法有机结合起来，才能更好地完成管理信息系统的开发工作。

为了系统地讲述管理信息系统开发过程中涉及的方法与技术，本书将按照结构化生命周期法中管理信息系统的阶段划分来论述管理信息系统开发的各项工作内容、方法和技术。实际上，应用快速原型法进行管理信息系统的开发也要进行系统规划、系统分析、系统设计、系统实施、系统运行评价等方面的工作，只不过是将这些工作分解且在不断重复的过程中完成而已。

第四节　管理信息系统的开发应用对策研究

一、管理信息系统在我国的发展状况

管理信息系统在国内的企事业单位真正地发挥作用是在 1992 年前后。最初企事业单位通过 FoxBASE 系统开发单机版的企事业内部管理系统，把管理人员从复杂的记账、对账、账目分类统计中解放出来，在一定程度上提高了办公效率。

1. 管理信息系统建设取得的巨大进步

随着计算机技术、网络技术的发展，特别是 Internet 技术的普及应用，十多年来，管理信息系统已经有了巨大的进步与发展，其主要表现在以下几个方面。

1）各级企事业单位领导都已经充分意识到管理信息系统建设在现代化管理中的重要性，都有逐步建立本单位管理信息系统、提高本单位办公效率的迫切要求。各类管理人员对计算机在管理信息系统中的应用要求越来越高，管理人员对管理信息系统提出的要求处于各级层次：有的单纯地利用系统进行事务性处理，有的利用系统做辅助统计分析，有的需要使用系统为管理者做决策支持。

2）管理体制和信息化标准问题已经引起企事业单位和政府的高度重视。国家于 20 世纪末就公布了很多信息集标准，例如在各类信息系统中广泛使用的性别编码方案、民族编码方案、区域编码方案等；用于教育部门的专业编码方案、培养编码方案等。另外，各类企事业单位也通过交流，取长补短，逐步形成适合自己的管理体制。

3）据高等教育 EMIS 学会不完全统计，95%以上的高等院校都已经建立了自己的校园网平台，并在这个平台上实现了日常的事务性处理。另外，有一半的企业局部实现了基于管理信息系统的网上办公。这方面的典型代表有办公自动化系统、高校的教务管理系统、学籍管理系统、数字化图书馆系统，企事业单位的人事管理、财务管理系统和生

产、销售管理系统。现在还没有真正实施网上办公的单位也已经意识到管理现代化的必要性和建立企业级管理信息系统的重要性。

4）电子商务、电子政务理念的提出，极大地促进了管理人员利用管理信息系统的热情，提高了管理人员的工作效率，方便了用户。北京、上海的网上地税系统、网上银行系统可以说是这方面的典型代表。

2. 管理信息系统建设中存在的问题

可以说，管理信息系统发展到今天，已经基本上具备了解决日常事务处理的要求，然而由于管理信息系统的发展具有不平衡性，在当前管理信息系统的建设中也必须注意到下列问题。

1）在管理信息系统建设的初期，有些大型企业缺乏统一的部署，企业内部的各部门各自建立独立的内部管理信息系统，使企业内部的各子系统使用的开发平台、开发工具、数据库都不相同，以致各子系统之间的数据共享出现障碍。因此，对大型的企事业单位来说，系统重组与系统整合已经成为当前管理信息系统建设的重要任务之一。

2）在管理信息系统应用日益普及的今天，相关的法律、法规仍不完善，电子签名、电子认证的法律认可仍受一定的局限。因此，为了管理信息系统的进一步普及，国家、地方仍需要完善相应的政策和法律。

3）随着管理信息系统的广泛应用，系统的数据安全性日益突显。每年因病毒、网络窃听、数据失密造成的损失呈几何级数增长。特别是运行在 TCP/IP 协议下的 B/S 模式的管理信息系统，因难以控制其用户群和登录地点而造成的网络失密问题尤其严重。

4）部分单位的领导只是看到了管理信息系统给单位带来的效益，对管理信息系统的运行缺乏必要的内部控制机制和必要的人员准备，致使管理信息系统的项目开发匆匆上马，在管理信息系统的运行过程中出现管理人员缺乏培训、技术队伍不稳定、系统建设重复等问题，致使管理信息系统不能良性发展。

5）在管理信息系统具备了综合事务处理的功能后，必然向决策支持方面发展。然而我们必须意识到：决策支持系统是建立在大量基础数据的基础上，以知识库和数学模型为依托，辅以人工智能的理论，为领导者的决策提供论据和方法的一种系统。在这里，只有基础数据达到一定的量才有可能满足决策支持的需求；完善的数学模型和完备的知识库体系是决策支持系统的重要工具，它们是进行数据分析和综合、提出解决问题的策略的必要手段。而人工智能和专家系统则是对上述能力的进一步优化和完善。

目前，国内大部分的管理信息系统已经较好地解决了日常事务处理的功能，正在向综合事务处理方面发展，但距离决策支持系统的建立仍有一定的距离。

因此，从总体上说，我国的管理信息系统建设还处于起步不久的初级阶段，同时通过系统集成正向中级阶段发展。

二、管理信息系统开发应注意的问题

成功地开发一套管理信息系统，不仅需要具备一定的理论基础，还需要对所面临的

问题有一个充分、清醒的认识，如社会因素、背景、体制和起点环境等。特别是在中国当前 IT 行业飞速发展的形势下，更要强调这些方面对管理信息系统开发的影响。

1. 市场经济的客观因素

随着我国改革开放的不断深入，企事业要想发展、生存，要想在激烈的市场竞争中立于不败之地，没有信息和现代化的信息处理技术是办不到的。

2. 硬件设备因素和软件设备因素

硬件设备因素主要包括计算机设备购置，建立管理网络；软件因素则主要是单机和终端操作系统的选择，网络操作系统的选择，管理信息系统中系统软件的选择，以及管理信息系统应用软件的开发等；

3. 数据因素和人的因素

信息因素，即数据的采集、整理、维护、共享等。信息因素是管理信息系统的核心，而人的因素则占据最主要的地位，起决定性作用。人的因素主要是指领导者的因素和系统使用人员的因素。

当今，计算机技术和网络通信技术日新月异，而管理信息系统的开发又是一项复杂的系统工程，协调技术更新期与开发周期的矛盾就显得尤为重要。管理信息系统的开发一定要避免在低水平上开发，一定要慎重选择软件的应用平台及软件的开发工具等。

三、组织的管理信息系统规划方法

组织对信息科技战略规划的重视程度和所投注的心力，各个组织并不相同。观察组织信息科技规划的实际情形，可以看到一个极为典型的权变模式，有些组织是以信息科技来创造领先的竞争优势，有些组织仅以信息技术来支持组织的日常运作。

1. 组织的三种类型

依 MaFalan-McKenney 的战略方格，再考虑组织采用在科技的积极或保守的作风，可以将组织分为三种类型，即先驱型、稳健型和追随型。

先驱型的组织走在科技创新的最前端，以信息科技当作竞争武器。它们以竞争优势来衡量过早采用新科技的大量风险，Amazon 网络书店即为一例，再如 WAL-Mart 在零售业以信息科技取得竞争优势，进而改变整个产业。这些组织较偏向于以“大量定制化”的经营模式来经营。

稳健型的组织最为常见，它们并非以创新或价格来竞争，而是以全面的服务与整体的价值来竞争。这类组织采用信息科技增进其生产力、产品的品质及客户服务，它们以稳定的产品、动态的流程改进的“持续改良”经营模式经营企业。它们通常会等待某项科技已成为主流后再采用。

追随型的企业以些微的边际成本或规模经济来竞争，属于第二多公司。它们采用稳定的产品和流程，采用“大量生产”的经营模式。这类组织采用信息科技是为了降低成本，它们极为谨慎，会等到某些科技绝对成熟且价格降低至低点后才会购买，通常会晚一至两年，以规避风险。

上述三种类型的组织在整体风格和采用信息科技目的、风险承担的态度、管理方式和资金投注的方式都不相同，因此，管理信息系统的重视程度和投注的心力不同。

2. 先驱型组织的管理信息系统规划

（1）塑造科技创新的组织文化

先驱型组织是以信息科技当作竞争的武器，并且在创新的最前线竞争，因此，信息科技和事业两者之间不仅仅是调准，而是要密切结合，甚至是融合为一体。在某些情况下，信息科技战略也可能是它的企业战略，两者合二为一。关于先驱型组织的信息科技战略规划，就好比探险队正在走向一个未知的新领域一般，因此，很难规范出什么是最好的办法。最理想的情况是组织有重视科技创新的文化，每一个员工都有创新的素养，都能有贡献。若能造就这么一个孕育创新的环境，技术创新自然能在其中萌芽、发展、成长、开花结果。

由于先驱型组织强调以信息科技带来组织竞争优势，则管理信息系统的采用，必定要能和事业战略紧密结合，要达到这一点，必须信息部门和事业单位间有良好的伙伴关系和互动。如何促成这一点，可以有两种做法：先进科技小组和关系经理。

（2）先进科技小组

热衷于利用信息科技能力以增进或提高营运效率的企业，都能率先采用新科技，如使用销售配置系统（sales configuration systems）缩短销售周期，并增加每次销售行动的收益；如采用 ERP 减少存货，使价值链更有效率；使用群组软件或电子邮件的合作科技加速产品进入市场的速度。无论是上述何种创新，都不是意外偶然的事件。而这些企业的领导者，能够在这些科技真正商业化之前，就预先看出其潜力，而设立并推动“先进科技小组”，小组的独特目标就是把最重要的科技，以企业可以采用的形式导入组织内。

先进科技小组的成员包括企业高阶主管以及息管理专业人员，他们的工作集中于确定科技对战略的影响，因此小组成员必须专注于企业的目标和问题，找出能达到企业目标并解决问题的科技，并专注于浮现中的新科技，哪些会带来新的机会，哪些又会造成威胁。要对这个小组充分授权，所浮现中新科技的评估，都要经过这个小组，这个权力转移在开始可能很困难，但若有高阶主管的支持，小组内有优秀的人力资源和确定的作业流程，先进科技小组就能充分地运作，作为从战略规划到实际导入的最佳人选。

这个小组人员的选择很重要，一般而言，小组需要一些具备追踪科技发展能力的核心人员，其他大部分的成员可在高阶主管和信息管理人员中选任，但任期最好不要太长，以防止特定个人或群体的偏好影响小组的方向。此外还可在该小组之上设立科技委员会，再加一个评估层级，委员会也应该监督先进科技小组，使其焦点集中在最有希望和最有潜力的科技之上。

（3）关系经理

先驱型公司特别努力要让科技投资和企业计划紧密地结合，甚至于希望把信息科技战略和企业战略融合成单一而凝聚的愿景。其中的困难在于信息部门和事业部门很难对于使用对方的语言和表达方式来沟通，而且无法彼此信任。实际的做法是设立一个关系经理的职位，其任务是促使信息部门和事业部门改善沟通并增加合作，在关于公司优先工作及信息科技的战略等议题上，提供以整个公司为角度的企业观点。关系经理扮演着与指导委员会类似的角色，要降低事业部门和信息部门间的紧张状态，在沟通不良的双方中间建立起沟通的桥梁。一般而言，关系经理必须在各阶层的信息和事业部门同事间取得信赖，还要有坚实的组织、规划、沟通与协商技巧，一般来说，是由资深信息部门主管担任，他必须了解信息及事业部门各自复杂的特性，以便结合此两者。最后，关系经理要获得高阶事业主管和信息主管的信心，并能在公司的战略规划中占一席之地。

综上所述，应先驱型公司相当重视管理信息系统的战略规划，因此应建立一个科技创新的组织文化，或有正式编制的单位（先进科技小组）或人选（关系经理），来完成信息科技战略规划。这种做法比较正式，花费也较多。对于稳健型或支持型的公司而言，就不会采用这种做法，而用其他比较非正式化的做法。

3. 稳健型公司的管理信息系统规划

稳健型公司也重视企业战略和信息科技战略两者的调准。通常高阶主管要负责协调两者，在信息部门和事业部门间建立合作的伙伴关系。而在进行管理信息系统战略规划时，通常是由信息部门和事业单位组成委员会来制定信息科技战略。

信息部门负责了解事业部门的需求，提供引导并评估需求，对新科技提出建议。而事业部门要向信息部门传达事业的关键议题，协调全公司的基础设施议题，并决定信息科技的相对价值及冲击。

总之，是由信息部门和事业部门共同来制定信息科技的政策，到底由事业部门主导还是由信息部门主导，视不同的企业而有不同。一般而言，由事业部门主导的倾向可能较大。

4. 追随型公司的管理信息系统规划

追随型的公司采用管理信息系统主要是为了降低成本，以支持组织战略为主，不会超出组织计划的范围，因此信息科技的战略，可以由公司战略直接推导出来，一般由信息部门的规划人员，或临时规划小组担任此工作。依据组织计划中的组织目标和战略制定出信息科技的目标和战略。分析组织计划中的每一项目标与战略，就可找出需要信息系统支持的项目，这些项目便可组合成信息系统的目标、细部目标及战略。

小　结

本章对管理信息系统的定义、特点进行了介绍，就管理信息系统对企业管理的作用

进行了分析；回顾了管理信息系统的发展历程；说明了管理信息系统的开发方法；分析了我国管理信息系统开发的现状，并介绍了三类企业管理信息系统的开发战略。

复习思考题

1. 为什么企业需要进行管理信息系统建设？
2. 管理信息系统有什么特点？
3. 管理信息系统的发展阶段有哪些？
4. 管理信息系统的开发方法有哪些？各有什么特点？

案例分析

××厂库存信息系统建设

××厂是一家老加工企业，随着改革的深入和经济的发展，该厂的生产任务日益繁重，从而对库存管理的要求也更加严格。当今该厂的竞争压力越来越大，企业要想生存，就必须在各个方面加强管理，并要求企业有更高的信息化集成，能够对企业的整体资源进行集成管理。现代企业都意识到，企业的竞争是综合实力的竞争，要求企业有更强的资金实力，更快的市场响应速度。这就要求企业各部门之间统一计划，协调生产步骤，汇总信息，调配集团内部资源，实现既要独立，又要统一的资源共享管理。随着信息技术的发展，该厂为了提高库存周转率，加快资金周转速度，决定开发“库存管理信息系统”。

为更好地开发管理信息系统，企业从而对其现行系统的业务流程进行了详细的调查。

1. 现行系统业务流程

通过大量的调查，了解到当前该厂的业务流程如下：各车间向物品供应部门提出对某种物品的需求计划，仓库将相应的物品发放给各车间，一般要经过计划、库房管理等流程。其业务流程图如图 11.1 所示。

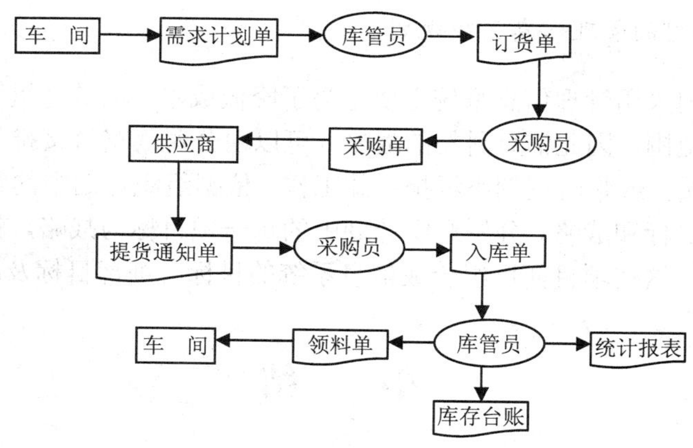

图 11.1　业务流程图

2. 现行系统存在的问题

由于采用的是手工管理，账目繁多，加之几个仓库之间距离较远，库管员、计划员和有关领导相互之间的信息交流困难，使得物资供应效率低下，影响生产。同时每月的月末报表会耗费大量的人力，且由于手工处理容易造成失误，从而影响了数据的效率和准确率，造成了不必要的损失。

根据对该厂的库存管理情况所作的调查和参考有关资料，发现目前该厂在库存管理方面存在着如下问题。

（1）不能及时获得库存信息

在企业运作过程中，管理人员必须获知各种商品当前的库存量，在库存数量小于商品的最低库存限度的时候，向供应商进行订货；在库存数量大于商品的最高库存限度的时候，即商品积压的时候，应该停止商品的进货活动。但在实际操作中，由于商品的种类多、数量大，需要进行仔细地核算，这不仅费时，而且易出错，从而影响企业快速有效地运转。

（2）库存信息不够准确

仓库管理员根据各种入库单、需求计划单和领料单进行商品的入库、出库操作后，要随时修改商品的库存信息和出库、入库信息，以便反映库存状况。工作中的主要问题是：由于商品种类多、数量大、出库入库操作频繁等原因，造成库存记录和实际库存量通常达不到严格一致，因而需要通过盘点来纠正差错，这既耽误时间，又增加了工作量。

（3）无法及时了解车间对库存商品的需求情况

在需求计划单下达后，由于库存商品与车间的关系复杂，根据送料员的个人经验给各车间分配车间所需商品时，常缺少入库、出库信息和相关信息，经常出现车间缺少该商品的时候才知道该商品需要情况，此时如果库存量不足，将会导致车间停产。无法及时了解车间对库存商品的需求情况会使企业的生产和销售环节发生混乱，使企业无法正常的运作。

（资料来源：http://zhidao, baidu.com/question/28589617.html，改编）

讨论：

请对该企业管理信息系统的开发提出建议。

第十二章　企业危机与危机管理

教学目标

企业危机管理是现代企业所面对的新课题。本章主要介绍了危机管理的定义和模型，企业危机管理的含义、原因、类型、职能等。企业危机管理的基本知识，包括企业危机管理的基本概念、企业危机管理的原则与程序，企业危机管理的基本过程，以及企业危机管理理论等。

学习任务

通过这一章内容的学习，要达到以下几个目的：

- 了解危机的定义。
- 理解企业危机管理的含义，特征。
- 理解企业危机管理的内容，处理原则、处理程序　。
- 掌握现代企业危机管理理论。

导入案例

金融危机带给中国汽车业的危与机

全球经济危机性质已经发生改变，从金融危机转变为实体经济危机，汽车业则成为实体经济危机的“重头戏”。在金融危机的寒流中，汽车这个实体行业颠沛流离，世界老牌企业纷纷亮起红灯。对于中国车企来说，日子似乎并不那么坏，不过也不见得有多好。今天的中国汽车企业，其实正处在危与机觥筹交错的时代。

一方面，金融危机为中国自主品牌汽车迎来了千载难逢的历史机遇。无论是在国外市场还是国内场，中国企业都有分割市场蛋糕的机会。

受金融危机影响，欧、美、日本等汽车市场的需求急剧萎缩，但并不是所有的汽车都被消费者拒之门外。金融危机让消费者的钱袋缩水，抑制了消费者的高档品购买力，低价汽车仍然受消费者青睐。仅 2009 年 4 月，韩国现代就在美国销售了 5.9558 万辆低价车，抢占了市场 7.6%的占有率。欧美市场低价车市升温，这恰恰为中国自主品牌冲击欧美市场，击中欧美消费者的购买心智，提供了可乘之机。

全球市场萎缩，汽车大鳄们不约而同把目光聚到了一块财源茂盛的地带——中国市场。2008 年，中国市场强劲增长，成为全球汽车第二大市场。2009 年第一季度，中国已经取代美国市场坐上冠军宝座。尽管中国市场这块蛋糕已经够大，但潜力似乎还无穷大。美国，每 1000 个美国人拥有 800 辆汽车，中国每 1000 个中国人拥有 44 辆汽车。中国巨大的消费基数和不断增长的经济能力，在任何一个汽车企业看来，都是难以抗拒的诱惑。而中国企业得天独厚的机会在于，市场就在企业的家门口。中国企业无论是在品

牌还是渠道上，都可以避免漂洋过海的劳顿之苦，轻松跳出很多海外企业扩张瓶颈——本土化，生产出符合消费者需求的产品。

同时，金融危机还为中国企业提供了实现超常规发展的机会。中国企业起步晚，技术积累不足，很难跨越外国汽车巨头的技术门槛。所以，一直以来，中国汽车业都在“以市场换技术”的怪圈里打转，沦落为全球汽车制造业的代工厂，缺乏创新，自主品牌的发展也一波三折。如果中国企业仍然坚持“中规中矩”的原生态发展方式，只能亦步亦趋跟着西方巨头扮演“跑龙套”的角色。

适当的时候，中国汽车可以不走寻常路，大着胆子剑走偏锋。当然，剑走偏锋需要摸准火候和把握分寸。金融危机为中国汽车提供了实现基因突变的可能。外国巨头不得不靠割肉自救，甚至有些企业宣布破产进行重组，从而留下大量优质资产。经济和平年代，中国企业即使想高价收购，卖家也可能捂着不放。受累危机，为救命，企业只能忍痛割舍，这些资产往往会被贴上廉价的标签出售，给了中国企业接盘的机会。

2009 年 6 月 2 日，《纽约时报》撰文称，美国通用汽车计划出售旗下的大型 SUV 和敞篷小型载货卡车品牌悍马，并与中国西部一家机械企业达成初步协议，而这家企业就是总部位于成都的四川腾中重工机械有限公司。没有金融危机，名不见经传的四川腾中重工不可能有气吞悍马的机会。

当然，机会也不完全是铁板钉钉的崛起跳板。中国企业面对千载难逢的机遇时，也有可能会一脚踏进陷阱。

中国市场固然诱人，但不是中国汽车企业的后花园，全世界的汽车企业都可以来分一杯羹。中国汽车业摩拳擦掌，国外汽车巨头更是虎视眈眈。通用汽车前董事长瓦格纳曾说过，“这个市场会变得非常有前景，这也是为什么通用希望参与到这个过程中来……我们在中国的投资是每年 10 亿美元，我们正在建设的也许是世界上最大的商业旗舰，我们先在美国建立这样的产业，现在中国也要建立一个相似规模的，因为我们确信未来机会将会多的惊人。”每年 10 亿美元，不是个小数字，不是所有的中国汽车企业每年都能拿出巨额投资来与外国汽车巨头抗衡。

某个机会诱人的市场，必然会带来行业的羊群效应，大批企业蜂拥而至。世界市场萎缩，不少国外汽车巨头把中国当作扭转乾坤的支点，试图凭借中国市扭转颓局。尽管中国汽车业是东道主，但外国企业要技术有技术，要品牌有品牌，中国汽车业在国内市场将会面临更为残酷的竞争。稍不留神，中国汽车业在中国市场辛苦打下的江山可能就被国外汽车轻易夺走。充满高诱惑性的中国市场，无意中充当了“引狼入室”的角色，而要抵挡住来自海外的冲击，中国汽车就要把自己变成狼，否则，中国汽车的生存空间将会越来越小。而且，未来中国汽车行业也会进入寡头时代，经过一轮轮的行业洗牌，我预测，8 年后存活下来的中国车企恐怕不会超过 10 家。金融危机带来了机会，也充满了行业洗牌的血腥味，如何保住自己的性命，中国车企也要提防机会背后的大陷阱。

另一方面，一场金融海啸下来，留下了大批抄底的机会，“中国机会论”的声音也越来越强劲。但是，中国汽车业在“中国机会论”的喧嚣中好像过于亢奋了。在他们看来，到欧美有机会，到日本有机会，到韩国有机会，似乎机会俯拾皆是，只要肯花血本，机会就能投怀送抱。越来越多的中国汽车企业加入并购的大军：吉利张罗着收购沃尔沃；北汽欲并购德国欧宝；腾中收购悍马……

来自中国汽车企业的资本，相继参与到下一个轮盘秀，试图以金融危机为契机重新分割全球汽车版图。收购并没有错，错在当机会来临时，弥漫在中国车企界的浮躁与盲目。并购，是一块改变企业格局的跳板，也是对企业实力与观察力的考验。上海汽车收购双龙，赔本还赚不了吆喝，最终以失败告终，说明海外并购这池浑水真不是那么容易趟的。搞不好，机会就会变成危险。

金融危机的确削弱了不少外国车企的实力，但对于中国车企并非“此消彼长”的关系。充其量，中国车企受到的冲击更小一些，资金链还比较安全，这只是相对优势。如果收购不慎，被收购资产是洋垃圾，企业就等于花钱买了个无底洞。恐怕中国车企的相对优势也会消失殆尽，又与外国车企站在同一条起跑线上，甚至还被他们远远落下了，化“机”为“危”也不是没有可能。

即使收购的是优质资产，企业的消化能力欠缺，一样会消化不良。收购时信誓旦旦，核心技术要买，品牌也要买。但自主品牌车企的研发实力不够精湛，车企自身的品牌不够响，即使把技术、品牌复制过来，也难以把其转化为现实生产力。从一个知名度、美誉度高的企业上剥离出来的技术与品牌，嫁接到知名度与美誉度都相对较弱的企业上，反而会产生边际效应递减。自身在技术与品牌上欠缺，即使拉上国外品牌做大旗，恐怕更像穿着袍子的小丑，只能博得一笑，却很难博到消费者的喝彩。试想，如果吉利汽车成功收购沃尔沃，会有人买吉利生产的沃尔沃吗？说到底，还是吉利的汽车，只是换了个沃尔沃的马甲罢了。

查尔斯•达尔文在《物种起源》中这样说，“活下来的物种，不是那些最强壮的群体，也不是那些智力最高的种群，而是那些对变化做出最积极反应的物种。”金融危机给中国汽车业带来了变化的外部环境，这些变化中有机会也有危机，中国汽车既需要告别含蓄，抓住每一个稍纵即逝的机会，又要剥离野蛮，掠去亢奋，谨慎躲避机会背后的危机。唯有如此，中国汽车业才会真正实现崛起。

（资料来源：http://forum.ceconlinebbs.com/FORUM_POST_900001_900003_915280_0.HTM）

讨论：

1. 金融危机给我国汽车行业带来哪些机遇？
2. 中国汽车行业如何面对此危机？

第一节　企业危机概述

一、危机的定义

人们一直试图全面而确切地对危机下个定义，但是实际上危机事件的发生却有着千变万化的现实场景，很难一言以蔽之。有人认为，只有中国的汉字能圆满地表达出危机的内涵，即“危险与机遇”，是组织命运“转机与恶化的分水岭”。我们来回顾一下许

多学者从不同角度对危机的理解判断。

赫尔曼（Hermann）：危机是指一种情境状态，在这种形势中，其决策主体的根本目标受到威胁且作出决策的反应时间很有限，其发生也出乎决策主体的意料之外。

福斯特（Forster）：危机具有四个显著特征，即急需快速作出决策、严重缺乏必要的训练有素的员工、相关物资资料紧缺、处理时间有限。

罗森塔尔（Roster）：危机对一个社会系统的基本价值和行为架构产生严重威胁，并且在时间性和不确定性很强的情况下必须对其作出关键性决策的事件。

巴顿（Barton）：危机是一个会引起潜在负面影响的具有不确定性的事件，这种事件及其后果可能对组织及其员工、产品、资产和声誉造成巨大的伤害。

班克思（Banks）：危机是对一个组织、公司及其产品或名声等产生潜在的负面影响的事故。

里宾杰（Lerbinger）：对于企业未来的获利性、成长乃至生存发生潜在威胁的事件。他认为，一个事件发展发展为危机，必须具备以下三个特征：其一，该事件对企业造成威胁，管理者确信该威胁会阻碍企业目标的实现；其二，如果企业没有采取行动，局面会恶化且无法挽回；其三，该事件具有突发性。

从不同的角度看，以上的定义或多或少都有些偏颇。我们可以把危机定义为一种使企业遭受严重损失或面临严重损失威胁的突发事件。这种突发事件在很短时间内波及很广的社会层面，对企业或品牌会产生恶劣影响。而且这种突发的紧急事件由于其不确定的前景造成高度的紧张和压力，为使企业在危机中生存，并将危机所造成的损害降至最低限度，决策者必须在有限的时间限制下，做出关键性决策和具体的危机应对措施。

二、企业危机的根源

1. 外部根源

（1）自然灾害造成的危机

自然灾害有无选择性和不可抗拒性的重要特点。自然灾害发生区域的所有企业和个人都会受到威胁，都可能因此面临危机。

（2）政治、法律因素导致的危机

政治的变化（如战争、政治局势不稳定）所导致的暴乱、政府更迭、恐怖活动、国与国之间的摩擦和贸易冲突都可能引起企业的危机。法律法规的变化，如对污染性生产的限制、贸易规则的转变、加强管制、改变税制等，也可能导致企业的危机。

（3）社会因素引发的危机

由于人口数量、年龄、结构、地理迁移、教育水平等的变化，可直接影响企业服务群体的规模和质量，使企业面临危机。由于国家综合实力的变化、人民收入水平的增减、国家经济结构的调整、产业结构的变迁、经济体制的改革等也可能引发企业危机。

（4）技术发展形成的危机

由于技术的变化、技术落后的企业就处于弱势，可能面临一系列的危机。

（5）公众的误解引起的危机

公众由于各种原因，对企业的了解会有偏差，从而造成公众对企业的误解，破坏企业的形象，进而引发企业危机。

2. 内部根源

（1）生产过程中产生的危机

企业由于生产经营策略失误，造成产品结构不合理、产品性能落后，资金周转困难，经营陷入危机状态，以致企业破产；或由于产品和服务损害了顾客的利益等，也可能引发危机。

（2）企业素质低下造成的危机

企业素质决定了企业生产经营能力，企业素质低则适应不了市场的变化，经营处于被动状态，危机就很难避免。

（3）财务管理不当导致的危机

在企业对资金的筹集、运用、分配和监督过程中，任何一个环节出现失误，都可能使资金流动出现问题，从而导致危机。

（4）竞争导致的危机

企业为了获取稀缺的资源、赢得更多的市场，会千方百计地肆意攻击对方、恶意丑化对方，产生竞争中的矛盾，从而引发危机。

（5）企业形象不佳形成的危机

如果企业由于产品、服务形象差、领导者形象不好、企业信誉低、对消费者造成伤害等而使企业的美誉度低下，可造成企业的信誉危机。

（6）公关失误引发的危机

公关由于信息不准确、经验不足、分析考虑不周、判断失误等都可能引发企业危机。

三、企业危机分类

企业的危机大体可以分为以下几种：经营危机、制度危机、管理危机、安全危机和竞争危机。

1. 经营危机

对企业来讲，经营是企业内向性活动与外向性活动的统一，以赢利为目的，以智力、经验、财产手段进行的行为。企业经营环境包括两个层次：微观经济环境和宏观经济环境。微观经济环境包括产品定价、产品受益、生产成本、企业雇员等因素。这些微观因素影响着单个企业在市场上的经营活动。宏观环境不仅包括社会条件、社会总供求矛盾运动，还包括政府宏观财政、货币、产业、区域政策的制定和实施，同时，国内、国际政治、法律、文化因素也是宏观环境的重要构成部分。

在现代社会，政治、经济、文化、社会环境都发生了前所未有的变化，企业经营时刻面临着危机。企业经营必须适应微观环境与宏观环境的双重变化，才能在激烈的市场

竞争中化解危机，立于不败之地。

2. 制度危机

企业制度是指企业的产权构成、组织方式和管理方式的体系和组合方式，是企业文化的主要内容之一。企业制度是实现企业目标的有力措施和手段。合理的企业制度能够保证企业活动的正常运转，协调领导、管理层和员工之间以及本企业与其他企业之间的关系，调动各方的积极性和创造性，从而实现企业目标。相反，如果企业制度不合理，将会破坏企业的正常运转，甚至严重削弱企业的市场竞争能力，导致企业经营失败。

传统的企业制度面临着越来越多的挑战，企业面临的危机加深。主要危机表现有以下几点：

1）传统企业制度的产权结构和治理结构难于适应知识经济时代的需求。

2）社会分工更加细化，经济体系各部门、产业之间的联系更为紧密，交易行为的外部化更加明显，使传统的企业成本-收益关系遇到了挑战。成本与收益关系的严重不对称和分裂，使结构相对稳定、统一、制度化的企业制度不能完全适应这一变化的需求。

3）要素流动加快，资源配置的有效时间缩短，资本集聚、流动、转移更加频繁，传统的企业制度已不能适应这一变化的需求。一些柔性企业组织、虚拟企业、利益联盟、灵巧企业组织形式的出现不可避免地给传统的制度化企业组织提出了挑战。

4）知识的资本化、资本来源与所属的多元化使企业活动跨越国家、民族界限，进一步全球化、国际化。很多企业行为的法律管辖和规范不再属于一国主权范围内的事，这也给企业制度带来挑战。

5）资本权益在空间、时间上进一步分离，企业内部交易费用上升。委托代理问题突出，代理成本有上涨之势。传统的企业制度已经很难解决代理成本上升的问题，因此，必须进行企业制度创新。

3. 管理危机

现代经济中的企业管理活动，不再是单纯的微观企业行为，还涉及社会伦理道德以及生态环境保护问题。在人道主义、民本主义和自由主义思潮日益盛行的社会经济体系中，企业管理面临着前所未有的压力与危机。

（1）企业管理的“伦理危机”

企业伦理准则是指企业经济活动过程中，应遵循的伦理标准、社会正义和行为规范的总和，包括公平与效率、社会期望、平等竞争、广告、公共关系、社会责任、消费者主权和企业行为方式等多方面价值规范。

（2）企业管理的绿色环境危机

人类面临的生态危机，包括人口危机、资源危机、环境危机和资金技术危机。企业管理者必须面对以上危机所带来的挑战，如人口压力增大、资源不足、环境受到破坏、资金不足、技术落后和物资短缺。生态危机越严重，管理危机越大。

4. 安全危机

企业安全主要涉及到企业生产安全，经营安全、技术安全、资金安全、市场安全等多个方面。

（1）企业市场安全危机

所谓市场安全，是指企业能够在市场进行有效的经营活动，企业所需的要素和信息能便利地从市场获得，企业的产品和服务能方便地在市场上售出，能够获得丰富的市场利润。

（2）企业技术安全危机

企业技术安全危机表现在以下方面：

第一，技术市场垄断引起的技术转让困难，使企业不能获得先进的技术，限制了其在市场上竞争能力的发挥。

第二，企业用于技术开发的费用，想对于企业的长远发展而言，始终处于短缺不足地位，使企业面临的技术“稀缺”难题，限制了企业发展，也是企业技术安全得不到保障。

第三，技术资源储备不足与技术装备率不高是制约企业发展的又一技术安全隐患。

（3）企业面对金融危机的压力

金融已经成为现代经济运行的核心，银行利率、股市、债券市场、外汇市场等金融活动的波动都会对企业经济活动产生影响，威胁企业安全运行。

5. 竞争危机

竞争危机主要表现在知识技术的竞争、人才的竞争、信息占用与处理能力的竞争、企业预测与决策能力的竞争和应付危机能力的竞争。

企业面临的危机可以简单表现为图 12.1。

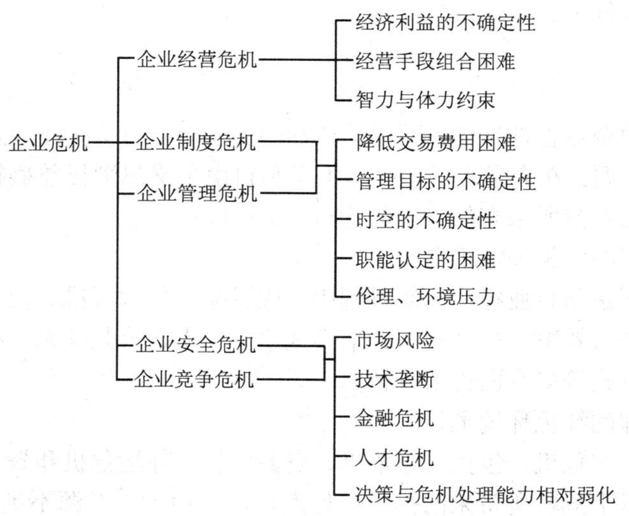

图 12.1　企业危机的类型

四、企业危机的症状

表格 12.1 描述了企业危机的几点主要症状，如果任其情况发展，则会引发危机。

表 12.1　企业危机的症状

症　　状	引发的危机	典 型 表 现
员工有不满情绪	工作地点发生暴力	近年发生的法国公共汽车司机罢工事件，航空公司罢工事件
令人失望的财务结果	消极的媒体报道；员工流失；士气问题	银广夏事件，美国安然公司事件
顾客抱怨	产品回收；失去业务；产品可靠性诉讼	清华紫光笔记本“换芯”事件
年龄过大的 CEO 或高级决策者	突然或严重的伤害	青岛啤酒集团总裁彭作义猝死事件
忽视代理人、会计师或税务顾问的建议	罚款或处罚；消极的媒体报道；丧失信用/信任	
不健全的环保过程	罚款或处罚；昂贵的诉讼；丧失信用/信任	桶装矿泉水的信任危机，关停小煤矿和小造纸厂
研究和投资的减少	丢失市场份额；糟糕的财务表现；声誉受损	三菱帕杰罗事件，奔驰 MB100 设计缺陷
没有充分考虑员工的工作计划	严重的质量问题；事故；失去业务	新华航空公司飞行员疲劳驾驶
没有持续的计划	工作业绩不佳，过多集中于组织内部和责任	
没有经营计划	由于缺乏战略/战术和长期计划，使工作业绩不佳	
没有危机管理计划	危机管理不当；消极的媒体报道；声誉受损	康泰克 PPA 事件

五、企业危机的特点

1. 意外性

网络危机爆发的具体时间、实际规模、具体态势和影响深度，是始料未及的。

2. 聚焦性

进入信息时代后，企业危机的信息传播比危机本身发展要快得多。媒体对危机来说，就像大火借了东风一样。

3. 破坏性

由于危机常具有“出其不意，攻其不备”的特点，不论什么性质和规模的危机，都必然不同程度地给企业造成破坏，造成混乱和恐慌，而且由于决策的时间以及信息有限，往往会导致决策失误，从而带来无可估量的损失。

4. 紧迫性

对企业来说，危机一旦爆发，其破坏性的能量就会被迅速释放，并呈快速蔓延之势，如果不能及时控制，危机会急剧恶化，使企业遭受更大损失。

阅读资料

王老吉“添加门”的危机处理内幕

2009年5月11日，卫生部召开新闻发布会，中国疾控中心营养与食品安全所常务副所长严卫星表示：关于王老吉茶的问题，因为食品安全法已经规定，既是食品又是药品的名单是卫生部公布的，卫生部过去也发布过这样的名单，的确王老吉中的有些成分和原料不包括在内。

卫生部新闻发布会之后，王老吉经销商请求退货的事件每时都在发生，部分市场上的王老吉凉茶逐步下架，情况非常严峻，已到生死关头。

在这样严峻的形势下，王老吉又是如何度过这场危机？本人从本次危机公关的关键人物广东食品行业协会张俊修会长了解本次危机公关的一些细节，与大家共同探讨。

1. 王老吉神奇回生

5月11日，广东食品行业协会会长张俊修在机场接到朋友的电话，说是卫生部宣布王老吉的夏枯草违规添加，张俊修立即打电话给秘书查证此事，网上已经公布。证实这个消息后，张会长意识到事态非常严峻，不仅王老吉面临生死考验，甚至影响整个广东凉茶产业。张俊修立即打电话到王老吉，要求其一起赶往北京处理此事，但没有得到王老吉的任何回应。

张俊修没有考虑王老吉公司的态度，而是果断采取行动，赶赴北京。第一时间，请求媒体暂缓发布关于王老吉方面的消息。告诉媒体，关于王老吉的事情，明天将召开专门的新闻发布会，而没有告诉记者王老吉方面还有什么重要的新闻，哪怕是部分记者追问，张俊修也没有透入任何消息，只强调，“一切等到明天下午的新闻发布会”。要在如此短的时间内组织一场新闻发布会，没有良好的社会关系肯定不行。张俊修一方面通过上层关系入手，强调“对国家级非物质文化遗产的保护”，并找到向卫生部申请备案的文件。

第二天，张俊修筹备的王老吉专场新闻发布会在北京准时召开，数十家中外媒体聚集。会上，张俊修强调：第一，王老吉添加的夏枯草已于2005年在卫生部备案；第二，因“夏枯草造成胃溃疡病伤害是不可能出现的”。这个消息，在中央电视台轮番滚动播出，给王老吉经销商吃下一颗定心丸，给了银行信心。

2006年，文化部、卫生部、国家发改委等八大部委批准凉茶入选“国家级非物质文化遗产”，国务院授权广东省食品行业协会担任这一遗产的保护人。这次新闻发布会的费用，王老吉方面没有花费一分钱，全部由广东食品行业协会支出。

面对危机，王老吉生产方的束手无策和优柔寡断，与协会的这一做法很快被外界戏谑为“皇帝不急太监急”，但张俊修表现出一种大度。他说，作为凉茶业的保护人，协会有权主动去保护凉茶，并且都不需要跟企业打招呼。也有人认为张俊修是王老吉花钱聘请的代言人，但事实并非如此，“我没有收过王老吉1分钱”。这次紧急召开的新闻发布会，经费正是从国务院给的“保护费”里支取，正好花完，也算是物尽其用。“这会哪怕晚开半天，凉茶就彻底完了。”张俊修说。

会后，王老吉方面提出给协会一些支持和赞助。张俊修表示，对协会活动的参与就是最好的支持。

2. 王老吉“添加门”危机事件处理的思考

1）企业要认识到国家卫生部发布消息的严重性。显然王老吉方面没有意识到其事态的严重，或者说王老吉方面还没有任何思想准备，也许还在研究对策，即使张俊修会长邀请王老吉方面一起去北京处理，也没有得到王老吉方面的回应，还在研究要不要紧急召开新闻发布会与政府唱对台戏。

2）做出快速反应。卫生部宣布王老吉的夏枯草违规添加的消息之后，王老吉死亡期限倒计时开始，按分秒计算。但王老吉在本次事件中显然是反应迟钝，唯一的反应是沉默。当然在没有想好危机处理的方式方法之前，沉默是最好的选择。如果协会举办的王老吉新闻发布会推后两个星期，也许发布的消息是王老吉正式破产。

3）抓住问题关键，解铃还须系铃人。本次新闻由卫生部发布，代表国家权威，只有从高层入手才能化解危机。一些人认为，政府发布的新闻就没有回旋的余地，只有等死，这是错误的想法。5月14日——也就是叶征潮提起诉讼的这一天，卫生部在其官方网站公布了《关于王老吉凉茶有关情况的说明》，认定王老吉添加“夏枯草”是经过备案的。

4）在小事件中吸取经验，防患于未然。虽然王老吉在这次危机公关中不是关键人物，但经常因夏枯草被起诉困扰的王老吉，吸取经验，并主动提交国家卫生部备案，为这次危机公关做好了良好的铺垫。5月14日卫生部发布的《关于王老吉凉茶有关情况的说明》认定夏枯草为合法添加物，给了王老吉一块免死牌。

5）选择对口的第三方出面代言。王老吉本次危机公关没有授权广东食品行业协会或张俊修举办王老吉新闻发布会，歪打正着。添加门事件涉及到整个凉茶行业，当然，由凉茶非物质文化遗产保护人——广东食品行业协会出面是最好的。如果王老吉自身出面，就会越描越黑，因为夏枯草的确不怎么样。

6）做好政府公共的准备工作。王老吉捐助1亿赈灾，但法律之外的事情，国家还是照常发布，如果王老吉预先做好的政府公共工作，也许，本次危机根本就不会发生。张会长建议在广东食品行业协会成立党支部，以党支部的名誉开展行政工作以外的一些事物，帮企业去解决一些实际问题，这是科学发展观的直接表现形式，我非常支持他的这种做法。

（资料来源：http://www.sino-manager.com/20091116_9754.html）

第二节 企业危机管理

一、危机管理概述

1. 危机管理的含义

危机管理是指企业组织或个人通过危机监测、危机预警、危机决策和危机处理，达到避免、减少危机产生的危害，甚至将危机转化为机会的管理活动。

危机管理所涉及的主要有五个方面：

1）危机管理者对危机情境防患于未然，并将危机影响最小化。

2）危机管理者未雨绸缪，在危机发生之前就做出响应和恢复计划，对员工进行危机处理培训，并为组织或社区做好准备，以应对未来可能出现的危机及其冲击。

3）在危机情境出现时，危机管理者需要及时出击，在尽可能短的时限内遏制危机。

4）当危机威胁紧逼，冲击在即时，危机管理者需要面面俱到，不能小视任一方面。这意味着此事要运用与危机初始期不尽相同的资源、人力和管理方法。

5）危机过后，管理者需要对恢复和重建进行管理。这也意味着此时运用的资源、人力和管理方法会与危机初期和中期有所不同。

危机管理的本质是危机管理需要一个既使用权威又使用民主的决策程序，在此环境中激发出一个富有弹性但又极具力度的决定。在危机发生时，能否临危不乱保持冷静的头脑，是衡量企业领导人素质的一条重要标准。企业领导人的执行是对其下属工作的最好担保，而这种执行源自平时的准备。

危机管理的关键是捕捉先机，在危机危害组织前对其进行控制。制定危机处理计划有助于组织的生存和发展。

2. 危机管理的特性

（1）阶段性

企业面临的危机包含了灾难、意外的发生，或是与产品有关的失败等。若没有完整的危机管理计划，一旦发生危机，将对企业造成莫大的伤害。许多企业危机在浮上台面之前，几乎都有些许的征兆出现，让企业经营者有迹可循。危机的爆发一般都是会呈现阶段性的发展。

（2）不确定性

危机出现与否与出现的时机是无法完全掌控的。因此，管理阶层的应变能力与组织的平日危机处理计划与演练，可以降低危机的不确定性对企业所带来的影响，可以帮助企业内其他人员积极面对危机的出现。

（3）时间的急迫性

危机往往突然降临，决策者必须做出快速处置措施与响应。在时间有限的条件下，

如何获取所有相关的信息，做出正确的决策以遏止危机的扩大，是企业管理者必须注意的要项。1967 年阿波罗航天飞机失火，造成三名航天员罹难；1986 年挑战者号航天飞机爆炸事件等，事情发生极为迅速，美国 NASA 一时之间还不清楚到底出了什么错误导致意外的发生，但各大传媒以及社会大众对于这些意外事件的关注，使 NASA 必须立即进行事件调查与对外的说明。

（4）双面效果性

危机不见得必然会危害企业的生存。危机发生后，其负面影响效力大小视如何去面对危机、处理危机。处理不当就会使企业蒙受不利影响或因而被淘汰。同样，危机管理得宜将会为企业带来一个新的契机及转机，甚至能够更进一步大幅提升企业内员工的士气。

二、企业危机管理

所谓企业危机管理，就是指企业在经营过程中针对企业可能面临的或正在面临的危机，而就危机预防、危机识别、危机处理和企业形象恢复管理等行为所进行的一系列管理活动的总称。具体说来，企业危机管理包括以下几个主要内容。

1. 企业危机预防

企业危机预防包括危机管理意识的培养、危机管理体制的建立、危机管理资源的保障和危机管理技能的培训。

2. 企业危机处理

企业危机处理包括危机信息的获取传递、危机处理机构的建立、危机事态的初步控制、危机事件的全面评估、危机处理计划的制订和危机处理计划的实施。

3. 危机恢复管理

危机恢复管理包括危机处理结果的评估、恢复管理计划的制订和恢复管理计划的实施。

企业危机管理是企业经营管理活动中不可或缺的一个环节。在中国企业家的眼里，企业危机是无法预测和无法管理的，因此不可能为此设立专门的管理机构，当然也没有这方面的人才准备。所以，一旦发生危机事件，中国企业往往六神无主，惊慌失措，继而导致应对失策，全盘皆输。

三、企业危机的处理

企业危机处理是企业危机管理的根本任务之一，是指危机事件发生后，在危机调查的基础上，制定一系列应急措施，化解矛盾，协调公众关系，做好善后工作，重塑企业声誉和形象的危机管理过程。

1. 危机处理的原则

一般来说，危机事件时间急、出乎意料、影响面大，处理起来有一定难度。在危机处理过程中要掌握以下原则。

（1）主动性原则

在处理危机时，不论是何种性质的危机，不管危机的责任在何方，企业都应主动承担责任，妥善处理危机。即使受害者在事故发生中有一定责任，企业也不应首先追究其责任，否则会各执己见，加深矛盾，不利于问题的解决。在情况尚未查明，而公众反映强烈时，企业可采取高姿态，宣布如果责任在己，一定负责赔偿，以尽快消除影响。

（2）诚意性原则

企业发生事故给公众和社会造成损失是十分不幸的事情，危机处理人员在与公众接触中，要有诚意，站在受害者的立场上表示同情和安慰，避免出现为企业辩解的言词，防止公众产生不信任感。由于事故给社会带来损失和影响，企业应通过新闻媒介向社会发表“谢罪”公告，表示愿意承担责任，知错改错。在听取意见时，让公众倾吐不满，宣泄情绪。在与公众接触中，应当表示自己很能理解公众的心情，尤其是公众生气、发怒时，更应当为公众着想。这种与公众心理的沟通，可以化敌对为合作，从而从只顾自己转向共同探索有利双方的措施和办法。

在危机事件中，公众除了利益抗争外，还存在强烈的心理仇恨。因此，在危机事件处理过程中，危机处理人员不仅要解决直接的、表面上的利益问题，而且要根据公众的心理活动特点，采用恰当的情谊联络策略，解决深层次的心理、情感关系问题，体现企业解决问题的诚意，有助于问题的顺利解决。例如，在著名的“泰莱诺尔”中毒事件中，虽然受污染的药只源于一批药，总共不超过 75 个，为向社会负责、保护消费者的权利，公司以 1 亿多美元的代价从市场上撤回了 3100 万瓶胶囊，显示了其处理危机的诚意。

（3）真实性原则

在危机事件中，尤其是事件的初发阶段，社会上的舆论往往是一面倒的，各种公众都抨击企业，指责企业，而且越是反对企业的信息，越是容易传播，公众越是容易接受。这时，企业要主动与新闻媒介联系，尽快与公众沟通，说明事实真相。出于职业的需要，对于发生的事情，新闻界有着强烈的好奇心，危机处理人员应真诚对待媒介，不能利用记者不熟悉某一专业的弱点弄虚作假。为新闻界设置障碍是愚蠢的，因为记者可以在最大范围内揭露疑点，从而引起人们的种种猜测，对企业及事件处理极为不利。坚持真实性能促使双方的沟通和理解，消除疑虑与不安。而且有些危机事件是由于公众误解而造成的，解决这种危机的手段就是向公众提供真实的信息，通过大众传播媒介广泛宣传，流言、误解自然就会消失。

（4）快速反应原则

危机具有突发性特点，而且会很快传播到社会上去引起新闻媒介和公众的关注。尽管发生危机的企业面临极大的压力，但仍须迅速研究对策，作出反应，使公众了解危机真相和企业采取的各项措施，争取公众的同情，减少危机的损失。高效率和日夜工作是做到快速反应不可缺少的条件。在危机发生后，公众对信息的要求是迫切的，他们密切关注事态的进展。企业若能在处理过程中迅速发布信息，及时满足公众“先

睹为快”的心理，强化各项解决危机措施的力量，就能防止危机的扩大化，加快重塑企业形象的进程。

（5）公众利益至上原则

公众之所以反抗企业，给企业“制造”出危机事件，最基本也是最重要的原因就是公众感到在利益上受到了一定程度的损害，他们要运用新闻、法律武器，保护自己的合法利益。因此，利益是公众关心的焦点所在，在危机事件中，危机处理人员如果能以公众利益代言人的身份出现，给公众这样一种感觉——危机处理人员是公众利益的保护者、争取者，是公众利益的代表，那么，对于整个危机事件的处理来说，就奠定了良好的基础。在“泰莱诺尔”中毒事件发生后，强生公司立即采用了抗污染包装，表明其对公众利益的关心和保护。

（6）专项管理原则

专项管理是处理危机的高效率的保证，要求指派能够掌握处理危机的科学程序和方法、了解企业情况的部门和人员，组成专门班子去处理危机。最好不要临时随意指派人、中途换人，因为更换人员需要花费时间重新了解事件真相，在处理问题的态度与方法上可能与原来制定的对策不一致，从而引发公众的不信任，对企业处理危机的诚意产生怀疑。

2. 处理危机事件的对策

危机事件的发生对不同的公众产生的影响也不同，因此必须对症下药，针对不同的公众，根据公众的心理和行为特点、受影响的不同程度，采取不同的应对措施。

（1）针对企业内部员工的对策

在危机发生后，企业应尽快制定针对内部员工的对策：

1）在稳定情绪、稳定秩序的基础上向职工告知事故真相和企业采取的措施，使员工同心协力，共渡难关。

2）收集和了解职工的建议和意见，做好说明解释工作。

3）如有伤亡损失，做好抢救治疗和抚恤工作，通知家属或亲属，做好慰问及善后处理工作。

4）制定挽回影响和完善企业形象的工作方案与措施。

（2）针对受害者的对策

受害者是危机处理的第一公众对象，企业应认真制定针对受害者的切实可行的应对措施：

1）设专人与受害者接触。

2）确定关于责任方面的承诺内容与方式。

3）制定损失赔偿方案，包括补偿方法与标准。

4）制定善后工作方案，不合格产品引起的恶性事故，要立即收回不合格产品，组织检修或检查，停止销售，追查原因、改进工作。

5）确定向公众致歉、安慰公众心理的方式、方法。

（3）针对新闻界的对策

媒介对危机事件反映敏感，传播速度快，范围广，影响力大，处理不好容易误传，形成不利于事件处理的舆论。因此，要特别注意处理好与新闻媒介的关系，具体对策包括以下几个方面。

1）确定配合新闻媒介工作的方式。

2）向新闻媒介及时通报危机事件的调查情况和处理方面的动态信息，企业应通过新闻媒介不断提供公众所关心的消息，如善后处理、补偿办法等。

3）确定与新闻媒介保持联系、沟通的方式，何时何地召开新闻发布会应事先通报新闻媒介。

4）确定对待不利于企业的新闻报道和逆意记者的基本态度。

除新闻报道外，企业可在有关报刊发表歉意公告、谢罪书，向公众说明事实真相，向有关公众表示道歉及承担责任，使社会感到企业的诚意。谢罪公告的内容包括：说明谢罪是针对哪些公众，介绍公众希望了解的事项，明确而鲜明地表示企业敢于承担事故的社会责任，表明知错必改的态度和决心。当记者发表不符合事实的报道时，要尽快提出更正要求，指出不实之处，并提供真实材料表明立场，但要注意避免产生对立情绪。

（4）针对上级有关部门的对策

危机发生后，企业要与上级有关部门保持密切联系以求得指导和帮助。企业要及时地、实事求是地汇报情况，不隐瞒、不歪曲事实真相，随时汇报事态发展情况，事件处理后详细报告事件经过、处理措施、解决办法和防范措施。

（5）针对其他公众的对策

企业应根据具体情况，对兄弟单位、社区公众、社会机构、政府部门通报危机事件和处理危机事件的措施等情况，并制定出相应的方案，全面消除危机事件的影响。

3. 企业危机处理的程序

（1）建立临时专门机构

临时专门机构是危机处理的领导部门和办事机构，企业的主要负责人亲自领导危机处理工作，这对于保证突发事件能够顺利、有效地处理是十分必要的。根据事件的情况，可设领导小组和办公室，还可设专人或专门小组负责事故调查、处理及接待工作。

（2）对事件进行调查

企业出现危机事件后，应及时组织人员，深入公众，了解危机事件的各个方面，收集关于危机事件的综合信息，并形成基本的调查报告，为处理危机提供基本依据。危机调查要求有关证据、数字和记录准确无误，对事故有关各方面要进行全面、深入的调查，不得疏忽大意，对事态的发展和处理后果应及时地进行跟踪调查。危机事件的专案人员在全面收集危机各方面资料的基础上，应认真分析，形成危机事件调查报告，提交企业有关部门，作为制定危机处理对策的依据。

危机调查强调针对性和相关性，一般侧重调查下列内容：

1）突发事件的基本情况，包括事件发生的时间、地点、原因、事件周围的环境等。

2）突发事件的现状和发展趋势，包括事态的目前状况如何，是否还在发展，采取了什么措施，控制措施的实施情况等。如果事件仍在发展，需调查恶化的原因，有什么办法能控制事态的发展，如果继续发展会造成什么后果和影响等。

3）事件产生的原因和影响，包括引发事件的原因，伤亡的情况及人数，损坏的财产种类、数量及价值，事件涉及的范围，以及在经济上、社会上甚至政治上会带来什么影响等。通过周密的调查，迅速查明情况，判断事件的性质和进而判断事件性质、现状、后果及影响。

4）查明事件涉及的公众对象，包括直接的受害者、间接的受害者；与事件有直接关系和间接关系的组织和个人，与企业有利害关系的部门和个人；与事件的处理有关的部门机构及新闻界、舆论界的人士等，还要与事件的见证人保持密切的联系。

（3）对危机进行分析，确定处理对策

对危机事件进行调查、提交了调查报告后，企业应及时会同有关部门，进行分析、决策，针对不同公众确定相应的对策，制定消除危机影响的处理方案。

（4）分工协作，实施方案

企业会同有关部门制定出对策后，就要积极组织力量，实施既定的消除危机事件影响的活动方案，这是危机管理工作的中心环节。在实施过程中，企业应注意以下要求。

1）调整心态，以友善的精神风貌赢得公众的好感。

2）工作中力求果断、精练，以高效率的工作作风赢得公众的信任。

3）认真领会危机处理方案的精神，做到既忠于方案，又能及时调整，使原则性与灵活性在工作中均得到充分的体现。

4）在接触公众的过程中，注意观察，了解公众的反应和新的要求，并做好思想劝服工作。

（5）评估总结，改进工作

企业在平息危机事件后，一方面，要注意从社会效应、经济效应、心理效应和形象效应诸方面，评估消除危机的有关措施的合理性和有效性，并实事求是地撰写出详尽的事故处理报告，为以后处理类似的危机事件提供参照性文献依据；另一方面，要认真分析危机事件发生的深刻原因，切实改进工作，从根本上杜绝此类危机事件的再次发生。

四、危机的善后处置

危机的善后工作主要是消除危机处理后遗留问题和影响。危机发生后，经过分清责任、经济赔偿等善后工作后，还会有心理上的影响和企业形象的影响，这些危机滞后影响绝不是一朝一夕可肃清的，要靠一系列危机善后管理工作来挽回影响，借助危机提高知名度的同时扩大企业的美誉度。主要作好以下两点。

1. 危机总结评价

企业可通过自问一些问题，如危机管理小组的员工组成是否合理，企业的危机管理

是否达到目的，是否需要对培训进行改进，内部沟通是否通畅，信息的获取和沟通是否全面、有效，向媒体传递的信息是否合理，与媒体是否存在冲突，为什么会产生危机，危机的预防和控制措施是否得当、有效，是否需要采用新的预防和控制措施等一系列与危机管理有关的问题，来评价企业危机管理的架构、沟通、媒体管理、危机管理措施等方面是否完善。

2. 重塑企业形象

即使企业采取积极有效的措施处理危机，企业形象和销售额不可能完全恢复到危机发生前的水平。危机的不利影响，在今后企业的生产经营中依然会存在。因此，危机得到处置，并不等于危机处理结束，危机处理后，还要注意重塑企业形象。企业要有重整旗鼓的勇气，要有再造辉煌的决心。具体来说，可开展某些有益于弥补形象缺损的公关活动，拿出一定的过硬产品或服务公开亮相，提高企业美誉度，让第三者对危机的危害管理进行评价等。

阅读资料

“魏文王问扁鹊”的故事所带来的启示

卓襄王曰：“愿闻其数。”（庞）暖曰：“王独不闻魏文王之问扁鹊耶？曰：‘子昆弟三人其孰最善为医？’扁鹊曰：‘长兄最善，中兄次之，扁鹊最为下。’魏文侯曰：‘可得闻邪？’扁鹊曰：‘长兄于病视神，未有形而除之，故名不出于家。中兄治病，其在毫毛，故名不出于间。若扁鹊者，镵血脉，投毒药，副肌肤，闲而名出闻于诸侯’”。

翻译成白话文就是：卓襄王说：“希望能听听您的教诲。”庞暖说：“大王难道没有听说过魏文侯问扁鹊的事吗？魏文侯曾经问名医扁鹊：‘你们家兄弟三人都精于医术，到底哪一位医术最高呢？’扁鹊答说：‘我大哥医术最高，二哥排第二，我最差。’魏文侯又问：‘那么能不能说说原因呢（为什么你最出名）？’扁鹊回答说：‘我大哥治病着重于人的神情，在病灶还没有形成的时候就把病除去了。由于人们不知道他能在事先就铲除病因，因此他的名气仅限于我们家里，无法传出去。我二哥给人治病，在病情初起之时就把人治好了。因此人们以为他只能治治一般轻微的小病，而他的名气也只限于本乡邻里之间。像我扁鹊这样治病，在经脉上穿上针管来放血、用上苦口的汤药、拿草药在皮肤上热敷等，是治病于病情危重的时候，人们都看到起死回生，所以以为我的医术高明，名气因此响遍全国。’”

这个故事告诉我们一个道理：事在于预防。要善于见微知著、防患未然，如果只是在“病情”显露时再“下猛药”、“动手术”，即便治好了也会元气大伤、寿命打折。企业管理也是如此，危机管理的重点就应该放在预防和监督上，要建立起完善的危机预警系统。

（资料来源 http://www.studa.net/qiyeyanjiu/100210/11041854-2.html）

第三节　现代企业危机管理理论简介

20 世纪 60 年代初，美国学者 R Blake 和 L Mouton 把危机管理作为决策学的一个分支，开创了对企业危机管理理论进行研究的先河。20 世纪 80 年代，美国学者罗伯特·希斯（Robert Heath）的《危机管理理论》，在危机管理理论体系的构建中有标志性贡献。在 21 世纪，危机管理学进入基本理论完善的新阶段，成为一门以科学为主体的跨学科学问，它整合了企业管理、危机管理、公共关系、传播理论、社会心理学和法律等学科。至今，企业危机管理的研究仍处于发展中，在此过程中也形成了几大危机管理流派。

一、企业危机管理的系统论

系统论将企业自身的组织环境视为内部环境，企业实体赖以生存的环境视为外部环境，研究企业如何优化内部环境，即提升企业危机处理能力，并通过和外部环境怎样实施有效的互动来达到企业自身的稳定状态的；当作为企业的内部环境因某些危机因子与外部环境造成不和谐时，若内外环境间的信息通道不畅或内部环境的信息传输受阻，决策反应迟缓，机制不完善，企业危机就有可能发生。为此，系统论者倡导企业管理者从分析环境的变化、完善组织结构、构建并通畅环境信息渠道等方面来实施危机管理策略。

二、企业危机管理的生命周期论

西蒙·布斯首先提出了企业危机管理的生命周期理论。他根据企业危机的成长特性，将企业危机管理划分了五个阶段，分别是危机酝酿期、危机爆发期、危机扩散期、危机处理期、危机处理结果及后遗症期，并认为危机处在不同阶段有不同的生命特征及其处理策略。该理论根据危机的性质，将其划分了不同的阶段，使管理者对危机从诞生、成长、成熟、到死亡有了一个比较系统的认识，有利于他们识别和处理危机。

三、企业危机管理的结构论

我国台湾学者朱延智在《企业危机管理》一书中，在迈克尔·波特的“五力模式”的基础上构建了企业危机管理的结构论。该理论着重强调：快速变迁的经营环境，使企业营运不能再只是注重内部效率性的管理，必须更进一步应对外在竞争环境的变迁，外在环境变化最多，是企业危机最主要的来源。该理论从战略的角度分析了企业外部环境的变化，使企业管理者能够及时找到危机爆发的原因，制定可行的危机管理策略。

四、企业危机管理的扩散论

Jeffrey R Caponigro 提出的扩散理论是以企业未能事前化解危机，也未能迅速在企业危机爆发后有效地处理危机为前提假设，认为危机杀伤力的强度、传播效果、认知结构、恐慌与从众行为、过去企业解决危机的能力表现、危机扩散与危机处理两者之间的时间落差等是危机扩散的动力与源泉。该理论分析了危机得以扩散的驱动力与根源，所以可为企业的管理者指明阻止危机扩散的策略。

五、危机变化的结构论

Ian I Mitrof 提出企业危机管理的模式包括四大关键因素：危机型态与风险、危机管理机制、危机管理系统、利益关系人。他建立了企业由外到内的洋葱模式应对风险模型，依次是：科技层面、组织结构层面、人为因素层面、组织文化层面、高级管理者心理层面五个层面，并指出：最内层的高管心理是研究危机处理最不容易获得的资料，也是企业处理危机表现的决定变数。该模式明确提出了高级管理层在危机处理中的核心作用。

纵观目前理论界对企业危机管理问题的研究，基本上界定在危机发生的外部环境、危机发生的不同周期和对策、危机扩散的模式以及高级管理者在处理危机中的重要作用。但是在企业危机发生的内部诱因及对此所进行的危机管理方面的研究还不够系统和完善。

小　结

危机是一种使企业遭受严重损失或面临严重损失威胁的突发事件。这种突发事件在很短时间内波及很广的社会层面，对企业或品牌会产生恶劣影响。企业危机有内部和外部两种根源。企业的危机大体可以分为经营危机、制度危机、管理危机、安全危机和竞争危机。

危机管理是指企业组织或个人通过危机监测、危机预警、危机决策和危机处理，达到避免、减少危机产生的危害，甚至将危机转化为机会的管理活动。

企业危机管理，就是指企业在经营过程中针对企业可能面临的或正在面临的危机，而就危机预防、危机识别、危机处理和企业形象恢复管理等行为所进行的一系列管理活动的总称。

企业危机管理需要遵循一定的原则和程序，并做好善后处理工作。

现代企业危机管理理论正在发展过程中，目前主要有企业危机管理的系统论、企业危机管理的生命周期论、企业危机管理的结构论、企业危机管理的扩散论和危机变化的结构论。

复习思考题

1．什么是危机？

2．什么是危机管理？企业危机的根源有哪些？

3．企业危机有哪几类？

4. 现代企业危机的特点是什么？
5. 危机处理的原则是什么？
6. 危机处理的程序是什么？

案例分析

中粮入股蒙牛：牛根生走出危机

经济的行板上，不但有贴身肉搏的厮杀场面，还有同舟共济的和谐。2009 年 7 月 6 日，蒙牛和中粮双双宣布了厚朴基金投资 8 亿美元收购蒙牛公司 20%股权的中国食品行业最大交易案的消息。意料之外，情理之中。

2008 年三聚氰胺事件，几乎让中国乳业集体沦陷，而树大招风的蒙牛，更是受伤最重，虽然没有像三鹿般倒下，却内伤频发：2008 年全年亏损 4.617 亿元，2009 年 2 月又爆发特仑苏 OMP 事件，主要盈利产品遭受严重冲击。尤其是在三聚氰胺事件后，2008 年 9 月 23 日，蒙牛在香港复牌曾大跌 60%，牛根生团队财富一日蒸发 50 亿元。

屋漏偏逢连夜雨，与此同时，蒙牛的外资背景也被揭露。蒙牛的发展史是一部整合资源成功史，尤其是对资本资源的整合，最终让蒙牛扬名立万的不仅仅是其火箭速度，还有为其添加燃料的国际资本整合能力。2002 年 10 月和 2003 年 10 月，摩根斯坦利、英联和鼎晖分别两次向蒙牛注入约 5 亿元资本，解决当时蒙牛高速发展对资金的需求。上市后，在蒙牛乳业六大股东中，有三位是外资，即股份为 8.7%的摩根斯坦利、5.9%的鼎晖投资和 3.4%的英联投资。

三聚氰胺奶粉事件发生后，蒙牛赢利市场预期下降，接着出现股价大跌、市场萎缩，从而陷入现金流危机，此时回收抵押给摩根斯坦利股权的能力丧失。随后极有可能出现的局面，就是抵押出去的股权在处置后落入外资之手。直到 2008 年 11 月 5 日，蒙牛发表声明，称“老牛基金会通过从联想控股等机构得到类似抵押贷款的方式，解除了与摩根士丹利的抵押贷款。”关键时刻，联想力挽狂澜，把蒙牛从生死边缘上拉了回来。

一波未平一波又起，在三聚氰胺中元气大伤的蒙牛还未缓过气来，突然又身不由己地被卷入到特仑苏“致癌门”事件的风尖浪口，未愈合的伤口被撒盐一把。

行业危机、资金链危机以及质量危机……重重危机如泰山压顶，压在这家民营企业的头上，使其无法承受之重。牛根生也不再像以前那样高调出现在媒体和公众面前，开始销声匿迹。

然而，峰回路转。中粮集团联合私募股权基金厚朴投资公司，注资 8 亿美元，获得蒙牛乳业 20%的股权，就是最佳“转弯处”。无论对蒙牛，还是牛根生而言，都是一场及时雨。

中粮集团带有国资背景，是中国最大的粮油食品企业，堪称国内食品行业中的旗舰，而且还在不断完善其产业链，除了传统粮油食品，也涉足了房地产、饮料等行业。中粮入主蒙牛，会为蒙牛提供强大的资金支持。根据蒙牛乳业年报及高层讲话透露，蒙牛计划建设20家万头以上奶牛场，每家奶牛场投资需2亿～3亿元，截止2009年才建2～3家，按照计划来看，蒙牛乳业在奶源建设方面资金缺口不下30亿元。此外，2008年三聚氰胺事件冲击国内乳业，造成蒙牛资金链出现紧张；在乳制品竞争中，牛根生一直追求速度，追求速度需要高投入，而蒙牛在营销方面投入缺口至少也需要数亿元。

中粮的国资背景，还会为蒙牛带来政府支撑，此后的蒙牛不再只是一个带有外资背景的民营企业，它获得扶持的力度一定会越来越大。

中粮集团董事长宁高宁，可以算做国资背景企业家中的“老大”。被称为“财技”过人的“红色摩根”，动辄使用十几亿甚至几十亿元的资金收购企业，从2003到2006年，连续4年被评为年度25位最具影响力的中国企业领袖。大开大阖的资本运作手段、职业经理人的专业素养，都使得投资者对他抱有很高的期望。

更重要的是，2008年，众多与他同一级别的企业家中，都或多或少传出一些不利新闻，诸如王石曾身陷“捐款门”，而联想亏损9700万美元，也让柳传志忧心忡忡，再度出山，但宁高宁却能处变不惊，其预防与化解危机的能力可见一斑。

而且，宁高宁还是一个很有战略眼光的企业家，他拥有国际化视野以及成熟的食品安全管理措施等，尤其是打造从田间到餐桌的“全产业链粮油食品企业”的战略思维，有助于夯实蒙牛食品安全和全球化战略的基础。在帮助牛根生度过蒙牛危机上，宁高宁的确是目前国内最佳人选。

根据中粮集团与蒙牛之间协议，中粮集团是长期持股的战略投资者，在蒙牛未来的董事会11名董事中占3个名额，均为非执行董事。中粮集团不参与蒙牛的具体经营管理，不改变现有经营团队的连续性和稳定性，也不改变目前的战略方向。中粮集团给的这碗红豆汤，并没有让蒙牛丧失独立经营和管理的权利。

中粮收购蒙牛，对牛根生和蒙牛而言，既找到了一个树大根深的大靠山，为其度过危机增添了足够分量的砝码，又避免了外资的乘虚而入，消除了民族品牌流失的危机。相信有了中粮的重力相助，牛根生憨厚而自信的笑容，会重新出现在公众面前。他从此又可以大大方方地接受媒体的采访，上电视，上报纸、杂志，到各种峰会和论坛上演讲了。

这次牛根生能走出危机，应该感谢CCTV，感谢王利芬，感谢赢在中国。

走到今天，蒙牛是幸运的，牛根生是幸运的。

（资料来源：http://blog.ifeng.com/article/2907507.html）

讨论：

1. 蒙牛遇到了哪些危机？
2. 如何评价中粮入股蒙牛？

参考文献

安鸿章．2001．工作岗位的分析技术与应用．天津：南开大学出版社．

安鸿章．2003．现代企业人力资源管理．北京：中国劳动与社会保障出版社．

鲍勇剑，陈百助．2003．危机管理：当最坏的情况发生时．上海：复旦大学出版社．

陈菊花，陈良华．2007．会计学．北京：科学出版社．

郭国庆．2008．市场营销学．武汉：武汉大学出版社．

韩福荣．2007．现代质量管理学（2 版）．北京：机械工业出版社．

何载福．2005．企业文化建设实践与绩效研究．华中科技大学．

黄梯云．2000．管理信息系统（修订版）．北京：高等教育出版社．

黄渝祥．2000．企业管理概论．北京：高等教育出版社．

李海波，刘学华．2001．企业管理概论．上海：立信会计出版社．

李汉雄．2002．人力资源策略管理．广州：南方日报出版社．

李立新．2009．财务管理学．北京：高等教育出版社．

李睿．2007．对企业文化建设的思考与建议．中国民用航空，06．

李苏剑，游战清，胡波．2003．企业物流管理理论与案例．北京：机械工业出版社．

李艳．2009．人力资源部岗位绩效考核与实施细则．北京：人民邮电出版社．

栾甫贵，尚洪涛．2007．基础会计．北京：机械工业出版社．

刘福垣．2008．中国人力资源开发报告 2008（中国人力资本状况评估）．北京：中国发展出版社．

罗国英，2003．2000 版 ISO 9000 族标准质量管理体系教程（3 版）．北京：中国经济出版社．

梅子惠．2006．现代企业管理案例分析教程．武汉：武汉理工大学出版社．

诺曼・奥古斯丁等．2001．危机管理．北京：中国人民大学出版社．

潘家轺．2001．企业生产管理（2 版）．北京：中央广播电视大学出版社．

潘乃樾．1996．老子与现代管理．北京：中国经济出版社．

乔志强，任淑霞．2009．企业物流管理．北京：科学出版社．

邱毅．1999．危机管理．台北：台北出版社．

苏选良．2003．管理信息系统．北京：电子工业出版社．

王关义．2004．现代企业管理．北京：清华大学出版社．

王化成．2007．公司财务管理．北京：高等教育出版社．

王要武．2003．管理信息系统．北京：电子工业出版社．

杨善林．2004．企业管理学．北京：高等教育出版社．

叶春明．2005．生产计划与控制．北京：高等教育出版社．

叶向峰．2003．人力资源管理概论．北京：中国人民大学出版社．

易树平，郭伏．2005．基础工业工程．北京：机械工业出版社．

尤建新．2006．企业管理概论．第 3 版．北京：高等教育出版社．

尤建新．2010．企业管理概论．第4版．北京：高等教育出版社．

尤建新等．2008．质量管理学．第2版．北京：科学出版社．

于富生，黎来芳．2006．成本会计学．北京：中国人民大学出版社．

张明玉，张文松．2008．企业战略．北京：科学出版社．

张奇．2005．企业文化建设是推动企业发展的源动力．建设科技（Z1）．

张仁侠．2007．生产与作业管理．北京：中国财经出版社．

赵艳萍，姚冠新，陈骏．2010．设备管理与维修．北京：化学工业出版社．

赵有生．2006．现代企业管理．北京：清华大学出版社．

朱延智．2003．企业危机管理．北京：中国纺织出版社．

Philip Kotler，Gary Armstrong．2007．市场营销原理．郭国庆等译．北京：清华大学出版社．